改正戸籍事務取扱全書　上巻

市岡正一編纂

明治三十一年發行

改正戸籍事務取扱全書　上巻

日本立法資料全集　別巻
1426

信山社

市岡正一編纂

改正《かいせい》

戸籍事務取扱全書

上巻

東京　博文館藏版

改正 戸籍事務取扱全書

凡例

本書ハ戸籍ニ關スル諸法令ヲ類聚編纂シ以テ其事務取扱上ノ手續ヲ記述セシモノニシテ就中戸籍法ニ關スルモノヲ第一部トシ親族編ニ關スル記事ヲ以テ第二部トシ相續編ニ係ルモノヲ第三部トシ第四部ハ戸籍法及民法ノ親族相續ノ二編ニ相關渉スルモノト戸籍事務取扱上ニ付參照トシテ缺クヘカラサル單行頒布ノ法令ヲ網羅セシモノナリ就中其第一編ハ法例第二編ハ民法施行法第三編ハ人事訴訟手續法第四編ハ非訟事件手續法第五編ハ戸籍ニ從屬スヘキ單行法令ニシテ寄留氏名年齢族籍葬儀墓地埋葬救助等ノ如キ件々ヲ類纂セシモノナリ

本書第一部第二部第三部ハ其各部中ニ就キテ類ヲ分チ目ヲ設ケ其要旨ヲ前記シ末ニ成文ヲ掲ケテ前記ノ例ヲ示シ尚ホ之ニ註記シテ前文ノ餘意ヲ補ヒ法意ヲ解ス第四部中法例ニ在テハ條ヲ逐テ之ヲ掲ケ毎條之ニ解釋ヲ記註シ民法施行法ニ於テハ章中別ニ種目ヲ分チ亦條ヲ逐ヒ記註シ人事訴訟手續法及非訟事件手續法ニ在テハ其手續ノ簡明ヲ主トシ各章簡易ノ表目ヲ掲ケ法文ヲ節略表記シ各章ノ末ニ成文ヲ掲ケタリ其他單行法令

ニ於テハ之ヲ類別編纂シ其要旨ヲ前記シ以テ事務取扱上ノ便ニ供ス
第一部戸籍法中諸届申請等ノ書例ニ於テハ専ラ本法及民法ノ成文ニ法リ其大要ヲ示シタルモノナルニ依リ読者ノ便宜ト當路者ノ意見トニ依リ宜ク斟酌スヘキモノトス

明治三十一年九月

編者誌

改正 戸籍事務取扱全書上卷目次

第四編　身分ニ關スル屆出

第十一章　失踪者

第十二章　死亡

第十三章　家督相續

第五編　戸籍簿

第六編　戸籍記載ノ手續

第二編　戸主及家族

第三編　婚姻

第一章　婚姻ノ成立

第一節　婚姻ノ要件

第二節　婚姻ノ無效及取消

第四編　親子

第五編　親權

改正戸籍事務取扱全書上卷目次終

改正 戸籍事務取扱全書上卷條章索引目錄 附正誤

●正誤

一〇五丁一〇行（生存者ノ）ハ衍●五五丁十行（六十一條）ヲ脱ス●一五九丁六行（就業）ハ（就職）●二五四丁十四行（書）ハ（届）●二八四丁十五行（百十八）ハ（百八十八）●三〇五丁一五行及三〇七丁一八行（確定ノ日又ハ確定シタル日）ノ下（又ハ確定判決アリタル日）ヲ脱ス●三〇八丁一七行ノ次（第二百一條）ヲ脱ス●三二四丁一六行（七百十二）ハ（七百三十二）●三九二丁一四、一五行ハ（八百十八條ノ第二項）●十九丁七行ノ末ニ左ノ書式ヲ脱ス

附錄第六號書式

一何々届　何通

右明治何年何月何日受理シタルコトヲ證明ス

明治　年　月　日

何市町村戸籍吏氏名 職印

届出人氏名宛

改正 戸籍事務取扱全書

市岡正一編纂

第一部 戸籍法

前加 總論及沿革

戸主ニ屬スル一家各人ノ氏名及身分ヲ登記シタルモノ之ヲ戸籍ト謂ヒ各家ノ戸籍ヲ合綴シタルモノ之ヲ戸籍簿ト唱ヘ各人ノ身分ニ關スル事項ノ屆出、報告等ニ依リ之ヲ登記スル簿冊ヲ身分登記簿ト唱フ戸籍及身分登記簿ハ共ニ各人カ身分ヲ證明スルニ必要ノ簿冊ニシテ身分トハ各人ノ品位ヲ分ツ身分ノ謂ヒニアラス各人ノ權利ト義務トヲ生セシムル地位ヲ云フ人ノ身分ハ獨立單行スル一個ノ實事ニアラスシテ若干間繼續スヘキ地位タレハ直接ニ其證ヲ立ツヘキモノニアラス故ニ人ノ之ヲ證スルニハ先ツ其地位ヲ得セシメタル起源ノ事項ヲ證スルヲ要ス例ヘハ甲乙二人爭フカ如キ甲ニ於テ何年何月何日丙ト婚姻ヲ行ヒタリト證ヲ立タルトキハ甲ハ丙ノ夫タル身分ヲ有ス若シ乙ニ於テ其婚姻ヲ解消シタル證ヲ立タルトキハ甲ハ一旦丙ノ夫タリシ身分ヲ有シタリシモ後ニ丙ト婚姻解消ニ依リ其身分ヲ失ヒ丙ノ夫タル身分ナキコトヲ明ケシムルカ如シ蓋シ各人身分ニ關スル事項ニ付證ヲ立ツルハ身分登記簿ニ記載スル處ヲ以テシ一家ニ關スル事項ノ證ヲ立ツルハ戸籍ヲ以テセサルヘカラス其戸籍及身分登記簿ノ利益タル總テ族籍ヲ定メ戸主ト家族トノ別及推定家督相續人タルノ身分ト推定家督相續人タルヘキ順序ヲ明ニシ人ノ年齡ヲ定メ依テ成年未成年ヲ區別シ、出生ノ記事ニ付テハ父母タルノ身分、子タルノ身分ヲ證シ婚姻ニ付テハ夫婦タルノ身分、養子縁組ニ付テハ養親タルノ身分、養子タルノ身分ヲ定メ死亡ニ付テハ現ニ生存者カ其死者ノ權力ヲ免ルルヲ得ヘキヲ證シ又ハ死者ニ屬セシ權利ノ生存者ニ移リタルコトヲ證シ隨テ死者ハ未タ死亡セサル前ニ生存者カ既ニ出生シタルコトヲ證スルニ付必要アリ其他各家及各人ノ權利義務ノ全部ニ其影響ヲ及ホスヘキ件アリ例ヘハ嫡出子ノ否認、私生子ノ認知、養子縁組及離縁、婚姻離婚、後見、隱居、失踪、死亡、家督相續、推定家督相續人ノ廢除、家督相續ノ指定、入籍、離籍及復籍、復籍拒絶、廢家及絶家分家及絶家再興、登記ノ變更等總シテ人ノ身分ニ關スル諸件ハ皆之ヲ登記ス其登記ノ事項ニ關スル屆出其他ノ手續等ニ付テハ本法ノ規定ニ從フヘシ

往昔宗旨人別帳ナルモノアリテ各地方トモ庄屋、名主等ニ於テ五ケ年目毎、其町村ノ人別ヲ調査シ各家共人別書ノ末ニ菩提寺ノ證明ヲ爲シ領主地頭ニ收メ領主地頭ハ之ヲ收メテ舊幕府大目付ニ提出シタリ是レ中興戸籍ヲ收ムルノ法タリ然レトモ其法嚴正ナラス之カ爲メ此籍ニ漏レ彼ノ籍ヲ欺キ去就心ニ任セ往來規ニ依ラス殊ニ人民各自ノ品位ニ就キ之ヲ收メタルニ依リ規則一定セスシテ調査亦正確ナラス之カ爲メ明治四年四月戸籍法三十三則ヲ制定セラレ之ヲ府藩縣ニ布告シ明治五年二月ヨリ施行セラレタリ其法タルヤ各地方ヲ畫シテ大小區トシ各區ニ區長及戸長ヲ置キ出生死去出入加除等總シテ戸籍ニ關スル事件ヲ處理セシメタリ是ニ於テ戸籍ノ体裁稍面目ヲ更メタリト雖モ記載ノ体裁及五ケ年目改製ノ方法等ハ尚舊制ヲ援引セラレタリ爾後制度ノ沿革ニ依リ自然出入加除變更等ノ屆出及增減加除等ニ付規定ヲ要シ終ニ明治十九年内務省令シテ生死其他ノ屆出期限及事務取扱手續ヲ頒布シ以テ法ノ不備ヲ補ヒ戸籍登記ノ法式ヲ改メテ更ニ登記目錄ノ書式ヲ定メラレタリ

第一編　戸籍吏及戸籍役場

第一章　戸籍吏及其代務者、戸籍上稟伺、戸籍役場並帳簿書類保管職印役場印其他經費等

凡ソ戸籍及身分登記ニ關スル事務ハ戸籍吏之ヲ管掌シ戸籍役場ニ於テ取扱フモノトス其戸籍吏タルモノハ市區町村長ヲ以テ之ニ充テ東京市、京都市、大阪市ニ在テハ區長ヲ以テ之ニ充ツ其他區ヲ置キタル市ニ在テハ區長ヲ以テ戸籍吏ニ充ツルコトヲ得又戸籍役場ハ市區役所町村役場ヲ以テ之ニ充テ若シ市區町村長ヲ置カサル地ニ在テハ市町村長ノ職務ヲ行フ吏員ヲ以テ戸籍吏トシ其吏員ノ職務ヲ行フ役場ヲ以テ戸籍役場ニ充テルモノトス

戸籍及身分登記ニ關スル事務ハ戸籍吏カ戸籍役場ニ於テ取扱フモノナリト雖モ戸籍吏ト家ヲ同クスル者ノ戸籍及身分登記ニ關スル事件ハ戸籍吏之ヲ取扱フコトヲ得ス其事件ニ付テハ市區町村長ノ事務ヲ代理スヘキ者戸籍吏ノ職務ヲ行フ故ニ市區町村長又ハ之ト家ヲ同クスル者ノ戸籍及身分登記ニ關スル事件ハ町村助役市參事會員ニシテ町村長又ハ市長ノ事務ヲ代理スル者又ハ區長代理者之ヲ行フ若シ戸籍吏又ハ之ト家ヲ同フスル者ト市區町村長ノ事務ヲ代理スヘキ者又ハ之ト家ヲ同シクスル者トノ戸籍及身分登記ニ關スル事件ニ付テハ市參事會員中ノ一人、町村及區ニ在テハ他ノ吏員ノ上席者戸籍吏ノ事務ヲ行フ故ニ區町村長又ハ其家族タル者ト町村助役市區長ノ代理權アル市參事會員區書記又ハ其家族タル者ト婚姻、養子縁組ノ届出アリテ其戸籍及身分登記ヲ爲ス場合ニ於テハ他ノ市參事會員又ハ次席ノ區書記、助役二名以上アル町村ニ在テハ次席ノ助役他ニ助役ナキトキハ町村書記上席者戸籍吏ノ職務ヲ行フカ如シ市區町村長ノ職務ヲ行フ吏員ノ事務ヲ代理スヘキ者ナキ地ニ在テハ監督區裁判所ヲ管轄スル地方裁判所ノ長司法大臣ノ認可ヲ得テ豫メ其事務ヲ代理スヘキ者ヲ定メ市參事會員其他戸籍吏ノ職務ヲ行フヘキ吏員ナキ地ニ於テハ戸籍吏ニ代リテ戸籍吏ノ職務ヲ行フヘキ者ヲ定ムルモ亦前文ノ手續ニ依ルモノトス

戸籍吏ハ身分登記及戸籍ニ關シ疑義アルトキハ監督區裁判所ヲ經由シテ司法大臣ニ稟伺スルコトヲ得ヘシ

戸籍役場ニハ身分登記簿及戸籍簿ヲ備ヘ身分登記簿及戸籍其他ニ關スル書類ハ總テ鎖鑰アル書箱ニ藏メ其保管ヲ嚴ニシ倉庫ノ設ケアルモノハ倉庫ニ藏メ置クヲ要ス又戸籍役場ニ於テハ戸籍吏ノ職印及役場印ヲ備フヘシ其寸方雛形左ノ如シ

職印

方六分

何々市町村戸籍吏印

役場印

方八分

何市町村戸籍役場印

戸籍吏カ此法律ニ從ヒ戸籍役場ニ於テ戸籍及身分登記ニ關スル事務ヲ執行スルカ爲メニ要スル諸般ノ費用即チ戸籍役場ノ經費ハ市制第七十四條町村第六十九條ニ準シ其市町村ノ負擔ニ屬シ本法ノ規定ニ依リ納付スル手數料ハ國庫ヨリ經費ヲ支辨スル役場ノ外其市町村ニ收入セシムルモノトス

(例)

第一條　戸籍及ヒ身分登記ニ關スル事務ハ戸籍吏之ヲ管掌シ戸籍役場ニ於テ之ヲ取扱フ

(註記)　戸籍及ヒ身分登記ニ關スル事務ハ戸籍吏之ヲ管掌シ其事務ハ戸籍役場ニ於テ之ヲ取扱ヒ役場外ニ於テ取扱フコトヲ得ス

第二條　市町村長ヲ以テ戸籍吏トス但區ヲ置キタル市ニ於テハ區長ヲ以テ之ニ充ツルコトヲ得

(註記)　本條ハ戸籍吏タル者ヲ規定シタルモノニシテ戸籍吏タルモノハ市町村長ヲ以テ之ニ充テ區制ヲ設ケタル市ニ在テハ區長ヲシテ戸籍吏ニ充ツルコトヲ得ヘキモノニシテ市町村長又ハ區長ヲ

以テ戸籍吏ト爲スモ市町村長又ハ區長ニ於テ戸籍吏ヲ兼務シ若クハ其職務ヲ兼掌スルニアラス戸籍吏ハ司法部ニ屬スル一個ノ吏員ニシテ市町村長區長ハ行政部ニ屬スル市町村ノ吏員ナレハ各別種獨立ノ吏員タル性質ヲ有スヘキモノナリ

第三條　戸籍吏又ハ之ト家ヲ同クスル者ノ戸籍又ハ身分登記ニ關スル事件ニ付テハ市町村長又ハ區長ノ事務ヲ代理スヘキ者戸籍吏ノ職務ヲ行フ

戸籍吏又ハ之ト家ヲ同クスル者ト前項ノ規定ニ依リ戸籍吏ノ職務ヲ行フヘキ者又ハ之ト家ヲ同クスル者トノ戸籍又ハ身分登記ニ關スル事件ニ付テハ市ニ在リテハ市參事會員ノ一人、町村又ハ區ニ在リテハ他ノ吏員ノ上席者戸籍吏ノ職務ヲ行フ

(註記)　本條ハ別ニ解ヲ要スルノ必要ナキモ茲ニ一言スヘキ事アリ助役一名ヲ置ク町村ニ於テ其助役又ハ助役ト家ヲ同クスル者ト町村長又ハ之ト家ヲ同クスル者トノ間ニ於テ戸籍及身分登記ニ關スル事件ニ於ケル場合是ナリ町村制ニ規定スル處ニ依レハ町村長助役缺員其他ノ事故アルモ書記附屬員等ヲシテ其事務ヲ代理スルコトヲ得サルニ依リ助役一名ヲ置ク町村ニ在テ本條第二項ノ場合ニ於テハ第二百十六條ノ末項ニ依ラサルヲ得サルカ如シト雖モ本條ニ他ノ吏員ノ上席者ナル明文アルニ依リ助役一名ヲ置ク町村ニシテ本條第二項ノ場合ニ該當スルトキハ町村上席書記當然戸籍吏トシテ其事務ヲ取扱フコトヲ得ヘキモノトス

第四條　戸籍役場ハ市役所又ハ町村役場ヲ以テ之ニ充ツ但區長ヲ以テ戸籍吏ニ充ツル場合ニ於テハ區役所ヲ以テ之ニ充ツ

(註記)　市區役所町村役場ヲ以テ當然戸籍役場ニ充ツヘキヲ以テ戸籍法施行以後ハ其役場ニハ市區役所又ハ町村役場標札ト戸籍役場タル標札トヲ掲クヘキモノトス

第二百十六條　市町村長ヲ置カサル地ニ於テハ市町村長ノ職務ヲ行フ吏員ヲ以テ戸籍吏トシ其吏員ノ職務ヲ行フ役場ヲ以テ戸籍役場トス

市町村長ノ職務ヲ行フ役場ノ吏員ノ事務ヲ代理スヘキ者ナキ地ニ在リテハ監督區裁判所ヲ管轄スル地方裁判所長司法大臣ノ認可ヲ得テ豫メ其事務ヲ代理スヘキ者ヲ定ム

市參事會員其他戸籍吏ノ職務ヲ行フヘキ吏員ナキ地ニ於テ此等ノ者ニ代リテ戸籍吏ノ職務ヲ行フヘキ者モ亦前項ノ手續ニ依リテ之ヲ定ム

(註記)　本條第一項ハ市制町村制ヲ施行セサル地ニ於テ市町村長ノ職務ヲ行フ吏員即チ戸長、地役人等ノ如キ町村役場ノ吏員ヲ以テ戸籍吏ニ充テルコトヲ規定シタルモノニシテ第二項ハ其戸長、地役人等ノ代理者ナクシテ其吏員又ハ之ト家ヲ同クスル者ノ戸籍及ヒ身分登記ニ關スル場合ニ於テ戸籍吏ノ職務ヲ行フヘキ者ナキ地ニ於テハ其事務代理者ヲ定ムル事ヲ規定シ第三項市參事會員其他戸籍吏ノ職務ヲ行フ者アラサル地ニ在テ其職務ヲ行フヘキ者ヲ定ムルノ手續ヲ規定シタルモノナリ

第二百十七條　本法ノ規定ニ依リテ納付スル手數料ハ之ヲ市町村ノ收入トス但國庫ヨリ戸籍役場ノ經費ヲ支辨スル地ニ在リテハ之レヲ國庫ノ收入トス

手數料ノ金額ハ命令ヲ以テ之ヲ定ム

(註記)　本條ハ本法ニ於テ徵收スル手數料ノ收入ヲ規定シタルモノニシテ國庫ヨリ戸籍役場ノ經費ヲ支辯スル地ニ在テハ其手數料ハ國庫ニ收入スルモ市町村費ヲ以テ其支辨ヲナス地ノ收入ハ該市町村ニ收入シ其手數料ノ金額ハ司法省令第十三號ヲ以テ規定セラレタル處ニ依ル省令第十三號ハ第二編第五章ニ掲ク

（參照）

●第一　三市ノ區長ヲ戸籍吏トス　明治三十一年七月十二日 司法省令第十二號

東京市、京都市、大坂市ノ各區ニ於テハ區長ヲ以テ戸籍吏トス

（備考）　戸籍法取扱手續（本編附錄）第六條第十條第十八條第十九條參觀

第二章　戸籍事務ノ監督及損害賠償

戸籍及身分登記ノ事務ハ此法律ノ明文ニ從ヒテ戸籍吏ノ取扱ニ屬スルモノニシテ其事務ハ戸籍役場所在地ヲ管轄スル區裁判所ノ判事ノ内一人之ヲ監督シ又ハ區裁判所ノ監督判事之ヲ監督ス其事務ノ監督ニ付テハ司法行政ノ監督ニ關スル規則即チ裁判所構成法第四編ノ規定ニ依リ區裁判所ノ判事ノ一人又ハ監督判事ニ於テ戸籍吏ノ取扱ニ付不適當又ハ不充分ナル事アラハ其注意ヲ促シ適當ニ其事務ヲ取扱フヘキコトヲ訓令シ又其地位不相應ナル行狀ニ付テハ之ニ諭告シ若シ適當ニ職務ヲ行ハサル者ハ其行狀其地位ニ不相應ナル者ニ付前記ノ注意訓令諭告ヲ爲シ能ハサルトキハ懲戒法ヲ訴追スルモノトス

戸籍及身分ニ關シ届出等アリタルトキハ戸籍吏ハ速ニ其職務ヲ執行シ遺忘ニ依リ登記ヲ怠リ或ハ誤脱シ爲メニ關係人ニ迷惑ヲ被ラシムルコトナカランコトヲ要ス若シ其職務ノ執行ニ付届出人其他ノ者ニ損害ヲ加ヘタルトキ其事戸籍吏ノ故意ニ出タルトキハ勿論縱令過誤失錯ニ出タルモ其事重大ナルニ於テハ賠償ノ責ヲ免カレサルモノトス

（例）

第五條　戸籍及身分登記ニ關スル事務ハ戸籍役場ノ所在地ヲ管轄スル區裁判所ノ一人ノ判事又ハ監督判事之ヲ監督ス

（註記）　戸籍及身分登記ニ關スル事務ニ付テハ戸籍役場所在地ヲ管轄スル區裁判所ノ判事ノ一人又

ハ監督判事ニ於テ監督スルモノニシテ假令其市區役所又ハ町村役塲ノ管轄地分レテ二個ノ區裁判所ノ管轄ニ屬スルモ其役所又ハ役場アル地ヲ管轄スル區裁判所ノ管轄ニ屬スヘキモノトス其司法行政ノ監督ニ付テハ裁判所構成法第百三十五條第五ニ依リ區裁判所ノ一人ノ判事又ハ監督判事ノ監督權ニ屬シ第百三十六條第百三十八條ノ注意、訓令、諭告ヲ受ケ又ハ懲戒法ニ從ヒ訴追セラルヽモノトス

第六條　戸籍吏カ其職務ノ執行ニ付キ届出人其他ノ者ニ損害ヲ加ヘタルトハ其損害カ戸籍吏ノ故意又ハ重大ナル過失ニ因リテ生シタル場合ニ限リ之ヲ賠償スル責ニ任ス

（註記）　其職務ノ執行ニ付届出人其他ノ者ニ損害ヲ加ヘタルハ戸籍又ハ身分登記簿ヲ亡失毀損シテ登記ノ事項ニ不備不明タ來タシ又ハ登記ノ事項法式ニ違ヒ身分ニ關スル届出アルモ懈怠ニ依リ遺忘シ爲メニ戸籍又ハ身分登記簿ニ登記ヲ怠リ或ハ故意ヲ以テ詐欺ノ登記ヲ爲シ爲メニ損害ヲ加ヘタル場合ヲ云フ其故意ニ依リ損害ヲ加ヘタルトキハ勿論過失重大ニシテ損害ヲ生シタルトキハ戸籍吏ハ損害賠償ノ責ニ任スヘシ其賠償額ニ付テハ損害ノ多寡及情況ニ依リ裁判官ノ認定スル處ニ依ルヘシ

附錄　戸籍法取扱手續

明治三十一年七月十三日司法省訓令第五號　控訴院　地方裁判所　區裁判所　戸籍役場

戸籍法取扱手續左ノ通リ相定ム

戸籍法取扱手續

第一條　身分登記簿ノ用紙ハ美濃十三行罫紙トシ其登記例ハ附錄第一號書式ノ振合ニ依ルヘシ

（附記）　附錄第一號書式ハ分別シテ第四編各章ニ附記ス

第二條　戸籍簿ノ用紙ハ附錄第二號樣式ニ依リ其記載例ハ附錄第三號書式ノ振合ニ依ルヘシ

（附記）　附錄第二號樣式ハ第五編ニ附記ス

第三條　戸籍吏ハ毎年十月三十一日マテニ翌年登記簿トナスヘキ帳簿ニ附錄第四號書式ノ請求書ヲ添ヘ之ヲ監督區裁判所ニ送付スヘシ

（附記）　附錄第四號書式ハ第二編第二章ニ附記ス

第四條　市町村ノ戸籍簿ヲ二冊以上ニ分綴シタルトキハ其表紙ニ番號又ハ大字等ヲ附記スヘシ

第五條　戸籍役場ニ於テハ毎年受附帳ヲ製シ置キ身分及ヒ戸籍ニ關スル屆出報告、其他ノ書類ヲ受附タル順序ニ從ヒ之ニ其件名、差出人、受附ノ年月日及ヒ番號ヲ記入スヘシ

（附記）　本條ニ云フ其他ノ書類トハ申請、報告ハ勿論總テ戸籍ニ關スル書類ヲ云フ

第六條　身分登記簿、戸籍簿及ヒ屆書其他之ニ關スル書類ハ總テ鎖鑰アル書箱ニ藏メ其保管ヲ嚴ニシ倉庫ノ設ケアルモノハ倉庫ニ藏メ置クヘシ

第七條　身分登記簿及ヒ戸籍簿ノ全部又ハ一部カ滅失シタルトキハ戸籍吏ハ遲滯ナク其事由、年月日、帳簿ノ冊數、市町村名等詳細ニ記載シ監督區裁判所判事ニ申報スヘシ

監督區裁判所判事カ前項ノ申報ヲ受ケタルトキハ相當ノ調査ヲ爲シタル後之ヲ管轄地方裁判所長及司法大臣ニ具申スヘシ

（附記）　第二編第三章及ヒ其附記本法第十四條並ニ之ニ註記スル所ヲ參看スヘシ

第八條　戸籍簿ヨリ除キタル戸籍ハ一个年毎ニ編綴シテ其表紙ニ明治何年除籍簿ト記載スヘシ

第九條　身分登記簿ノ副本ヲ地方裁判所ニ納付スルトキハ其目錄ヲ添付スヘシ

（附記）　第二編第三章及ヒ其附記本法第十一條並ニ之ニ註記スル處ヲ參看スヘシ

第十條　戸籍吏ノ職務ヲ代理スヘキ者カ登記及ヒ記載ヲ爲ストキハ代理ト記シ認印スヘシ
第十一條　身分登記又ハ戸籍簿ノ閲覽ヲ請求スル者アルトキハ吏員ノ面前ニ於テ之ヲ閲覽セシムヘシ
第十二條　身分登記簿又ハ戸籍ノ謄本若クハ抄本ニハ其人別又ハ事項ノ終リニ空行ヲ存セス附錄第五號書式ニ依リテ認證文ヲ附記スヘシ
謄本又ハ抄本ハ其原本ト同一ノ用紙ヲ用ユヘシ
（附記）　第五號書式ハ第二編第五章ニ揭ク
第十三條　官吏又ハ公吏カ其職務ヲ以テ身分登記簿、戸籍簿ノ閲覽又ハ身分登記、戸籍ノ謄本若クハ抄本ヲ求ムルトキハ手數料及郵送料ヲ要セス
第十四條　身分又ハ戸籍ニ關スル屆出若クハ申請ノ受理ノ證明書ハ附錄第六號書式ニ依ルヘシ
第十五條　戸籍吏カ屆出又ハ申請ヲ怠リタル者ニ對シテ發スヘキ催告狀ハ附錄第七號書式ニ準據スヘシ
第十六條　戸籍吏ノ定メタル催告期間ニ屆出又ハ申請ヲ爲サヽルトキ更ニ發スヘキ催告狀ハ附錄第八號書式ニ準據スヘシ
第三以下ノ催告狀ヲ發スヘキトキハ第八號書式ヲ準用スヘシ
（附記）　第八號書式ハ第四編第一章第八節ニ揭ク
第十七條　行政區畫ノ變更ニ依リ甲町村カ乙町村ニ合併シタルトキハ廢止セラレタル戸籍役場ニ存在スル身分登記簿、戸籍簿其他之ニ關スル書類ハ遲滯ナク合併シタル乙町村戸籍吏ニ引繼クヘシ
甲町村ノ一部カ乙町村ニ合併シタルトキハ合併シタル區域內ニ本籍ヲ有スル者ノ戸籍ハ之ヲ分割シテ遲滯ナク合併シタル乙町村戸籍吏ニ引繼クヘシ但身分登記簿ハ引繼ヲ爲スノ限リニ在ラス
前二項ノ場合ニ於テ引繼ヲ完了シタルトキハ其旨ヲ監督區裁判所ニ報告スヘシ

第十八條　身分登記及ヒ戸籍ニ關スル疑義ハ戸籍吏ヨリ監督區裁判所ヲ經由シテ司法大臣ニ稟伺スルコトヲ得

第十九條　戸籍役場ニハ左ノ印章ヲ備フヘシ

（印章雛形ハ第一編第一章ニ揭ク）

第二編　身分登記簿

第一章　身分登記簿ノ種類及戸籍登記目錄ヲ身分登記簿ニ代用

身分登記簿ハ各人身分ニ關スル諸件ヲ登記スル簿冊ニシテ舊ノ戸籍登記目錄ニ髣髴タリ其種類ハ本籍人身分登記簿非本籍人身分登記簿ノ二種ニ大別シ各種正本、副本ノ二本ヲ備ヘ本籍人身分登記簿及非本籍人身分登記簿共ニ尙ホ出生、嫡出子否認、私生子認知、養子緣組、養子離緣、婚姻、離婚、後見、隱居、失踪、死亡、家督相續、推定家督相續人ノ廢除、家督相續人ノ指定、入籍、離籍及復籍拒絕、廢家及絕家、分家及廢絕家再興、國籍ノ得喪、氏名及族稱變更、身分登記ノ變更等各種ニ區別シ一種每ニ別冊トシ其種類ニ依リ屆出事件ヲ登記スルモノトス故ニ身分登記簿ハ本籍人及非本籍人ト合スレハ各種正副四本ヲ備フヘキモノナレトモ記事卽チ屆出等事件寡少ナル戸籍役場ニ於テハ便宜ニ依リ各種之ヲ合綴スルコトヲ得ヘキヲ以テ本籍人身分登記簿及非本籍人身分登記簿ヲ作製シテ之ニ各種ノ部門ヲ設ケ屆出事件ノ種類ニ依リ其種ノ部門中ニ登記スルモ妨ケナカルヘシ

身分登記簿ハ本年十二月三十一日迄ハ戸籍登記目錄ヲ代用シ其冊數及紙數ノ不足スルモノハ第九條ノ規定ニ拘ハラス戸籍吏ニ於テ作製スルコトヲ得ヘキモ其不足スルモノノ外ハ今玆ニ之カ作製ヲ要セサルヘシト雖モ現在ノ登記目錄タル十九年內務省訓令第二十號ノ書式ニ依リ調製シタルモノナレハ本法第七條ニ依リ

第四編第二章以下ノ種目ト符合セサルモノアリ又ハ其種類ノ不足スルモノアルヘシ其他明治十九年内務省訓令第二十號ニ在テハ非本籍人ニ關スル登記目錄ヲ調製シテ登記シ又ハ其副本ヲ備ヘ又ハ之カ謄寫ヲ爲スヘキ明文等ナキニ依リ此三種ノ簿冊モ亦不足スルコト勿論ナリ依テ考フルニ其不足スル簿冊及其種類符合セサルモノハ第二百二十條第一項ノ明文ニ照シ此際戸籍吏ニ於テ作製使用スルヲ得ヘキモノトス若シ從前登記ノ事件寡少ナルヲ以テ市町村役場ノ便宜ニ依リ各種ノ登記目錄ヲ合綴シ部門種類ヲ分チテ記入シタルモノハ其符合セサルモノヲ引扱キ不足スルモノヲ更ニ合綴スルニ付テハ錯雜ノ虞ナキ能ハサレハ是等ヲ使ノ役場ニ於テハ本法ニ依リ更ニ之ヲ作製シ實施ノ日ヨリ新簿ニ登記スルヲ冝トス蓋シ各種合綴ノ登記目錄用スル市町村ノ如キハ其記入スル處極メテ寡少ナルニ付目錄ノ紙數モ亦極メテ寡少ナルヘクレハ之ヲ新製スルモ費用ノ點ニ付テハ經費ニ影響ヲ及ホスヘキ程ノ懸念ナカルヘクレハナリ

本年十二月三十一日マテハ從前ノ戸籍登記目錄ヲ以テ身分登記簿ニ代用シ其冊數ノ不足シ又ハ紙數ノ足ラサルモノハ本年十二月三十一日迄ハ戸籍吏ニ於テ第九條ノ規定ニ拘ハラス作製使用スル等ニ付テハ既ニ前項ニ之ヲ記述シタルモ若シ未タ登記目錄ノ設ケナキ町村ニ在テハ戸籍吏ハ第七條ノ明文ニ照ラシ第九條ノ規定ニ拘ハラス本年ニ限リ身分登記簿ヲ作製シ各人ノ届出事件ヲ區別シテ之ニ登記スヘキモノトス

（例）

第七條　身分登記簿ハ本籍人身分登記簿及ヒ非本籍人身分登記簿ノ二種トシ各正副二本ヲ備フ

各種ノ登記簿ハ第四章第二節乃至第二十一節ニ揭ケタル届出事件ノ區別ニ從ヒ各別冊ト爲ス但便宜ニ依リ之ヲ合綴スルコトヲ得

（註記）　本籍人身分登記簿ニハ該市町村ノ本籍人ニ於テ第四章第二節即チ本書第四編第二章以下ニ該當スル諸届等ノ事件ヲ區別シテ登記シ非本籍人身分登記簿ハ寄留者ナルト行旅又ハ滯在者ナル

トヲ問ハス總テ本市町村ニ本籍ヲ有セサル者及本籍不分明ナル者ノ届出事件ヲ區別登記スヘキモノトス

第二百十九條　明治三十一年十二月三十一日マテハ從前登記目錄トシテ備ヘタル帳簿ヲ以テ身分登記簿ニ代用スルコトヲ得

(註記)　明治三十一年十二月三十一日迄ハ從前ノ戸籍登記目錄ヲ以テ身分登記簿ニ代用スルコトヲ得明治三十二年一月一日ヨリハ第九條ノ規定ニ依リ作製シタル身分登記簿ヲ用ヒ登記目錄ヲ代用スルヲ得ス本條ハ便宜法ニ依リ規定シタルモノナレハ本法實施ノ日ヨリ本法ニ依リ作製シタル身分登記簿ヲ用ユルハ勿論妨ケナシト雖モ其作製ニ付テハ第二百二十條第一項ノ明文アルニ依リ本年ニ在テハ第九條ノ規定ニ拘ハラス戸籍吏ニ於テ作製スルヲ得ヘシ

第二百二十條　登記目錄ノ冊數又ハ紙數カ身分登記簿ニ代用スルニ足ラサル場合ニ於テハ明治三十一年十二月三十一日マテノ身分登記簿ニ限リ戸籍吏ハ第九條ノ規定ニ拘ハラス登記目錄ヲ作製スルト同一ノ手續ニ依リテ之ヲ作製スルコトヲ得

前項ノ規定ハ登記目錄ノ設ナカリシ地ノ身分登記簿ニ之ヲ準用ス

(註記)　戸籍登記目錄ハ加籍目錄除籍目錄異動目錄ノ三種ニ大別シ各目錄ハ分テ各十八種ニシテ符合スルモノアルモ又符合セサルモノモアリテ身分登記簿ノ種類中不足スルモノアリ其冊數ノ不足スルモノ及紙數ノ不足ヲ生シタルモノ又ハ未タ登記目錄ノ設ケナクシテ身分登記簿ニ代用スヘキモノナク新規作製スルモノハ本年ニ限リ戸籍吏ニ於テ作製スルヲ得ヘキコトヲ規定セラレタルモノトス

第二章　身分登記簿編製

身分登記簿ハ毎年之ヲ編製シ毎一年限リ使用ス其用紙ハ美濃十三行罫紙ヲ以テシ戸籍吏ハ毎年十月三十一日マテニ翌年ノ身分登記簿ト爲スヘキ各種ノ簿冊ヲ作製シ左ノ書式ニ依リ請求書ヲ添ヘテ所轄區裁判所ニ送付シテ監督官ノ契印ヲ請求スヘシ戸籍吏監督ノ任アル區裁判所ノ判事其送付ヲ受ケタルトキハ職印ヲ以テ各帳簿トモ毎葉綴目ニ契印シ其表紙ノ裏面ニ簿冊ノ枚數ヲ記シ職名氏名ヲ署シテ職印ヲ押捺シ戸籍吏ニ還付スヘキニ依リ戸籍吏ハ各人届出事件ノ種類ヲ區別シ身分ニ關スル事件ヲ登記スヘシ若シ登記事件多クシテ身分登記簿ノ用紙カ不足スルモ其簿冊ニ足紙綴添等ヲ爲スコトヲ得ス其不足シタル場合ニ於テハ更ニ紙數ノ不足スル簿冊ニ充ツヘキ簿冊ヲ作製シテ前文ノ手續ニ依リ監督官ノ契印等ヲ受ケタル後之ヲ使用スヘシ但本年ニ在テハ戸籍登記目錄ヲ以テ身分登記簿ニ代用シ又更ニ其簿冊ヲ作製スルニ前文ノ手續ヲ要セサルモ明治三十二年一月一日ヨリハ正式ニ依リ作製シタル身分登記簿ニ各人身分ニ關スル事件ヲ登記スヘキニ依リ戸籍吏ハ本年十月三十一日マテニ明年ノ使用ニ充ツヘキ帳簿ヲ作製シテ區裁判所ニ送付シ監督官ノ契印等ヲ請求シテ設備スルヲ要ス又戸籍吏ニ於テ身分登記簿ト爲スヘキ帳簿ヲ作製スルトキハ正本ニ供スヘキモノト副本ニ供スヘキモノトハ其簿冊ノ紙數同一ナラサルヘカラス正本ニ多クシテ副本ニ少ナク副本ニ多クシテ正本ニ少ナキコトナカランコトヲ要ス

（附錄第四號書式）

請求書

明治何年本籍人身分登記簿　正副二冊
　但何々之部紙數何枚
明治何年非本籍人身分登記簿　正副二冊
　但何々之部紙數何枚

右契印請求候也
明治　年　月　日

何市町村戸籍吏氏名　職印

何區裁判所（監督）判事氏名殿

（例）

第八條　身分登記簿ハ一年毎ニ之ヲ編製ス

（註記）　身分登記簿ハ一年毎ニ編製シ一年限リ使用スルモノトス

第九條　戸籍吏ハ豫メ翌年ノ身分登記簿ト爲スヘキ帳簿ヲ作リ監督官ノ契印ヲ請フコトヲ要ス
監督官カ帳簿ノ送付ヲ受ケタルトキハ職印ヲ以テ毎葉ノ綴目ニ契印シ表紙ノ裏面ニ其枚數ヲ記シ職氏名ヲ署シ職印ヲ押捺シテ之ヲ戸籍吏ニ還付スルコトヲ要ス

（註記）　監督官トハ戸籍吏ヲ監督スル官吏ニシテ區裁判所判事ノ一人又ハ監督判事ヲ云フ戸籍吏カ身分登記簿ト爲スヘキ帳簿ヲ作リ監督官ノ契印ヲ請フトキハ其帳簿ノ表紙ニハ豫メ帳簿ノ種類表目ヲ記載シテ裁判所ニ送付スヘキモノトス

第十條　身分登記簿ノ用紙カ不足ナルトキハ戸籍吏ハ更ニ帳簿ヲ作リテ契印ヲ請フコトヲ要ス

（註記）　戸籍吏ニ於テ身分登記簿ノ用紙ニ不足セントスル場合ニ於テハ實際不足ヲ生スルニ至ラサル前其種ノ帳簿ヲ作製シ之ニ表目ヲ記シ其事由ヲ具シテ監督官ノ契印ヲ請フヘシ若シ便宜ニ依リ各種合冊ト爲シタルトキ其内ノ一種乃至數種ノ紙數ニ不足ヲ生スルトキハ其不足ヲ生スヘキ一種乃至數種ノ簿冊ニ充ツヘキ帳簿ノミヲ作リテ契印ヲ請ヒ全合冊ヲ作製セサルモノトス

（備考）　第一編附錄戸籍法取扱手續第一條及第三條參觀

第三章　身分登記簿ノ正本副本保存、滅失及再製補完ニ關スル手續

身分登記簿ハ各人身分ニ關スル公正ノ證據力ヲ有スヘキ必要ノ證書タルヲ以テ其正本ハ役場ニ備ヘテ永久保存セサルヘカラス其副本ハ登記ノ終結シタルトキハ速ニ監督區裁判所ヲ管轄スル地方裁判所ニ納付スヘシ其副本ヲ納付スルトキハ之ニ目錄ヲ添付スヘシ其目錄ハ例ヘハ本籍人身分登記簿出生之部一冊ト記載スルカ如シ而シテ地方裁判所ニ於テ副本ノ納付ヲ受ケタルトキハ亦之ヲ永久保存シ若シ正本ノ全部又ハ一部カ滅失シタルトキハ戸籍吏ハ遲滯ナク其事件ノ年月日帳簿ノ冊數、市町村名等ヲ詳細ニ記載シテ監督區裁判所判事ニ申報スヘシ監督區裁判所判事其申報ヲ受ケタルトキハ相當ノ調査ヲ爲シタル後其旨ヲ管轄地方裁判所長及司法大臣ニ具申シ司法大臣ハ其旨ヲ告示シテ身分登記簿再製又ハ補完ニ付必要ノ處分ヲ命スヘキニ依リ若シ其處分ヲ命セラレタルトキ戸籍吏ハ其命ニ從ヒ其處分ヲ爲スヘキモノトス

（例）

第十一條　身分登記簿ノ正本ハ永久ニ之ヲ戸籍役場ニ保存スルコトヲ要ス

登記ヲ終結シタル身分登記簿ノ副本ハ遲滯ナク之ヲ監督區裁判所ヲ管轄スル地方裁判所ニ送付スルコトヲ要ス

地方裁判所ハ其納付ヲ受ケタル身分登記簿ノ副本ヲ永久ニ保存スルコトヲ要ス

（註記）

登記ヲ終結シタル身分登記簿ノ副本トハ一ケ年中登記ヲ爲シ終リタルモノハ勿論一ケ年ニ滿タサルモ餘紙ナクシテ別ニ帳簿ヲ調製シタルトキハ其餘紙ナキニ至リタル登記簿ノ副本ヲ云フ其一ケ年登記ヲ終結シタル副本ハ翌年一月ニ於テ本條第二項ニ依リ地方裁判所ニ納付シ餘紙ナキニ至リタル登記ノ終結シタル副本ハ其時々遲滯ナク又同上ノ手續ニ依リ地方裁判所ニ納付スヘキモノトス

第十四條　身分登記簿ノ全部又ハ一部カ滅失シタルトキハ司法大臣ハ其旨ヲ告示シ且身分登記簿ノ再製又ハ補完ニ付キ必要ナル處分ヲ命スルコトヲ要ス

（註記）　全部ノ滅失トハ簿冊ノ全體ヲ失ヒタルヲ云ヒ一部ノ滅失トハ簿冊ノ全體ハ之ヲ存スルモ其內ノ或ル部分ノ滅失シタルヲ云フ其全部滅失シタルトキハ再製セサルヘカラサルモ一部ノ滅失シタルトキハ其滅失シタル部分ヲ補ヒ之ヲ完備セシムルヲ要ス此如キ再製ヲ要シ又ハ補完ニ付必要ナル處分ヲ爲スハ司法大臣ノ命令ニ依ラサルヘカラス

（備考）　第一編附錄戶籍取扱手續第九條參觀

第四章　身分登記簿ノ取締

身分登記簿ハ火災水災其他ノ事變ニ依リ滅失ノ虞アル場合ニ於テハ之ヲ避クル爲メニ戶籍役場ノ外ニ持出スコトヲ得ヘシト雖モ其他如何ナル場合ニ於クルモ現ニ使用スル簿冊ハ役場外ニ持出スコトヲ得ス然レトモ登記ヲ終結シタル簿冊ニシテ戶籍役場ニ保存スルモノハ各裁判所又ハ豫審判事ノ命令アリタルトキハ其命令ニ從ヒ役場外ニ持出スコトヲ得ヘシ其命令アリテ役場外ニ持出ストキト雖モ命令以外ノ場所ニ持出スコトヲ得サルハ云フヲ待タサルナリ然リ而シテ現行ノ身分登記簿ハ決シテ役場外ニ出スコトヲ得セシメサルモノハ他ナシ若シ之ヲシテ役場ノ外ニ持出スコトアラハ身分登記ニ付支障ヲ生シ其登記ヲシテ遲滯セシムルト不正ノ登記ヲ爲スヘキトノ虞アルヘケレハナリ

（例）

第十二條　身分登記簿ハ事變ヲ避クル爲メニスル場合ヲ除ク外之ヲ戶籍役場外ニ持出スコトヲ得ス但登記ヲ終結シタル登記簿ニ付キ裁判所又ハ豫審判事ノ命令アリタルトキハ此限ニ在ラス

（註記）　本條ニ云フ裁判所トハ大審院、控訴院、地方裁判所、區裁判所、行政裁判所、陸海軍法衙ヲ總稱シタルモノニシテ是等ノ各裁判所ノ命令タリトモ終結保存ノ登記簿ノ外現ニ使用スルモノハ役場外ニ持出スコトヲ得サルモノトス

第五章　身分登記簿ノ閲覽、登記ノ謄本、抄本ノ請求及其手數料

凡ソ身分登簿記ノ閲覽又ハ登記ノ謄本、抄本ヲ請求スル者アルトキハ其登記カ請求者自家ノ家人ノ身分ニ係ルト他家ノ家人ノ身分ニ係ルトヲ問ハス戸籍吏ハ成規ノ手數料ヲ納付セシメテ之ヲ聽スヘシ登記簿ノ閲覽ヲ爲サシムルトキハ吏員ノ面前ニ於テシ登記ノ謄本、抄本ヲ交付スルトキニ原本ト同一ノ用紙ヲ以テ之ヲ作リ原本ト照校シ人別又ハ事項ノ終リニハ空行ヲ存セス左ニ掲クル附錄第五號ノ書式ニ依リ認證文ヲ附記シ職名氏名ヲ署シ職印ヲ押捺スヘシ而シテ謄本、抄本ノ請求ハ請求者自身又ハ代理者等出頭セサルモ郵送料ヲ納付シテ請求スルトキハ戸籍吏ハ之ヲ郵送交付スヘキモノトス

官吏又ハ公吏カ其職務上身分登記ノ閲覽又ハ謄本、抄本ヲ求ムルトキハ手數料及郵送料ヲ要スルコトナシ」

戸籍吏ニ於テ身分登記簿ノ閲覽又ハ身分登記ノ謄本、抄本ノ請ニ應セサルトキハ戸籍吏ハ書面ヲ以テ請求者ニ其旨ヲ告知スヘシ請求者ニ於テ其處分ヲ不當トスルトキハ第二百三條ニ依リ請求者ハ其戸籍役場所在ノ區裁判所ニ抗告スルヲ得ヘシ裁判所ニ於テ其抗告理由アリトシテ戸籍吏ノ處分正當ノ理由アラストト決定セラレタルトキハ戸籍吏ハ第二百十三條ノ制裁ヲ受クヘキモノトス

又戸籍吏ハ身分登記ニ關スル屆出申請ニ對シ手數料ヲ納メテ受理ノ證明書ヲ請求スル者アルトキハ其證明書ヲ交付スヘシ

身分登記簿ノ閲覽又ハ身分登記ノ謄本、抄本若クハ屆出、申請ニ對スル受理ノ證明書請求ニ關スル手數料ハ左ノ如シ

一身分登記簿ノ閲覽手數料　　金拾錢

一身分登記ノ謄本又ハ抄本ノ手數料　原本一枚ニ付　金拾錢

但一枚ニ滿タサル者ト雖モ一枚トス

一身分ニ關スル屆出又ハ申請ノ受理ノ證明書　一件ニ付　金五錢

（附錄第五號書式）

右謄（抄）本ハ身分登記ノ原本ト相違ナキコトヲ認證ス

明治　年　月　日

何府縣何郡市區町村戸籍吏氏名　印

（例）

第十三條　何人ト雖モ手數料ヲ納付シテ身分登記簿ノ閲覽又ハ登記ノ謄本若クハ抄本ノ交付ヲ請求スルコトヲ得

謄本又ハ抄本ノ交付ヲ請求スル者アルトキハ戸籍吏之ヲ作リ原本ト相違ナキ旨ヲ附記シ職氏名ヲ署シ職印ヲ押捺シテ之ヲ交付スルコトヲ要ス

手數料ノ外郵送料ヲ納付シテ謄本又ハ抄本ノ交付ヲ請求スル者アルトキハ戸籍吏之ヲ送付スルコトヲ要ス

戸籍吏カ閲覽又ハ交付ノ請求ヲ許サヽル場合ニ於テハ書面ヲ以テ其旨ヲ請求者ニ告知スルコトヲ要ス

（註記）　身分登記簿ノ閲覽又ハ登記ノ謄本抄本等ノ請求ハ其閲覽又ハ謄寫若クハ抄錄スヘキ登記簿ノ種類氏名等ヲ申立テ戸籍吏ハ請求者ノ申立ニ依リ其部分ヲ閲覽セシメ又ハ謄寫抄錄スヘキモノニシテ登記ノ謄本トハ其登記ノ全部ヲ謄寫スルモノヲ云ヒ抄本トハ其或ル部分ノ抄錄スルモノヲ云フ

（參照）

●第一　戸籍法ノ規定ニ依リ納付スル手數料　明治三十一年七月十二日司法省令第十三號

戸籍法ノ規定ニ依リテ納付スル手數料ノ金額ノ左ノ通相定ム

第一條　身分登記簿又ハ戸籍簿ノ閲覽ヲ請求スル者ハ金拾錢ヲ納ムヘシ

第二條　身分登記又ハ戸籍ノ謄本若クハ抄本ヲ請求スル者ハ一枚ニ付キ金拾錢ヲ納ムヘシ其一枚ニ滿タサルモノト雖モ亦同シ但枚數ハ原本ニ依リ之ヲ計算ス

第三條　身分又ハ戸籍ニ關スル屆出若クハ申請ノ受理ノ證明書ヲ請求スル者ハ一件ニ付キ金五錢ヲ納ムヘシ

第四條　手數料カ國庫ノ收入ト爲ルヘキ場合ニ於テハ前三條ノ請求ハ書面ヲ以テ之ヲ爲スヘシ

前項ノ場合ニ於ケル手數料ハ登記印紙ヲ請求書ニ貼附シテ之ヲ納ムヘシ

（備考）　第一編附錄戸籍法取扱手續第十一條乃至第十四條參觀

第三編　登記ノ手續

第一章　身分登記ヲ爲シ又ハ登記ノ取消、變更ヲ爲ス手續

戸籍吏ハ身分ニ關スル屆出ヲ受ケ又ハ其屆書ノ送付ヲ受ケ若クハ身分ニ關スル報告、證書ノ謄本又ハ謄本ノ送付、身分ニ關スル事項ヲ記載シタル航海日誌ノ謄本ノ送付、登記ノ取消又ハ變更ノ申請、請求ヲ受ケ其他登記ヲ爲スヘキ裁判ヲ受ケタルトキハ身分登記簿ニ登記スヘシ其登記ノ樣式ハ第四編第二章以下ニ附記シタル例ニ依ルヘシ然レトモ其屆出報告、申請、請求其他ノ手續カ本法ノ規定ニ違ヒタルモノナルトキハ登記ヲ爲スコトヲ得ス

又登記ノ取消變更ノ申請又ハ請求アルモ法律ニ於テ特別ノ規定アル場合ヲ除クノ外之ヲ取消シ又ハ之ヲ變更スルコトヲ得ス法律ニ特別ノ規定アリテ其登記ヲ取消シ又ハ變更スルトキハ其取消又ハ變更ノ登記ハ亦第四編第二章以下ニ附記スル登記書例ノ末ニ記載シタル例ニ準ヒ取消又ハ變更ノ申請又ハ請求ノ目的タル登記ノ欄外ニ之ヲ爲シ登記ノ取消ニ在テハ原登記ヲ抹消シ變更ニ付テハ其申請ノ基本タル裁判ノ趣旨從ニヒテ原登記ヲ變更セサルヘカラサルモノトス

（例）

第十五條　身分登記ハ左ノ場合ニ於テ之ヲ爲ス

一　戸籍吏カ身分ニ關スル屆出ヲ受ケ又ハ其屆書ノ送付ヲ受ケタルトキ
二　戸籍吏カ身分ニ關スル報告ヲ受ケタルトキ
三　戸籍吏カ身分ニ關スル證書ノ謄本ヲ受ケ又ハ其謄本ノ送付ヲ受ケタルトキ
四　戸籍吏カ身分ニ關スル事項ヲ記載シタル航海日誌ノ謄本ノ送付ヲ受ケタルトキ
五　戸籍吏カ登記ノ取消又ハ變更ノ申請若クハ請求ヲ受ケタルトキ
六　戸籍吏カ登記ヲ爲スヘキ旨ノ裁判ヲ受ケタルトキ

（註記）　本條ハ身分登記簿ニ登記スヘキ場合ヲ揭ケタルモノニシテ第三號ノ證書ノ謄本トハ日本人カ外國ニ於テ外國ノ身分登記役場ニ登記ヲ請ヒ身分取扱吏カ彼ノ國法ニ依リ作製シタル謄本ヲ云フ

第十六條　前條ニ揭ケタル場合ト雖モ屆出送付其他ノ手續カ本法ノ規定ニ依リタルモノニ非サレハ登記ヲ爲スコトヲ得ス

（註記）　本條ハ前條ノ除外例ヲ揭ケタルモノニシテ前條ニ於テ例記シタル一乃至六ノ事件ニ關スル

屆出請求等ハ登記セサルヘカラサルコトヲ揭ケ本條ハ前條ニ例記シタル事件ノ屆出等アリタルトキハ必ス登記セサルヘカラサルモ其手續カ此戸籍法ニ規定シタル手續ニ依リ屆出等ヲ爲シタルモノニアラサレハ登記スルコトヲ得サルコトヲ規定セラレタルモノナリ

第十七條　登記ハ法律ニ特別ノ規定アル場合ヲ除ク外之ヲ取消シ又ハ之ヲ變更スルコトヲ得ス

（註記）　法律ニ特別ノ規定アル場合トハ第七十六條末段棄兒發見ノ登記ノ取消、第八十四條認知登記ノ取消又ハ第九十二條ノ養子緣組登記ノ取消等ノ類ヲ云フ又特別ノ規定アル場合ニ於テ登記ノ變更ヲ爲ス場合トハ本法第四章第二十一節ニ規定シタルカ如キ場合ヲ云フ

第二十四條　登記取消ノ登記ハ取消ノ申請又ハ請求ノ目的タル登記ノ欄外ニ之ヲ爲シ原登記ヲ抹消スルコトヲ要ス

（註記）　取消ノ申請又ハ請求ノ目的タル登記ノ欄外ニ之ヲ爲ストハ例ヘハ棄兒ノ父又ハ母カ現出シテ其兒ヲ引取ルトキ既ニ登記アル棄兒發見ノ登記ハ即チ其取消申請ノ目的タルニ依リ其棄兒發見ノ登記ノ欄外ニ其取消ノ登記ヲ爲シ既ニ登記シタル棄兒發見ノ登記即チ原登記ハ之ヲ抹消スヘキモノトス

第二十五條　登記變更ノ登記ハ其目的タル登記ノ欄外ニ之ヲ爲シ且其申請ノ基本タル裁判ノ趣旨ニ從ヒテ原登記ヲ變更スルコトヲ要ス

（註記）　其目的タル登記欄外ニ之ヲ爲ストハ庶子出生ノ登記ヲ嫡出子出生ノ登記ニ變更センコトヲ請求スル場合ニ於テ其庶子出生ノ登記ヲ變更スルハ即チ其目的タルヲ以テ庶子出生ノ登記ノ欄外ニ變更ノ登記ヲ爲スヘシ其申請ノ基本タル裁判ノ趣旨トハ請求ニ依リ庶子出生ノ登記ヲ嫡出子出生ノ登記ニ變更スル判決ハ即チ基本タル裁判ノ趣旨タレハ其趣旨ニ從ヒ原登記即チ庶子出生ヲ嫡

出子出生ノ登記ニ變更スルカ如シ

第二章 登記ニ關スル書類ノ受附取扱方及登記ニ付本籍人非本籍人ノ區別

戸籍役場ニ於テハ毎年受附帳ヲ作製シ置キテ身分及戸籍ニ關スル屆出、報告等ヲ受附ケタルトキハ日次ヲ逐ヒ其順序ニ從ヒ之ニ其件名、差出人、受附ノ年月日及番號ヲ記入シ身分ニ關スル屆出報告等ノ類ニ在テハ其書類ノ餘白ニ受理ノ番號、年月日ヲ記入シ本藉人、非本藉人ヲ區別シ更ニ登記事件ノ區別ニ從ヒ相當ノ登記簿ニ登記スヘシ故ニ例ヘハ本籍人出生ノ屆出ヲ受ケタルトキハ其屆書ニ受附番號及受附ノ年月日ヲ記入シ本籍人身分登記簿中出生ノ登記簿ニ登記スルカ如シ

他ノ本籍人タル者例ヘハ養子、婚姻等ヲ屆出其他ノ事由ニ依リ本籍ヲ移スモノ又ハ本籍人ニシテ本籍地ヲ離レテ他ノ戸籍吏ノ管轄内ニ移ル者ハ皆本籍人身分登記簿ニ登記スヘシ若シ一個ノ登記ニシテ本籍人ト非本籍人トニ關スルトキハ同時ニ本籍人身分登記簿ト非本籍人身登記簿ト雙方ニ登記スヘシ故ニ例ヘハ寄留者ニ於テ本籍人ノ養子トナルノ屆出アリタルトキハ其被登記者ハ本籍人身分登記簿ト非本籍人身分登記簿トニ登記スルカ如シ

若シ登記スヘキ者ノ本籍カ分明ナラサルトキハ其登記ハ非本籍人身分登記簿ニ登記ヲ爲スヘキモノトス故ニ例ヘハ棄兒發見ノ登記ヲ爲ス場合ニ於テハ非本籍人身分登記簿ニ之ヲ爲シ又無籍人ニ關シ登記ヲ爲スカ如キ場合ニ於テハ其被登記者ハ本籍人身分登記簿非本籍人身分登記簿ニ登記スルカ如シ

（例）

第十八條　戸籍吏カ屆出報告其他登記ニ關スル書類ヲ受理シタルトキハ其書類ニ受附ノ番號及ヒ年月日ヲ記載シ遲滯ナク登記ノ手續ヲ爲スコトヲ要ス

（註記）本條ハ從前ノ戸籍事務取扱心得ニ依リ屆書ニ受付ノ番號及年月日ヲ登記スルト敢テ異ナルナキモノトス

第十九條　登記ハ本籍人、非本籍人及ヒ登記ヲ爲スヘキ事件ノ區別ニ從ヒ相當ノ登記簿ニ之ヲ爲スコトヲ要ス

（註記）登記ヲ爲スヘキ事件ノ區別トハ本法第四章第二節乃至第二十一節ニ從ヒ區別スル處ノ各簿冊ノ區別ニシテ即チ第七條第二項ノ區別ニ同シ

第二十條　被登記者ノ本籍カ屆出其他ノ事由ニ因リ戸籍吏ノ管轄ニ歸シ又ハ其管轄ヲ離ルヽ場合ニ於テハ本籍人身分登記簿ニ登記ヲ爲スコトヲ要ス

一個ノ登記ニシテ本籍人及ヒ非本籍人ニ關スルトキハ同時ニ本籍人身分登記簿及ヒ非本籍人身分登記簿ニ登記ヲ爲シ各登記ノ欄外ニ交互參看ノ符號ヲ附記スルコトヲ要ス

（註記）被登記者ノ本籍カ屆出其他ノ事由ニ依リ戸籍吏ノ管轄ヱ歸スルトハ甲本籍人甲者ニ於テ乙本籍人ノ乙者ト養子縁組ノ屆出ヲ爲ストキハ乙者ハ乙本籍人ナルモ甲者ノ養子トナルニ依リ甲者本籍ノ戸籍吏ノ管轄ニ歸スルモノナリ此場合ニ於テ其養子タル乙者ハ甲地ノ戸籍吏ニ於テ本籍人身分登記簿ニ之ヲ登記スヘキモノニシテ其管轄ヲ離ルヽ場合トハ甲本籍ノ甲者ノ弟乙者ニ於テ乙本籍人ト養子縁組ヲ爲シ甲ノ本籍ヲ離レテ乙ノ本籍ニ移ル場合ヲ云フ此場合ニ於テモ亦本籍人身分登記簿ニ登記スヘシ

第二十一條　被登記者ノ本籍カ分明ナラサルトキハ非本籍人身分登記簿ニ登記ヲ爲スコトヲ要ス

（註記）本條ニ付テハ第二十六條ニ記スル處ヲ參照スヘシ

（備考）第一編附錄戸籍法取扱手續第五條參觀

第三章　登記事項

凡ソ登記ハ第四編ニ記載スル處ニ依リ屆出、報告、申請若クハ請求ヲ爲シ又ハ航海日誌ノ謄本ニ記載シタル事項ヲ記載スルモノニシテ證書ノ謄本ニ依リ登記スルトキハ其謄本ニ記載シタル事項ヲ記載スルコトヲ要シ又裁判ニ依リ登記スルトキハ其裁判ヲ以テ命セラレタル登記事項ヲ登記スヘキモノトス故ニ例ヘハ出生ノ屆出ニ依リ之カ登記ヲ爲ストキハ其屆書ニハ第六十八條ニ列記シタル事項ノ記載アルヘキヲ以テ之ヲ列記シ又死刑ノ執行アリテ監獄長ヨリ死亡ノ報告ヲナスハ第百二十五條ニ掲ケタル諸件ヲ具シテ之ヲ爲スヘキニ依リ其報告ニ列記シタル該條ノ事項ヲ登記スルカ如シ戶籍吏ハ前述ノ事項ノ外尙ホ左ノ事項ヲ登記簿ニ記載スルヲ要ス

一　屆出又ハ申請ノ受附ノ年月日但他ノ戶籍吏又ハ官廳ヨリ屆書ノ送付ヲ受ケタル場合ニ於テハ發送者ノ官職氏名及ヒ發送ノ年月日ヲ併記スルコトヲ要ス

二　報告又ハ請求ノ發送及ヒ受附ノ年月日並ニ報告又ハ請求者ノ官職氏名

三　證書又ハ航海日誌ノ謄本ノ發送及ヒ受附ノ年月日並ニ證書又ハ航海日誌ノ作製者及ヒ謄本發送者ノ官職氏名

四　登記ヲ命シタル裁判ノ年月日及ヒ裁判所ノ名

登記スヘキ事實カ第四編第二章乃至第二十一章ニ掲ケタル屆出事件ノ二個以上ニ涉ルトキハ各別ニ登記簿ニ登記スヘシ例ヘハ婿養子緣組事件ナルトキハ養子緣組ト婚姻トヲ各登記簿ニ登記スルカ如シ此場合ニ於テ養子ノ登記簿ニハ養子ニ係ル事項ノミヲ登記シ婚姻ノ登記簿ニハ婚姻ノ事項ノミ登記シ總シテ各必要ノ事項ノミヲ記載シ各登記ノ欄外ニ交互參看ノ符號ヲ附記シテ亦互ニ參照ノ便ニ供スヘシ

（例）

第二十二條　登記ニハ第四章ノ規定ニ依リ屆出、報告、申請若クハ請求ヲ爲シ又ハ航海日誌ノ謄本ニ記載シタル事項ヲ記載スルコトヲ要ス
證書ノ謄本ニ依リテ爲ス登記ニハ其謄本ニ記載シタル事項ヲ記載スルコトヲ要ス

（註記）　第四章ノ規定ニ依ルトハ第四編ノ例規ニ掲ケタル屆出、報告、申請、請求、航海日誌ノ謄本等ノ記載スヘキ事項ノ規定アルニ依リ其各本條ニ記載セラレタル處ニ依リ記載スヘキヲ云フ例ヘハ出生ノ屆出ニ在テハ第六十八條ニ列記シタル事項ハ本條ニ云フ第四章ノ規定ニシテ出生ノ屆出ニ付第六十八條ニ規定シタル事項ヲ記載セサルヘカラサルカ如シ
證書ノ謄本ニ依リ爲ス登記トハ例ヘハ在外國ノ日本人カ其外國ノ法式ニ從ヒ生死、緣組婚姻其他ノ證書ヲ其國ノ身分取扱吏ニ作ラシメ其證書ノ謄本ヲ得テ本人自ラ屆出又ハ外務大臣ヨリ送付セヲレタルトキ戸籍吏ハ其外國ノ法式ニ依リ作リタル證書ノ謄本ニ記載セラレタル事項ハ本法ノ規定ニ異ナル處アルモ其謄本ニ記載シタル處ニ依リ記載シ裁判ヲ以テ命セラレタル登記事項ヲ記スルトハ例ヘハ其事項カ第四章ノ規定ニ異ナルコトアルモ亦裁判ニ依リ命シタル處ニ依リ記載スヘキヲ云フ

第二十三條　登記ヲ爲スヘキ事實カ第四章第二節乃至第二十一節ニ掲ケタル屆出事件ノ二個以上ニ渉ルトキハ各別ニ登記ヲ爲スコトヲ要ス
前項ノ登記ニハ各登記ニ付必要ナル事項ノミヲ記載シ各登記ノ欄外ニ交互參看ノ符號ヲ附スルコトヲ要ス

第二十八條　登記ニハ第二十二條ニ規定シタルモノノ外左ノ事項ヲ記載スルコトヲ要ス

（註記）　本條ニ列記ノ事項即チ第一號以下四號ハ本文ニ列記シタルニ依リ略ス

第四章　本籍不明者登記後本籍分明シタルトキ及國籍喪失者屆出ナキトキ登記ノ手續

本籍分明ナラサルニ依リ非本籍人登記簿ニ登記シタル後其本籍カ分明トナリテ其屆出又ハ報告アリテ非本籍人タルコト判明シタルトキハ更ニ非本籍人身分登記簿ニ登記アリシニ依リ原登記ノ欄外ニ其登記ヲ爲スヘシト雖モ若シ其分明シタル者カ本籍人ナリシトキハ更ニ本籍人身分登記簿ニ其登記ヲ爲シ其登記ト原登記即チ非本籍人身分登記簿ニ登記シタル各登記ノ欄外ニ交互參看ノ符號ヲ附記スヘキモノトス

本籍ノ分明セサル者ノ本籍カ分明シタルノ屆出又ハ報告アリタルニ依リ前項ノ如ク登記シタル後更ニ其者ノ本籍ニ付屆出又ハ報告アリタルトキハ其屆出又ハ報告アリタルコト其屆出又ハ報告アリタル年月日ヲ登記ノ欄外ニ登記スルヲ以テ足レリトス故ニ例ヘハ本籍不明ナル在監ノ囚徒カ兒子ヲ産ミタルニ依リ監獄長ヨリ出生ノ報告アリタルヲ以テ戶籍吏ニ於テ非本籍人身分登記簿ニ出生ノ登記ヲ爲シタル後其在監人ノカ分明トナリ隨テ既ニ登記シタル子ノ本籍カ分明トナリ監獄長ヨリ其報告ヲ受ケテ前項ノ如ク登記シタル本籍後其父又ハ母ヨリ更ニ其屆出ヲ爲シタルカ如シ

第十九章第二節ノ末項ニ記述シタル如ク日本ノ國籍ヲ失ヒタル者ニ於テ國籍喪失ノ屆出ヲ爲サヽリシトキハ戶籍吏ハ管轄區裁判所ニ申請シ其許可ヲ得テ國籍喪失ノ登記ヲ爲スヘキモノトス

(例)

第二十六條　本籍分明ナラサル者ノ登記ヲ爲シタル後其者ノ本籍カ分明ト爲リタル旨ノ屆出又ハ報告アリタルトキハ原登記ノ欄外ニ其登記ヲ爲スコトヲ要ス

本籍分明ト爲リタル者カ本籍人ナリシトキハ前項ノ規定ニ依ラス更ニ本籍人身分登記簿ニ登記ヲ爲シ其登記及ヒ前登記ノ欄外ニ交互參看ノ符號ヲ附記スルコトヲ要ス

前二項ノ登記ヲ爲シタル後其者ノ本籍ニ付キ更ニ届出又ハ報告アリタルトキハ届出又ハ報告アリタルコト及ヒ其年月日ヲ登記ノ欄外ニ記載スルヲ以テ足ル

（註記） 被登記者ノ本籍不分明ナルトキ非本籍人身分登記簿ニ登記スルコトハ第二章ニ記載スル處ヲ參看スヘシ

第二十七條 日本ノ國籍ヲ失ヒタル者カ國籍喪失ノ届出ヲ爲サヽリシトキハ戸籍吏ハ戸籍役場ノ所在地ヲ管轄スル區裁判所ノ許可ヲ得テ國籍喪失ノ登記ヲ爲スコトヲ要ス

（註記） 國籍喪失トハ日本人カ外國ノ國籍ニ入リ日本人タルノ身分ヲ失ヒタルヲ云フ

第五章　登記ノ文字及登記ノ方法

登記ヲ爲スヘキ文字ハ字畫明瞭ニシテ略字又ハ符號等ヲ用ユヘカラス故ニ其文字ハ成ルヘク楷書ヲ以テ記スルヲ要ス又年月日時及年齡ヲ記スル數字ハ一二三十ノ字ヲ用ユヘカラス一二三十ノ文字ハ壹貳參拾ノ文字ヲ用ユヘシ

文字ノ書損、誤寫、脱字等アルモ改竄スルヲ得ス其書損アリテ削除シ誤寫アリテ訂正シ脱字アリテ挿入スルトキハ削除スヘキ文字ハ朱線ヲ施シ其傍ニ訂正スル處ノ文字ヲ記シ又ハ欄外ニ訂正、挿入ノ文字及字數ヲ記載スヘシ此場合ニ於テハ其文字ノ前後ニ括弧ヲ附シ戸籍吏之ニ認印スヘシ其法例ヘハ（何何）何字ハ（何何）ノ何字ノ誤寫ニ付訂正（何字）ト（何字）ノ間ニ（何何）ノ何字ヲ挿入ス何字ノ下（何）ノ何字ヲ削除スト記載スルカ如シ然リ而シテ其削除ニ係ル文字ハ塗抹シテ之ヲ失フヘカラス其字體ハ尙ホ之ヲ存シテ明カニ讀ミ得ルコトヲ要ス

本籍不明ノ被登記者ニシテ本籍分明トナリタル届出アリテ原登記ノ欄外ニ之ヲ登記スルカ如キ特別ノ規定アル場合ハ受附ノ順序及日次ニ拘ハラス登記セサルヘカラサルモ其他ノ事件ニ在テハ日次ヲ逐ヒ受附ノ順

序ニ從ヒ一事件毎ニ番號ヲ付シテ登記シ前後ノ登記相接續シテ用紙ニ空行ヲ存スルコトナカランコトヲ要ス而シテ登記ヲ爲シタルトキハ每事件其文末ニ戸籍吏ノ認印スルコトヲ要ス又戸籍吏ノ職務ヲ代理スヘキ者カ爲シタル登記ハ代理ト記シテ認印スヘキモノトス

若シ登記ノ欄外ニ登記ヲ爲スニ際シ用紙ニ餘白ナキトキハ掛紙ヲ爲シテ之ニ登記シ本紙ト掛紙トヲ綴目ニ戸籍吏ノ職印ヲ以テ契印ヲ爲スヘキモノトス

（例）

第二十九條　登記ヲ爲スニハ略字又ハ符號ヲ用ヰス字畫明瞭ナルコトヲ要ス

年月日時及ヒ年齡ヲ記スル數字ニハ一二三十ノ字ヲ用ヰスシテ壹貳參拾ノ字ヲ用ユルコトヲ要ス

文字ハ之ヲ改竄スルコトヲ得ス若シ訂正、挿入又ハ削除ヲ爲シタルトキハ其字數ヲ欄外ニ記載シ又ハ文字ノ前後ニ括弧ヲ附シ戸籍吏之ニ認印シ其削除ニ係ル文字ハ尙ホ明カニ讀得ヘキ爲メ字體ヲ存スルコトヲ要ス

（註記）　本條文字ヲ削除スルニ朱線ヲ施ス等ノ明文ナキニ依リ其文字ハ墨引等ヲ爲シテ之ヲ削除スルモ讀ミ得ヘキ爲メ字體ヲ存スルニ於テハ妨ケナカルヘシト雖モ明カニ讀ミ得ヘクスルハ墨引ヨリモ尙朱線ヲ施スニ然カサルヲ以テ本文朱線ヲ施シテ削除セシコトヲ記載シタリ

第三十條　登記ハ特別ノ規定アル場合ヲ除ク外日次ヲ逐ヒ事件受附ノ順序ニ從ヒテ之ヲ爲シ一事件毎ニ番號ヲ附シ用紙ニ空行ヲ存セス前後ノ登記ヲ接續セシムルコトヲ要ス

（註記）　特別ノ規定アル場合ノ外ハ登記ハ日ヲ逐ヒ一事件毎ニ番號ヲ付シ其受附ノ番號ヲ逐ヒ順次ニ之ヲ記載スヘキモノニシテ日次及番號ノ前後シ順序ニ違フコトナク用紙ニ空行ヲ存セス前後ノ登記接續スルヲ要スルモノトス

第三十一條　戸籍吏ハ登記ヲ爲シタル毎ニ其文末ニ認印スルコトヲ要ス
（註記）戸籍吏ハ一文ノ終ニ認印シテ爾後書足シ等ヲ爲スコト得サラシムルヲ要ス
第三十二條　欄外登記ヲ爲スヘキ場合ニ於テ用紙ニ餘白ナギトキハ掛紙ヲ以テ之ニ充ツルコトヲ得此場合ニ於テハ戸籍吏ハ職印ヲ以テ掛紙ト本紙トニ契印ヲ爲スコトヲ要ス
（備考）第一編附錄戸籍法取扱手續第十條參觀

第六章　被登記者ノ本籍轉屬等ニ關スル登記其他ノ手續

凡ソ戸籍吏ノ管轄ヨリ他ノ戸籍吏ノ管轄ニ本籍ヲ轉屬スヘキ事件ノ屆書ハ第五十三條第二項ニ依リ正本副本ノ二通ヲ提出スヘキニ依リ本籍戸籍吏ニ於テ其屆出ヲ受理シタルトキハ本籍戸籍吏ハ其事件ヲ身分登記簿ニ登記シタル後遲滯ナク其屆書ノ正本ヲ新管轄地即チ轉屬スル地ノ戸籍吏ニ送付スヘキモノニシテ例ヘハ甲戸籍吏ノ管轄內ニ本籍ヲ有スル甲者カ其妻ト離婚シ妻ハ其實家乙戸籍吏ノ管轄地ナル乙家ニ復籍スル場合ニ於テハ離婚屆出ハ現籍地即チ甲戸籍吏ニ之ヲ爲スヘキニ依リ甲戸籍吏ハ本籍人身分登記簿ニ登記シ該屆書ノ正本ヲ其復籍スヘキ地即チ乙戸籍吏ニ送附スルカ如シ之ニ反シ他ノ戸籍吏ノ管轄內ニ本籍ヲ有スル者ニシテ此戸籍吏ノ管轄內ニ本籍カ轉屬スヘキ事件ノ屆出アリタル場合ニ於テハ又正副二本ノ屆書ヲ提出スヘキニ依リ其事件ヲ身分登記簿ニ登記シタル後戸籍吏ハ其正本ヲ留メ副本ヲ遲滯ナク舊本籍地管轄ノ戸籍吏ニ送付スヘキモノトス例ヘハ甲戸籍吏ノ管轄內ニ本籍ヲ有スル乙者ト養子緣組ヲ爲シ甲者カ乙者ヲ養子ト爲スノ屆出アリタルトキ甲戸籍吏ハ本籍人身分登記簿ニ緣組ノ登記ヲ爲シタル後其屆書ノ副本ヲ乙者ノ舊本籍地ノ乙戸籍吏ニ送付スルカ如シ若シ非本籍人ニシテ一ノ戸籍吏ノ管轄內ヨリ他ノ戸籍吏ノ管轄內ニ本籍ヲ轉屬スヘキ事件ノ屆出ヲ爲ス場合ニ於テハ屆出人ハ第五十三條第二項ノ後段ノ明文ニ依リ正本一通副本二通ヲ提出スヘキニ依リ其所在地ヲ管轄スル戸籍吏カ其

屆書ヲ受理シタルトキハ其事件ヲ非本籍人身分登記簿ニ登記シタル後副本一通ヲ止メ正本ヲ新本籍ノ戸籍吏ニ送付シ副本ヲ舊本籍ノ戸籍吏ニ送付スヘキモノトス故ニ例ヘハ甲戸籍吏ノ管轄内ニ本籍ヲ有シテ乙戸籍吏ノ管轄内ニ住居スル者丙戸籍吏ノ管轄内ニ本籍ヲ有スル者ヲ娶リ之ト婚姻シ其所在地ナル乙戸籍吏ニ屆出タル場合ニ於テハ乙戸籍吏ハ非本籍人身分登記簿ニ登記シ屆書ノ正本ヲ甲戸籍吏ニ送付シ副本ヲ丙戸籍吏ニ送付スルカ如シ

前文ノ外被登記者ノ本籍カ屆出ヲ受ケタル戸籍吏ノ管轄ニ屬セス又ハ屆出事件ノ爲メ其管轄ニ轉屬スル者ニモアラサルトキ屆出ヲ受ケタル戸籍吏ハ其事件ノ登記ヲ爲シタル後遲滯ナク其屆書ノ正本ヲ其本籍地ヲ管轄スル戸籍吏ニ送付スヘキモノトス故ニ例ヘハ非本籍人ヨリ出生ノ屆出ヲ受ケタルトキハ戸籍吏ハ其事件ヲ非本籍人身分登記簿中出生登記簿ニ登記シ然ル後速ニ出生屆ノ正本ヲ其本籍戸籍吏ニ送付スルカ如シ

養子縁組婚姻無效ノ申請ノ如ク屆出以外ノ事由ニ因リ被登記者ノ本籍カ他ノ戸籍吏ノ管轄ニ轉屬シ若クハ其申請ヲ受ケタル戸籍吏ノ管轄以外ニ於テ一ノ戸籍吏ノ管轄ヨリ他ノ戸籍吏ノ管轄ニ轉屬スル場合ニ於テハ戸籍吏ハ其受附シタル書面ノ謄本ヲ作リテ其謄本ヲ以テ屆出ノ副本ニ代ヘ新舊管轄ノ戸籍吏ニ送付スヘシ但其事由ニ依リ被登記者ノ本籍カ戸籍吏ノ管轄ニ屬セサルトキ亦同シ

(例)

第三十三條　被登記者ノ本籍カ屆出ニ因リ戸籍吏ノ管轄ヨリ他ノ戸籍吏ノ管轄ニ轉屬スル場合ニ於テハ戸籍吏ハ登記ヲ爲シタル後遲滯ナク屆書ノ正本ヲ新管轄ノ戸籍吏ニ送付スルコトヲ要ス

被登記者ノ本籍カ他ノ戸籍吏ノ管轄ヨリ戸籍吏ノ管轄ニ轉屬スル場合ニ於テハ戸籍吏ハ登記ヲ爲シタル後遲滯ナク屆書ノ副本ヲ舊管轄ノ戸籍吏ニ送付スルコトヲ要ス

(解釋)　被登記者ノ本籍カ屆出ニ因リテ戸籍吏ノ管轄ヨリ他ノ戸籍吏ノ管轄ニ轉屬スルトハ隱居又

ハ家督相續ノ屆出ノ如キハ其屆出ニ因リ隱居者又ハ家督相續者ノ本籍カ他ノ戸籍吏ノ管轄ニ轉セサルモ他ノ戸籍吏ノ管轄ニ於テ本籍ヲ有スル者ト養子緣組婚姻ヲ爲スカ如キハ養子緣組婚姻ヲ爲ス者ノ本籍カ養子緣組婚姻ヲ爲スノ屆出ニ依リ其本籍カ他ノ戸籍吏ノ管轄ニ轉屬スルモノナリ但本條ノ場合ニ於テハ其屆書ハ正副二本ヲ作ルヘキニ付本條第一項ノ場合ノ如キ被登記者ノ本籍カ戸籍吏ノ管轄ヲ離レテ他ノ戸籍吏ノ管轄ニ轉屬スルトキハ舊本籍戸籍役場ニハ副本ヲ留メテ正本ヲ新本籍ノ戸籍吏ニ送付シ被登記者ノ本籍カ他ノ戸籍吏ノ管轄ヨリ轉屬スル場合ニ於テハ新本籍ノ戸籍役場ニハ正本ヲ留メテ副本ヲ舊戸籍吏ニ送附スルモノトス

第三十四條　被登記者ノ本籍カ屆出ヲ受ケタル戸籍吏ノ管轄以外ニ於テ一ノ戸籍吏ノ管轄ヨリ他ノ戸籍吏ノ管轄ニ轉屬スル場合ニ於テハ其屆出ヲ受ケタル戸籍吏ハ登記ヲ爲シタル後遲滯ナク屆書ノ正本ヲ新管轄ノ戸籍吏ニ送付シ其副本一通ヲ舊管轄ノ戸籍吏ニ送付スルコトヲ要ス

（註記）　本條ハ非本籍人ノ屆出事件ニ因リ被登記者カ本籍以外ノ戸籍吏ノ管轄ニ本籍ヲ轉屬スル場合ニ於テ其屆書ヲ受ケタル戸籍吏ノ取扱方ヲ揭ケタルモノニシテ此場合ニ於テハ屆出人ハ其屆書ノ正本一通副本二通ヲ差出スヘキニ依リ副本一通ハ之ヲ其戸籍役場ニ留メ正本ヲ新管轄ノ戸籍吏ニ送付シ他ノ副本一通ヲ舊管轄ノ戸籍吏ニ送付スヘキモノトス

第三十五條　前二條ノ場合ヲ除ク外被登記者ノ本籍カ戸籍吏ノ管轄ニ屬セサルトキハ戸籍吏ハ登記ヲ爲シタル後遲滯ナク屆書ノ正本ヲ管轄戸籍吏ニ送付スルコトヲ要ス

（註記）　本條ハ非本籍者カ屆出タル登記ノ事件本籍ノ轉屬等ニ關係セサル事件ナルヲ云フ今一例ヲ擧クレハ非本籍人ヨリ出生死亡等ノ如キ被登記者ノ本籍轉屬ニ關係セサル屆出アリタル場合ニ於テハ非本籍人管轄ノ戸籍吏ハ非本籍人身分登記簿中其屆出事件ノ該當スル登記簿ニ登記シ屆書ノ

謄本ハ其役場ニ留メ正本ヲ本籍ノ戸籍吏ニ送付スヘキモノトス

第三十六條　第三十三條及ヒ第三十四條ノ規定ハ届出以外ノ事由ニ因リ被登記者ノ本籍カ移轉スル場合ニ之ヲ準用ス

前項ノ場合ニ於テハ戸籍吏ハ其受附ケタル書面ノ謄本ヲ作リ其謄本ヲ以テ届書ノ副本ニ代フルコトヲ要ス届出以外ノ事由ニ因リ登記ヲ爲シタル場合ニ於テ被登記者ノ本籍カ戸籍吏ノ管轄ニ屬セサルトキ亦同シ

（註記）　届出以外ノ事由ニ因リ本籍カ移轉スルトハ報告、申請、請求、證書及謄本ノ送付等ニ於ケル登記事件ヨリシテ被登記者ノ本籍カ移轉スル場合ヲ云フ此場合ニ於テハ其事件ニ依リ本籍カ他ノ戸籍吏ノ管轄ニ轉屬シ又ハ他ノ戸籍吏ノ管轄ヨリ轉屬シ若クハ戸籍吏ノ管轄以外ニ於テ一ノ戸籍吏ノ管轄ヨリ他ノ戸籍吏ノ管轄ニ轉屬スルモ届出事件ト異ナリ別ニ其副本等アラサルヲ以テ戸籍吏ニ於テ受附書面ノ謄本ヲ作リ新舊本籍管轄ノ戸籍吏又ハ本籍及ヒ轉籍所屬ノ戸籍吏ニ送付シ若シ又被登記者カ非本籍人ニシテ其事件カ本籍以外ノ戸籍吏ニ關係セサルトキモ戸籍吏ハ其謄本ヲ作リテ本籍ノ戸籍吏ニ之ヲ送付スルモノトス

第七章　登記ニ關シ受附ケタル届書其他ノ書類取扱方

身分ニ關スル書面ヲ受テ身分登記簿ニ登記ヲ爲シタルトキ届書其他ノ書類又ハ登記簿ノ區別ニ從ヒ登記ノ番號及ヒ年月日ヲ記載シ又ハ登記簿ノ區別ニ從ヒ各別ニ編綴シ之ニ目錄ヲ附スヘシ其番號年月日等ヲ記載スルハ恰モ戸籍ニ關スル該届書ヲ登記目錄ニ記入シテ其書類ニ番號及ヒ年月日ヲ記載スルト同シ

又登記ニ關シ受附ケタル届書其他ノ書類ハ一ケ月毎ニ取纒メ翌月ノ始メニ於テ前月分ヲ監督區裁判所ニ送付スヘシ監督區裁判所ハ之ヲ受ケテ保存スルヲ要ス其保存ノ期間ハ司法大臣ノ定ムル所ニ據ルヘシ

（例）

第三十七條　登記ヲ爲シタルトキハ屆書其他登記ニ關シテ受附ケタル書類ニ登記ノ番號及ヒ年月日ヲ記載シ登記簿ノ區別ニ從ヒ各別ニ之ヲ編綴シ且之ニ目錄ヲ附スルコトヲ要ス

（註記）　其他登記ニ關シ受附ケタル書類トハ屆書ノ外ノ書類ニシテ報告書、申請書、請求書、證書ノ謄本、航海日誌ノ謄本等ヲ云フ登記簿ノ區別ニ從フトハ本籍人、非本籍人及第四章第二節以下ノ各種類ニ依リ區別スルヲ云フ各別ニ編綴スルトハ例ヘハ本籍人出生屆書、非本籍人出生屆書、本籍人死亡屆書非本籍人死亡屆ト種類毎ニ編綴スルヲ云フ

第三十八條　前條ノ書類ハ一个月毎ニ遲滯ナク之ヲ監督區裁判所ニ送付シ監督區裁判所ハ之ヲ保存スルコトヲ要ス

書類ヲ保存スヘキ期間ハ司法大臣之ヲ定ム

（註記）　登記ニ關シ受附タル書類ヲ監督區裁判所ニ送付スルハ各種類毎ニ區別編綴シ之ニ種類分ケノ目錄ヲ添ヘテ送付スヘキモノトス

（備考）　第一編附錄第五條參照

第八章　登記簿副本ノ謄寫、登記ノ副本送付後欄外登記ヲ爲シタルトキノ手續

戸籍吏ニ於テ身分登記簿ニ登記ヲ爲シタルトキハ其都度同一ノ手續ニ依リ遲滯ナク其登記シタル全文ヲ登記簿ノ副本ニ謄寫スルコトヲ要ス而シテ登記ヲ終結シタルトキハ其副本ハ地方裁判所ニ送付スヘキ成規ニ依リ地方裁判所ニ送付シタル後其正本ノ欄外ニ登記ヲ爲シタルトキハ戸籍吏ハ遲滯ナク登記ノ謄本ヲ作リ職氏名ヲ署シ職印ヲ押捺シテ地方裁判所ニ送付スヘキモノトス

地方裁判所ニ於テ前項ノ謄本ノ送付ヲ受ケタルトキ地方裁判所長ハ送付ヲ受ケタル登記ノ謄本ヲ登記簿ノ副本中原登記欄外ニ貼付シ謄本ト本紙トニ職印ヲ以テ契印スルヲ要ス

(例)

第三十九條　戸籍吏ハ登記ヲ爲シタル毎ニ登記ヲ爲スト同一ノ手續ニ依リ遲滯ナク其全文ヲ登記簿ノ副本ニ謄寫スルコトヲ要ス

登記簿ノ副本ヲ地方裁判所ニ送付シタル後欄外登記ヲ爲シタル場合ニ於テハ戸籍吏ハ遲滯ナク其登記ノ謄本ヲ作リ職氏名ヲ署シ職印ヲ押捺シ之ヲ地方裁判所ニ送付スルコトヲ要ス

地方裁判所長ハ前項ノ規定ニ依リ送付ヲ受ケタル登記ノ謄本ヲ登記簿ノ副本中相當登記ノ欄外ニ貼付シ職印ヲ以テ謄本ト本紙トニ契印ヲ爲スコトヲ要ス

第九章　登記ノ錯誤遺漏ヲ發見シタルトキ取扱方及登記終結ノ手續

登記ヲ爲シタル後戸籍吏ニ於テ其登記ノ錯誤又ハ遺漏アルコトヲ發見シタルトキハ速ニ之ヲ其届出人又ハ登記事件ノ本人ニ通知スヘシ

毎年末ニ於テ一年ノ登記ヲ終結シ又ハ登記簿ノ用紙ヲ用ヒ盡シテ其登記簿ノ終結シタル場合ニ於テハ戸籍吏ハ其登記簿ノ最終ニ登記シタル次ニ第四編第二章ニ附記シタル附錄第一號樣式ノ終末ニ掲ケタル如ク附記シテ戸籍吏ノ職名ヲ記載シ職印ヲ押捺スヘキモノトス

(例)

第四十條　登記ヲ爲シタル後其登記ニ付キ錯誤又ハ遺漏アルコトヲ發見シタルトキハ戸籍吏ハ遲滯ナク之ヲ届出人又ハ登記事件ノ本人ニ通知スルコトヲ要ス

(註記)　登記事件ノ本人トハ即チ被登記者ヲ云フ

第四十一條　戸籍吏ハ毎年末ニ於テ最終登記ノ次行ニ終結ノ旨ヲ記載シ職氏名ヲ署シ職印ヲ押捺スルコトヲ要ス
前項ノ規定ハ最終登記ヲ爲ス前登記簿ノ用紙ヲ用井盡シタル場合ニ之ヲ準用ス
（備考）第四編第一章第四節第二欵登記書例參觀

第四編　身分ニ關スル屆出

前加　屆出及登記目錄記載ニ關スル通則

戸籍吏ニ於テ身分登記目錄ニ登記スルノ方法手續ハ既ニ前章各節ニ記載シタルヲ以テ玆ニ再言ヲ要セサルモ尙ホ書例ニ於テハ各事項ノ屆出書例ト共ニ本年七月第五號ヲ以テ司法大臣ヨリ訓令セラレタル附錄第一號ノ書例ヲ本編各章ニ分別附記ス而シテ其備考トシテ該書例ノ末尾ニ附記セラレタル事項ヲ左ニ掲載ス身分登記簿ノ登記ハ勿論屆書作製ニ付テモ彼是參看セラレンコトヲ要ス

備考

一　本籍地ヲ記載スルニハ其地名ノ上ニ本籍地ナル文字ヲ記セス寄留地若クハ所在地又ハ住所ヲ記載スルトキニ限リ其旨ヲ記ス

二　本籍地寄留地若クハ所在地又ハ住所ヲ記載スルニ當リ其戸籍役場所在地ノ府縣名區ヲ設ケアル市ニ於テハ市名ハ之ヲ畧ス

三　同一ノ登記番號內ニ登記ヲ爲スニ當リ既ニ他ノ資格ヲ以テ屆出人ノ本籍地、族稱、職業及ヒ生年月日ヲ記載シタルトキハ屆出人トシテ之ヲ記載スヘキ場合ニ前ニ記載シタル事項ヲ畧ス

四　父母ノ氏及ヒ族稱、本籍地ヲ同フスルヲ以テ常トセルニ因リ之ヲ異ニスル場合ノ外母ニ付テハ之ヲ記

載セス又母無職業ナルトキハ別段無職業ト記載セス
戸主ト家族トノニ在テハ戸主ヲ家族ノ肩書トスルトキニ限リ戸主ノ氏ヲ略シ戸主ト家族トヲ書キ下ストキハ家族ノ氏ヲ略ス又族稱、職業、本籍地ヲ記載スルノ必要アル場合ニハ家族ニ付テハ其同一事項ニ限リ之ヲ畧ス
父母戸主ノ家ニ本籍ヲ有スルトキハ其父母ニ付戸主ト同一事項ヲ略ス
何レノ場合ト雖モ省畧ノ爲メ錯雜ヲ招クノ虞アルトキハ同一事項ヲ記載ス

五　登記番號ノ下ニ例ヘハ(戸六八、六九ノ三、民七三五ノ(三))トアルハ戸籍法第六十八條第六十九條第三項民法第七百三十五條第三項ヲ畧セルモノニシテ登記例毎ニ參考ノ爲メ關係ノ正條ヲ示シタルニ過キス

六　欄外ニ登記取消ノ登記ヲ爲シタルトキハ原登記ニ朱線ヲ交叉セルモノトス

第一章　通則

第一節　身分ニ關スル屆出ヲ爲スヘキ場所及屆書ヲ作製スルノ法式並屆書其他ノ書面ニ署名捺印スヘキ規定

凡ソ身分ニ關スル屆出ハ本籍地ノ戸籍吏ニ之ヲ爲スヘキモノナリ然レトモ屆出人カ本籍地ニアラサルトキハ其屆出ハ所在地ノ戸籍吏ニ之ヲ爲スコトヲ得ヘシ若シ屆出人カ本籍ヲ有セサルトキハ其所在地ヲ以テ本籍地ト看做スヘキモノトス故ニ例ヘハ甲地ニ本籍ヲ有スル者カ乙地ニ寄留シ又ハ乙地ニ滯在スルトキ其寄留地又ハ滯在地ニ於テ出生死亡者等アリシトキハ其出生死亡ハ其所在地即チ寄留地又ハ滯在地ノ戸籍吏ニ其屆出ヲ爲スコトヲ得ヘシ又其死亡ノ屆出ヲ爲シタル者カ無籍者ニシテ本籍ヲ有セサリシトキハ其所在地ヲ以テ本籍地ト看做シ其死亡ノ登記ハ本籍人身分登記簿ニ登記セラルヘキモノトス

總シテ身分ニ關スル屆出ハ書面ヲ以テシ其書面ニハ屆出事件ト屆出ノ年月日及ヒ屆出人ノ族稱、職業、出

生ノ年月日及本籍地ヲ記載シ届出人署名捺印スルコトヲ要ス若シ届出事件カ届出ノ本人ト届出事件ノ本人ト異ナルトキハ其届書ニ届出本人ト届出事件ノ本人トノ續柄ヲ記載スルコトヲ要シ又其届出人カ家族ナルトキハ其届書ニハ戸主ノ氏名ヲ記載シ且届出人ト戸主トノ續柄ヲ記載スヘキモノトス若シ正當ノ事由アルトキハ届出人ハ其理由ヲ陳述シ口頭ヲ以テ戸籍吏ニ其届出ヲ爲スコトヲ得ヘシ口頭ヲ以テ届出ヲ爲シタルトキハ戸籍吏ハ届出人ノ陳述ヲ聞キテ之ヲ筆記シ其届書ヲ作製スヘシ其方法ニ於ケル第五節ニ記述スル處ニ依ルヘキモノトス

凡ソ届書ハ勿論其他ノ書類ニ在テ本法ノ規定ニ依リ其届出人及ヒ其他ノ者カ署名捺印スヘキ場合ニ於テハ本人自ラ署名シ實印ヲ押捺スルコトヲ要ス若シ本人印ヲ有セサルトキハ自ラ署名シ自ラ署名シ能ハサルトキハ名ヲ代署セシメテ捺印スルヲ以テ足レリトス若シ自ラ署名スル能ハス又印ヲ有セサルトキハ其名ヲ代署セシメテ拇印スルヲ以テ足ルヘシ其捺印セス又ハ名ヲ代署セシメテ拇印シタル場合ニ於テハ其書面ニ代署セシメタルノ事由ヲ附記シ代署シタル者ハ其名ヲ署シ捺印スヘキモノトス

（例）

第四十二條　身分ニ關スル届出ハ其届出人ノ本籍地ノ戸籍吏ニ之ヲ爲スコトヲ要ス但其届出人カ本籍地外ニ在ル場合ニ於テハ其所在地ノ戸籍吏ニ届出ヲ爲スコトヲ得

届出人カ本籍ヲ有セサルトキハ其届出ニ關シテハ所在地ヲ以テ本籍地ト看做ス

（註記）　本條ハ身分ニ關スル届出ヲ爲ス塲所ニ付一般ノ規定ヲ設ケラレタルモノニシテ身分ニ關スル届出ハ通常届出人ノ本籍地若クハ所在地ノ戸籍吏ニ其届出ヲ爲シ若シ各本條特ニ其届出ヲ爲スヘキ戸籍吏ヲ規定セラレタルモノハ其明文ニ依リ其戸籍吏ニ届出ツヘキモノトス故ニ例ヘハ養子縁組、婚姻ノ届出ノ如キハ養親ノ本籍又ハ夫ノ本籍地又ハ所在地ノ戸籍吏ニ届出ツヘキ明文アルニ依リ其明文ニ從ヒ屆出ヲ爲スヘキモ離緣、離婚ノ如キニ在テハ別ニ明文ナキニ依リ其本籍即チ養親若クハ夫ノ本籍地又ハ所在地ノ戶籍吏ニ屆出ヲ爲スカ如シ
本條第二項ニ於テ屆出人カ本籍ヲ有セサルトキハ屆出ニ關シ所在地ヲ以テ本籍地ト看做スヘキコトヲ規定セラレタルモノハ之カ登記ヲ爲スニ付身分登記簿ノ種類如何ノ區別ヲ定メラルヘキ必要アルニ依ルモノトス

第四十三條　屆出ハ書面ヲ以テ之ヲ爲スコトヲ要ス但正當ノ事由アルトキハ屆出人ハ戶籍吏ニ其理由ヲ陳述シ口頭ニテ屆出ヲ爲スコトヲ得

（註記）　前條ハ屆出ニ付テノ原則ヲ揭ケタルモノニシテ但書ニ在テハ其除外例ヲ示セルモノトス正當ノ事由アルトハ屆出人カ不學ニシテ讀書シ能ハサルカ又ハ疾病等ニ依リ文字ヲ書スル能ハサル場合ヲ云フ但シ口頭屆出ニ關シテハ第五節ニ記載スル處ト之ニ附記スル第五十四條第五十六條ノ記註ヲ參觀スヘシ

第四十四條　屆書ニハ左ノ事項ヲ記載シ屆出人之ニ署名捺印スルコトヲ要ス
一　屆出事件
二　屆出ノ年月日
三　屆出人ノ族稱、職業、出生ノ年月日及ヒ本籍地

第四十五條　屆出人ト屆出事件ノ本人ト異ナルトキハ屆書ニ其間ノ續柄ヲ記載スルコトヲ要ス
屆出人カ家族ナルトキハ屆書ニ戶主ノ氏名及ヒ屆出人ト戶主トノ續柄ヲ記載スルコトヲ要ス

（註記）　屆出人ト屆出事件ノ本人ト異ナルトハ例ヘハ養子緣組ノ屆出ヲ爲スニ其養子タル者ニ於テ屆出スシテ其父母ヨリ屆出ツルカ如キヲ云フ此場合ニ於テハ本人ト屆出人トノ續柄ヲ屆書ニ記載

スヘシ又例ヘハ甲戸主ノ妹カ私生子ヲ擧ケ其私生子ノ届出ヲ爲ス如ク届出人カ戸主ニアラサルトキハ其戸主ノ氏名ト届出人ト戸主トノ續柄即チ戸主ノ妹タルコトヲ記載スヘキモノトス

第二百十八條　本法ノ規定ニ依リ届出人其他ノ者ノ署名、捺印ヲ要スル場合ニ於テ其者カ印ヲ有セサルトキハ署名スルヲ以テ足ル署名スルコト能ハサルトキハ名ヲ代署セシメ捺印スルヲ以テ足ル若シ署名スルコト能ハス且印ヲ有セサルトキハ名ヲ代署セシメ拇印スルヲ以テ足ル

前項ノ規定ニ依リ捺印セス又ハ名ヲ代署セシメ若クハ拇印シタル場合ニ於テハ書面ニ其事由ヲ附記スルコトヲ要ス

（註記）　本條第一項ノ届出人其他ノ者トハ届出人ハ勿論申請人、證人、承認者、同意者等總シテ届出申請等ニ關シ證明等ヲ爲ス者等ヲ云フ其者等カ届書其他提出スヘキ書面ニシテ本法ニ於テ署名捺印スヘキコトヲ規定セラレタルモ其印ヲ所持セサルモノハ唯其名ヲ署スルノミニテ印ヲ押捺スルヲ要セス若シ署名スル能ハサル者ハ其名ハ他人ヲシテ代書セシメ押印セハ足ルヘシト雖モ印モ有セス名モ署スル能ハサルトキハ其名ハ之ヲ代署セシメ拇印セハ足ルヘシ若シ名ヲ代署セシメタルトキハ本人捺印セハ代署ノ事由ヲ附記スルヲ要セサルモ名ヲ代署セシメテ拇印セス捺印シタル場合ニ在テハ代署セシメタル事由ヲ其名ノ傍ニ附記シ代署者署名捺印スヘキモノトス

（備考）　第二百二十一條第二百十五條參觀

第二節　未成年者及禁治産者ニ於ケル届出

届出ヲ爲スヘキ者カ未成年者又ハ禁治産者ナルトキハ其届出ハ親權ヲ行フ者又ハ後見人ヲ以テ届出義務者トス故ニ未成年者ノ親權ヲ行フ父又ハ母若クハ後見人或ハ禁治産者ノ後見人ハ例ヘハ未成年者又ハ禁治産者カ戸主ニシテ其家族ノ死亡シタルトキハ其戸主タル未成年者又ハ禁治産者ハ其届出ノ義務者タレハ未成

年者又ハ禁治産者ニ代テ届出ノ義務者ト爲スカ如シ其親權ヲ行フ父又ハ母若クハ後見人カ届出ヲ爲ス場合ニ於テハ其届出人ハ其届書ニ左ノ事項ヲ記載スルコトヲ要スト雖モ無能力者カ法定代理人ノ同意ヲ得スシテ爲シ得ヘキ行爲ノ届出ニ適用セサルモノトス

一 届出ヲ爲スヘキ者ノ氏名、族稱、出生ノ年月日及ヒ本籍地

二 無能力者ノ原因

三 届出人カ親權ヲ行フ者又ハ後見人タルコト

若シ禁治産者カ後見人ヲ以テセスシテ自ラ届出ヲ爲ス場合ニ於テハ其届書ニ届出人カ届出事件ノ性質及ヒ效果ヲ理會スルニ足ルヘキ能力ヲ有スル者ナルコトヲ證スヘキ醫師ノ診斷書ヲ添フコトヲ要ス

（例）

第四十六條　届出ヲ爲スヘキ者カ未成年者又ハ禁治産者ナルトキハ親權ヲ行フ者又ハ後見人ヲ以テ届出義務者トス

前項ノ場合ニ於テハ届出人ハ届書ニ左ノ事項ヲ記載スルコトヲ要ス

（註記）

届出義務者トハ必ス届出ヲ爲サヽルヘカラサル者ヲ云フ若シ其義務者タル者ニ於テ届出ヲ爲スヘキ事件ノ届出ヲ爲サヽルトキハ法律ノ制裁ヲ受クヘキナリ故ニ例ヘハ未成年者又ハ禁治産者カ戸主ナルトキ其家族カ死亡シタル場合ニ在テハ戸主タル者ハ五日以内ニ其届出ヲ爲スヘキ義務アルモ戸主ハ無能力者タルニ依リ未成年者タル戸主ノ親權ヲ行フ父又ハ母若クハ後見人或ハ禁治産者ノ後見人代テ其届出ヲ爲スヘキ義務ヲ負フヘキモノナリ

第四十七條　前條ノ規定ハ無能力者カ其法定代理人ノ同意ヲ得スシテ爲スコトヲ得ヘキ行爲ノ届出ニハ之ヲ適用セス

禁治産者カ届出ヲ爲ス場合ニ於テハ届出人カ事件ノ性質及ヒ效果ヲ理會スルニ足ルヘキ能力ヲ有スル者ナルコトヲ證スヘキ醫師ノ診斷書ヲ添フルコトヲ要ス

（註記）無能力者ノ法定代理人トハ未成年者ハ親權ヲ行フ父又ハ母若クハ後見人禁治産者ノ後見人等ヲ云ヒ法定代理人ノ同意ヲ得スシテ爲スコトヲ得ヘキ行爲ノ届出トハ例ヘハ民法第八百二十九條ニ依リ無能力者ナル父又ハ母ニ於テ私生子ノ認知ヲ爲ス場合ノ如キヲ云フ前條ハ無能力者ノ届出ニ關スルコトヲ規定セラレタルモ斯カル行爲ノ届出ニハ適用セサルナリ又第二項ノ届出事件ノ性質及ヒ效果トハ其届出ノ事件養子緣組ナルトキハ養子緣組ヲ爲シテ親子ノ緣故ヲ生シ養親ノ氏ヲ稱シ其家ヲ相續シ扶養ノ義務ヲ負擔スル等ノ如キヲ云フ

第三節　證人ノ届出證明書式及届出人證人竝届出事件ノ本人本籍所在記載方

凡ソ證人ヲ要スル事件ハ縱令證人カ戸籍吏ノ面前ニ出頭シ口頭ヲ以テ其事件ヲ陳述證明スルト雖モ届書ハ之ヲ作製セサルヘカラス其證明ノ届書ニハ該事件ノ證人タルコト證人出生ノ年月日職業本籍地等ヲ記載シ之ニ署名捺印スルヲ要ス今其一例ヲ左ニ示スヘシ

養子緣組證明届

何市郡何町何村何番地職業
養父　氏　名
何市郡何町何村何番地職業氏名幾男女兄弟姉妹職業
養子　氏　名

右氏名氏名トノ合致ニ依リ緣組ヲ爲スコトヲ證明ス（右氏名緣組養子名十五年未滿ニ付親權ヲ行

フ父又ハ母若クハ後見人名ニ代リ之ヲ承諾致セシコトヲ證明ス)

何市郡何町村何番地何業

寄留地(所在地)何市郡何町村番地

證人　氏　名㊞

明治何年何月何日生

年　月　日

他府縣人ナルトキハ總テ屆書ニ本籍ノ府縣名ヲ記シ若シ寄留ナルトキハ肩書ニ寄留地何々ト其番地ヲ記シ寄留地ニアラスシテ他管轄市町村ニ在ル者ハ所在地何々ト肩書スヘシ

若シ證人數名アルモノハ一紙ニ連署シ又ハ屆書ニ屆出人ト連署スルヲ以テ足ルヘシ

又屆出人屆出事件ノ本人又ハ其證人總シテ其屆書ニ本籍地ヲ記載スヘキコトハ第四十二條ニ其明文アリ若シ是等ノ者カ寄留又ハ滯在者ニシテ本籍地外ニ在テ屆出ヲ爲ストキハ其屆書ニハ寄留地又ハ所在地ヲ記入セサルヘカラス其記載ノ方法ニ於ケル前記證人ノ肩書ノ例ニ依リ本籍地名ノ次ニ記載スルヲ要ス

(例)

第四十八條　證人ヲ要スル事件ノ屆出ニ付テハ證人ハ屆書ニ其證人タルコト、出生ノ年月日、職業及ヒ本籍地ヲ記載シテ署名捺印スルコトヲ要ス

(註記)　本條證人ヲ要スル事件トハ民法親族編相續編ニ於テ屆出ニ證人ノ證明ヲ要スル明文ヲ掲ケラレタル事件ニシテ又本法ニ其明條アル婚姻、養子緣組又協議上ノ離婚、離緣等ノ諸件ナリ是等ノ屆出ニ付證人トシテ屆出ヲナスニ付テハ本文其例文ヲ示シタルモ文義ノ如何ハ證人其者ニ於テ宜ク斟酌セラルヘシ又證人ノ證明ハ特ニ別紙ヲ以テセサルモ屆出人ノ屆書ニ其事件ヲ證明スル事ヲ附記シテ證人之ニ連署スル等ノ畧式ヲ用ユルモ亦可ナランモノト想像ス又證人ハ別ニ明文ナキ

ヲ以テ男女ヲ問ハサルモ證人タルモノハ必ス成年以上ノ者ニ限ルヘシ又其届書ニハ自ラ署名スヘキコト勿論ナルモ署名スルコト能ワサルトキハ代書シテ之ニ捺印スルヲ要ス代書セシトキモ代書セシ事由ヲ本人氏名ノ傍ニ附記スルヲ要ス

第四十九條　届出人、届出事件ノ本人又ハ届出ノ證人カ本籍地外ニ在ルトキハ届書ニ其所在地ヲ記載スルコトヲ要ス

（註記）　届出事件ノ本人トハ例ヘハ養子縁組ノ届出ニシテ其養子タル者カ未成年ナルニ依リ親權ヲ行フ父ヨリ届出ツルトキハ養子ハ即チ届出事件ノ本人ナルカ如シ皆此例ニ依ルヘシ又本條ノ所在地トハ寄留若シクハ滯在地總シテ本籍地外ノ居所ヲ云フ

第四節　事實ヲ存知セサル事項及重要ノ事項記否ニ關スル届書並ニ餘事ヲ記載シタル届書

凡ソ各人ヨリ戸籍吏ニ提出スル届書ニハ重要ノ事項ハ悉ク之レヲ記載シ又届書ニ記載スルヲ要スル事項中其事實ノ存セサルモノ又ハ事實ノ知レサルモノアルトキハ其旨ヲ届書ニ記載セサルヘカラス故ニ例ヘハ婚姻ノ届書ニ婚嫁スヘキ女ノ年齢ヲ記載セス又ハ養子離縁ノ届書ニ協議ノ旨ヲ記載セサルモノアリテ戸籍吏ニ於テ是ヲシテ特ニ重要ト認メラレ其記事ナキニヨリ其届書ヲ受理セサルカ如シ又例ヘハ庶子ヲシテ嫡出子ニ認知スル届出ヲ爲ス場合ニ於テ其庶子ノ既ニ死亡シタルトキハ即チ届出ニ付事實ヲ存セサルモノナルヘク此場合ニ於テ其届書中庶子死亡ノ年月日ヲ記載シ戸籍法制定以前婚姻、養子縁組ヲ爲シタル者ニシテ離婚、離縁ノ届出ヲ爲スニ付婚姻、縁組ヲ爲シタル年月日ノ不明ナル者往々アリ是等ノ届書ニ付テ其最初婚姻縁組ヲナシタル年月日カ不明ナル旨ヲ記載スルカ如シ

又届書ニハ本法其他ノ法令ニ定メタル事項ノ外餘事ヲ記入スルヲ得サルニ依リ若シ死亡届書ニ埋葬地ヲ記

入シ出生届書ニ産婆ノ氏名ヲ記入シタルカ如キ届書ヲ以テ届出ツルコトアラハ戸籍吏ハ之ヲ除キテ更ニ届出シムヘシ而シテ届書記載ニ付テハ總テ第二十九條ノ規定ヲ準用スヘキヲ以テ第三編第五節第四編第一節ニ記述スル例ニ依ルヘキモノトス

（例）

第五十條　本法ノ規定ニ依リ届書ニ記載スヘキ事項中其事實ノ存セサルモノ又ハ知レサルモノアルトキハ其旨ヲ記載スルコトヲ要ス但戸籍吏ハ各届出事件ニ付キ特ニ重要ト認ムル事項ヲ記載セサル届書ヲ受理スルコトヲ得ス

（註記）　凡ソ届出事件ニ關シテハ事實ノ存セサルト事實ノ知レサルトニ依リ事項ヲ略記スルコトヲ得ス縱令事實ノ存知セサルモ本法其他法令ニ規定スル事項ハ之ヲ記載シテ其存セサルモノト知レサルモノトハ其旨ヲ記載スヘキモノニシテ殊ニ重要ノ事件ハ必ス之ヲ記載セサルヘカラス若シ戸籍吏ニ於テ記載セサル事件ノ重要ナリト認ムルトキハ事實ノ存知ノ有無ニ拘ハラス其届書ヲ受理スルコトヲ得サルモノトス

第五十一條　届書ニハ本法其他法令ニ定メタル事項ニ非サレハ之ヲ記載スルコトヲ得ス

（註記）　本條ハ届書ニ必ラス記載セサルヘカラサル事項ヲ届書ニ記載スヘカラサル事項ヲ記載スルコトヲ得サル條件ヲ揭ケタルモノニシテ本法其他ノ法令ニ於テ届書ニ記載スヘキコトヲ定メタルモノノ外ハ記載スルコトヲ得ス故ニ例ヘハ養子緣組ヲ爲スモノ養子後實子ノ出生セハ其生兒ヲ以テ養子ノ家繼人トシテ其家督ヲ讓ルヘキコトヲ約シ之ヲ其届書中ニ記載シタルカ如キ届書ハ受理スヘカラサルモノナリ

第五十二條　第二十九條ノ規定ハ届書ノ記載ニ之ヲ準用ス

（註記）本條ニ付テハ第三編第五章ニ附記スル第二十九條ニ記載セシ處アルヲ以テ畧ス

第五節　屆出同意書、承諾書、承認證書、證明書作製及口頭屆出ニ依リ作製スヘキ書面ノ書式

他ノ戸籍吏ノ關渉ヲ要セサルモノニシテ本籍地ニ於テ其戸籍吏ニ屆出ヘキ書面ハ尋常正本一本ヲ作製スヘキモ本籍地ノ戸籍吏ノ管轄地外即チ寄留地、滯在地ニ於テ其所在地ノ戸籍吏ニ屆出ヲ爲ストキハ通常正副二本ヲ作製スルヲ要ス例ヘハ本籍地ニ於テ出生又ハ死亡ノ屆出ヲナス屆書ニハ正本一通ヲ作製シ本籍地外ニ於テ其所在地ノ戸籍吏ニ屆出ヘキ屆書ハ正副二本ヲ作製スルカ如シ蓋シ本籍地ニ於テ屆出ツル是等ノ事項ハ他ノ戸籍吏ニ關渉セサルニ依リ其屆書ヲ他ニ回送スル處ナキモ本籍地外ニ於テ屆出タルモノハ其正本ハ其戸籍吏ニ於テ本籍戸籍吏ニ送付セサルヘカラサルヲ以テ更ニ副書一本ヲ屆出サシムルカ如シ若シ家族ノ一人又ハ數人カ一家ヨリ他家ニ入ル如ク屆書ニ因リ一人又ハ數人ノ本籍カ一家ヨリ他ノ家ニ移轉スル場合ニ於ケルモ雙方カ一戸籍吏ノ管轄內ニ本籍ヲ有スルトキハ其屆書ハ正本一通ヲ以テ足レリトスルモ兩家ノ本籍カ戸籍吏ノ管轄ヲ異ニスルトキハ屆書ハ正副二本ヲ作ルヘシ又屆出地ト兩家ノ本籍地ト各戸籍吏ノ管轄ヲ異ニスルトキハ正本一通副本二通ヲ作製スルヲ要ス例ヘハ甲本籍者ニ於テ乙地本籍者ノ女ヲ娶リテ婚姻スル場合ニ於テハ其屆出ハ正副二本ヲ作製シ若シ甲地本籍者ニシテ乙地ニ寄留シ乙地ニ於テ丙地本籍者ノ女ヲ娶リテ婚姻スル場合ニ於テハ其屆書ハ正本一通副本二通ヲ作製スルカ如シ蓋シ本籍地ニ於テ其屆出ヲナストキ屆書二本ヲ作製スルモノハ正本一通ハ新本籍地即チ甲戸籍吏ニ留メ副本一通ヲ舊本籍地即チ乙地戸籍吏ニ送付スル爲メナリ又乙住居地ニ於テ屆出ヲ爲ストキ正本一通副本二通ヲ作製スルモノハ副本一通ハ其所在地即チ乙戸籍吏ニ留メ正本一通ヲ其本籍地即チ入籍地ナル甲戸籍吏ニ送附シ副本一通ハ舊本籍地ナル丙戸籍吏ニ送付スルカ爲メナリ但屆出事件ニ關スル同意承諾又ハ承認ノ證書又ハ書面モ又本文

ニ準シ之ヲ作製スヘキモノトス

凡ソ屆出ハ第四十三條ノ規定ニ依リ書面ヲ以テ之ヲ爲スヘシト雖モ正當ノ事由アルモノハ口頭ヲ以テ屆出ヲナスコトヲ得ヘク殊ニ婚姻、養子緣組及協議上ノ離婚、離緣ノ證人ノ如キハ戸籍吏ニ面述スヘキヲ以テ正當トセハ口頭ヲ以テ屆出ヲ爲スモノナカルヘカラス口頭ヲ以テ屆出テ爲スハ屆出人戸籍役場ニ出頭シ戸籍吏ノ面前ニ於テ其屆出事件ヲ陳述シ戸籍吏ハ其陳述ヲ聽キテ之ヲ筆記シ其他屆出ノ年月日ト屆出人ノ氏名、族稱、出生ノ年月日、職業及本籍地ヲ筆記シテ屆出人ニ之ヲ讀ミ聞カセタル後屆出人ヲシテ之ニ署名押印ヲ爲サシムルヲ要ス其書面記載方及作製等ハ一ニ屆出ニ關スル規定ヲ準用スヘシ但本文ノ規定ハ屆出事件ニ關スル同意承諾又ハ承認ノ證明ニモ亦之ヲ準用スルモノトス

口頭屆出ニ付戸籍吏カ其供述ヲ聽キ作製スヘキ書面其他承諾書同意書等ハ概畧ノ左ノ書式ニ依ルヘシ

●口頭屆出ノ例

庶子認知屆書

何郡市何町村何番地戸主華士族平民何業氏名
庶子　名
明治何年何月何日生

右母何郡市何町村何番地戸主何業名姉妹伯叔母何業氏名
認知者　氏　名
明治何年何月何日生

右名ヲ氏名ニ於テ庶子ト認知スルコトヲ何年何月何日口頭ニテ屆出眼病ニ付書面ヲ記載スル能ハサルコトヲ陳述シタルニ依リ其屆出ヲ聽キ玆ニ之ヲ筆記シ本人ニ讀ミ聞カセ仍本人自ラ氏名ヲ署シ且捺印セシメタリ

年　月　日

何市郡何町村戸籍吏　氏　名　職印

●戸主ニ於テ家族ノ養子緣組婚姻ニ對スル同意證明屆書ノ例

養子緣組(婚姻)ニ付同意證明屆

何市郡何町村何番地戸主華士族平民何業氏名

幾男女又ハ兄弟姉妹等　名

明治何年何月何日生

養父何市郡何町村何番地戸主華士族平民何業氏名

養母名

又ハ

夫何市郡何町村何番地戸主華士族平民何業名幾男又ハ兄弟何業氏名

右名氏名及名ノ養子トシテ緣組ヲ爲ス(氏名ト婚姻ヲ爲ス)ニ同意セシコトヲ證明ス仍テ及御屆候也

年　月　日

氏　名㊞

明治何年何月何日生

戸籍吏宛

●家ニ在ル父母ニ於テ子ニ代リ緣組ヲ承諾シタルヲ證明スルノ書例

緣組承諾證明屆

何市郡何町村何番地戸主華士族平民何業氏名

兄弟名何業

幾男女　　　　　　　　　　名

養父何府縣何郡何町村何番地戸主華士族平民戸主何業氏名
養母名

右名氏名及名ノ養子ト爲ルニ依リ名ニ代ハリテ其縁組ヲ承諾シタルコトヲ證明ス仍テ及御届候也

年　月　日

父　　　　氏　　　　名㊞
明治何年何月何日生

母　　　　氏　　　　名㊞
明治何年何月何日生

戸籍吏宛

●繼父母又ハ嫡母ニ於テ親族會ノ同意ヲ得テ子ノ養子縁組ヲ承諾シタル證明書例

繼子（庶子）縁組承諾證明屆

何郡市何町村何番地戸主華士族平民何業氏名
繼子（庶子）　　　　　　　　　名

養父何郡市何町村何番地戸主華士族平民何業氏名
養母名

右名氏名及名ノ養子ト爲ルニ依リ親族會ノ同意ヲ得名ニ代ハリ其縁組ヲ承諾シタルコトヲ證明ス親族會ノ同意書相添及御届候也

年　月　日

氏　　　　氏㊞
明治何年何月何日生

戸籍吏宛

●同上親族會ニ於テ同意ノ證明書例

養子縁組承諾ニ關スル同意證明書

何市郡何町村何番地戸主華士族平民何業氏名

繼子（庶子）　名

右名何市郡何町村氏名及名ノ養子縁組ニ對スル繼父母（嫡母）ノ承諾ニ對シ親族會ノ同意セシコトヲ證明ス

年　月　日

何市郡何町村何番地華士族平民何業

親族會員　氏　名㊞

明治何年何月何日生

同

親族會員　氏　名㊞

明治何年何月何日生

●家ニ在ル父母ニ於テ子ノ養子縁組又ハ婚姻ニ同意シタル證明届書例

養子縁組（婚姻）ニ付同意證明届

何市郡何町村何番地戸主華士族平民何業

幾男（女）　名

明治何年何月何日生

養父何市郡何町村何番地何業氏名

養母名

又ハ

右名氏名及名ノ養子ト爲リ縁組（氏名ト婚姻）ヲ爲スニ付同意シタルコトヲ證明ス依テ及御屆候也

年　月　日

夫何市郡何町村何番地何業氏名

父　氏　名㊞

明治何年何月何日生

母　氏　名㊞

明治何年何月何日生

戸籍吏宛

前書例ニ依リ斟酌シ記載セラレンコトヲ要ス尙ホ其畧式等ハ各章掲載ノ書例中ニ附記ス

（例）

第五十三條　本籍地ノ戸籍吏ノ管轄地外ニ於テ屆出ヲ爲ストキハ屆書ハ正副二本ヲ作ルコトヲ要ス

屆出ニ因リ一人又ハ數人ノ本籍カ一ノ家ヨリ他ノ家ニ移轉スル場合ニ於テ兩家ノ本籍地カ戸籍吏ノ管轄ヲ異ニスルトキハ屆書ハ正副二本ヲ作リ屆出地ト兩家ノ本籍地トカ各戸籍吏ノ管轄ヲ異ニスルトキハ正本一通副本二通ヲ作ルコトヲ要ス

（註記）　本條第一項ハ一家ノ戸籍ニ關スル事件ノ屆出ニ付テ屆書ノ作製方ヲ規定シタルモノニシテ第二項ハ一家ト他ノ一家ノ戸籍卽チ兩家ノ戸籍ニ關スル事件ノ屆出ニ付屆書ノ作製ヲ規定シタルモノナリ其第一項ノ本籍地ノ戸籍吏ノ管轄地外ニ於テ屆出ヲナストハ例ヘハ寄留者又ハ滯在者ニシテ寄留地又ハ滯在地ニ於テ屆出ヲ爲スヲ云ヒ第二項ノ屆出ニ依リ一人又ハ數人ノ本籍カ其ノ一家ヨリ他家ニ移轉スルトハ例ヘハ戸主死亡ニ依リ其一家カ絶家トナリタルニ依リ其家族カ妻又ハ子孫ヲ携帶シテ他ノ親族ノ家ニ入リ又ハ養子カ離縁ニヨリ實家ニ復籍スルカ如キ場合ヲ云フ此場

合ニ於テ其出ル處ノ家ト入ル處ノ家トノ戸籍吏ノ管轄カ異ナルトキハ屆書ハ正副二本ヲ作製スヘシト雖モ若シ同一ノ戸籍吏ノ管轄ナルトキハ正副二本ヲ作製スルヲ要セス又屆出地ト兩家ノ本籍地トカ各戸籍吏ノ管轄ヲ異ニスルトハ寄留地其他本籍地外ニ於テ屆出ツルトキノ如ク兩家ノ本籍カ屆出地外ニアル場合ヲ云フ例ヘハ一家ノ本籍ハ甲地ニアリ他ノ一家ノ本籍ハ乙地ニアリ而シテ其所在地ハ本籍地外ニシテ丙地ニアルヲ即チ丙地戸籍吏ニ屆出ツル場合ナリ

第五十四條　口頭ヲ以テ屆出ヲ爲スニハ屆出人ハ戸籍吏ノ面前ニ出頭シ其屆出事件ヲ陳述シ戸籍吏ハ直チニ其口述竝ニ屆出ノ年月日、屆出人ノ氏名、出生ノ年月日、職業及ヒ本籍地ヲ筆記シ之ヲ屆出人ニ讀聞カセ且屆出人ヲシテ之ニ署名捺印セシムルコトヲ要ス

（註記）　屆出事件トハ屆出ヲ爲スヘキ事柄ニシテ例ヘハ嫡出子否認、私生認知、分家、絶家再興等第二節以下第二十一節ノ事項ヲ云フ本人若シ署名シ能ハサルトキハ戸籍吏亦代書シテ押印セシムヘシト雖モ本人印章ヲ所持セサルトキハ其名下ニ拇印セシムルヲ以テ足ルヘシ

第五十五條　前條ノ規定ニ依リ戸籍吏カ作ルヘキ書面ニハ屆書ニ關スル規定ヲ準用ス

（註記）　屆出人ノ口述ニ依リ戸籍吏ニ於テ作製スヘキ書面ニハ屆書ニ關スル規定ヲ準用シ敢テ前條ニ記載スヘキ事項ニ限ルヘカラサルモノトス

第五十六條　第四十三條、第五十四條及ヒ前條ノ規定ハ屆出事件ニ關スル同意、承諾又ハ承認ノ證明ニ之ヲ準用ス

（註記）　本條ハ口頭ノ屆出ニ關シ規定シタルモノニシテ口頭ニテ屆出ヲ爲シ又其屆出ヲ筆記シテ戸籍吏ニ於テ屆書ヲ作製スル書面ハ屆出ニ關スル規定ヲ準用スヘキコトハ屆出事件ニ關スル同意承諾又ハ承認ノ證明ニ準用スルコトヲ規定セラレタルモノナリ

第六節　官廳ノ許可ヲ要スル事件ノ屆出及屆出人ノ代理

本法ニ於テ別段ノ規定アルモノハ其規定ニ依リ其事件ノ屆出ヲ爲スヘキハ勿論本法ニ特別ノ規定ナキモ他ノ法令ニ依リ官廳ノ許可ヲ要スヘキ事件ハ其許可ヲ受ケサルヘカラス其許可ヲ得テ其事件ノ屆出ヲ爲ストキハ許可書ノ謄本ヲ添ヘテ之ヲ爲スヘキコトヲ要ス故ニ例ヘハ改名又ハ復姓ノ屆出ヲ爲ストキハ改名及復姓ハ地方官廳ノ許可ヲ要スヘキニ依リ其ノ指令ノ寫ヲ添ヘテ其屆出ヲ爲スカ如シ

及屆出人カ疾病其他ノ事故ニ因リ自身戸籍吏ト面前ニ出頭スルコト能ハサルトキハ其屆出人ハ代理人ヲ差出シ代理人ヲシテ代テ屆出ヲ爲スコトヲ得ヘキモ婚姻、養子緣組、協議上離婚、離緣等ノ如キ特ニ代理ヲ以テ屆出ツルヲ得サル明文アル事件ニ在テ縱令疾病其他已ムヲ得サル事故アルモ代理ヲ以テ屆出ツルコトヲ得ス然リ而シテ疾病其他ノ事故ニ因リ自ラ戸籍吏ノ面前ニ出頭シ能ハサルトキハ屆出人ニ於テ代理ヲ差出スコトヲ得ル法律上ノ規定アリテ別ニ此除外例ヲ明記セラレサルニ依リ口頭ヲ以テ屆出ノ事件ヲ陳述スルモ妨ケナカルヘシ然レトモ代理人カ口頭ヲ以テ屆出人ニ代テ其事件ヲ屆出ツル場合ニ於テハ代理人ハ本人ノ署名押印アル代理委任狀ヲ提出シ以テ其理由ヲ陳述シ且屆出事件ヲ供述スヘキモノトス

(例)

第五十七條　本法ニ別段ノ規定アル場合ノ外法令ノ規定ニ依リ屆出事件ニ付キ官廳ノ許可ヲ要スルトキハ屆出人ハ屆書ニ許可書ノ謄本ヲ添フルコトヲ要ス

(註記)　本法ニ別段ノ規定アルトハ例ヘハ嫡出子否認ノ如キ裁判所ニ請求シ裁判確定ノ後裁判ノ謄本ヲ添ヘテ屆出ツルカ如キヲ云ヒ法令ノ規定ニ依リ屆出事件ニ付官廳ノ許可ヲ要スルトハ本文ニ記載セシ改名復姓事件其他軍人ノ結婚ニ於ケルカ如キ其許可ノ後屆出ヘキ事件ヲ云フ

第五十八條　屆出人カ疾病其他ノ事故ニ因リ自ラ戸籍吏ノ面前ニ出頭スルコト能ハサルトキハ代理人ヲ

差出スコトヲ得

（註記）第九十四條、第百一條、第百八條、第百十三條ノ如ク必ス自身出頭セサルカ又ハ自カラ署名セシ届書ヲ以テセサルヘカラサル事件ノ外總テ口述ノ届出ヲ爲ス場合タリトモ代理ヲ以テ届出ヲ爲スコトヲ得ヘキモノトス

第七節　外國ニ在テ日本人身分ニ關スル届出ヲ爲シ其届書ヲ戸籍吏ニ發送スル手續

外國ニ在ル日本人ニシテ身分ニ關スル届出ヲ爲スヘキ事件發生シタルトキハ本法ノ規定ニ依リ届書ヲ作製シ又本法ノ規定ニ從ヒ其國ニ駐在スル日本ノ公使又ハ領事ニ届出ツルコトヲ得ヘシ又外國ニ在ル日本人カ本法ノ規定ニ從ハスシテ外國ノ法式ニ從ヒ本法ノ届出事件ニ關スル證書ヲ在留國ノ身分取扱吏ニ作ラシメタルトキハ三个月内ニ其國ニ駐在スル日本ノ公使又ハ領事ニ其證書ノ謄本ヲ差出スヘキモノニシテ公使又ハ領事カ其届書又ハ證書ヲ受理シタルトキハ三个月内ニ之ヲ外務大臣ニ發送シ外務大臣ヨリ十日内ニ本人本籍地ノ戸籍吏ニ發送スヘキモノニシテ戸籍吏ハ其送致ヲ得テ式ノ如ク身分登記簿等ニ登記スヘキモノトス然リ而シテ外國ニ於テ在留國ノ身分取扱吏カ作リタル證書ノ謄本ハ前記ノ如ク其國駐在ノ日本ノ公使又ハ領事ニ差出スヘキ規定ナルモ其國ニ日本ノ公使又ハ領事カ駐在セサルトキハ本人歸國ノ後一个月内ニ本籍戸籍吏ニ之ヲ差出スヘキモノトス

（例）

第五十九條　外國ニ在ル日本人ハ本法ノ規定ニ從ヒ其國ニ駐在スル日本ノ公使又ハ領事ニ届出ヲ爲スコトヲ得

（註記）本條ハ外國ニ在留スル日本人ニ於テ身分及ヒ戸籍ニ關スル届出事件ノ發生シタル場合ニ於

テ其國法ニ依ラス我戸籍法ニ依リ届出ヲ為スコトヲ得ヘキコトノ明文ヲ示サレタルモノナリ

第六十條　外國ニ在ル日本人カ其國ノ法式ニ從ヒ届出事件ニ關スル證書ヲ作ラシメタルトキハ三个月内ニ其國ニ駐在スル日本ノ公使又ハ領事ニ其證書ノ謄本ヲ差出タスコトヲ要ス

日本ノ公使又ハ領事カ其國ニ駐在セサルトキハ本人歸國ノ後一个月内ニ本籍地ノ戸籍吏ニ證書ノ謄本ヲ差出タスコトヲ要ス

（註記）　外國ニ於テ大概我國ノ如キ戸籍ナルモノナクシテ身分登記役場ニ身分登記簿ナルモノヲ備ヘ置キ身分取扱吏ニ於テ届出人ノ陳述ヲ聞キ之ヲ登記シテ以テ其身分ヲ證明スルモノナリ故ニ外國ノ法式ニ依リ身分取扱吏ニ届出身分取扱吏カ身分證書ヲ作リタルトキハ其届出人ハ其證書ノ謄本ヲ請求シテ之ヲ我公使又ハ領事ニ差出スヘキ手續ニシテ其他ハ別ニ登記ヲ要セサルヲ以テ茲ニ署ス

第八節　届出期間ノ起算及届出ノ催告竝催告狀書式

凡ソ本法ニ定メタル届出期間ハ通常届出事件ノ發生シタル日ヨリ起算スルモノトス又裁判確定ノ日ヨリ届出期間ヲ起算スヘキ場合ニ於テ届出義務者カ裁判ノ送達又ハ交付ヲ受クル前既ニ其裁判カ確定シタルトキハ其期間ハ裁判確定ノ日ヨリ起算セスシテ其送達又ハ交付ヲ受ケタル日ヨリ起算スルモノトス故ニ例ヘハ明治三十一年七月十六日ニ於テ死亡シタル者アルトキハ即チ七月十六日ヨリ起算シ五日ノ期間ヲ經過シタルトキ即チ七月二十日ニ死亡ノ届出ヲ為サヽリシ者ハ之ヲ怠リタル者ヲ以テ論ス可シ又例ヘハ嫡出子否認ノ裁判カ明治三十一年八月一日ヲ以テ確定シタルトキハ其届出期間ハ確定ノ日即チ八月一日ヨリ三十日マテナルニヨリ八月三十日マテニ届出ス八月三十一日ニ届出タルトキハ届出ヲ怠リタル者ヲ以テ論スヘキモ若シ八月十一日ニ届出義務者カ其裁判ノ送付又交付ヲ受ケタルトキハ届出期間ハ八月十一日ヨリ起算スヘ

キヲ以テ九月九日迄トシ九月十日ニ屆出ツルトキハ之ヲ怠リタルモノトシテ論セラルヘキモノトス本法ニ規定シタル期間內ニ屆出ヲ怠リタルカ爲メニ過料ニ處セラレタル者アルトキハ裁判所ハ遲滯ナク其屆出ヲ爲スヘキ地ノ戸籍吏ニ過料ニ處セラレタルコトヲ通知スヘキモノトス若シ戸籍吏ヨリ既ニ屆出アリテ之ヲ受理シタル旨ノ通知アリタル場合ニ於テハ裁判所ハ其通知ヲ爲スニ及ハサルヘシ又戸籍吏ニ於テ裁判所ヨリ屆出ヲ怠リタル者カ過料ニ處セラレタル通知ヲ受ケタルトキハ其屆出ヲ怠リタル義務者ニ對シ戸籍吏ハ相當ノ期間ヲ定メテ其期間內ニ屆出ス可キ旨ノ催告ヲ爲スコトヲ要ス其催告ヲ爲スモ屆出義務者ニ於テ催告ノ期間內ニ其屆出ヲ爲サヽルトキハ戸籍吏ハ第六十四條ノ明文ニ依リ其事件ノ管轄裁判所ニ屆出尙ホ更ニ相當ノ期間ヲ定メテ第二回催告ヲ爲サヽルヘカラス再度催告スルモ屆出義務者ニ於テ之ニ應セサルトキハ爾後尙數回催告スヘシト雖モ第一回ノ催告ヲ爲シ尙ホ期間內ニ屆出テサル者ハ第二百十一條ニ照シ數回過料ニ處セラルヘキニ依リ數回ノ催告ヲ受クルカ如キ者ハ稀ナルヘシ但催告狀書式左ノ如シ

附錄第七號

催告狀

本籍地又ハ住所、居所
屆出又ハ申請義務者　氏　名

右氏名ハ本職ニ對シ來ル何月何日迄ニ何々ノ屆出又ハ申請ヲ爲スヘキコトヲ催告ス
明治　年　月　日
何市町村戸籍吏　氏　名　職印

附錄第八號

第二催告狀

右氏名ハ何年何月何日本職カ發シタル何々屆出又ハ申請ヲナスヘキ催告ニ應セサルヲ以テ更ニ來ル何月何日迄ニ右屆出ヲ爲スヘキコトヲ催告ス

明治　年　月　日

本籍地又ハ住所、居所

屆出又ハ申請義務者　氏　名

何市町村戸籍吏　氏　名　㊞

（例）

第六十二條　本法ニ定メタル屆出期間ハ屆出事件ノ發生シタル日ヨリ之ヲ起算ス

裁判確定ノ日ヨリ期間ヲ起算スヘキ場合ニ於テ屆出義務者カ裁判ノ送達又ハ交付ヲ受クル前裁判カ確定シタルトキハ其送達又ハ交付ヲ受ケタル日ヨリ之ヲ起算ス

（註記）　本法ニ定メタル屆出期間トハ本法ニ何日内ニ屆出ヘシト明記アル其期間ニシテ例ヘハ出生ノ屆出ニ付テハ第六十八條ノ十日内ニ死亡ニ在テハ第百二十五條ニ從ヒ五日内第百二十六條ノ戸主ヨリ屆出ツルハ第百三十二條第三項ニ依リ十日内ト規定セラレタル其十日又ハ五日ノ期間ヲ云フ屆出事件ノ發生トハ出生、死亡ニ依リ例ヲ擧クレハ即チ其出生又ハ死亡ハ即チ其屆出事件ノ發生ナリ定期間內ニ屆出ツヘキヲ怠リタルトキハ屆出義務者ハ第二百十條ニ依リ十圓以下ノ過料ニ處セラルヘキモノトス第二項ノ裁判確定ノ日ヨリ期間ヲ起算スルトハ例ヘハ第九十二條ノ緣組無效又ハ取消ノ訴ヲ爲シテ其裁判ノ確定シタル者ハ確定ノ日ヨリ一个月內第百三十七條ノ推定家督相續人廢除ノ裁判ノ確定シタルトキハ其日ヨリ十日內ニ何レモ謄本ヲ添ヘテ屆出ヘキカ如キ本法ニ規定セラレタル期間ヲ云ヒ届出義務者トハ其事件ノ届出ヲナスヘキ義務ヲ有スル者ニシテ例ヘハ嫡出子出生ニ付テハ其父、推定家督相續人廢除ニ關シテハ被相續人ハ即チ其義務者ナリ裁判確定ノ日ヨリ期間ヲ起算スヘキ場合ハ素ヨリ其確定ノ日ヨリ之ヲ起算スヘキモ若シ確定ノ日ヨリ後義務者カ裁判ノ送達又ハ告知ヲ受ケタルトキハ其送達告知ヲ受ケタル日ヨリ起算スヘシ是レ其送達又ハ告知アラサル前ハ義務者ハ其裁判確定ヲ知ラスト看做スヘキニ依ルモノナレハ裁判確定以前送達告知アリタルトキハ確定ノ日ヨリ起算スヘキハ敢テ云フヲ俟タサルナリ

第六十三條　本法ノ規定ニ依リ期間内ニ爲スヘキ届出ヲ怠リタル爲メ過料ニ處セラレタル者アルトキハ裁判所ハ遲滯ナク其者カ届出ヲ爲スヘキ地ノ戸籍吏ニ之ヲ通知スルコトヲ要ス但戸籍吏ヨリ既ニ届出ヲ受理シタル旨ノ通知アリタル場合ハ此限リニ在ラス

戸籍吏カ前項ノ通知ヲ受ケタルトキハ届出義務者ニ對シ相當ノ期間ヲ定メ其期間内ニ届出ヲ爲スヘキ旨ヲ催告スルコトヲ要ス

届出義務者カ前項ノ期間内ニ届出ヲ爲ササルトキハ戸籍吏ハ更ニ相當ノ期間ヲ定メテ催告ヲ爲スコトヲ要ス爾後届出義務者カ戸籍吏ノ催告ニ應セサルトキ亦同シ

（註記）　本法ノ規定ニ依リ期間内ニ爲スヘキ届出ヲ怠ルトハ例ヘハ出生届ハ十日内ニ届出ヘキ成規ナルニ出生ノ日ヨリ十一日ヲ過タルモ届出ヲ爲サヽルカ如キ場合ヲ云ヒ其者カ届出ヲナスヘキ地ノ戸籍吏トハ届出義務者カ本籍ニ在ルトキハ届出ヲ爲スヘキ地ハ本籍ナルニ依リ本籍戸籍吏又其義務者カ本籍地外ニ在ルトキハ届出ヲナスヘキ地ハ其住所又ハ居所ノ地ナルヲ以テ其住所又ハ居所ヲ管轄スル戸籍吏ヲ云フ裁判所カ過料ノ處分ヲナシタルトキ其過料ニ處セラレタル者カ届出ヲ爲スヘキ戸籍吏ニ通知スルハ戸籍吏ニ於テ處分ヲ受ケタル義務者ニ該届出ヲ爲スヘキ催告狀ヲ發

送スル必要アルヲ以テナリ故ニ義務者ニ於テ既ニ届出ヲナシ戸籍吏カ之ヲ受理シタル旨ノ通知ノリタルトキハ裁判所ハ其通知ヲ爲サヽルナリ

第二項ノ相當ノ期間トハ其期間ニ付一定ノ成規ナキヲ以テ戸籍吏ニ於テ相當ト思料シテ定ムル所ノ期間ハ即チ相當ノ期間タル可シ

第九節　届出違反者ノ通知及期間經過後ニ届出タル事件ノ受理其他登記ノ取消又ハ變更ニ關スル規定

戸籍吏ハ其管轄内ニ於テ本法ニ規定スル處ノ届出期間ヲ經過シタル者アルコトヲ知リタルトキハ其事件及ヒ住所氏名ヲ記載シ速ニ之ヲ其事件ノ管轄區裁判所ニ通知スルヲ要ス

又届出期間カ經過シタル後タリトモ其届出アリタルトキハ戸籍吏ハ之ヲ受理スルコトヲ要ス其期間ノ經過ノ後チ規定違反ノ處分ノ了否ニ關シ受否スルヲ得ス

登記ノ取消又ハ登記變更ノ申請ニ關シテハ總シテ本章ニ記述シタル届出ノ規定ヲ準用スヘシ

(例)

第六十四條　戸籍吏カ其管轄内ニ本法ノ規定ニ違反シテ届出ヲ爲サヽリシ者アルコトヲ知リタルトキハ遲滯ナク之ヲ其事件ノ管轄裁判所ニ通知スルコトヲ要ス

(註記)　本法ノ規定ニ違反シテ届出ヲ爲サヽル者トハ本法ニ規定シタル届出期間内ニ其届出ヲ爲サヽルモノヲ云ヒ事件ノ管轄裁判所トハ其届出事件ノ屬スル管轄裁判所ヲ云フ

第六十五條　届出期間ヲ經過シタル後ニ届出ヲ爲シタル場合ト雖モ戸籍吏ハ其届出ヲ受理スルコトヲ要ス

(註記)　届出期間ヲ經過シテ届出ヲ爲ストハ例ヘハ出生ノ届出ハ十日内ナルニ十日ヲ過キテ出生届出ヲ爲シタル類ヲ云フ縱令規定ノ期間ヲ怠リテ届出タルモ其届出ハ之ヲ受理スヘキモノトス

第六十七條　届出ニ關スル規定ハ登記ノ取消又ハ變更ノ申請ニ之ヲ準用ス

（註記）本條ハ届出ニ關シ本章ニ規定セラタル諸件ハ登記ノ取消又ハ登記ノ申請ニ關スル諸件ニモ亦之ヲ準用スヘキモノトス

第十節　届出受理ノ證明書ノ請求竝其證明書式

届出人ニ於テ手數料ヲ納付シテ届出ヲ爲シタル事件ニ付其届出受理ノ證明書ヲ請求スルトキハ戸籍吏ハ一件ニ付手數料金五錢ヲ納付セシメ左ノ書式ニ依リ届出受理ノ證明書ヲ付與スヘシ但此證明書ハ届出受理ノ證明ナルヲ以テ書面ヲ以テ届出タルト口頭ヲ以テ届出タルトヲ問ハス其請求ニ應シテ付與スヘキモノトス

附錄第六號書式

一　何々届

右明治何年何月何日受理シタルコトヲ證明ス

明治　年　月　日

何　通

何市町村戸籍吏　氏　名　職印

届出人氏名宛

（例）

第六十六條　届出人ハ手數料ヲ納付シテ届出受理ノ證明書ヲ請求スルコトヲ得

（註記）手數料ヲ納付シテ届出受理ノ證明書ヲ請求スルハ獨リ届出事件ノミナラス申請事件ト雖モ亦之ヲ請求スルコトヲ得ヘシ

（備考）第一編附錄戸籍法取扱手續第十四條及ヒ第二編第五章附記參照ノ部第三條參觀

第二章　出生

第一節　出生ニ關スル屆出

●第一　子ノ出生アリタルトキハ又ハ裁判ニ依リ父カ定マリタルトキ屆出ニ付具申ヲ要スル條件

一　子ノ名及男女ノ別

二　子カ私生子ナルトキ又ハ出生前ニ認知セラレタル爲メ庶子ト爲リタル者ナルトキハ其旨

三　出生ノ年月日時及場所

四　父母ノ氏名、族稱、職業及本籍地但私生子ノ屆出ニ付テハ母ノ氏名、族稱、職業及本籍地ノミヲ記載スルコトヲ要ス

五　出生子ノ入ルヘキ家ノ戶主ノ氏名、族稱、職業及本籍地

六　私生子カ一家ヲ創立スル者ナルトキハ其旨及ヒ創立ノ原因

七　國籍ヲ有セサル者ノ子ナルトキハ其旨

但裁判ニ依リ父カ定マリタルトキ屆出ニ付テハ裁判謄本ヲ添フヘシ

●第二　戶籍吏ニ出生ノ屆出ヲ爲ス期間

一　通常出生ノ屆出ハ　出生日ヨリ十日內

二　前婚解消後六ケ月前再婚ノ妻カ分娩シ其子ノ父ヲ定ムルコト能ハサルトキ　裁判確定ノ日ヨリ一个月內

●第三　屆出義務者

一　嫡出子出生屆ハ　其父　離婚ニ依リ父カ去リタルトキ又ハ父母共ニ去リ出生前母カ復籍シタルトキ　其母

二　庶子出生屆ハ　其父

但夫ニ於テ嫡出子否認セントスル場合ト雖モ父ニ於テ屆出ノ義務アリトス

三　私生子又ハ父ノ家ニ入ル能ハサル庶子　其母

四　前婚解消後六ケ月前ニ再婚ノ妻カ分娩シ其父ヲ定ムルコト能ハサルトキ　其母

　但裁判ニ依リ父カ定マリ裁判確定シタルトキハ母ハ登記取消ヲ申請スルヲ要ス

五　同上ノ出生子ニシテ裁判ニ依リ父ノ定マリ裁判確定シタルトキハ　其父

六　前項ニ記載シタル者ヨリ届出ツルコト能ハサルトキ

　第一　戸主
　第二　同居者
　第三　分娩ニ立會タル醫師又ハ産婆
　第四　分娩ヲ介抱シタル者

　但同順位ノ届出義務者數人アルトキハ其中ノ一人ヨリ届出ツルヲ以テ足ル

七　病院監獄其他ノ公設所ニ於テ出生シ父母ヨリ届出ツルコト能ハサルトキ　病院監獄其他公設所長又ハ管理人

●第四　届出ヲ爲スヘキ場所

一　嫡出子届出　出生地、父母ノ本籍地又ハ寄留地ノ戸籍吏

二　庶子出生届出　出生地、父ノ本籍地又ハ寄留地ノ戸籍吏

　但父ノ家ニ入ルヲ得サル場合ハ此限リニアラス

三　私生子　父ノ家ニ入ルヲ得サル庶子出生届出　出生地又ハ母ノ本籍地及寄留地ノ戸籍吏

汽車又ハ航海日誌ヲ備ヘサル船舶中出生ノトキハ到着地ヲ以テ出生地ト看做スヘシ

（例）

第六十八條　子ノ出生アリタルトキハ十日内ニ左ノ諸件ヲ具シテ之ヲ届出ツルコトヲ要ス

（註記）本條ハ子ノ出生アリタルトキ一般ノ届出期間ト届出ヘキ諸件トヲ規定セラレタルモノニシ

テ其具申スヘキ諸件即チ第一號乃至第七號ハ本文ノ初メニ成文ノ儘記載シタルヲ以テ本條ハ之ヲ略スルモ其條件ニ關シ註記ヲ要スヘキ事項ハ茲ニ之ヲ記載スヘシ第一ニ子ノ名及ヒ男女ノ別トアルハ其生子ニ命シタル處ノ名ト其男女ノ別ヲ記スヘキモノニシテ男女ノ別ハ幾男女、弟、妹等親族ノ稱呼ヲ以テ之ヲ分ツヘシ第二生子カ私生子ナレハ其私生子ナルコトヲ記スヘシト雖モ亦男女ノ別ヲ記スヘシ例ヘハ私生子男私生子女ト記スルカ如シ其生子カ庶子ナルモ出生前即チ胎内ニアリテ未タ生レサル前ニ父ノ認メヲ經テ庶子トナリタル者ナルトキハ庶子男、女ト記シ出生前認知セラレタル旨ヲ屆書ニ記載スヘシ第三ハ出生ノ年月日時及ヒ出生ノ場所ヲ記スヘシ出生ノ年月日時及ヒ場所ニ在テハ屆出書式ニ記載シタル處ニ依リ了スヘシ第四ハ出生ノ子ノ父母ヲ顯ハス記事ニシテ出生子カ嫡出子庶子ナレハ父ト母トノ氏名、族稱即チ華士族平民ノ別、職業及ヒ本籍地ヲ掲クヘシ若シ父母婚姻中ナレハ族稱、本籍ハ父母同一ナルヲ以テ單ニ父ノミ之ヲ記シ母ニ於テハ此記事ヲ缺クモ可ナリ然レトモ母カ既ニ父ト婚姻ヲ解消シタルモノナレハ母ノ族稱、職業、本籍モ記載スヘシ私生子ハ父ノ知レサル子ナレハ單ニ母ノ氏名、族稱、職業、本籍ヲモ記載スヘシ第五ハ出生子ノ入籍スヘキ家ノ戸主ヲ顯ハスヘキ記事ニシテ其入籍スヘキ戸主ノ氏名、族稱、本籍地ヲ記載シ若シ父又ハ母カ戸主ニシテ父又ハ母ノ家ニ入ルモノハ第四號ノ父又ハ母ノ氏名ヲ記シタル肩書ニ戸主ノ二字ヲ記入スルヲ以テ足レリトス第六號ノ出生ノ子カ一家ヲ創立スル者ナルトキハ一家ヲ創立スル旨ヲ記シ及ヒ其創立ノ原因ヲ記スヘシ第七號ハ國籍ヲ有セサル者ノ子ノ記事ヲ掲ケ國籍ヲ有セサル者ノ子ナルトキハ其旨ヲ記載スヘキモノトス但庶子私生子ハ戸主ノ同意アルニアラサレハ戸主ノ家ニ入ルヲ得ス

第六十九條　嫡出子出生ノ屆出ハ出生地又ハ父母ノ本籍地若クハ寄留地ノ戸籍吏ニ之ヲ爲スコトヲ要ス

庶子出生ノ屆出ハ出生地又ハ父ノ本籍地若クハ寄留地ノ戸籍吏ニ之ヲ爲スコトヲ要ス但庶子カ父ノ家ニ入ルコトヲ得サル場合ハ此限ニ在ラス
私生子又ハ父ノ家ニ入ルコトヲ得サル庶子ノ出生ノ屆出ハ出生地又ハ母ノ本籍地ノ戸籍吏ニ之ヲ爲スコトヲ要ス

（註記）本條ハ出生子ノ屆出ヲ爲スヘキ戸籍吏ヲ指定シタルモノニシテ本條ニ出生地ト本籍地ト寄留地ト區別ヲ爲シタルハ父母ノ本籍地ニ於テ出生シタル子ハ父母ノ本籍地カ出生地ニシテ父母ノ寄留地ニ於テ出生シタル子ハ父母ノ寄留地カ出生地ナルハ勿論ナルヘケレトモ父母ノ本籍地ニアラス又父母ノ寄留地ニモアラサル地ニ於テ出生シタル場合ニ於テハ父母ノ本籍地、寄留地ノ外ニ出生地アルヘシ此場合ニ於テハ其出生地ニ於テ屆出ヲナスモ妨ケナシ若シ本籍地外ニ於テ屆出ヲ爲ストキハ屆出人ノ肩書ニ其寄留地若シクハ所在地ヲ顯ハスヘキモノトス又庶子カ父ノ家ニ入ルコト能ハサルトハ父カ家族トシテ私生子ヲ認知シタルトキ其戸主ノ同意セサリシ場合ヲ云フ

第七十條　汽車又ハ航海日誌ヲ備ヘサル船舶中ニテ出生アリタル場合ニ於テハ其屆出ニ付テハ到著地ヲ以テ出生地ト看做ス

（註記）本條モ亦出生子ノ屆出ヲ爲スヘキ場所ニ付規定シタルモノニシテ汽車又航海日誌ヲ備ヘサル船舶中ニテ子ノ出生アリタル場合ニ於テ其汽車若クハ船舶カ到著シタル地ヲ以テ出生地ト看做スヘケレハ其地ヲ管轄スル戸籍吏ニ子ノ出生屆出ヲ爲スコトヲ得ヘシ但航海日誌ヲ備ヘタル船舶ニ關シテハ第三節ニ記載シタル特別ノ規定ニ依ルヘキモノトス

第七十一條　嫡出子出生ノ屆出ハ父ヨリ之ヲ爲シ父カ屆出ヲ爲スコト能ハサル場合及ヒ民法第七百三十四條第一項、第二項但書ノ場合ニ於テハ母ヨリ之ヲ爲スコトヲ要ス

庶子出生ノ屆出ハ父ヨリ之ヲ爲シ私生子出生ノ屆出ハ母ヨリ之ヲ爲スコトヲ要ス
前二項ニ掲ケタル者ヨリ屆出ヲ爲スコト能ハサル場合ニ於テハ左ニ掲ケタル者ハ其順序ニ從ヒ屆出ヲ爲ス義務ヲ負フ
第一　戸主
第二　同居者
第三　分娩ニ立會タル醫師又ハ産婆
第四　分娩ヲ介抱シタル者
同順位ノ屆出義務者數人アルトキハ其中ノ一人ヨリ屆出ヲ爲スヲ以テ足ル
（註記）　本條ハ子ノ出生屆出ニ關スル屆出ノ義務ヲ有スヘキモノヲ規定シタルモノナリ子ノ出生ハ嫡出子、庶子、私生子ノ別ニ依リ其屆出ノ義務ヲ有スル者ニ區別アリト雖モ共ニ父又ハ母之ニ當ル若シ父母カ其屆出ヲ爲シ能ハサルトキハ戸主以下本條ニ列記シタル者其義務ヲ負フヘシ其義務ヲ負フヘキ者ニ於テ其屆出ヲ怠リタルトキハ本法第二百十條以下ノ過料ニ處セラルヘキモノトス
第七十二條　夫ハ妻ノ子ノ嫡出ナルコトヲ否認セントスル場合ト雖モ前條第一項ノ規定ニ依リ出生ノ屆出ヲ爲スコトヲ要ス
（註記）　妻カ子ヲ產ミタルトキハ其生兒ハ嫡出子タレハ前條ノ規定ニ依リ父カ屆出ヲ爲スヘキハ當然ナリ縱令父ニ於テ其子ノ嫡出子タルコトヲ否認セントスル場合ト雖モ夫タル父ニ於テ其義務ヲ免カルルコトナカランモノトス
第七十三條　民法第八百二十一條ノ規定ニ依リ裁判所カ出生子ノ父ヲ定ムヘキトキハ出生ノ屆出ハ母ヨリ之ヲ爲スコトヲ要ス此場合ニ於テハ其屆書ニ父ノ未定ナル事由ヲ記載スルコトヲ要ス

父カ裁判ニ依リテ定マリタルトキハ其父ハ裁判確定ノ日ヨリ十日内ニ第六十八條ニ掲ケタル諸件ヲ具シ裁判ノ謄本ヲ添ヘテ屆出ヲ爲シ且第一項ノ屆出ニ依リテ爲シタル登記ノ取消ヲ申請スルコトヲ要ス

（註記）民法第七百六十七條第一項ニ違反シ前婚解消又ハ取消ノ日ヨリ六个月前再婚ヲ爲シタルトキ其子ノ出生ノ日ヨリ再婚成立ノ日ニ遡リテ日數ヲ計算シ既ニ二百日ヲ經過シタルトキハ第八百二十條ノ規定ニ依リ婚姻中懷胎シタルモノト推定ヲ爲スヘキモ若シ二百日未滿ナルトキハ此推定ヲ下スコトヲ得ス此ノ如ク第七百六十七條第一項ニ違反シ爲シタル婚姻ノ爲メニ生兒ノ父ヲ定ムル爲メ裁判所ニ其訴ヲ爲シタルトキハ其裁判カ確定スルマテハ其子ノ父タル者未タ定マラサル場合ニ於テハ其子ノ出生屆ハ其母之ヲ爲スヘキモノトス父ノ定マラサルニ依リ母ヨリ出生屆ヲ爲ストキハ其屆書ニハ父ノ未定ナル事由ヲ記載スルヲ要ス母ニ於テ此屆出ヲ爲シタル後裁判ニ依リ父ノ定マリタルトキハ其父ハ裁判確定ノ日ヨリ一个月内ニ第六十八條ニ掲クル諸件ヲ具シ裁判ノ謄本ヲ添ヘテ戸籍吏ニ屆出ヲ爲シ母ノ屆出ニ依リ爲シタル登記ノ取消ヲ申請スヘキモノトス

第七十四條　病院、監獄其他ノ公設所ニ於テ子ノ出生アリタル場合ニ於テ父又ハ母ヨリ屆出ヲ爲スコト能ハサルトキハ病院、監獄又ハ其他ノ公設所ノ長若クハ管理人ヨリ出生ノ屆出ヲ爲スコトヲ要ス

（註記）公設所トハ養育院、癲狂院、感化院等ヲ云フ是等ノ公設所ニ入院中ノ者ニ於テ子ヲ分娩シタル場合ニ於テ其父ノ居所カ不明ナルカ或ハ死亡後ナルカ總シテ屆出ヲ爲ス能ハサルトキ又ハ母ニ於テモ屆出ヲ爲スコト能ハサルトキハ病院長、監獄長其他公設所ノ長又ハ管理人ヨリ子ノ出生屆ヲ爲スヘキモノニシテ其長又ハ管理人ハ屆出ノ義務ヲ負フヘキモノナリ

（備考）民法第七百三十三條參觀

附錄　出生屆書式

●第一　戸主嫡出子出生父母同居シ本籍地ニ屆出ノ書例

嫡出子出生屆

豐多摩郡大久保村大字東大久保一番地士族官吏

父　前田利勝

母　ヨウ

長男　勝豐

明治參拾壹年拾壹月貳拾日午前壹時五拾分豐多摩郡大久保村大字東大久保壹番地ニ於テ出生

出生子ノ入ルヘキ家ノ戸主　右前田利勝

右嫡出子出生及御屆候也

明治參拾壹年拾月貳拾壹日

父　前田利勝㊞

嘉永五年八月壹日生

豐多摩郡大久保村戸籍吏窪田米太郎殿

●第二　家族ノ嫡出子出生父母別居シ母ヨリ屆出ノ書例

嫡出子出生屆

神奈川縣三浦郡浦賀町大字浦賀八十番地戸主

平民無職業義任拾六男

父　三浦義景

寄留地　本郷區駒込富士前町十五番地敎員
富　子
五女
德　子
明治參拾八年六月壹日午前五時參拾五分本郷區駒込富士前町十五番地ニ於テ出生
出生子ノ入ルヘキ家ノ戸主　右三浦義任
右嫡出子出生及御屆候也
明治參拾八年六月貳日
母
三　浦　富　子㊞
明治元年四月八日生
本郷區戸籍吏乙田二郎殿

●第三　出生前認知シタル戸主ノ庶子出生戸主ニ於テ屆出ノ書例

葛野郡修學院村大字桂田千六百八番地戸主士族僧侶
父
南　部　學　禪
上京區三條通七十四番地戸主平民無職業
母
胤　田　イ　ト
庶子女
ロ　ク
明治參拾壹年拾壹月拾八日午後六時五分上京區三條通七拾四番地ニ於テ出生
出生子ノ入ルヘキ家　右南部學禪
右ロク出生前ヨリ父學禪ニ於テ認知ス

右庶子出生及御届候也

明治參拾壹年壹月貳拾七日

父　南部學禪㊞

明治六年拾月貳拾日生

上京區戸籍吏丙野三郎殿

●第四　家族ノ私生子出生一家創立母ヨリ届出ノ書例

私生子出生届

淺草區三谷町壹番地戸主平民無職業ヨシ長女藝妓

母　金田君代

私生女　キヨ

明治參拾貳年參月貳拾七日午後拾壹時拾分下谷區金杉上町拾壹番地ニ於テ出生

右キヨ母ノ家ニ入ルコトヲ得サルニ付一家ヲ創立ス

所在地　下谷區金杉上町十一番地

右私生子出生及御届候也

明治參拾貳年四月壹日

母　金田君代㊞

明治拾壹年壹月九日生

下谷區戸籍吏乙川甲三殿

●第五　父ノ定マラサル子ノ出生ヲ母ニ於テ届出ツルノ書例

父未定ノ女子出生届

横濱市羽衣町百七十九番地戸主平民貿易商鶴吉妻無
職業
寄留地　中郡藤澤町大字大町二千六十二番地
母　松　枝　コ　ウ
長女　ヒ　ナ
明治參拾五年壹月壹日午後壹時壹分中郡藤澤町大字大町二千六十二番地ニ於テ
出生

右ヒナ母コウ前婚解消後六个月未滿ニシテ夫鶴吉ト再婚民法第八百二十一條ニ依リ父ヲ定ムルコト能ハサルニ依リ父ノ定メ方横濱地方裁判所ニ請求中ナリ
右女子出生及御届候也
明治參拾五年壹月拾日
母　松　枝　ハ　ル㊞
明治拾貳年五月拾日生
中郡藤澤町戸籍吏藤野豊殿

●第六　裁判ニ依リ父ノ定マリタル子ノ出生ヲ父ヨリ届出ノ書例

嫡出子出生届

横濱市羽衣町百七拾九番地戸主平民貿易商
父　松　枝　鶴　吉

寄留地　中郡藤澤町大字大町二千六拾貳番地
母　　　　コウ
長女　　　　ヒナ

明治參拾五年壹月壹日午後壹時壹分中郡藤澤町大字大町貳千六拾貳番地ニ於テ出生
出生子ノ入ルヘキ家ノ戸主　右松枝鶴吉
右父ノ定マリタル裁判明治參拾五年四月拾八日裁判確定ス
右裁判確定ニ付別紙ノ謄本相添ヘ嫡出子出生及御屆候也
明治參拾五年五月拾六日
父　　松　枝　鶴　吉㊞
明治拾年七月拾五日生

横濱市戸籍吏萬年龜壽殿

●第七　裁判ニ依リ父ノ定マリタルニヨリ出生ノ登記取消申請書例

出生ノ登記取消ノ申請
明治參拾五年壹月拾日出生登記
横濱市羽衣町百七十九番地戸主平民貿易商
鶴吉妻無職業
寄留地　中郡藤澤町大字大町二千六十二番地
松　枝　コ　ウ
長女　　　ヒ　サ

右父ノ定マリタル裁判明治參拾五年四月拾八日確定
右出生ノ登記届取消申請候也
明治參拾五年五月拾六日
申請人　松枝鶴吉㊞
明治拾年七月貳拾日生
中郡藤澤町戸籍吏藤野豊殿

●第七　養子離縁養家ニ於テ出生ノ子ヲ届出ツルノ書例
嫡出子出生届

荏原郡品川町大字歩行新宿一千八百十四番地
戸主平民漁業權七弟農
父　平澤權次
芝區二本榎町壹番地戸主平民大工職新吉養女
機織業
母　福田キン
長男　愛之助

明治參拾貳年拾壹月貳拾五日午後九時八分芝區二本榎町壹番地ニ於テ出生
出生子ノ入ルヘキ家ノ戸主　右福田新吉
右愛之助父ノ家ニ入ルコトヲ得サルニ付母ノ家ニ入ル
右出生及御届候也

明治參拾貳年拾月貳拾八日

福田新吉㊞

文化六年正月元日生

芝區戸籍吏竹園一枝殿

第二節　棄兒發見引受及引取若クハ棄兒發見又ハ出生屆前出生ノ子又ハ棄兒ノ死亡ニ依ル屆

凡ソ自己ノ所有地又ハ看守スヘキ地內ニ幼者ノ遺棄セラレタルモノアルトキハ其所有主若クハ看守者ハ之ヲ扶ケテ速ニ警察官又ハ市町村長ニ申報セサルヘカラス違フ者ハ刑法ノ制裁ヲ受クヘシ然リ而シテ刑法ノ明文ヲ以テハ自己ノ所有地ニアラス看守スヘキ地ニモアラサルトキハ扶ケテ申告スルヲ要セサルカ如シト雖モ然ラス總シテ棄兒アルヲ發見シタル者ハ速ニ警察官又ハ市町村長ニ申報セサルヘカラサルモノニシテ其申報ヲ爲シタルトキハ發見ノ時ヨリ二十四時內ニ更ニ戸籍吏ニ其屆出ヲ爲スヲ要ス若シ市町村長ニ其報告ヲ爲シタルモ本法ノ成式ヲ履ミ戸籍吏ニ屆出ヲ怠リタルトキハ更ニ本法ノ制裁ヲ免カルヘカラス戸籍吏ニ此屆出アリタルトキハ戸籍吏ハ其棄兒ノ體格ヲ檢シテ生年月ヲ推定シ棄兒ニ於テ氏名ヲ知ラサルトキハ之ニ氏名ヲ命スヘシ名ヲ知ルモ氏ヲ知ラサル者ニハ戸籍吏ハ氏ノミヲ命ス戸籍吏ハ其棄兒ノ爲メニ調書ヲ作リ其調書ニハ棄兒ニ附屬スル衣服、物品、發見ノ場所、發見ノ年月日時其他ノ景況、其兒ノ出生ノ推定年月、氏名、男女ノ別、引受人ノ氏名、職業、本籍地、所在地又ハ育兒院ノ稱號、場所、引受年月日等ヲ記載シテ此調書ヲ屆書ニ添ヘキヲ要ス此調書ハ身分登記上屆書ト看做ヘキモノトス

棄兒ハ恤救規則ニ依リ滿十三年迄ハ一年現米一石八斗ノ積ヲ以テ日割養育米ヲ下賜セラレ其他棄兒養育ノ費用ハ地方税又ハ府縣税ヨリ補助セラルヘク其補助ヲ以テ不足スルトキハ其市町村ノ救助費ヲ以テ支辨セ

ラルヘキモノニシテ官ノ救助ヲ仰キ地方税、府縣税ノ補助ヲ受ケ市町村費ヲ以テ不足ヲ支辨スルカ如キ其救助又ハ養育ニ關スル事務ハ市町村長ノ職務權內ニ附屬シテ戸籍吏ノ干涉スヘキモノニアラス戸籍吏ノ干涉スヘキハ年齡ヲ推定シ、氏名ヲ命シ、調書ヲ作リ身分ニ關スル登記及記載ノ事務ニ止リ棄兒ノ一身上ニ關係セサルモノトス

棄兒ノ父又ハ母ノ現出シテ之ヲ引取引渡ヲ爲シ又ハ引受人ヲ交換スルハ市町村長ノ職權ニ屬スト雖モ其兒ノ引取又ハ其引受ヲ變換シタルトキハ引取人又ハ育兒院等ハ戸籍吏ニ其屆出ヲ爲サヽルヘカラス

引受人又ハ育兒院ノ變換シタルトキ變換ノ日ヨリ十日內ニ戸籍吏ニ變換ノ旨ヲ屆出父又ハ母ニ於テ其兒ヲ引取リタルトキハ其父又ハ母ハ一ケ月內ニ第一節ニ記載シタル條件ヲ具シテ屆出ヲ爲シ是ト同時ニ棄兒發見ノ登記ノ取消ヲ申請スヘシト雖モ幼者ヲ遺棄シタル者ハ刑法ノ制裁アレハ其父又ハ母カ發見シタルモ直チニ引渡スヘキモノニアラサレハ或ハ刑法ノ處分ニ依ルモノアルヘシ刑法ノ處分ニ依ルモノハ裁判確定ノ日ヨリ屆出期間ヲ起算スヘシ又第七十六條ノ明文アルモ其棄兒ノ出生カ既ニ屆出アリテ本籍地其他ノ身分登記簿ニ登記シ戸籍簿ニ記載アル者ハ別ニ出生屆出ヲ爲スニ及ハサルヘキモノニシテ此場合ニ於テハ所在地戸籍吏ニ引取ノ屆出ヲ爲スヲ以テ足レリトスヘシ

又子カ出生シテ未タ屆出ヲ爲サヽル前ニ死亡シ又ハ棄兒發見シテ屆出ヲ爲サヽル前ニ其棄兒カ死亡シタルトキハ其屆出義務者ハ出生及ヒ死亡又ハ棄兒發見及死亡ノ屆出ヲ爲サヽルヘカラス故ニ其義務者ハ死亡ノ日ヨリ五日內ニ其屆出ヲ爲スヘキモノトス

（例）

第七十五條　棄兒ヲ發見シタル者ハ二十四時內ニ其旨ヲ戸籍吏ニ屆出ツルコトヲ要ス

棄兒發見ノ屆出アリタルトキハ戸籍吏ハ其兒ニ氏名ヲ命シ且之ニ附屬スル衣服、物品、發見ノ場所、

年月日時其他ノ景況並ニ其兒ノ出生ノ推定年月、氏名、男女ノ別、引受人ノ氏名、職業、本籍地、及ヒ所在地又ハ育兒院ノ稱號並ニ場所及ヒ引渡ノ年月日ヲ調書ニ記載シテ之ヲ屆書ニ添ヘ置クコトヲ要ス

引受人又ハ育兒院ニ變換アリタルトキハ雙方ヨリ十日内ニ其旨ヲ屆出ツルコトヲ要ス

第二項ノ調書ハ登記ニ付テハ之ヲ屆書ト看做ス

(註記) 本條第一項ハ棄兒ヲ發見シタル者ハ必ス發見シタルトキヨリ二十四時内ニ屆出サレハナラヌコトヲ示シタルモノニシテ第二項ハ戶籍吏ニ命シタル條件ナリ附屬スル衣服トハ棄兒カ著用セル衣服ハ勿論其棄兒ニ衣服カ添ヘアレハ其衣服、物品トハ衣服ノ外諸品若シ金錢ヲ添ヘタルトキハ金錢モ之ニ包含スヘシ棄兒ノ場所トハ其子ノ棄テアリシ場所ニシテ即チ何町何番地又ハ何町村何番地先道路又ハ神社寺院境内等ノ類ヲ云フ其年齡ハ体格ニ依リ推定スルモノナレハ生日ハ定メ難クレハ生年月ノミヲ定メ生日ハ定ムルニ及ハス引受人トハ其養育ヲ引受ケタル者ニシテ所謂預リ人ナリ育兒院ニテ引受ケタルトキハ其稱號例ヘハ東京市養育院ト稱スルカ如キ類ナリ其場所トハ育兒院所在地ナリ引渡ノ年月日トハ引受人又ハ育兒院ニ引渡タル年月日ヲ云フ戶籍吏ハ第二項ノ調書ヲ作リテ發見人ヨリ差出シタル屆出ニ添ヘ置クヘキナリ第三項ハ一旦棄兒ヲ引受人又ハ育兒院ニ引渡タル後其引受人又ハ育兒院ノ變換シタル場合ヲ云フ其引受人等ノ替リタルトキハ其變換シタル日ヨリ十日内ニ新舊引受人等ヨリ其變換シタル旨ヲ戶籍吏ニ屆出ヲ要ス

第七十六條　棄兒ノ父又ハ母カ現出シテ其兒ヲ引取ルトキハ一个月内ニ第六十八條ノ屆出ヲ爲シ且棄兒發見ノ登記ノ取消ヲ申請スルコトヲ要ス

(註記) 本條ハ棄兒ノ父又ハ母カ現出シテ其棄兒ヲ引取タルトキ屆出ヲ爲スヘキ期間ト其屆出ニ付

具申スヘキ條件ト引取ノ屆出ヲ爲シタルトキハ棄兒發見ノ登記ノ取消ヲ申請スヘキ條件トヲ規定シタルモノニシテ其屆出申請ヲ爲スハ共ニ引取人ノ義務トシ申請ノ期間モ亦屆出ノ期間ト同一ナリトス

第七十七條　出生又ハ棄兒發見ノ屆出ヲ爲サヽル前出生子又ハ棄兒カ死亡シタルトキハ出生又ハ棄兒發見及ヒ死亡ノ屆出ヲ爲スコトヲ要ス

（註記）本條ハ出生ノ子カ出生ヲ屆出サル前ニ死亡シタルトキ出生ノ屆出ト死亡ノ屆出ヲ爲シ又棄兒ヲ發見シタル者其發見ヲ戸籍吏ニ屆出サル前ニ棄兒カ死亡シタル場合ニ於テモ棄兒發見屆出ト死亡ノ屆出トヲ爲スヘキコトヲ規定シタルモノニシテ此二個ノ場合ニ在テハ未タ命名セサル者アルヘシ命名前ニ死亡シタル兒子ノ死者ニ名ヲ命スルノ穩當ナラサルニ依リ名ヲ掲クスシテ屆出ヘキ慣例アルヲ以テ又其舊慣ニ從フモノナルヘシ

附錄　棄兒ニ關スル屆出書式

●第一　棄兒發見者ヨリ屆出ノ書例

棄兒發見屆

棄兒

發見ノ時　明治參拾壹年拾貳月貳拾九日午後拾貳時

發見ノ場所　芝區芝公園第八號地先道路

右棄兒發見ニ付及御屆候也

明治參拾壹年拾貳月參拾日

芝區芝公園第八號地戸主平民敎師

縁山徳道
元治元年九月八日生

芝區戸籍吏竹田一技殿

●第二　棄兒發見調書様式

棄兒調書

女棄兒

一氏名　寺本マツト命ス
一推定年齢　明治參拾壹年拾貳月
一發見場所　芝區芝公園內第八號地先道路
一發見ノ年月日時　明治參拾壹年拾貳月貳拾九日午後拾貳時
一疾病　狀況ナシ
一身体　異狀ナシ
一附屬ノ物品
衣服　上著木綿竪縞綿入　下著八丈縞綿入　縞縮緬胴著　木綿單襦袢木綿八丈縞綿入袢天
緋羅紗ニ金糸ニテ龜ヲ縫ヒタル巾著一個內ニ「成田山」ト燒印アル木札一枚、方七分ノ鏡一面裏面
ニ波ニ千鳥ヲ彫刻セリ
一引受人　芝區芝公園第八號地無職業德田潤藏
一引渡年月日　明治參拾壹年拾貳月參拾日
右發見者縁山德道警部本多康高立會ノ上調書ヲ作ル

明治參拾壹年拾貳月參拾日

芝區戸籍吏　竹　田　一　枝㊞

●第三　棄兒引受人變換屆出ノ書例

棄兒引受變換屆

芝區芝公園地第八號地棄兒

女　寺　本　マ　ツ

推定　明治參拾壹年拾貳月生

舊引受人　芝區芝公園第八號地　德田潤藏

新引受人　麻布區廣尾町十番地　麻布養育院

變換ノ日　明治參拾貳年九月拾四日

右引受變換ニ付及御屆候也

麻布區本村町百八十五番地

麻布養育院長

愛　田　春　風㊞

明治元年貳月貳日生

明治參拾貳年九月拾五日

麻布區戸籍吏櫻田木內殿

備考　舊引受人ヨリノ屆出モ此例ニ準ス但新舊引受人連署スルモ可ナリ

●第四　棄兒引取ニ依リ發見登記取消ノ申請ノ書例

棄兒發見登記取消ノ申請

明治參拾壹年拾貳月參拾日棄兒發見屆

芝區芝公園第八號地棄兒
女　寺本マツ

右棄兒父現出明治參拾參年貳月拾八日引取リ父ノ家ニ入ル
右棄兒發見ノ登記取消申請候也
明治參拾參年參月九日

右父赤坂區檜町參拾四番地戸主平民無職業
申請人　八橋渡㊞

芝區戸籍吏花園一枝殿

第二節　艦船中出生子

航海中乘船者ニ於テ出產シタル者アルトキハ艦長又ハ船長ハ同船者中成年以上ノ者ヨリ二人以上ノ證人ヲ選定シ之ヲ立會ハシメ第一節起頭ニ列記シタル子ノ出生屆ニ具備スヘキ諸件ヲ航海日誌ニ記載シ證人ト共ニ署名捺印シ其證人ノ肩書ニ本籍地及職業ヲ記載シ腹書ニ生年月日ヲ記載スルヲ要ス此記載ヲナシタル後其艦船カ日本ノ港ニ到著シタルトキハ艦長又ハ船長ハ航海日誌ノ謄本ヲ作リ到著ノトキヨリ二十四時内ニ出生ニ關スル航海日誌ノ謄本ヲ到著地ノ戸籍吏ニ送付スルヲ要ス戸籍吏ニ於テ此謄本ノ送付ヲ受ケタルトキハ戸籍吏ハ其謄本ニ記載シタル事項ハ勿論尙ホ第二十八條第三項ニ依リ身分登記簿ニ登記シ其被登記者ノ本籍カ到著地ノ戸籍吏ノ管轄外ナルトキハ戸籍吏ハ其謄本ニ付更ニ副本ヲ作リ是レヲ役場ニ留メ正本ヲ被登記者本籍地ノ戸籍吏ニ送付スヘキモノトス

航海日誌ニ出生ニ關スル事項ヲ記載シタル後其艦船カ日本ノ港ニシ著タルトキハ艦長又ハ船長ハ前項ノ手

續ヲナスヘシト雖モ若シ外國ノ港ニ著シタルトキハ艦長又ハ船長ハ其出生ニ關スル航海日誌ノ謄本ヲ其國駐在ノ日本公使又ハ領事ニ送付スヘシ公使又ハ領事ニ於テ其送付ヲ受ケタルトキハ之ヲ受ケタル日ヨリ三ケ月内ニ之ヲ外務大臣ニ發送シ外務大臣ハ之ヲ受取リタル日ヨリ十日内ニ父母ノ本籍地ノ戸籍吏ニ發送スルヲ要ス本籍地ノ戸籍吏カ之ヲ受理シテ身分登記簿ニ登記スル手續ハ前項ノ例ニ依ルヘキモノトス

（例）

第七十八條　航海中ニ子ノ出生アリタルトキハ艦長又ハ船長ハ二十四時内ニ乘船者中ヨリ選ミタル證人ノ前ニ於テ第六十八條ニ掲ケタル諸件ヲ航海日誌ニ記載シ證人ト共ニ署名、捺印シ且證人ノ出生ノ年月日、職業及ヒ本籍地ヲ記載スルコトヲ要ス

前項ノ手續ヲ爲シタル後艦船カ日本ノ港ニ著シタルトキハ艦長又ハ船長ハ二十四時内ニ其出生ニ關スル航海日誌ノ謄本ヲ其地ノ戸籍吏ニ送付スルコトヲ要ス

艦船カ外國ノ港ニ著シタルトキハ艦長又ハ船長ハ遲滯ナク其出生ニ關スル航海日誌ノ謄本ヲ其國ニ駐在スル日本ノ公使又ハ領事ニ送付シ公使又ハ領事ハ三个月内ニ之ヲ外務大臣ニ發送シ外務大臣ハ十日内ニ之ヲ父母ノ本籍地ノ戸籍吏ニ發送スルコトヲ要ス

（註記）　本條第一項ハ乘組中分娩シ子ノ出生アリタルトキ艦長又ハ船長ニ於テ航海日誌ニ記載スルノ手續ニシテ第二項ハ其艦船ノ日本ノ港ニ著シタルトキ之ニ關スル航海日誌ノ謄本ヲ戸籍吏ニ送付スヘキヲ掲ケ第三項ハ其艦船ノ外國ノ港ニ著シタルトキ之ニ關スル航海日誌ノ謄本ヲ公使又ハ領事ニ送付シ公使又ハ領事ヨリ外務大臣ニ送リ外務大臣ヨリ本籍地戸籍吏ニ送付スル手續ヲ掲ケラレタルモノナリ其第二項日本ノ港ニ著シタルトキ其地カ被登記者ノ父母ノ本籍地ニアラサルモ艦長又ハ船長ハ其地ノ戸籍吏ニ送付スヘキモノニシテ若シ外國ノ港ニ著シタルトキ其國ニ公使領

事アラサルトキハ艦長又ハ船長ハ之ヲ送付スルヲ得サレハ其謄本ヲ發送セス其駐在アル國ニ到リタルトキ始メテ之ヲ發送スヘキモ終ニ公使領事ノ駐在スル國ノ港ニ著セスシテ歸國シタルトキハ即チ第二項ニ依リ取扱フヘキモノトス

●第一　附錄　航海中出生ノ子ニ關スル航海日誌ノ記載方

船長ニ於テ航海日記中ニ子ノ出生ヲ記載スル書例

航海日記ノ謄本

石川縣鳳至郡輪島町八十九番地戶主平民運送業
父　青島藤八
母　トメ
二女　シン
出生ノ時　明治參拾四年四月貳拾壹日午前拾時
出生ノ場所　日本丸航海中ニ於テ出生

鳥取縣久米郡米子町六番地米商
證人　蜂須賀新藏㊞
明治元年壹月八日生

新潟縣三島郡三條町大字三條千八百番地糸商
證人　三條直太郎㊞
明治五年拾壹月壹日生

日本丸船長

速水順次㊞

右航海日誌作製者

航海日誌作製明治貳拾五年拾月貳拾日

右謄本及御送付候也

明治參拾四年六月參日

日本丸船長　速水順次㊞

明治元年參月四日生

荏原郡品川町戸籍吏東海淺次郎殿

第四節　出生ニ關スル身分登記書式

附錄第一號

明治何年

本籍人

身分登記簿

出生之部

東京市麹町區戸籍役場

紙數表紙ヲ除キ何枚

東京區裁判所監督判事　氏　　名　㊞

第一號（戸六八、六九ノ一、七一ノ一）

麴町區麴町一町目一番地戸主平民呉服商
父　飯尾太郎
母　ウシ
長男　一郎
出生ノ時　明治參拾貳年參月四日午後五時
出生ノ場所　麴町區麴町一町目一番地
屆出人　飯尾太郎
明治元年四月貳日生

右出生明治參拾貳年參月五日屆出同日受附㊞

第二號（戸六八、六九ノ一、七一ノ一、一二五）

麴町區元園町二町目二番地戸主平民菓子商兵助長男
無職業
父　米田兵三
母　トラ
長女　タツ
出生ノ時　明治參拾貳年參月五日午後四時
出生ノ場所　神田區今川小路三町目三番地
寄留地　今川小路三町目三番地

屆出人　米田トラ
明治貳年四月拾日生
右出生明治參拾貳年參月六日神田區ヘ屆出同日同區戸籍吏井口清受附同月七日屆書發送同日受附㊞

第三號（戸六八、六九ノ三、七一ノ二、民七三五ノ三）

麴町區富士見町一町目一番地戸主平民下宿營業一作姉
母　竹村トク
私生子女　クハ
出生ノ時　明治參拾貳年參月拾日午後貳時五拾五分
出生ノ場所　麴町區富士見町一町目一番地
右クハ母ノ家ニ入ルコトヲ得サルニ因リ一家創立
屆出人　竹村トリ
明治元年貳月五日生
右出生明治參拾貳年參月拾壹日屆出同日受附㊞

第四號（戸六八、六九ノ二、七一ノ五、民七三五ノ二、七四六）

麴町區永田町二町目三番地戸主平民無職業ナヲ弟製靴業
父　益田三郎

麹町區平河町五町目四番地戸主平民無職業次郎叔母
母　荒瀬カネ
庶子男　荒瀬新
出生ノ時　明治參拾貳年五月六日午後拾時拾五分
出生ノ場所　麹町區平河町五町目四番地
届出人　荒瀬次郎
明治元年拾月五日生

右新出生前ニ認知セラル
父ノ家ニ入ルコトヲ得サルニ因リ母ノ家ニ入ル

東京市麹町區戸籍吏　氏名 職印

右出生明治　拾貳年五月七日届出同日受附㊞
明治參拾貳年拾貳月貳拾九日登記終結ス

第一號欄外登記例

明治參拾貳年五月四日出生ノ時變更裁判確定ニ付同月五日飯尾太郎ヨリ登記變更ノ申請同日受附タルニ因リ裁判ノ趣旨ニ從ヒテ出生ノ時ヲ六時ト變更ス㊞

第二號欄外登記例

明治參拾貳年六月貳拾參日嫡出子否認ノ裁判確定ニ付同月貳拾五日米田兵三ヨリ登記變更ノ申請同日受附タルニ因リ裁判ノ趣旨ニ從ヒテカツヲ私生子女トシ父母ノ行ヲ米田兵三妻トラト變更ス㊞

附錄第一號ノ二十一

明治何年

非本籍人

身分登記簿

出生之部

東京市芝區戸籍役場

紙數表紙ヲ除キ何枚

東京區裁判所監督判事　氏　名　㊞

第一號（戸六八、六九ノ一、七一ノ一）

神奈川縣横濱市吉田町一町目五番地戸主士族官吏

寄留地　東京市芝區巴町二町目三番地

父　龜　田　安　之　助

母　ウ　シ

長男　道　太　郎

出生ノ時　明治參拾貳年參月四日午後六時十分

出生ノ場所　芝區巴町二町目三番地

屆出人　龜　田　安　之　助

右出生明治參拾貳年參月五日屆出同日受附㊞

第二號（戸七五）

明治元年六月五日生

男

玉村時藏

推定　明治參拾貳年五月生

發見ノ時　明治參拾貳年五月六日午前五時貳拾分

發見ノ場所　芝區日蔭町一町目六番地道路

芝區明舟町六番地

明治參拾貳年五月七日引受　育兒院

芝區日蔭町一町目六番地戸主青物商

發見者　屋井五郎

明治元年六月五日生

右棄兒發見明治參拾貳年五月七日屆出同日受附㊞

第三章　嫡出子否認

第一節　嫡出子否認ノ屆

總テ子ノ出生アリタルモ婚姻成立ノ日ヨリ二百日未滿ニ生出シタルニ依リ民法第八百二十二條ニ依リ夫ニ於テ其子ノ嫡出子ナルコトヲ否認セントスル場合ニ於テハ夫ハ其子カ普通裁判籍ヲ有スル地又ハ子カ死亡シタル時ニ之ヲ有シタル地ノ地方裁判所ニ其訴ヲ爲ス可シ其否認ノ裁判カ確定シタルトキハ其裁判ノ謄本ヲ添ヘ他ノ諸件ヲ具シテ戸籍吏ニ屆出ヘシ而シテ既ニ出生ノ登記ヲ爲シタル者ナルトキハ更ニ登記變更ノ

申請ヲ爲サヽルヘカラササルモノトス
否認ノ届出ニ付具申スヘキ要件
一　子ノ名及ヒ男女ノ別
二　出生ノ年月日
三　否認ノ裁判カ確定シタル年月日
届出期間　裁判確定日ヨリ　一ヶ月内
(例)
第七十九條　嫡出子否認ノ裁判カ確定シタルトキハ否認者ハ裁判確定ノ日ヨリ一个月内ニ左ノ諸件ヲ具シ裁判ノ謄本ヲ添ヘテ之ヲ届出テ且既ニ出生ノ登記ヲ爲シタル者ニ付テハ登記ノ變更ヲ申請スルコトヲ要ス
(註記)　裁判確定後謄本ノ送付アリタルトキハ一个月ノ期間ハ其送付ヲ受ケタル日ヨリ起算スヘキモノトス但具申スヘキ條件ハ本文記載ノ如クナレハ略ス
(備考)　民法第八百二十條第八百二十二條參觀

附錄　嫡出子否認届書式

●第一　嫡出子否認届出ノ書例

嫡出子否認届

男　定吉

明治參拾八年貳月拾七日生

右定吉否認ノ裁判明治參拾八年五月拾日確定ス

右嫡出子裁判確定ニ付別紙裁判ノ謄本相添ヘ及御届候也

明治參拾八年參月參拾壹日

北豐島郡瀧川村七百五拾番地戸主平民農

否認届出人　清水一郎㊞

明治拾六年七月七日生

北豐島郡瀧川村戸籍吏秋山錦作殿

第二節　嫡出子否認ノ登記書式

附錄第一號ノ二

明治何年

本籍人

身分登記簿

嫡出子否認之部

東京市麴町區戸籍役場

紙數表紙ヲ除キ何枚

東京區裁判所監督判事　氏　　名　職印

第一號（戸七九、民八二二）

女　　タ　ツ
明治參拾貳年參月五日生

右タツ否認ノ裁判明治參拾貳年六月貳拾參日確定

麹町區元園町二丁目二番地戸主兵助長男平民無職業
否認者　米　田　兵　三
明治元年參月四日生

右嫡出子否認明治參拾貳年六月貳拾五日屆出同日受附㊞

（附記）否認變更申請書式ハ第二十一章第一節ノ附錄ニ揭ク

第四章　私生子認知

第一節　私生子認知ニ關スル屆出

一　子ノ名及ヒ男女ノ別
二　出生ノ年月日
三　死亡シタル子ヲ認知スル場合ニ於テハ死亡ノ年月日
四　父カ認知ヲ爲ス場合ニ於テハ母ノ氏名、職業及ヒ本籍地
　但母カ家族ナルトキハ其戸主ノ氏名、職業、本籍地及戸主ト母トノ續柄ヲ記載スヘシ

凡ソ私生子ノ認知ハ直チニ戸籍吏ニ屆出ツヘキモノニシテ其認知ハ父又ハ母ニ於テ之ヲ爲スコトヲ得ヘク父ニ於テ認知シタル私生子ハ之ヲ庶子トス又私生子ノ認知ハ父母カ無能力者ナリト雖モ父又ハ母ニ於テ認知スルヲ得ヘシ私生子ノ認知ノ效力ハ總シテ出生ノ時ニ遡リテ之ヲ生ス然レトモ第三者カ既得權ヲ害スルコトヲ得ス例令ハ其先ニ認知シタル庶子アリテ其庶子カ相續權ヲ得タル後更ニ認知セラレタル庶子カ先ナ

ル庶子ヨリ年長タルモ先ニ認メラレタル庶子ノ權利ヲ害シ相續權ヲ取得スルコトヲ得サルモノトス

（例）

第八十條　私生子認知ノ屆書ニハ左ノ諸件ヲ記載スルコトヲ要ス

（註記）本條ハ私生子認知ニ關スル一般ノ方式ヲ定メラレタルモノニシテ普通ノ認知ノ外特別ノ認知ニ關シテハ次條以下ノ規定ニ從フヘキモノトス屆書ニ記載スル諸件ハ前記本文ノ處ニ掲ケタレハ略ス

（備考）民法第八百二十七條第八百二十八條第八百二十九條參觀

附錄　私生子認知屆出書式

●第一　父ニ於テ私生子認知屆出ノ書例

私生子認知屆

庶子男　卯　三　郎

明治貳拾五年九月貳拾日生

右母淺草區山ノ宿聖天町十九番地戸主平民飲食業
葉柴タツ

本所區中之郷瓦町九十九番地戸主平民瓦商
丑市弟

認知者　澁　谷　寅　二㊞

右私生子認知候條及御屆候也

明治參拾參年參月參日

本所區戸籍吏寺西清三殿

●第二　未成年ノ母ニ於テ私生子認知屆出書例

私生子認知屆

慶應元年拾貳月貳拾日生

元吉郡元吉村大字元吉百壹番地戸主平民農涌谷アキ

私生子　フユ

明治參拾九年八月拾貳日生

右私生子フユヲ認知候條此段及御屆候也

明治參拾九年拾貳月貳拾八日

寄留地　仙臺市國分町三町目七番地

認知者　涌谷アキ

明治貳拾貳年拾貳月拾日生

仙臺市戸籍吏山川泉殿

第二節　胎兒、死亡及成年ノ私生子認知

父ニ於テ母ノ胎內ニ在ル子ヲ認知シ又ハ父母ニ於テ既ニ死亡シタル子又ハ成年ニ達シタル子ヲ認知スルコトヲ得ヘシ其胎內ノ子ヲ認知シ死亡シタル子ヲ認知スルハ重ニ家督相續權ニ關スルモノニシテ胎內ノ子ヲ認知スルニハ其母ノ承諾ヲ要シ又成年ノ子ヲ認知スルハ其子ノ承諾ヲ要シ死亡シタル子ヲ認知スルハ其子ノ直系卑屬カ既ニ成年ニ達シタルトキハ又其卑屬ノ承諾ヲ要スヘシ殊ニ死亡ノ子ヲ認知スルヲ得ルハ其子ニ直系卑屬アル場合ニ限ルヘシ

前項ノ届出ニ付承諾ヲ要スル場合ニ於テハ其届出ニ承諾ノ證書ヲ添ヘルカ又ハ届出ニ承諾ノ旨ヲ付記シ之ニ承諾者ヲシテ署名捺印セシムルコトヲ要ス若シ胎内ニ在テ認知セラレタル子カ死體ニテ分娩シタルトキハ出生届出義務者ハ其事實即チ死體ニテ分娩シタルコトヲ知リタル日ヨリ一个月內ニ登記ノ取消ヲ申請スヘキモノトス

（例）

第八十一條　民法第八百三十一條第一項ノ規定ニ依リテ認知ヲ爲ス場合ニ於テハ認知者ハ母ノ氏名、職業及ヒ本籍地ヲ具シテ其胎內ニ在ル子ヲ認知スル旨ヲ届出ツルコトヲ要ス

（註記）　民法第八百三十一條第一項ハ胎內ニアル子ヲ母ノ承諾ヲ得テ認知スル規定ニシテ胎內ノ子ヲ認知スルニハ其認知者ハ其母ノ氏名、職業及本籍地ヲ記載シテ胎內ニ在ル子ヲ認知スル旨ヲ届出ヘキモノトス

第八十二條　民法第八百三十條及ヒ第八百三十一條ノ規定ニ依リ子、母又ハ直系卑屬ノ承諾ヲ要スル場合ニ於テハ届出人ハ届書ニ承諾ノ證書ヲ添ヘ又ハ承諾ヲ爲シタル者ヲシテ届書ニ承諾ノ旨ヲ附記シ之ニ署名、捺印セシムルコトヲ要ス

（註記）　本條ハ民法第八百三十條第八百三十一條ニ依リ成年ノ私生子ヲ認知シ又ハ死亡シタル子ヲ認知スルニ付其子又ハ其子ノ直系卑屬若シクハ母ノ承諾ヲ要スル場合ニ於テハ承諾書ヲ添ヘ或ハ届出ニ承諾ノ旨ヲ附記シテ届出ヘキコトヲ規定シタルモノナリ

第八十四條　胎內ニテ認知セラレタル子カ死體ニテ分娩シタルトキハ出生届出義務者ハ其事實ヲ知リタル日ヨリ一个月內ニ認知ノ登記ノ取消ヲ申請スルコトヲ要ス但遺言執行者カ認知ノ届出ヲ爲シタル場合ニ於テハ遺言執行者ヨリ登記ノ取消ヲ申請スルコトヲ要ス

（註記）胎內ニテ認知セラレタル子カ死體ニテ分娩シタルトキハ其子ヲ認知シタルモ詮ナキモノナレハ認知者ハ認知ノ登記ヲ取消サヽルヲ得ス其取消ヲ申請スルハ出生屆出義務者カ之ヲ知リタル時ヨリ一个月內トス而シテ屆出義務者ハ當然父ヲ以テシ父カ屆出ヲ爲ス能ハサル場合ニ於テハ母、母之ヲ爲スコト能ハサルトキハ戶主其他第七十條ノ規定ニ依ルヘキモノトス

（備考）民法第八百三十條及第八百三十一條參觀

附錄　成年者死亡者及胎兒ヲ認知スルノ屆書式

●第一　私生ノ成年者ヲ認知スル屆出書例

私生子認知屆

庶子男　子之吉

明治拾年五月貳拾參日生

右母水戶市上市字大工町十八番地戶主車牽業福地已三郎妹ウマ

行方郡石岡町二番地戶主士族酒製造業

認知者　夷　三　郎㊞

安政元年閏參月五日生

右私生子認知ス仍テ及御屆候也

明治參拾壹年七月拾六日

行方郡石岡町戶籍吏海部鈞次郎殿

私生子認知承諾書

水戸市上市大工町十八番地戸主平民車牽業福地已三郎妹ウマ

私生子　子之吉

明治拾年五月貳拾參日生

行方郡石岡町二番地戸主士族酒製造業

認知者　夷　三　郎

右認知ヲ承諾ス

明治參拾壹年七月拾六日

承認人　福　地　子　之　吉㊞

行方郡石岡町戸籍吏海部釣次郎殿

●第二　胎內ニ在ル子ヲ認知スル届出ノ書例

私生子認知届

東京市神田區今川小路三丁目六番地戸主士族印刷業彌太夫長男鈴木文八

庶子　胎兒

右母入間郡小川町八百四番地戸主平民農小川平藏姉織機業トラ

右胎兒ヲ認知ス依テ及御届候也

明治參拾七年拾月拾日

寄留地　入間郡川越町八番地生糸商

認知者　鈴　木　文　八㊞

明治拾年拾月拾日生

右認知ヲ承諾ス

認知承諾人　小　川　ト　ラ㊞

明治拾壹年拾壹月拾壹日生

入間郡川越町戸籍吏竹田信治殿

●第三　死亡ノ私生子ヲ認知スル届出ノ書例

私生子認知届

南多摩郡八王子町大字五日市五番地戸主平民機織業

岩井一糸

明治貳拾年壹月七日死亡　庶子男　一　雄

右母北多摩郡府中町大字染屋六百七拾五番地貸座敷業

音松伯母機織業松井ハン

右私生子認知ス仍テ及御届候也

認知届出人　岩　井　一　糸㊞

天保拾年九月九日生

右亡父一雄ノ認知ヲ承諾ス

北多摩郡府中町大字染屋六百七拾五番地貸座敷業戸

圡平民音松従弟七一雄長男
松　井　仲　一㊞
明治拾年壹月貳拾日生

八王子町戸籍吏武藤義勇殿

●第四　死体分娩ニ付認知ノ登記取消申請ノ書例

明治參拾七年拾月拾日胎兒認知登記取消

東京市神田區今川小路三丁目六番地戸主士族印刷業
彌太夫長男無職業鈴木文八
庶　子　　胎　兒
右母入間郡小川町八百四番地戸主平民農半藏姉機織業
小川トラ

右胎兒明治參拾七年拾壹月參拾日死體分娩
右登記取消申請候也
明治參拾七年拾貳月貳拾八日

寄留地　入間郡川越町八番地生糸商
鈴　木　文　八㊞
明治拾年拾月拾日生

入間郡川越町戸籍吏竹田信治殿

第三節　遺言ニ依ル私生子ノ認知

凡ソ遺言ニハ普通方式ト特別式トアリテ普通方式ハ民法千六十七條乃至千七十五條ニ規定セラレ特別方式ハ民法第千七十六條乃至千八十六條ニ規定セラル又其遺言ノ效力ハ遺言者ノ死亡ノ時ヨリ生スヘキモノニシテ其遺言書ヲ開封スルニハ裁判所ニ於テ之ヲ爲シ遺言執行者ニ於テ認知ノ届出ヲ爲スヘキモノニシテ遺言ノ效力ノ生シタル日ヨリ十日内ニ認知ニ關スル遺言ノ謄本ヲ添ヘ前二節ニ規定シタル處ニ從ヒ認知ヲ届出ツヘキヲ要ス此場合ニ於テハ其届書ニ認知者死亡ノ年月日ヲ記載スルヘキモノトス又遺言ニ依リ遺言執行者ヨリ胎内ニ在ル私生子ノ認知ヲ届出タル後其胎兒カ死體ニテ分娩シタルトキハ遺言執行者ハ其事實ヲ知リタル日ヨリ一箇月内ニ登記ノ取消ヲ申請スヘキモノトス

(例)

第八十三條　遺言ニ依リテ認知ヲ爲シタル場合ニ於テハ遺言執行者ハ遺言カ效力ヲ生シタル日ヨリ十日内ニ其認知ニ關スル遺言ノ謄本ヲ添ヘ前三條ノ規定ニ從ヒテ之ヲ届出ツルコトヲ要ス

遺言ニ依ル認知ノ届書ニハ認知者ノ死亡ノ年月日ヲ記載スルコトヲ要ス

(註記)　本條ハ別ニ註記ヲ要スヘキモノナシ唯遺言ニ關スル民法ノ規定ヲ參觀スルヲ要スヘキノミ

(備考)　戸籍法第八十四條民法第八百二十九條第二項及第千六十七條以下參觀

附錄　遺言ニ依ル私生子認知届書式

●第一　遺言ニ依リ死亡ノ私生子認知ヲ遺言執行者ヨリ届出ノ書例

私生子認知届

千葉郡千葉町大字寒川七拾六番地戸主士族金貸業

千葉敏胤

明治貳拾參年八月拾日死亡　庶子男　稻太郎

右母市原郡五井町貳拾八番地戸主平民農利光長女無職業

本間カヨ

明治參拾貳年七月八日死亡

認知者　千葉胤敏㊞

印旛郡佐倉町大字仲町壹番地士族辯護士

遺言執行者　飯高胤成㊞

右私生子父ノ遺言ニ依リ認知スニ依テ遺言狀謄本相添及御届候也

明治參拾貳年七月拾五日

千葉郡千葉町戸籍吏市原郡司殿

第四節　私生子認知登記書式

附錄第一號ノ三

明治何年

本籍人

身分登記簿

私生子認知之部

東京市神田區戸籍役場

紙數表紙ヲ除キ何枚

東京區裁判所監督判事　氏

名　㊞

第一號（戸八〇、民八二七、八二九ノ一）

神田區錦町三町目四番地戸主水本耕三兄平民無職業太郎

庶子男　勉

明治參拾年五月貳日生

右母靜岡縣靜岡市鷹匠町壹番地戸主裁縫師乙井熊吉妹無職業トキ

認知者　水本太郎

明治貳年八月七日生

右私生子認知明治參拾貳年五月貳日届出同日受附㊞

第二號（戸八〇）

神田區三河町三町目參番地戸主平民無職業大内丙次

明治參拾貳年六月七日死亡

庶子男　龜次郎

明治貳拾五年五月拾日生

右母四谷區舟町六拾番地戸主平民無職業向井カハ

認知者　大口丙次

明治元年參月壹日生

右私生子認知明治參拾貳年拾月九日届出同日受附㊞

第三號（戸八一、八四）

神田區今川小路一町目五番地戸主山井三次叔父平民
無職業二郎
庶子　胎兒
右母神奈川縣橫濱市吉田町五町目拾番地戸主無職業
一井ハナ
認知者　山井二郎
明治元年壹日壹日生

右胎兒認知明治參拾貳年壹月貳日届出同日受附㊞
第三號欄外登記例
明治參拾貳年六月拾日山井二郎ヨリ胎兒死體分娩ニ付登記取消申請同日受附㊞

第五章　養子緣組

第一節　生存者ノ養子緣組ニ關スル諸屆

凡ソ養子緣組ハ養親ノ本籍地又ハ所在地ノ戸籍吏ニ之ヲ爲スヘキモノニシテ戸籍吏ハ左ニ列擧シタル第三以下ノ證書カ屆書ニ添付スルカ又ハ屆書ニ附記證明アルカ其他法令ニ違反セサルヲ認メタル後ニアラサレハ受理スルヲ得ス然レトモ左ノ第三ノ一號二號ノ證書又ハ證明書ヲ屆書ニ附記セサルトキハ戸籍吏ハ注意ヲナスモ屆出人カ其屆出ヲ爲サンⅯト欲スルトキハ受理スルヲ要ス然リ而シテ養子緣組ハ戸籍吏ニ屆出ヲ爲シタルニ依リ其效力ヲ生シ其屆出ハ養親養子及ヒ成年以上ノ證人二人以上戸籍吏ノ面前ニ出頭シテ口頭ニテ又ハ署名シタル書面ヲ以テ之ヲ爲スヲ要ス代人ヲ以テ屆出ヲ爲スコトヲ得ス又口頭ニテ屆出ツルトキハ左ノ第一以下ノ諸件ハ之ヲ供述スヘキモノトス尙ホ其他養子緣組ニ付テハ第二部親族編ニ記述シタル處ニ

依リテ之ヲ了スヘシ但證人證明書ノ書式ハ本編第一章第三節ニ掲載アルヲ以テ渾テ之ヲ畧ス宜ク該節ニ記スル處ヲ參觀スヘシ

●第一　縁組ニ記載スヘキ諸件ハ左ノ如シ

一　養親ト養子ノ氏名出生ノ年月日、職業及ヒ本籍地

二　養子ノ實父母ノ氏名職業及ヒ本籍地

三　養親養子カ家族ナルトキハ戸主ノ氏名、職業及ヒ本籍地

四　婚家又ハ養家ヨリ更ニ養子トナルトキハ前三號ノ外婚家ノ戸主又ハ前養親ノ氏名、職業及ヒ本籍地

●第二　届出人

一　養親及養子

但養親ノ配偶者アルトキハ其配偶者共若シ一方カ意思ヲ表示シ能ハサルトキハ雙方ノ名義ヲ以テシ又一方カ他ノ一方ノ子ヲ養子トスルトキハ同意ヲ得ルヲ以テ足ル

二　養子カ十五年未滿ナルトキハ養子ニ代ハリ縁組ヲ承諾シタル者

●第三　戸主ノ同意ヲ得ヘキ場合

一　縁組又ハ婚姻ニ依リ他家ニ入リタル者カ更ニ縁組ニ依リ他家ニ入ルトキ

但婚家又ハ養家又ハ其家ノ戸主共

二　家族カ養子縁組ヲ爲ストキ

●第四　其家ニ在ル父母ノ承諾ヲ得ヘキ場合

一　養子トナルヘキ子カ十五年未滿ナルトキ

但繼父母又ハ嫡母ハ親族會ノ同意ヲ得テ承諾スルヲ要ス

●第五　其家ニ在ル父母ノ同意スル場合
一　養子トナルヘキ者カ滿十五年以上ナルトキ
二　成年ノ子カ養子ヲ爲ストキ
三　緣組又ハ婚姻ニ因リ他家ニ入リタル者カ養子トシテ他家ニ入ルトキ
●第六　親族會ノ同意ヲ得ヘキ場合
一　養子トナルヘキ子カ十五年未滿ニテ繼父母又ハ嫡母カ承諾ヲ爲ストキ
二　十五年以上ノ子カ養子トナリ若クハ成年ノ子カ養子ヲナシ又ハ緣組若クハ婚姻ニ依リ他家ニ入リタル者カ養子トシテ他家ニ入ルトキ繼父母又ハ嫡母カ同意セサルトキ
●第七　後見人及ヒ親族會ノ同意ヲ得ヘキ場合
一　其家ニ在ル父母ノ承諾又ハ同意ヲ得ヘキ場合ニ於テ父母共ニ在ラス其他ノ場合ニ依リ父母ノ同意又ハ承諾ヲ得ルコト能ハサルトキ
●第八　配偶者ノ同意ヲ得テ養子ヲ爲ス場合
一　夫婦ノ一方カ他ノ一方ノ子ヲ養子ト爲ストキ
第三項ヨリ第八項迄ノ戶主、父母、配偶者、後見人、親族會ノ同意ヲ要スル場合ニ於テハ屆出人ハ同意ノ證書ヲ添ヘ又ハ同意ヲ爲シタル者ヲシテ其屆出ニ同意ノ旨ヲ附記シ署名、捺印セシムルヲ要ス
夫婦共ニ養子ヲ爲ス場合ニ於テ一方カ意思ヲ表示スルコト能ハサルニ依リ他ノ一方雙方ノ名義ヲ以テ其意思ヲ表示シ緣組ヲ爲ストキハ屆書ニ其事由ヲ記載セサルヘカラサルモノトス
(例)
第八十五條　緣組ノ屆書ニハ左ノ諸件ヲ記載スルコトヲ要ス

一　當事者ノ氏名、出生ノ年月日、職業及ヒ本籍地
二　養子ノ實父母ノ氏名、職業及ヒ本籍地
三　當事者カ家族ナルトキハ戸主ノ氏名、職業及ヒ本籍地
養子カ婚家又ハ養家ヨリ更ニ緣組ニ因リテ他家ニ入ル場合ニ於テハ前項ニ掲ケタル事項ノ外婚家ノ戸主又ハ前養親ノ氏名、職業及ヒ本籍地ヲ記載スルコトヲ要ス

（註記）　本條ハ緣組ノ屆書ニ記載スヘキ條件ヲ掲ケタルモノナリ

第八十六條　民法第八百四十三條ノ規定ニ依リテ緣組ノ承諾ヲ爲シタルモノハ養子ニ代ハリテ緣組ノ屆出ヲ爲スコトヲ要ス

（註記）　本條ハ養子ニ代ハリテ緣組承諾ヲ爲シタル者ハ必ス養子ニ代ハリテ緣組ノ屆出ヲ爲スコトヲ要シ此場合ニ於テ屆書ニ代人等ノ附記ヲ要セス單ニ屆出人トシテ署名スヘキモノトス

第八十七條　民法第七百四十一條第一項、第七百五十條第一項、第八百四十一條第二項及ヒ第八百四十三條乃至第八百四十六條ノ規定ニ依リ戸主、父母、配偶者、後見人又ハ親族會ノ同意ヲ要スル場合ニ於テハ屆出人ハ屆書ニ同意ノ證書ヲ添ヘ又ハ同意ヲ爲シタル者ヲシテ屆書ニ同意ノ旨ヲ附記シ之ニ署名、捺印セシムルコトヲ要ス

第八十八條　民法第八百四十二條ノ規定ニ依リ配偶者ノ一方カ雙方ノ名義ヲ以テ緣組ヲ爲ス場合ニ於テハ屆出人ハ屆書ニ其事由ヲ記載スルコトヲ要ス

（註記）　本條ニ關シテハ第二部親族編第四編第二章第一節第二欵ニ記述シタル處ヲ參觀シ其趣旨ヲ了スヘシ

第九十條　緣組ノ屆出ハ養親ノ本籍地又ハ所在地ノ戸籍吏ニ之ヲ爲スコトヲ要ス

（註記）本條ハ養親ノ本籍地又ハ所在地ニ養子緣組ノ屆出ヲ爲ストキハ養子ノ舊本籍地戶籍吏カ證明タシル戶籍ノ抄本ヲ添付シテ屆出ヲ爲スヘシ是レ其養子ノ身分ノ確實ナルヲ表示スルニ付必要ナリトス

第九十三條　第八十五條及ヒ第八十七條乃至八十九條ノ規定ハ口頭ヲ以テ屆出ヲ爲ス場合ニ準用ス

（註記）本條ハ屆書ニ記載スヘキ諸件ハ勿論本文ニ揭ケタル戶主、父母、配偶者、後見人、親族會ノ同意ヲ證明スヘキ諸件其他配偶者ノ一方カ雙方ノ名義ヲ以テスル屆書ニ記載スヘキ事由並ニ遺言ヲ以テスル屆出ニ關スル事項等ヲ口頭ヲ以テ屆出ツヘキ場合ニ準用スヘキコトヲ規定シタルモノナリ

第九十四條　第五十八條ノ規定ハ緣組ノ屆出ニハ之ヲ適用セス

（註記）本條ハ養子緣組ニ在テハ當事者ノ眞意ヲ表示セシムルモノナレハ代人ヲ以テ屆出ルコトヲ得サルモノナリ

附錄　緣組屆出及同意者證明書式

●第一　十五未滿ノ家族ノ養子緣組屆書及緣組承諾屆書例

養子緣組屆

邑樂郡館林町大字館林七拾五番地戶主平民穀物商

養父　稻田積

明治參年拾貳月貳拾參日生

養母　ヨネ

明治四年貳月拾參日生

山田郡大間々町大字桐原五百六番地戸主平民農山田源藏從弟

養子　初太郎

明治貳拾年八月九日生

右父山田郡大間々町大字桐原五百六十六番地農山田藤一

右母タメ

右初太郎ノ養子縁組ヲ承諾シタルコトヲ證明ス

山田藤一㊞

明治元年壹月壹日生

妻　タメ㊞

明治貳年貳月貳拾九日生

右初太郎ノ養子縁組ニ付同意セシコトヲ證明ス

山田源藏㊞

明治八年拾貳月參日生

右養子縁組及御届候也

明治參拾貳年四月四日

稲田積㊞

稲田ヨ子㊞

山田藤一㊞

邑樂郡館林町戸籍吏上野平一殿

山田タメ㊞

（備考）屆書ニハ總テ證人二名以上ノ證書ヲ添フヘシ其書例ハ第一章第二節ニ揚ク又承諾書同意ハ別紙ニ記載スルヲ本法トス別紙ニ記載スルノ書例ハ第二章第五節ニ示ス處ニ依ルヘシ以下皆同シ

●第二　成年ノ家族ニ於テ成年ノ子ヲ養子ト爲スノ屆出書例

養子緣組屆

四谷區南伊賀町一番地戸主士族辯護士半藏弟官吏

寄留地　麴町區富士見町拾番地

養父　服部分藏

嘉永五年五月四日生

養母　チヤウ

安政五年六月貳日生

牛込區早稻田町二百三拾一番地戸主士族官吏松平正

親甥無職業

養子　量藏

明治八年八月貳日生

右實父牛込區早稻田町二百三拾一番地敎員松平正信

右實母スミ

右分藏ノ養子緣組ヲ承諾シタルコトヲ證明ス

服部半藏㊞
嘉永元年壹月貳拾日生

右分藏ノ養子縁組ニ對シ同意セシコトヲ證明ス

四谷區南伊賀町壹番地無職業
分藏父
服部十藏㊞
天保八年九月貳拾九日生

同母
服部イチ㊞
天保拾參年七月拾六日生

右量藏養子縁組ニ對シ同意セシコトヲ證明ス

松平正親㊞
嘉永元年貳月拾貳日生

松平正信㊞
嘉永貳年拾壹月貳拾日生

松平スミ㊞
嘉永六年九月拾八日生

右養子縁組及御屆候也
明治參拾壹年拾貳月拾五日

服部分藏㊞
服部チヤウ㊞

●第三　縁組ニ依リ他家ニ入リタル者カ更ニ養子縁組ニ依リ他家ニ入ルノ届出ノ書例

養子縁組届

四谷區戸籍吏大國甲子殿

松　平　量　藏㊞

小石川區指ケ谷町三十二番地戸主華族無職業

養父　阿　部　恒　長

明治參年拾月參日生

養母　親　子

明治四年五月五日生

神田區駿河臺紅梅町十二番地戸主無職業榊原長政姉

荏原郡目黒村大字中目黒十八番地戸主貴族院議員酒井忠俊及妻次子養子

無職業

愛　子

明治拾年六月貳拾六日生

右實父亡榊原康長

右實母神田區駿河臺紅梅町十二番地無職業壽子

右愛子ノ養子縁組ヲ同意シタルコトヲ證明ス

酒　井　忠　俊㊞

天保拾參年參月參日生

神田區駿河臺紅梅町十二番地戸主華族無職業
酒井次子㊞
弘化參年九月九日生
榊原長政㊞
明治拾壹年七月拾日生
榊原壽子㊞
安政元年八月拾日生
阿部正恒㊞
阿部親子㊞
酒井愛子㊞

右養子緣組致候條宮内大臣許可書ノ謄本相添及御屆候也
明治參拾貳年參月拾參日
小石川區戸籍吏河原岩夫殿

●第四　夫婦ノ一方カ他ノ一方ノ名義ヲ以テ未成年ノ繼子ヲ養子ト爲スノ屆出ノ書例

養子緣組屆

日本橋區蠣売町一町目一番地戸主平民取引所株式會社役員
養父　金森成廣
明治貳年貳月拾日生

養母　シン　明治拾壹年參月拾日生
深川區八幡町三番地戶主平民薪炭商荒木材太郎繼子
養子　ヤヲ　明治貳拾壹年八月壹日生

右繼父荒木材太郎
右實母亡ヨシ

右ヤヲ養子緣組親族會ノ同意ヲ得テ之ヲ承諾シ且其同意ヲ爲スコトヲ證明ス

荒木材太郎㊞
明治貳年九月貳拾日生

右ヤヲ養子緣組ノ儀親族會ニ於テ繼父ノ承諾ニ同意シタルコトヲ證明ス

深川區万年町三番地魚仲買業
親族會員　行德傳次㊞
明治六年九月拾貳日生

同區佐賀町八十四番地貸船業
親族會員　中川汀㊞
明治六年九月拾日生

右養母シン禁治產者ニ付養父成廣ニ於テ雙方ノ名義ヲ以テ緣組ヲ爲ス

金森成廣㊞

右養子縁組及御届候也
明治參拾五年五月六日

届出人　金　森　成　廣㊞
　　　　荒　木　材　太　郞㊞

日本橋區戸籍吏江戸眞雄殿

第二節　遺言ニ依ル養子縁組及縁組ノ無效並取消ニ關スル諸屆

養子ヲ爲サント欲スル者ハ遺言ヲ以テ其意志ヲ表示スルコトヲ得ヘシ此場合ニ於テハ遺言執行者ハ其養子トナルヘキ者又養子トナルヘキ者カ十五年未滿ナルトキハ之ニ代リ承諾ヲ爲シタル者ハ成年ノ證人二人以上ヨリ遺言ノ效力ヲ生シタル後前第一節ニ列記シタル諸件ヲ具シ且遺言者死亡ノ年月日ヲ記載シ養子ニ關スル遺言ノ謄本ヲ添ヘテ戸籍吏ニ屆出ツヘキヲ要ス但縁組ノ無效ニ依リ登記ノ取消ヲ戸籍吏ニ申請スルトキハ其無效タルコトノ事由ヲ記載シタル證明書ヲ提出スヘシ其事由トハ人違、詐欺、强迫等ノ如キヲ云フ若シ縁組ノ無效又ハ取消等ノ裁判ヲ裁判所ニ請求シ其裁判ノ確定シタルトキハ裁判確定ノ日ヨリ一ケ月內ニ裁判ノ謄本ヲ提出シテ戸籍吏ニ登記ノ取消ヲ申請スヘキモノトス

前項ノ屆出ニ付テハ戸籍法第五十八條ニ規定セラレタル代人ヲ以テ屆出ヲ爲スコトヲ得ス

（例）

第八十九條　民法第八百四十八條ノ規定ニ依リ縁組ノ屆出ヲ爲ストキハ屆書ニ第八十五條ニ揭ケタル諸件及ヒ遺言者ノ死亡ノ年月日ヲ記載シ且之ニ養子ニ關スル遺言ノ謄本ヲ添フルコトヲ要ス

第九十一條　縁組カ無效トナルトキハ屆出人ハ其無效ナル事由ノ證明書ヲ提出シテ登記ノ取消ヲ申請スルコトヲ要ス

第九十二條　緣組ノ無效又ハ取消ノ裁判カ確定シタルトキハ其訴ヲ提起シタル者ハ裁判確定ノ日ヨリ一个月內ニ裁判ノ謄本ヲ提出シテ登記ノ取消ヲ申請スルコトヲ要ス

附錄　遺言養子緣組屆及登記取消申請ノ書式

●第一　遺言ニ依リ養子緣組ノ屆出ヲ爲ス書例

養子緣組屆

豐多摩郡淀橋町大字柏木五番地戶主平民敎師

養父亡　圓照右衛門

明治參拾壹年七月八日死亡

養母亡　サクラ

豐多摩郡中野町大字中野八百六十八番地戶主平民植木職桃園錦之助二男

養子　繼樹

明治貳拾四年四月貳拾八日生

右實父桃園錦之助

右實母多木

右二男繼樹圓照右衛門ノ遺言ニ依リ養子緣組ヲ爲スコトヲ承諾シ併テ同意セシコトヲ證明ス

桃園錦之助㊞

明治元年七月拾八日生

桃園多木㊞

明治貳年貳月四日生

右繼樹養父亡右衛門ノ遺言ニ依リ養子縁組ヲ爲スニ依テ遺言狀謄本相添及御届候也

明治參拾壹年七月拾五日

豐多摩郡淀橋町大字柏木六百八十六番地醫師

遺言執行者　木本加助㊞

届出人　桃園錦之助㊞

桃園多木㊞

豐多摩郡淀橋町戸籍吏田村清節殿

第三節　養子縁組登記書式

附錄第一號ノ四

明治何年

本籍人

身分登記簿

養子縁組之部

北豊島郡板橋町戸籍役場

紙數表紙ヲ除キ何枚

東京區裁判所監督判事　氏　　名　職印

北豊島郡板橋町十番地戸主平民農

第一號（戸八五、民八四七）

養父　秋友太郎作
慶應元年參月八日生
養母　サカ
明治貳年六月九日生
東京市小石川區原町百番地戸主農內山權藏弟平民無職業
養子　三郎
明治拾年五月拾日生
右父　無職業　內山㠶一
右母　ラク
北豐島郡板橋町六十番地農
證人　上井好助
明治貳年六月八日生
北豐島郡板橋町五十番地農
證人　下口倘次
明治五年七月壹日生

右養子緣組明治參拾貳年參月貳日屆出同日受附㊞

第二號(戸八五)

北豐島郡板橋町四十番地戸主平民無職業

養父　　新井太郎作
明治元年六月參拾日生
養母亡　　タ子
同郡板橋町五番地戸主農川下管六養女平民無職業
養子　　カク
明治拾年六月貳日生
右父亡　　向坂太郎
右母東京市本郷區丸山町五番地無職業　　エン
右前養父北豊島郡板橋町五番地農　　川下管次
右前養母亡　　トキ
東京市本郷區東片町一番番地青物商
寄留地北豊島郡板橋町五番地
證人　　上山五郎
明治五年六月四日生
北豊島郡板橋町三番地農
證人　　坂上新二
明治四年五月貳日生

右養子縁組明治參拾貳年拾月六日届出同日受附㊞

第六章　養子離縁

第一節　養子離縁ニ關スル諸届

養子離縁ニハ協議上ノ離縁ト裁判ニ依ル離縁トノ別アリテ裁判ニ依ル離縁ハ特定ノ原因ニ依リ裁判所ニ離縁ノ訴ヲ起シ其裁判確定ノ後ナラテハ離縁ノ届出ヲ爲シ能ハサルモ協議上ノ離縁ハ養親ト養子又ハ養子ニ代ハリ縁組ヲ爲スヘキ者トノ協議ニ依リ直チニ戸籍吏ニ届出ツルヲ得ヘシ然リ而シテ協議ニ依リ戸籍吏ニ離縁ノ届出ヲ爲スハ當事者雙方並ニ成年以上ノ證人二名以上戸籍吏ノ面前ニ出頭シテ口述又ハ自署シタル書面ニテ届出ツヘキモノナルヲ以テ代人ヲシテ届出シムルコトヲ許サス總シテ離縁ノ届出書面ニ記載スヘキハ左ノ件々ナリトス但口頭ヲ以テ届出ヲ爲ストキハ之ヲ口述スルヲ要ス

一　養親ト養子トノ氏名、職業及本籍地
二　養子ノ實父母ノ氏名、職業及本籍地
三　當事者カ家族ナルトキハ戸主ノ氏名、職業及本籍地
四　縁組ノ年月日
五　離縁カ協議又ハ裁判ニ因ルコト
六　養子ノ妻カ養子ト共ニ養家ヲ去ルトキハ其旨及妻ノ名
七　養子カ復籍スヘキ家ノ戸主ノ氏名、職業及本籍地
八　養子カ復籍スヘキ家ナキトキハ其事由

養子離縁ハ縁組ト異ナリ養親及養子ヨリ本籍地又ハ所在地ノ戸籍吏ニ之ヲ爲シ或ハ養子ニ於テ戸籍ノ謄本又ハ抄本ヲ受ケテ自己ノ入籍スヘキ地ノ戸籍吏ニ之ヲ提出スルヲ得ヘシ

協議ニ依ル離縁ハ戸籍吏ニ屆出ヲ爲シタルニ依リ其效力ヲ生スヘキニ依リ之カ爲メ屆出ノ期間ナキモ裁判ニ依ル離縁ニ在テハ裁判確定ノ日ニ效力ヲ發生スルモノナレハ其確定ノ日ヨリ十日內ニ屆出ヲ爲スコトヲ要ス此期間ヲ超ヘテ屆出ヲ爲サヽルトキハ第二百十條ノ制裁ヲ受クヘキモノトス

若シ養子カ十五年未滿ナルトキハ家ニ在ル父母ニ於テ其子ニ代リ緣組ヲ承諾スヘキニ依リ十五年未滿ノ養子離縁ノ場合ニ於テハ其父母代ハリテ之カ承諾ヲ爲サヽルヘカラサルニ依リ其離縁ノ屆出ニ於ケル養子ニ代ハリテ其承諾ヲ爲シタル父母ト養子トニ於テ之ヲ爲スヘキモノニシテ其父母タル者ハ實家即チ養子カ復籍スヘキ家ノ父母ナリトス又養親カ死亡シタルトキハ養子ハ戸主ノ同意ヲ得テ離縁スルヲ得ヘキニ依リ此場合ニ於テハ離縁ノ屆出ハ自身之ヲ爲スヲ以テ足ルモノトス

養子離縁ニ關シテ同意ヲ得ルコトヲ要スヘキハ左ノ件件ナリトス

一　養親カ死亡シテアラサルトキ

二　養子ヲ爲シタル者ノ家ニ在ル父母及養子タリシ者カ復籍スヘキ家ノ父母

但父母ノ一方カ死亡シ家ヲ去リ又ハ其意思ヲ表示スルコト能ハサルトキハ他ノ一方ノ同意ヲ以テ足ル又父母共ニ同樣ナルトキハ子カ未成年ナレハ其後見人及親族會ノ同意ヲ得ルコトヲ要ス若シ繼父母又ハ嫡母カ離縁ニ同意セサルトキハ親族會ノ同意ヲ得テ離縁ヲ爲スコトヲ得ヘシ

前項ニ依リ戸主、父母、後見人又ハ親族會カ養子離縁ニ付同意スルトキハ其屆出ニ同意ノ證書ヲ添ヘ又ハ同意ヲ爲シタルコトヲ其屆書ニ附記シテ之ニ署名捺印セシムルコトヲ要ス若シ口頭ヲ以テ屆出ヲ爲ス場合ニ於テモ亦其證明ヲ爲スコトヲ要ス

（例）

第九十五條　離緣ノ屆書ニハ左ノ諸件ヲ記載スルコトヲ要ス

（註記）本條一號乃至八號ハ本文ニ成文ノ儘ヲ掲ケタルニ依リ玆ニ畧ス

第九十六條　民法第八百六十二條第二項ノ規定ニ依リテ離縁ヲ爲ス場合ニ於テハ養親及ヒ養子ニ代ハリテ協議ヲ爲シタル者ヨリ屆出ヲ爲スコトヲ要ス

（註記）養子ニ代ハリテ協議ヲ爲シタル者トハ其養子ト爲ルトキ養子カ十五年未滿ナルニ依リ養子ニ代リテ協議ヲ爲シタル父母ヲ云フ而シテ其離縁ノトキモ養子カ未タ十五年ニ滿タサレハ前ニ協議シタル父母カ養子ノ復籍スヘキ家ニ在レハ其父母ニ於テ代リテ離縁ノ協議ヲ爲スヘシト雖モ其父母アラスシテ繼父母トナリタルトキハ其繼父母ハ親族會ノ同意ヲ得テ離縁ノ承諾ヲ爲スコトヲ要ス若シ父母カアラサルトキハ戶主ノ同意ヲ要スヘシ父母カ離縁承諾シタルトキハ其屆出ハ離縁ヲ承諾シタル者ト養親トニ於テ屆出ツヘキモノトス

第九十七條　民法第八百六十二條第三項ノ規定ニ依リ離縁ヲ爲ス場合ニ於テハ養子ヨリ屆出ヲ爲スヲ以テ足ル

（註記）民法第八百六十二條第三項ハ父母共ニアラス又ハ共ニ意思ヲ表示シ能ハサルトキ子ハ戶主ノ同意ヲ得テ離縁スルコトヲ得ヘキ規定ニシテ第八百六十三條ニ滿二十五年未滿ノ者カ協議ニ依リ離縁スルトキ實家ノ父母ノ同意ヲ得ルコトヲ要スコトヲ規定セラレタルモノニシテ是等ノ同意ヲ得タルトキハ屆出人ハ同意者ヨリ同意セシ旨ノ證書ヲ得テ之ヲ屆書ニ添フルカ又ハ離縁屆書中ニ其旨ヲ附記シ同意者ニ署名捺印セシムルコトヲ要ス

第九十九條　離縁ノ裁判カ確定シタルトキハ其訴ヲ提起シタル者ハ裁判確定ノ日ヨリ十日內ニ裁判ノ謄本ヲ添ヘテ屆出ヲ爲スコトヲ要ス

（註記）協議上ノ離縁ニ付テハ前條ノ如キ同意ヲ要シ且同意者ノ證明ヲ得テ屆出ヘシト雖モ裁判上

ノ離縁ニ在テハ素ヨリ裁判處分ニ依ルモノナレハ同意ノ必要ナシ此場合ニ於テハ裁判確定ノ日ヨリ十日內ニ裁判ノ謄本ヲ添ヘ當事者ヨリ戸籍吏ニ屆出ツヘキモノトス但裁判ニ依リ離縁スル場合ニ於テ本文ノ起頭ニ列記シタル諸件亦其屆書ニ記載スルヲ要ス

第百條　第九十五條及ヒ第九十八條ノ規定ハ口頭ヲ以テ屆出ヲ爲ス場合ニ之ヲ準用ス

（註記）離縁ノ屆出ニ列記スヘキ諸件及戸主、父母、後見人、親族會ノ同意ヲ證スル屆書ニ記載スヘキ諸件ハ口頭ヲ以テ屆出ツル場合ニモ亦之ヲ準用スルモノトス

第百一條　第五十八條ノ規定ハ離縁ノ屆出ニハ之ヲ適用セス

（註記）本條ハ離縁ノ屆出人、證人等戸籍吏ノ面前ニ出頭シテ口述又ハ書面ヲ以テ之ヲ爲シ代人ヲ以テ爲スコトヲ得サルコトヲ掲ケラレタルモノナリ

附錄　養子離縁ニ關スル屆出書式

●第一　成年ノ養子離縁ノ屆出書例

養子離縁屆

明治參拾貳年四月四日縁組

邑樂郡舘林町大字舘林七十五番地戸主穀物商

稻田積及妻ヨ子養子

無職業

初　太　郎

明治貳拾年八月九日生

右父山田郡太間々町五百六十六番地農山田藤一

右母タメ

山田郡大間々町大字桐原五百六十七番地戸主農
山田源藏
初太郎ノ復籍スヘキ家ノ戸主
稻田積㊞
明治參年拾貳月貳拾參日生
稻田ヨ子㊞
明治四年貳月拾參日生
届出人
山田藤一㊞
明治九年壹月參日生
山田タメ㊞
明治貳年貳月參日生
右協議ニ依リ離緣致候條及御届候也
明治參拾五年九月參日
邑樂郡館林町戸籍吏上野平一殿

離緣承諾及同意證明届
邑樂郡館林町大字館林七十六番地戸主穀物商
稻田積及其妻ヨ子養子
初太郎
明治貳拾年八月九日生
右協議ニ依リ初太郎ノ養子離緣之儀同人ニ代ハリ承諾シ且同意セシコトヲ證明ス此段及御届候也

明治參拾五年九月參日

山田郡大間々町大字大間々五百六十七番地農
右初太郎實家ノ父母
山田藤一㊞
明治元年壹月壹日生
山田タメ㊞
明治貳年貳月參日生

邑樂郡舘林町戸籍吏上野平一殿

●第二　成年ノ養子カ妻ヲ携帶シテ離緣ニ付屆出ノ書例

養子離緣屆

明治參拾壹年拾貳月拾五日緣組

四谷區南伊賀町一番地士族辨護士半藏弟官吏
服部分藏及其妻チヤウ養子
無職業
量藏
明治八年八月貳日生

右實父牛込區早稻田町百三十一番地敎員松平正信
右實母スミ

量藏ト共ニ家ニ入ル者
量藏妻
婦
リン
明治拾壹年參月參拾壹日生

右量藏妻共ニ養子離縁ニ同意セシコトヲ證明ス

四谷區南伊賀町一番地官吏半藏父無職業
服部十藏㊞
天保八年九月貳拾九日生
妻　イチ㊞
天保拾壹年七月拾參日生
松平信㊞
嘉永貳年壹月參日生
妻　スミ㊞
安政元年壹月拾壹日生

牛込區早稻田町百三十一番地戸主官吏
松平正親

量藏ノ復籍スヘキ家ノ戸主
服部分藏㊞

右量藏妻共協議ニ依リ養子離縁候條此段及御届候也
明治參拾八年八月拾七日
届出人
服部チヨウ㊞
服部量藏㊞

四谷區戸籍吏大國甲子殿

●第三　養子離縁復籍スヘキ家ナキ者届出書例

養子離緣屆

明治參拾壹年七月拾六日緣組

多賀郡松原町大字荒川八十九番地戸主運漕業
大石金八及其妻キン養子
無職業
杢藏
慶懸元年六月貳日生

右父福島縣石城郡平町三番地平民戸主呉服商金田
權左衛門
右母ユウ

右杢藏義父權左衛門ノ同意ヲ得スシテ養子緣組ヲ爲シタルニ依リ明治參拾壹年七月拾八日復籍ヲ拒絶ラレ入籍スヘキ家ナシ

右協議ノ上離緣致候條及御屆候也

明治參拾壹年拾貳月貳拾四日

大石金八㊞
安政參年拾月拾壹日生
大石キン㊞
万延元年九月拾六日生
大石杢藏㊞
慶應元年六月貳日生

松原町戸籍吏松岡盛秀殿

●第四　裁判確定ニ依リ養子離縁届出ノ書例

養子離縁届

明治參拾壹年五月六日縁組

日本橋區蛎売町一町目一番地株式會社取引所社員

金森成廣及其妻シン養子

無職業　ヤヲ

明治貳拾壹年八月八日生

右父深川區八幡町三番地薪炭商荒木材二郎

右毋亡ヨシ

右ヤヲノ復籍スヘキ家ノ戸主　荒木材二郎

明治參拾七年參月拾日裁判確定ス

右離縁致候條別紙裁判謄本相添ヘ此段及御届候也

明治參拾七年參月貳拾壹日

届出人　金森成廣㊞

明治拾壹年貳月拾日生

日本橋區戸籍吏江戸眞雄殿

●第五　協議上離縁口頭届出書例

養子離縁届書

明治貳拾壹年拾貳月貳拾六日緣組

養父　神奈川縣鎌倉郡鎌倉村大字長谷一番地戸主旅人宿業
　　　星ノ井清明
　　　慶應貳年六月拾六日生
養母　テル
　　　文久貳年拾貳月貳日生
養子　無職業　幡太郎
　　　明治貳拾八年八月拾五日生
芝區烏森町三番地戸主古道具商
右父　松山茂
　　　明治拾壹年拾月壹日生
右母　ワカ
　　　明治拾貳年壹月貳日生

右協議ニ依リ養子幡太郎ヲ離緣ス松山茂及ワカニ於テ幡太郎ニ代リ離緣ヲ承諾ス
明治參拾壹年五月拾日

屆出人　星ノ井清明㊞
同　テル拇印
松山茂㊞
松山ワカ拇印

右當事者雙方共面前ニ出頭シ前書ノ通親ラ陳述シ何レモ疾病ニ依リ書記スルコト能ハサル旨ヲ供述シタルニ依リ茲ニ其屆出ヲ筆記シ之ヲ各自ニ讀ミ聞カセ各其氏名ヲ署シ捺印及拇印セシメタリ

明治參拾參年五月拾日

芝區戸籍吏　花　園　一　枝　職印

第二節　養子離緣ノ登記書式

附錄第一號ノ五

明治何年

本籍人

身分登記簿

養子離緣之部

北豊島郡板橋町戸籍役場

紙數表紙ヲ除キ何枚

東京區裁判所監督判事　氏　名　㊞

第一號（戸九五、民八六四）

明治參拾貳年參月貳日緣組

北豊島郡板橋町千番地戸主平民農

養父　秋友太郎吉

慶應元年參月八日生

養母　サカ
明年貳年六月九日生
東京市小石川區原町百番地戸主農內山權藏弟平民無職業
養子　三郎
明治拾年五月拾日生
右父　內山㠫一
右母　ラク
北豊島郡板橋町六十番地農
證人　上井好助
明治貳年六月八日生
同郡板橋町五十番地
證人　下口尙大
明治五年七月壹日生
右協議ニ因ル養子離縁明治參拾五年八月七日届出同日受附㊞

第七章　婚姻

第一節　婚姻ニ關スル諸屆

凡ソ婚姻ノ屆出ハ夫ノ本籍地又ハ所在地ノ戸籍吏ニ之ヲ爲スヘキモノニシテ入夫婚姻ト婿養子縁組トハ其妻ノ本籍地又ハ其所在地ノ戸籍吏ニ之ヲ爲スコトヲ要ス戸籍吏ハ其屆出カ左ニ記載スル第一項乃至第四項

ニ抵觸セス且民法第七百七十六條其他ノ法令ニ違反セサルヿヲ認ムルニアラサレハ之ヲ受理スルヲ得ス唯家族ニシテ戸主ノ同意ヲ得タルヿヲ證明セサル等ニ付テハ之ヲ注意スヘシ其注意スルモ之カ届出ヲ爲サザル者ト雖モ之ヲ受理スルヲ得ヘシ蓋シ戸主ノ同意ヲ得スシテ婚姻ヲ爲シタル者ノ如キハ戸主ニ於テ復籍ヲ拒絶スルニ於テハ後來戸主ノ關係ヲ有セサルモノナレハ敢テ同意ニ重キヲ置クニ及ハサルモノナリトス」

●第一　婚姻ノ届書ニ記載スヘキ諸件

一　夫婦ノ氏名出生ノ年月日及ヒ本籍地

二　父母ノ氏名、職業及本籍地

三　夫又ハ婦カ家族ナルトキハ戸主ノ氏名、職業及ヒ本籍地

四　入夫婚姻又ハ婿養子ノ縁組ナルトキハ其旨

五　入夫婚姻ノ場合ニ於テ入夫カ戸主トナラサルトキハ其旨

六　婚姻ニ依リテ嫡出子タル身分ヲ取得スル庶子アルトキハ其名及ヒ出生ノ年月日

七　婚家又ハ養家ヨリ更ニ婚嫁スルトキハ前諸項ノ外前婚家ノ戸主又ハ養親ノ氏名、職業及本籍地

●第二　届出人

一　當事者雙方

但戸籍吏ノ面前ニ出頭シ成年ノ證人二人以上共ニ出頭シテ之ヲ證明スルヲ要ス但シ代人ヲ以テスルヲ許サス

●第三　家ニ在ル父母ノ同意ヲ得ルコトヲ要スヘキモノ

一　男滿三十年女滿二十五年ニ達セサルトキ

但繼父母又ハ嫡母カ同意セサルトキハ子ハ親族會ノ同意ヲ得テ婚姻ヲ爲スコトヲ得

●第四　戸主ノ同意ヲ得ルコトヲ要スヘキモノ

一　婚姻又ハ養子縁組ニ依リテ他家ニ入リタル者カ更ニ婚姻又ハ養子縁組ニ依リ他家ニ入ルトキ

但實家又ハ前婚家又ハ前養家ノ父母

二　家族カ婚姻ヲナストキ

以上第三及ヒ第四ニ該當スル者ニ關スル婚姻ノ同意ハ書面ヲ以テシ其書面ハ届出人ニ於テ届書ニ添付シテ差出シ又ハ其届書ニ同意ノ旨ヲ附記シテ之ニ署名捺印セシムルモノトス但此證明ハ口頭ヲ以テスル場合ニモ之ヲ準用スヘシ

婚姻カ無效ナルトキハ婚姻届出人ハ其婚姻ノ無效ナル事由ノ證明書ヲ提出シテ登記取消ノ申請ヲ爲スヘシ又婚姻ノ無效又ハ取消ノ訴ハ人事訴訟手續法第一章ニ規定セラレタル手續ニ依リ之ヲ爲シ其裁判カ確定シタルトキハ其訴ヲ提起シタル者ハ裁判確定ノ日ヨリ一个月内ニ裁判ノ謄本ヲ添ヘ登記ノ取消ヲ申請スヘキモノトス若シ檢事カ訴ヲ提起シタル場合ニ於テハ前文ノ規定ニ依リ檢事ヨリ此取消ヲ申請スルモノトス

(例)

第百二條　婚姻ノ届書トハ左ノ諸件ヲ記載スルコトヲ要ス

(註記)　本條ハ婚姻ノ届書ニ記載スヘキ條件ヲ掲ケラレタルモノニシテ本文第一項ノ第一號乃至第六號ニ於テ之ヲ掲ケ又本條第二項ハ其第七號ニ節略掲載セルヲ以テ之ヲ略ス

第百三條　民法第七百四十一條第一項第七百五十條第一項第七百七十二條及ヒ第七百七十三條ノ規定ニ依リ戸主、父母、後見人又ハ親族會ノ同意ヲ要スル場合ニ於テハ届出人ハ届書ニ同意ノ證書ヲ添ヘ又ハ同意ヲ爲シタル者ヲシテ届書ニ同意ノ旨ヲ附記シ之ニ署名捺印セシムルコトヲ要ス

(註記)　民法第七百四十一條第一項ハ緣婚姻又ハ養子縁組ニ依リ他家ニ入リタル者カ更ニ婚姻又ハ

養子縁組ニ依リ他家ニ入ルトキ婚姻又ハ養家戸主ノ同意ヲ得ヘキコトヲ規定シタルモノニシテ第七百五十條第一項ハ家族カ婚姻又ハ養子ヲ爲スハ其家ニ在ル父母ノ同意ヲ得ヘキコトヲ規定シ第七百七十三條ハ繼父母、嫡母カ子ノ婚姻ニ同意セサルトキハ親族會ノ同意ヲ得テ婚姻スルコトヲ規定シタルモノナリ是等ノ場合ニ於テ戸主、父母、親族會ノ同意ヲ爲ストキハ其同意ヲ爲シタル者ノ書面ヲ作リテ婚姻屆書ニ添付スルカ又ハ其屆書ニ其旨ヲ附記シ署名捺印セシムルコトヲ要ス

第百四條　婚姻ノ屆出ハ夫ノ本籍地又ハ所在地ノ戸籍吏ニ之ヲ爲スコトヲ要ス但入夫婚姻及ヒ婿養子縁組ナルトキハ妻ノ本籍地又ハ所在地ニ於テ其屆出ヲ爲スコトヲ要ス

（註記）　婚姻ノ屆出ハ通常夫ノ本籍地ノ戸籍吏ニ之ヲ爲シ入夫婚姻又ハ婿養子縁組ナルトキハ妻ノ本籍地又ハ所在地ノ戸籍吏ニ之ヲ爲シ戸籍吏カ其屆出ヲ受ケテ身分登記簿ニ登記シタルトキハ何レモ第三十三條第二項ノ手續ヲ爲スヘキモノトス

第百五條　婚姻カ無效ナルトキハ屆出人ハ其無效ナル事由ノ證明書ヲ提出シテ登記ノ取消ヲ申請スルコトヲ要ス

（註記）　本條ハ婚姻無效ニ依リ其屆出人ヨリ登記取消ノ申請ヲ爲スコトヲ規定シタルモノニシテ例ヘハ男滿十七年女滿十五年ニ達セサル者カ婚姻ヲ爲シタルトキ屆出人ヨリ女滿十五年ニ達セサリシ者ナルコトヲ證明シテ登記ノ取消ヲ戸籍吏ニ申請スルカ如シ

第百六條　婚姻ノ無效又ハ取消ノ裁判カ確定シタルトキ其訴ヲ提起シタル者ハ裁判確定ノ日ヨリ一个月内ニ裁判ノ謄本ヲ提出シテ登記ノ取消ヲ申請スルコトヲ要ス

檢事カ訴ヲ提出シタル場合ニ於テハ前項ノ規程ニ從ヒ檢事ヨリ登記ノ取消ヲ請求スルコトヲ要ス

（註記）　本條ハ婚姻ノ無效又ハ取消ヲ裁判所ニ請求シ其裁判カ確定シタル後其訴ヲ起シタル者ヨリ

登記取消ヲ戸籍吏ニ申請スル手續ヲ規定セラレタルモノナリ

第百七條　第百二條及ヒ第百三條ノ規定ハ口頭ヲ以テ届出ヲ爲ス場合ニ之ヲ準用ス

（註記）　本條ハ第百條ニ註記シタル處ト事實異ナル所ナキニ依リ略ス

第百八條　第五十八ノ規定ハ婚姻届出ニハ之ヲ適用セス

（註記）　本條ハ第百一條ニ異ナル處ナキヲ以テ記註ヲ略ス

附錄　婚姻届書式

●第一　男滿三十年女滿二十五年ニ達セサル家族ノ婚姻届出ノ書例

婚姻届

新潟市翁町二町目二番地戸主士族質商金松弟官吏

夫　石山金八

明治參年貳月壹日生

右父新潟市翁二町目二番地新潟銀行取締役石山堅藏

右母トク

古志郡長岡本町大工町二十一番地戸主金貸業柏崎定

次長女無職業

妻　カネ

明治拾貳年七月貳日生

右父柏崎定次

右母キン

右金八ノ婚姻ニ同意シタルコトヲ證明ス

右カネノ婚姻ニ同意セシコトヲ證明ス

右婚姻致候條此段及御届候也

明治參拾壹年拾貳月貳拾八日

新潟市戸籍吏北海寒風殿

●第二　入夫婚姻届出ヲ認メ方ノ書例

入夫婚姻届

石山　金　松㊞
明治參年貳月壹日生

石山　堅　藏㊞
弘化參年閏拾月八日生

同　　ト　ク㊞
嘉永元年五月五日生

柏崎　定　次㊞
弘化四年正月元日生

同　　ギ　ン㊞
弘化參年拾貳月參日生

石山　金　八㊞

柏崎　カ　ネ㊞

安房郡北條町大字八幡百四番地戸主平民雑貨商
妻　小川ヤス
明治貳年參月貳拾日生
右父亡小川勇次
右母ハナ
山武郡城東町大字和田三十二番地士族農、土岐道雄
兄敎員
夫　乙麿
明治元年八月四日生
右父農土岐光政
右母チヨ

右乙麿ノ入夫婚姻ニ同意セシコトヲ證明ス
土岐道雄㊞
慶應參年拾壹月拾四日生

入夫婚姻ヲ爲スモ入夫ヲ以テ戸主トセス
右入夫婚姻致候條及御届候也
明年參拾貳年五月貳拾日
小川ヤス㊞
土岐乙麿㊞

安房郡北條町戸籍吏立山登殿

（附記）入夫ハ戸主トナルトキハ入夫ヲ以テ戸主トセサルノ一項ヲ除クヘシ

●第三　庶子ノ母ト婚姻ヲ爲スニ付届出書例

婚姻届

甲府市錦町十五番地戸主平民醫師

夫　生　讀　甲　斐

明治拾貳年六月八日生

右父亡生讀玄伯

右母ナス

甲府市柳町七番地戸主平民無職業春野ヤウ三女無職業

妻　ハ　ナ

明治拾壹年參月貳日生

右父亡春野和

右母ヤウ

右甲斐ノ婚姻ニ同意セシコトヲ證明ス

生　讀　ナ　ス㊞

安政四年七月貳拾九日生

右ハナノ婚姻ニ同意セシコトヲ證明ス

春野ヤウ㊞
嘉永元年參月拾五日生
庶子　春太郎
明治參拾年貳月壹日生

右春太郎父母ノ婚姻ニ依リ嫡出子ノ身分ヲ取得ス
右婚姻致候條此段及御屆候也
明治參拾貳年拾月四日

生讀甲斐㊞
屆出人　春野ハナ㊞

甲府市戸籍吏武田雄殿

●第四　婚姻ニ依リ他家ニ入リタル者カ婚姻ニ依リ他家ニ入ルノ屆出ノ書例

婚姻屆

麹町區平河町五丁目拾八番地戸主華族官吏
夫　平河涉
安政貳年貳月九日生
右父無職業平河靜雄
右母トキ
芝區櫻川町拾番地戸主士族官吏花泉康長女敎員
妻　初子

右父花泉康
右母タケ
前婚家神奈川縣久良岐郡金澤村大字野島千八百五番
地華族無職業六浦豊
明治元年四月貳日生

右宮内大臣ノ許可ヲ受ケ婚姻致候條別紙許可書謄本相添ヘ此段及御届候也
明治參拾壹年拾貳月壹日
平河渉㊞

麹町區戸籍吏星岡富吉殿

婚姻届

芝區櫻川町十番地戸主士族官吏花泉康長女教員
初子
明治元年正月貳日生

右父花泉康
右母タケ
前婚家戸主神奈川縣久良岐郡金澤村大字野島千八百
五番地華族無職業六浦豊

右初子ノ婚姻ニ同意セシコトヲ證明ス
花泉康㊞

天保八年拾月拾壹日生

右麹町區平河町五町目十八番地戸主平民平河渉ト婚姻致候條此段及御屆候也

明治參拾壹年拾貳月壹日

六浦初子㊞

麹町區戸籍吏星岡富吉殿

婚姻證明書

神奈川縣久良岐郡金澤村大字野島千八百五番地戸主

華族無職業六浦豊前戸主兄亡豊誠妻敎員

妻　初子

明治元年正月貳日生

麹町區平河町五町目十八番地戸主官吏

夫　平河渉

右ハ宮内大臣ノ許可ヲ得テ初子ノ婚姻ニ同意セシコトヲ證明ス此段及御屆候也

明治參拾壹年拾貳月壹日

六浦豊㊞

明治六年八月拾日生

麹町區戸籍吏星岡富吉殿

第二節　婚姻ノ登記書式

附錄第一號ノ六

明治何年

本籍人

身分登記簿

婚姻之部

東京市麴町區戶籍役場

紙數表紙ヲ除キ何枚

東京區裁判所監督判事　氏　名　印

第一號（戸一〇二、一〇六民七七五）

麹町區麹町三町目五番地戸主士族官吏
夫　青　木　太　郎
明治五年六月貳日生
右父　無職業　青　木　一　作
右母　ハ　ナ
神奈川縣横濱市吉田町一町目八番地戸主下宿營業柴野三郎妹平民無職業
妻　ト　ラ

右父　　　明治拾年拾月壹日生
無職業　柴　野　作　三
右母　ウ　シ
神奈川縣横濱市吉田町三町目一番地
寄留地　麴町區元園町一町目二十當地酒類營業
證人　福　内　三　郎
明治八年五月四日生
神田區錦町三町目一番地無職業
證人　鈴　木　喜
明治元年六月七日生

右婚姻明治參拾壹年九月八日届出同日受附㊞

第二號（戸一〇二、民七七五）

麴町區飯田町一町目二十六番地戸主平民裁縫師
妻　口　上　ヲ　ト
明治七年參月六日生
右父神奈川縣横濱市戸部町百壹番地無職業
口　上　善　八
右母亡　ナ　カ
埼玉縣北足立郡大宮町三番地戸主無職業下屋谷次叔

父平民小學校敎員
夫　文作
明治元年九月七日生
右父亡　下屋權一
右母　農　ナベ
本鄕區追分町五番地材木商
證人　谷田松吉
明治貳年四月貳日生
麴町區永田町二町目一番地無職業
證人　田添治作
明治元年壹月五日生
右入夫婚姻明治參拾壹年拾壹月拾日屆出同日受附㊞
第三號（戸六〇、六一、一二三ノ二、一二八ノ三）
麴町區元園町一町目八番地戸主平民雜貨商
夫　井口冷水
千八百五拾八年九月貳拾六日生
右父　官吏　井口正太郎
右母　タカ
獨逸國伯林シユーテベルヒ街三十五番女學生

妻　獨逸人　ペ　ル　ミ　ー
千八百六拾壹年五月參拾日生
右父亡　ヘルマン、ノイベルヒ
右母亡　マ　リ　ー
同國伯林フランス街第八番裁縫匠
證　人　ウイルヘルム、ストローヘル
貳拾六歲
同國伯林フランス街第三番女學生
證　人　アントニー、リーパウ
貳拾貳歲
伯林身分取扱吏
バウル、レンネ

右婚姻證書作製者
婚姻證書作製千八百八拾九年拾月九日
右婚姻證書謄本明治參拾壹年拾貳月貳拾日外務大臣甲野乙郎發送同日受附㊞
第一號欄外登記例
明治參拾貳年五月貳日婚姻無效ノ裁判確定ニ付同月參日在東京地方裁判所檢事甲田丁郎ヨリ登記取消請求同月四日受附㊞
第三號欄外登記例
本籍人身分登記簿國籍得喪之部第一部第一號參看

第八章　離婚

第一節　離婚ニ關スル諸届

離婚モ亦養子離緣ト同ク協議上ニ因ル離婚ト裁判ニ因ル離婚ノ區別アリテ裁判ニ因ル離婚ハ其裁判ノ確定シタル後當事者ヨリ戸籍吏ニ離婚ノ届出ヲ爲スヘキモノナリト雖モ協議上ノ離婚ハ當事者ノ意思ノ合致ニ依リ直チニ戸籍吏ニ之カ届出ヲ爲スコトヲ得ヘシ其届出ハ當事者竝ニ成年以上ノ證人二名以上戸籍吏ノ面前ニ出頭シ口述又ハ自署シタル書面ヲ以テ之ヲ爲シ代人ヲ以テ届出ヲ爲スコトヲ得ス若シ當事者及證人自身出頭シ能ハサルトキハ必ラス自署シタル書面ヲ以テセサルヘカラス若シ理由ヲ陳述シ口頭ヲ以テ爲シタルトキハ戸籍吏ハ其供述スル處ヲ筆記シ本人ニ讀ミ聞カセ署名捺印セシムヘシ其届出カ書面ヲ以テスルト口頭ヲ以テスルトヲ同クス離婚ノ届書ニハ左ノ諸件ヲ記載スヘキモノトス

●第一　届書ニ記載スヘキ條件

一　夫婦ノ氏名、職業及ヒ本籍地

二　父母ノ氏名、職業及ヒ本籍地

三　當事者カ家族ナルトキハ戸主ノ氏名、職業及ヒ本籍地

四　婚姻ノ年月日

五　婚姻カ協議又ハ裁判ニ因ルコト

六　當事者カ復籍スヘキ家ノ戸主ノ氏名、職業及ヒ本籍地

七　當事者カ復籍スヘキ家ナキトキハ其事由

●第二　男滿三十年女滿二十五年ニ達セサル者ノ離婚ハ復籍スヘキ家ニ在ル父母ノ同意ヲ得ルヲ要ス父カ同意スルコト能ハサレハ母ノミ母カ同意スルコト能ハサレハ父ノミ同意ヲ以テ足ル

父母共ニ同意スルコト能ハサル未成年者ハ其後見人又ハ親族會ノ同意ヲ得ルヲ要ス

●第三　復籍スヘキ家ノ父母カ繼父母又ハ嫡母ニシテ滿二十五年ニ達セサル子ノ婚姻ニ同意セサルトキハ親族會ノ同意ヲ得ルヲ要ス

前第二項第三項ノ父母、後見人又ハ親族會ノ同意ハ書面ヲ以テ之ヲ證明シ届出ツルカ又ハ離婚ノ届書ニ同意者ヲシテ同意ノ旨ヲ附記シテ署名捺印セシムルコトヲ要シ本人自署スルコト能ハサルトキハ其理由ヲ陳述シ口頭ニテ届出ツルコトヲ得ヘシ

前諸項ニ記載スル處ハ協議上ノ離婚届出ニ關スル手續ニシテ其他裁判上ノ離婚ニ在テハ其裁判カ確定シタル日ヨリ十日内ニ離婚ノ訴ヲ提起シタル者ニ於テ裁判ノ謄本ヲ添ヘ戸籍吏ニ届出スヘキモノニシテ此場合ニ於テ其届書ニ同意證明届書ヲ添付シ又ハ其事由ヲ届書ニ附記スルヲ要セス

（例）

第百九條　離婚ノ届書ニハ左ノ事項ヲ記載スルコトヲ要ス

（註記）

本條ニ列記シタル一乃至七ノ條件ハ本文ノ起頭ニ之ヲ掲ク

第百十條　民法第八百九條ノ規定ニ依リ父母、後見人又ハ親族會ノ同意ヲ要スル場合ニ於テハ届出人ハ届書ニ同意ノ證書ヲ添ヘ又ハ同意ヲ爲シタル者ヲシテ届書ニ同意ノ旨ヲ附記シ之ニ署名捺印セシムルコトヲ要ス

第百十一條　離婚ノ裁判カ確定シタルトキハ其訴ヲ提起シタル者ハ裁判確定ノ日ヨリ十日内ニ裁判ノ謄本ヲ添ヘテ届出ヲ爲スコトヲ要ス

第百十二條　第百九條及ヒ第百十條ノ規定ハ口頭ヲ以テ届出ヲ爲ス場合ニ之ヲ準用ス

第百十三條　第五十八條ノ規定ハ離婚ノ届出ニハ之ヲ適用セス

附錄　離婚屆出書式

●第一　女子滿二十五年ニ達セサル成年者ニシテ母アラサル者ノ離婚ノ屆出ニ關スル書例

離婚屆

新潟市翁町二町目二番地戸主士族質商金松弟官吏
夫　石山金八
明治參年貳月壹日生
右父新潟市翁町二町目二番地新潟銀行取締役石山堅藏
右母トク
妻　カ子
明治拾貳年七月貳日生
右父古志郡長岡本町大工町二十一番地戸主金貸業柏崎定次
右母亡キン

右カ子ノ復籍スヘキ家ノ戸主　柏崎定次

右協議ニ依リ離婚致候條此段及御屆候也

明治參拾參年參月參日

屆出人　石山金八㊞
石山カ子㊞

新潟市戸籍吏北海寒風殿

離婚同意證明書

新潟市翁町二町目二番地戸主士族質商金松弟官吏
夫　石山金八
明治參年貳月壹日生
妻　カヲ
右父古志郡長岡本町大工町二十六番地戸主金貸業柏崎定治
明治拾貳年七月貳日生
右母亡キソ
右カヲノ離婚ニ同意セシコトヲ證明ス仍テ及御屆候也
明治參拾參年參月參日
屆出人　柏崎定次㊞
新潟市戸籍吏北海寒風殿

●第二　實家廢絶ニ付親族ノ家ニ復籍スル離婚屆出書例

入夫離婚屆

安房郡北條町大字八幡百四番地戸主平民雜貨商
妻　小川ヤス
明治貳年參月貳拾日生
夫　乙麿
明治元年八月四日生

右父亡土岐光政
右母亡チヨ
安房郡勝山町大字加知山八百七十番地戸主士族印刷業
天野遠景
復籍スヘキ家ノ戸主
右協議ノ上入夫離婚致候條此段及御屆候也
明治參拾八年拾月拾壹日
屆出人　小川ヤス㊞
小川乙麿㊞
安房郡北條町戸籍吏立山登殿

第二節　離婚ノ登記書式

附錄第一號ノ七

明治何年

本籍人
身分登記簿

婚離之部

東京市麴町區戶籍役場

紙數表紙ヲ除キ何枚

東京區裁判所監督判事　氏　名　職印

第一號（戸一〇九、民八一〇）

明治參拾壹年拾壹月拾日婚姻

麴町區飯田町一町目二十六番地戸主平民裁縫師

妻　口上ヲト

明治七年參月六日生

右父神奈川縣横濱市戸部町百番地無職業

口上善八

右母亡　ナカ

埼玉縣北足立郡大宮町三番地戸主無職業下屋谷次叔父平民小學校敎員

夫　文作

明治元年九月七日生

右父亡　下屋權一

右母　農　ナベ

麴町區土手三番町七番地印刷業

證人　川田鎗一

明治八年七月六日生

麴町區元園町一町目六番地土木請負業

證人　戸部辰三

明治參年壹月五日生

右協議ニ因ル離婚明治參拾貳年拾月六日届出同日受付㊞

第九章　後見

第一節　後見人就職及更迭届

凡ソ後見人ヲ付スルハ親權ヲ行フ者ナキカ又ハ親權ヲ行フ者カ管理權ヲ有セサルトキ未成年者ニ之ヲ付シ又禁治產ノ宣告ヲ受ケタルモノニ付スルモノニシテ就中未成年者ノ後見人ハ親權ヲ行フ父又ハ母ノ指定ヲ得タル者ニ於テ之ヲ爲シ禁治產者ノ後見人ハ親權ヲ行フ父母ニ之ヲ爲シ妻カ禁治產ノ宣告ヲ受ケタルトキハ其夫之ヲ爲シ夫カ禁治產ノ宣告ヲ受ケタルトキハ其妻ニ於テ後見人ト爲ル又家族ニシテ前文ニ該當シ後見人タル者ナキトキハ戶主其後見人ト爲ルト雖モ是等ノ規定ニ依リ後見人タルヘキ者アラサルトキハ親族會ヲ招集シ親族會ニ於テ後見人ヲ選任スヘシ又後見人ヲ置キタルトキハ親族會ニ於テ後見監督人ヲ選任シテ後見ノ事務ヲ監督セシムヘキモノトス

●第一　届書ニ記載スヘキ條件

一　後見人ノ氏名、出生ノ年月日、職業、本籍地及ヒ住所
二　被後見人ノ氏名、出生ノ年月日、職業及ヒ本籍地
三　被後見人カ家族ナルトキハ戶主ノ氏名、職業及ヒ本籍地
四　後見開始ノ原因及ヒ年月日
五　後見人就職ノ年月日

●第二　届出期間

一　開始ノアリタルトキ
二　更迭ノアリタルトキ　　就職ノ日ヨリ　　十日間

●第三　屆出場所　　被後見人ノ本籍地又ハ所在地ノ戸籍吏

●第四　屆書ニ添付スヘキ書類

一　遺言ヲ以テ指定セラレタル者ハ指定ニ關スル遺言ノ謄本

二　親族會ニ於テ選在セラレタル者ハ選任ニ關スル證明書

(例)

第百十四條　後見ノ開始アリタルトキハ後見人ハ就職ノ日ヨリ十日内ニ左ノ諸件ヲ具シテ之ヲ屆出ツルコトヲ要ス

(註記)　本條第一號調乃至第七號ノ屆出ニ具スヘキ條件ハ本文ノ起頭ニ列記セシヲ以テ略ス

第百十五條　後見人ノ更迭アリシトキハ後任ノ後見人ハ其就職ノ日ヨリ十日内ニ前條ニ掲ケタル諸件及ヒ前任者ノ氏名ヲ具シテ之ヲ屆出ツルコトヲ要ス

(註記)　更迭トハ後見人免黜セラレ又ハ辭任シ後任者就職シタル場合ヲ云フ此場合ニ於テハ新ニ就職シタル者ヨリ其屆出ヲ爲スヘキモノトス

第百十六條　後見人カ遺言ヲ以テ指定セラレタル者ナルトキハ屆書ニ其指定ニ關スル遺言ノ謄本ヲ添フルコトヲ要ス

後見人カ親族會ニ於テ選任セラレタル者ナルトキハ屆書ニ其選任ニ關スル證明書ヲ添フルコトヲ要ス

(註記)　遺言ヲ以テ後見人ヲ指定スルハ最後ニ親權ヲ行フ父又ハ母ニ於テ爲スモノニシテ其指定ノ

後見人ナキカ又ハ禁治産者ニ於テ配偶者ノ後見スヘキモノナキトキハ親族會ハ後見人ヲ選任スヘキモノナリ若シ家族ノ爲メ是等ノ後見人タルヘキ者ナキトキハ戶主ニ於テ其後見ヲ爲スヘキモノトス

第百十八條　後見人ニ關スル屆出ハ被後見人ノ本籍地又ハ所在地ノ戶籍吏ニ之ヲ爲スコトヲ要ス

附錄　後見人就職及更迭屆出書式

●第一　後見人就業ノ屆出書例

後見人屆

下谷區黑門町一町目三十八番地戶主飲食業
被後見人　和　田　薰
明治二拾八年七月七日生

右薰ニ對シ親權ヲ行フ者ナキニ因リ明治參拾壹年七月拾五日後見人ヲ開始ス（又ハ右薰禁治產ノ宣告ヲ受ケタルニ因リ明治參拾壹年七月拾五日後見人ヲ開始ス）

淺草區小島町十三番地紙商
後見人　賓　生　美　濃
明治拾年九月壹日生

右美濃明治參拾壹年七月拾六日就職

右遺言ニ依リ後見人開始致候條其指定ニ關スル遺言ノ謄本相添へ及御屆候也

明治參拾壹年七月貳拾日

屆出人　賓　生　美　濃㊞

下谷區戸籍吏山下凹殿

●第二　後見人更迭屆出ノ書例

後見人更迭屆

下谷區黑門町一町目三十八番地戸主飲食業
被後見人　和　田　薫
明治貳拾八年七月七日生

右薫ニ對シ親權ヲ行フ者ナキニ因リ明治參拾壹年七月拾五日後見人ヲ開始ス

赤坂區田町四町目六番地砂糖商
後見人　溜　池　溜
明治拾壹年參月貳日生

右溜明治參拾壹年拾月拾日就職

前任者　賓　生　美　濃

右後見人親族會ノ選任ニ依リ就職致候條其選任ニ關スル親族會ノ證明書相添へ此段及御屆候也

明治參拾貳年五月拾日

屆出人　溜　池　溜㊞

赤坂區戸籍吏青山隣殿

第二節　後見任務終了ニ關スル屆

●第一　後見人ノ任務ノ終了ニ付屆出ツヘキ條件

一　被後見人ノ氏名、出生ノ年月日、職業及ヒ本籍地

二　就職ノ年月日

三　任務終了ノ原因及年月日

●第二　届出期間　任務終了ノ日ヨリ　十日内

●第三　届出人　後見人

但シ死亡ニ因リ終了シタルトキハ後見監督人

●第四　届出ノ場所　被後見人ノ本籍地又ハ所在地

（例）

第百十七條　後見人ノ任務カ終了シタルトキハ後見人ハ十日内ニ左ノ諸件ヲ具シテ之ヲ届出ツルコトヲ要ス

（註記）本條第一號乃至第三號ハ本文ノ起頭ニ掲ケタルモノト異ナラサルカ故ニ略ス

附錄　後見人任務終了届書式

●第一　後見人任務終了届出書例

後見人任務終了届

下谷區黒門町一町目參拾八番地飲食業

被後見人　和田　薫

明治貳拾八年七月七日生

赤阪區田町四町目六番地砂糖商

後見人　溜池　溜

右溜明治參拾壹年拾月拾日就職

死亡ニ依リ明治參拾四年拾貳月貳拾八日任務終了
右後見人任務終了ニ付及御屆候也
明治參拾五年壹月五日
神田田須田町貳拾七番地靑物商
後見監督人　桃　栗　柿　八
明治九年九月九日生
下谷區戸籍吏山下凹殿

（附記）未成年者カ成年ニ達タルトキハ右叢成年ニ達シタルニ因リトシ又後見人免黜ニ依リ任務終了セシトキハ免黜セラレタルニ因リ云々ト記入スヘシ但此場合ニ於テハ後見人ヨリ屆出ツヘシ

第二節　後見人登記書式

附錄第一號ノ八

明治何年 本籍人 身分登記簿

後見之部

橫濱市戸籍役場

紙數表紙ヲ除キ何枚

橫濱區裁判所監督判事　氏　名　職印

第一號（戸一一四、民九〇〇）

右己太郎ニ對シ親權ヲ行フ者ナキニ因リ明治參拾壹年八月拾日後見開始

横濱市若松町三番地戸主無職業
被後見人　甲　野　己　太　郎
明治參拾壹年八月七日生

東京市芝區田町六町目十番地平民石屋
住所　横濱市若松町五番他
後見人　森　田　丁　吉
明治元年貳月貳日生

右丁吉明治參拾壹年八月拾貳日就職

右後見開始明治參拾壹年八月拾參日届出同日受附㊞

第二號（戸一一四、一一五）

右巳太郎ニ對シ親權ヲ行フ者ナキニ因リ明治參拾壹年八月拾日後見開始

横濱市若松町三番地戸主無職業
被後見人　甲　野　巳　太　郎
明治參拾壹年八月七日生

横濱市老松町七番地平民無職業
住所　同
後見人　原　村　巳　之　助

右已之助明治參拾壹年拾月九日就職

明治元年拾月五日生

前任者　森田丁吉

右後見人更迭明治參拾壹年拾月貳拾日屆出同日受附㊞

第三號(戸一一七)

横濱市若松町三番地戸主無職業

被後見人　甲野巳太郎

明治參拾壹年八月七日生

横濱市老松町七番地無職業

後見人　原村已之助

右已之助明治參拾壹年拾月拾九日就職

死亡ニ因リ明治參拾五年六月貳日任務終了

横濱市若松町五番地平民金物商

後見監督人　前田丙助

明治元年參月拾日生

右後見人任務終了明治參拾壹年拾貳月貳拾五日屆出同日受附㊞

第十章　隱居

第一節　隱居居

凡ソ戸主隱居ヲ爲スハ民法第七百五十二條ノ規定ニ依リ滿六十年以上ニシテ完全ノ能力ヲ有スル家督相續

人アリ其家督相續人カ相續ノ單純承認ヲ爲シタルトキニ限リ任意ニ之ヲ爲スヲ得ヘク女戸主ハ年齡ニ拘ハラス隱居ヲ爲シ得ヘキモ完全ノ能力ヲ有スル家督相續人カ相續ノ單純承認ヲ爲スニアラサレハ之ヲ爲スコトヲ得ス又女戸主ニシテ夫アル者カ隱居ヲ爲スハ其夫ノ同意ヲ得ルコトヲ要スルモ夫ハ正當ノ理由アルニアラサレハ其同意ヲ拒ムコトヲ得サルモノトス

隱居ヲナス屆出ニハ隱居者ノ氏名、族稱、出生ノ年月日、職業、本籍地ト家督相續人ノ名、出生ノ年月日職業及ヒ家督相續人ト隱居者トノ續柄ト隱居ノ原因トヲ記載シ且其屆書ニ家督相續人ノ承諾ノ證書若シ夫アル女戸主カ隱居ヲ爲ス場合ニ於テハ夫ノ同意ヲ爲シタル證書ヲ添付シ又ハ承諾ヲ爲シタル者若クハ同意ヲ爲シタル者ヲシテ其屆書ニ其旨ヲ附記シテ之ニ署名捺印セシムヘキモノトス

（例）

第百十九條　隱居ノ屆書ニハ左ノ諸件ヲ記載スルコトヲ要ス

一　隱居者ノ氏名、族稱、出生ノ年月日、職業及ヒ本籍地

二　家督相續人ノ名、出生ノ年月日、職業及ヒ家督相續人ト隱居者トノ續柄

三　隱居ノ原因

（註記）　本條ハ民法第七百五十二條第七百五十五條ニ依リ戸主カ隱居ヲ爲ス場合ニ於ケル屆書ニ記載スヘキ事項ヲ揭ケラレタルモノニシテ隱居ノ原因トハ疾病其他隱居ヲ爲スニ必要ナル原因ヲ云フ蓋シ本條ニ列擧シタル事項ニ付テハ屆書式ニ相照シテ法意ヲ了セラルヘシ

第百二十一條　隱居ノ屆出人ハ屆書ニ家督相續人ノ承認ノ證書ヲ添ヘ又ハ承認ヲ爲シタル者ヲシテ屆書ニ其旨ヲ附記シ之ニ署名捺印セシムルコトヲ要ス

前項ノ規定ハ民法第七百五十五條第二項ノ規定ニ依リ夫ノ同意ヲ要スル場合ノ屆出ニ之ヲ準用ス

（註記）本條ハ既ニ前諸條ニ註記シタル處アルニ依リ別ニ註記ヲ要セサルモノトス

附錄　隱居屆出書式

●第一　普通隱居ノ屆出ノ書例

隱　居　屆

日本橋區靈岸島湊町一町目十四番地戶主平民醬油問屋

野　田　猿　松

天保貳年拾月拾壹日生

推定家督相續人　長男　醬油商

長　松

明治九年四月壹日生

右疾病ニ依リ家政ヲ整理スルコト能ハサルニ依リ隱居致候條家督相續人ノ承認ノ證明書相添へ此段及御屆候也

明治參拾壹年拾壹月壹日

屆出人　野　田　猿　松㊞

日本橋區戶籍吏江戶眞雄殿

家督相續ニ付單純ノ承認ノ證書

日本橋區靈岸島湊町一町目十四番地戶主平民醬油問屋猿松長男

推定家督相續人　野　田　長　松

明治九年四月壹日生

右父猿松隱居跡家督相續ニ付單純ノ承認ヲ爲シタルコトヲ證明ス仍テ及御屆候也

明治參拾壹年拾壹月壹日

野田長松㊞

日本橋區戸籍吏江戸眞雄殿

●第二　女戸主隱居屆出書例

隱居屆

西多摩郡西多摩村大字川崎九十二番地戸主平民農

二宮サハ

明治四年壹月拾五日生

右家業ニ從事スルコト能ハサルニ付隱居ス

家督相續人　養子　農

沼藏

明治拾年壹月壹日生

養母サハ隱居後家督相續ニ付單純ノ承認ヲ爲シタルコトヲ證明ス

二宮沼藏㊞

右隱居致候條此段及御屆候也

明治參拾壹年四月拾壹日

屆出人

二宮サハ㊞

西多摩郡西多摩村戸籍吏羽村清水殿

第二節　特別隱居及隱居取消ニ依ル屆

戸主隱居ヲ爲スコトヲ得ルハ第一節ニ揭ケタル如キ法定ノ年齡ニ達スルカ又ハ女戸主ノ夫ノ同意ヲ得タル者ニシテ完全ノ能力ヲ有スル家督相續人カ單純ノ承認ヲ爲シタル場合ニ限ルヘシト雖モ若シ疾病ナルカ本家相續又ハ本家再興其他已ムヲ得サル事由ニ依リ爾後家政ヲ執ルコト能ハサル者ハ特ニ裁判所ニ請求シ其許可ヲ得テ隱居スルコトヲ得ヘシ此場合ニ於テ法定ノ家督相續人アラサルトキハ豫メ家督相續人タルヘキ者ヲ定メテ其承認ヲ得ンコトヲ要ス裁判ノ許可ヲ得テ隱居ノ屆出ヲ爲ストキハ其屆書ニ裁判ノ謄本ヲ添フヘキモノトス

若シ民法第七百五十二條第七百五十三條第二項ノ規定ニ違反シ又ハ該條ノ事項ニ該當セサルモノニシテ前項ノ許可ヲ得スシテ隱居ヲ爲シタル者ハ其隱居ヲ取消サルルコトヲ得ヘシ其取消ハ民法第七百五十五條第二項ノ夫ノ同意ヲ得サル者ハ夫ニ於テ請求シ其他ハ親族又ハ檢事ニ於テ請求スヘキモノニシテ之カ爲メ隱居ノ取消ノ裁判ヲ受ケ其裁判カ確定シタルトキハ訴ヲ提起シタル者ハ裁判確定ノ日ヨリ一个月內ニ裁判ノ謄本ヲ提出シテ登記取消ノ申請ヲ爲スヘキモノトス但檢事カ起訴シタルトキハ檢事ヨリ之カ申請ヲ爲スコトヲ要ス

（例）

第百二十條　裁判所ノ許可ヲ得テ隱居ヲ爲ス場合ニ於テハ屆出人ハ屆書ニ裁判ノ謄本ヲ添フルコトヲ要ス

第百二十二條　隱居ノ取消ノ裁判カ確定シタルトキハ其訴ヲ提起シタル者ハ裁判確定ノ日ヨリ一个月內ニ裁判ノ謄本ヲ提出シテ登記ノ取消ヲ申請スルコトヲ要ス

第百六條第二項ノ規定ハ前項ノ場合ニ之ヲ準用ス

附錄　隱居屆出及ヒ隱居ノ登記取消ノ申請

●第一　特許ヲ得テ隱居ノ屆出ヲ爲ス書例

隱居屆

比企郡松山町大字松山八十九番地戸主平民生絲製造業
大岡仁齊
嘉永五年六月七日生

右疾病ニ付家政ヲ執ルコト能ハサルニ付隱居ス
明治參拾五年六月七日裁判所許可ス

推定家督相續人
仁齊長男生絲製造業
綾雄
明治拾壹年參月五日生

右隱居致候條裁判許可ノ謄本相添ヘ此段及御屆候也
明治參拾貳年拾壹月壹日

大岡仁齊㊞

比企郡松山町戸籍吏荒川流三殿

●第二　裁判確定ニ付隱居ノ登記取消ノ申請書例

隱居ノ登記取消ノ申請

明治參拾貳年四月拾參日隱居

西多摩郡西多摩村大字川崎九十二番地平民農

二宮サハ
明治四年壹月五日生

隱居取消ノ裁判明治參拾貳年拾月拾壹日確定
右隱居取消ノ儀別紙裁判ノ謄本相添ヘ此段申請候也
明治參拾貳年七月貳拾壹日

西多摩郡西多摩村大字川崎九十二番地平民農サハ夫
申請人　二宮谷八㊞
明治參年拾月壹日生

西多摩郡西多摩村戶籍吏羽村清水殿

第三節　隱居登記書式

附錄第一號ノ九

明治何年 本籍人 身分登記簿

隱居之部

東京市京橋區戸籍役場

紙數表紙ヲ除キ何枚

東京區裁判所監督判事　氏　　名　印

第一號(戸一一九、一二二、民七五二、七五三、七五七、七五八)

京橋區入船町三拾三番地戸主平民船問屋

須　田　平　助

天保拾年六月七日生

右平助病氣ニ因リ家政ヲ執ルコト能ハサルニ付キ隱居

平助三男無職業

家督相續人

初　三

明治元年貳月五日生

右隱居明治參拾貳年四月五日届出同日受附㊞

第一號欄外登記例

明治參拾貳年拾月拾日隱居取消ノ裁判確定ニ付同月拾貳日京橋區築地一町目二番地戸主平民無職業平助弟須田万助ヨリ登記取消申請同日受附㊞

第十一章　失踪

第一節　失踪居

凡ソ失踪ハ利害關係人ノ請求ニ依リ裁判所ノ宣告ニ依リ始メテ其名ヲ生スルモノニシテ利害關係人ニ於テ失踪宣告ノ請求ヲ爲スハ住所又ハ居所ヲ去リタル者ノ生死カ七年間分明ナラサルトキニ於テ若シ戰地ニ臨ミタル者沈沒シタル船船中ニ在リタル者其他死亡ノ原因タルヘキ危難ニ遭遇シタル者ノ生死カ戰爭ノ止ミタル後其他ノ危難ノ去リタル後三年間分明ナラサルトキハ裁判所ハ又其請求ニ依リ失踪ノ宣告ヲ爲スコトヲ得ヘキモノニシテ其裁判ノ確定シタルトキハ裁判確定ノ日ヨリ十日內ニ失踪者ノ氏名、出生ノ年月日、職業及本籍地、失踪ノ宣告アリタル年月日若シ失踪者カ家族ナルトキハ戸主ノ氏名、族稱及戸主ト失踪者ノ續柄ヲ具シ裁判ノ謄本ヲ添ヘテ本籍地ノ戸籍吏ニ届出ヘキモノトス

總シテ失踪ノ宣告ヲ受ケタル者ハ法律上前項ニ記述シタル期間滿了ノ時ニ死亡シタル者ト看做サルヘシト雖モ若シ失踪ノ宣告ヲ受ケタル者カ生存シアルトキハ本人又ハ利害關係人ヨリ裁判所ニ失踪宣告ノ取消ヲ請求スルコトヲ得ヘク其失踪者カ生存セサルモ其死亡カ前項ニ記述シタル七年又ハ三年ノ期間ニ異ナリタルトキハ其事由ヲ證明シ本人又ハ利害關係人ヨリ失踪宣告ノ取消ヲ裁判所ニ請求スルコトヲ得ヘシ其請求ニ依リ裁判所ニ於テ失踪宣告ノ取消アリタルトキハ其取消ヲ請求シタル者ハ裁判確定ノ日ヨリ一个月内ニ裁判ノ謄本ヲ提出シテ登記ノ取消ヲ申請セサルヘカラサルモノトス

（例）

第百二十三條　失踪ノ宣告アリタルトキハ其宣告ヲ請求シタル者ハ裁判確定ノ日ヨリ十日内ニ左ノ諸件ヲ具シ裁判ノ謄本ヲ添ヘテ之ヲ届出ルコトヲ要ス

一　失踪者ノ氏名、出生ノ年月日、職業及ヒ本籍地

二　失踪ノ宣告アリタル年月日

三　失踪者カ家族ナルトキハ戸主ノ氏名、族稱及ヒ戸主ト失踪者トノ續柄

第百二十四條　失踪ノ宣告ノ取消アリタルトキハ其取消ヲ請求シタル者ハ裁判確定ノ日ヨリ一ケ月内ニ裁判ノ謄本ヲ提出シテ登記ノ取消ヲ申請スルコトヲ要ス

附錄　失踪屆出及ヒ失踪取消申請書

●第一　失踪屆出及失踪取消申請ノ書式

失踪屆

安八郡大垣町大字新地百五十番地戸主屋根職
初　雁　渡
明治參年五月六日生

明治參拾八年八月參日失踪宣告
右失踪ニ付別紙裁判ノ謄本相添ヘ及御屆候也
明治參拾八年八月參拾日

多藝郡島村大字外花一番地戸主平民農
屆出人　渡伯父　朝　暮　冷㊞
天保元年拾月貳日生

安八郡大垣町戸籍吏淺井朝忠殿

●第二　失踪ノ登記取消ノ申請ノ書例

失踪登記取消申請

安八郡大垣町大字新地百五十番地戸主屋根職
初　雁　渡
明治參年五月六日生

明治參拾八年八月參拾日失踪屆

明治參拾九年貳月貳日失踪宣告取消ノ宣告
右渡失踪登記取消ノ儀別紙裁判ノ謄本相添ヘ此段申請候也
明治參拾九年貳月拾日

同郡同町大字同番地渡長男
取消請求者　初雁歸一㊞
明治拾八年五月八日生

安八郡大垣町戸籍吏淺井朝忠殿

第二節　失踪登記書式

附錄第一號ノ十

明治何年

本籍人

身分登記簿

失踪之部

久良岐郡戸部村戸籍役場

紙數表紙ヲ除キ何枚

横濱區裁判所監督判事　氏　名　職印

第一號（戸一二三、一二四）

明治參拾貳年壹月貳日失踪宣告

久良岐郡戸部村百番地戸主農

谷　田　音　七

明治參年五月六日生

同郡戸部村百二番地士族無職業音七兄
宣告請求者　天野丁吉
明治元年貳月貳日生
右失踪明治參拾貳年貳月拾日届出同日受附㊞
第一號欄外登記例
明治參拾五年八月四日失踪宣告取消ノ裁判確定ニ付同月五日久頁岐郡戸部村百三番地戸主平民農音七叔父森口丙吉ヨリ登記取消申請同日受附㊞

第十二章　死亡

第一節　死亡届

凡ソ家族ノ死亡者アリタルトキハ戸主ヨリ届出戸主死亡シタルトキ又ハ戸主不在ナルトキハ同居者ヨリ同居者アラサルトキハ其家主、地主又ハ土地若シクハ家屋ノ管理人ヨリ届出ツヘキモノニシテ即チ戸主、同居者、家主、地主、土地若シクハ家屋ノ管理人ニハ此法律ニ於テ死亡届書ヲ爲スノ義務ヲ負フモノトス其届出ノ期間ハ死亡アリタルコトヲ知リタル當日ヨリ起算シテ五日內ト規定セラルルモ或ハ衛生ノ爲メニ特別ノ必要アルトキハ命令ヲ以テ五日ノ期間ヲ短縮セラルルコトアルヘシ此期間ニ死亡ノ届出ヲ爲ササルトキハ前文ノ順序ニ依リ義務者ハ第二百十條ノ制裁ヲ受クヘキモノトス但其順位ノ届出義務者數人アルトキハ其內ノ一人ヨリ届出ヲ爲スヲ以テ足ル故ニ例ヘハ戸主カ死亡シタルトキ其同居スル家族カ數名アルトキハ死者ノ妻ヨリ届出ヲ爲スモ長男ヨリ届出ルモ長女ヨリ届出ツモ其內ノ一人ヨリ届出ツルヲ以テ足レリトスルモ若シ其數人カ届出ヲ怠リタルトキハ其家族ハ一体ニ其制裁ヲ免カルヘカラサルヘシ
死亡届出義務者カ死亡ノ届出ヲ爲ストキハ主治醫ノ診斷書若クハ撿案書又ハ警察官ノ檢視調書ノ謄本ヲ添

ヘテ死亡地又ハ死亡者ノ本籍地若クハ寄留地ノ戸籍吏ニ之ヲ爲スコトヲ要ス其届書ニハ死亡者ノ氏名、出生ノ年月日、男女ノ別及ヒ本籍地ト死亡ノ年月日時及場所ト死亡者カ家族ナルトキハ戸主ノ氏名、族稱及戸主ト死亡者トノ續柄トヲ記載シ本籍地ニアラサルトキハ正副二通ヲ差出スヘキモノトス

滊車又ハ航海日誌ヲ備ヘサル船舶中ニテ死亡シタルトキハ其滊車又ハ船舶ノ到著シタル地ヲ以テ死亡地ト看做スヘキヲ以テ其到著地ノ戸籍吏ニ死亡ノ届出ヲ爲スモ妨ケナシ又病院、養育院其他ノ公設所ニ於テ死亡アリ戸主、家族等ヨリ届出ツルコト能ハサルトキハ病院、養育院其他公設所ノ長又ハ管理人ハ前項ノ規定ニ依リ其届出ヲ爲スコトヲ要ス

(例)

第百二十五條　死亡者アリタルトキハ届出義務者カ其死亡ヲ知リタル日ヨリ五日内ニ左ノ諸件ヲ具シ醫師ノ診斷書若クハ檢案書又ハ警察官ノ檢視調書ノ謄本ヲ添ヘテ之ヲ届出ツルコトヲ要ス

一　死亡者ノ氏名、出生ノ年月日、男女ノ別及ヒ本籍地

二　死亡ノ年月日時及ヒ場所

三　死亡者カ家族ナルトキハ戸主ノ氏名、族稱及ヒ戸主ト死亡者トノ續柄

前項ノ届出期間ハ衛生ノ爲メ特別ノ必要アルトキハ命令ヲ以テ之ヲ短縮スルコトヲ得

(註記)　醫師ノ治療ヲ受ケタル者カ死亡シタルトキハ主治醫ノ診斷書ヲ受ケ醫師ノ治療ヲ受ケスシテ死亡シタル者ハ醫師ノ檢案ヲ受ケテ其檢案書ヲ請ヒ又變死者ニシテ警察官ノ檢視ヲ受ケタルトキハ警察官ノ檢視調書ノ謄本ヲ受ケ届書ニ添ヘテ戸籍吏ニ届出ツヘキモノニシテ死亡者ノ埋葬又ハ火葬ノ證書ヲ請求スルノ必要アルトキハ醫師ノ診斷書若クハ檢案書又ハ警察官ノ檢視調書ノ謄本ノ寫ヲ添ヘテ市町村長ニ埋葬又ハ火葬證書ノ交付ヲ請求スヘキモノトス

第百二十六條　左ニ掲ケタル者ハ其順序ニ從ヒ死亡ノ屆出ヲ爲スノ義務ヲ負フ
第一　戸主
第二　同居者
第三　家主、地主又ハ土地若クハ家屋ノ管理人
同順位ノ屆出義務者數人アルトキハ其中ノ一人ヨリ屆出ヲ爲スヲ以テ足ル
第百二十七條　死亡ノ屆出ハ死亡地又ハ死亡者ノ本籍地若クハ寄留地ノ戸籍吏ニ之ヲ爲スコトヲ要ス
第百二十八條　第七十條及第七十四條ノ規定ハ死亡ノ屆出ニ之ヲ準用ス
（註記）第七十四條ニハ監獄長ヨリ屆出ノ明文アルモ監獄長ノ屆出ニ付テハ第百二十九條ニ依リ第七十四條ノ準用ヲ除クヘキモノトス

附錄　死亡屆出書式

●第一　家族ノ死亡ニ付屆出ノ書例

死亡屆

田村郡三春町五十三番地戸主平民大工職大吉二男
鐵道工夫
水筒玄番
明治五年參月四日生

明治參拾四年四月四日午前四時四拾分田村郡三春町五町目五十三番地ニ於テ死亡
右死亡候條醫師診斷書相添ヘ及御屆候也

明治參拾四年四月六日

水筒大吉㊞
嘉永元年貳月貳日生

田村郡三春町戸籍吏守山松藏殿

●第二　公設所長ヨリ死亡ノ屆出ヲ爲ス書例

入院者死亡屆

富山縣水見郡太田村大字西谷八十九番地戸主平民農
農文吉祖父農

窪村長藏
文化拾五年八月十日生

明治參拾八年拾貳月貳拾日午前壹時拾分麻布區廣尾町十二番地ニ方テ死亡

右死亡致候條別紙診斷書相添及御屆候也

明治參拾八年拾貳月貳拾貳日

麻布區廣尾町十二番地
麻布濟生病院長
蒲生久仙㊞
明治參年壹月六日生

麻布區戸籍吏原濶殿

第二節　在獄及ヒ航海中死亡者並本籍地不明者死亡屆出

死刑ノ執行ニ因リ死亡者アリタルト在監中死亡シタル者アリテ死體ノ引取人ナキ場合トニ在テハ監獄ノ長ハ遲滯ナク第百二十五條ニ掲ケタル諸件即チ第一節ニ記述セル條件ヲ具シテ監獄所在地ノ戸籍吏ニ死亡ノ報告ヲ爲スヘキモノトス其在監中死亡シタル者ノ報告ハ醫師ノ診斷書又ハ檢案書ヲ添付スヘキモノトス戸籍吏ニ於テ此報告ヲ受ケタルトキハ第三節ニ掲クル例ニ依リ身分登記簿ニ登記シ其死亡者カ非本籍人ナルトキハ報告書ノ謄本ヲ作リテ副本トナシ其正本ハ本籍地戸籍吏ニ送付スヘキモノトス

航海中死亡者アリタルトキハ艦長又ハ船長ハ乘船者中證人ヲ選定シ二十四時内ニ證人ノ面前ニ於テ第百二十五條ノ諸件ヲ航海日誌ニ記載スルヲ要ス其他其謄本送付ノ手續等ハ本章第二節ニ記述スル處ニ依ルヘシ凡ソ艦船ノ難破アリタルトキハ其他ノ官廳警察官吏役人等ニ於テ救助ヲ爲シ其乘組人員中ノ死亡及ヒ積荷等ノ調査ヲ爲シテ所轄地方廳等ニ報告スヘキモノニシテ其難破ニ因リテ乘組員又ハ乘容ノ全部又ハ一部カ死亡シタルトキハ其難破ヲ取調タル官廳警察署浦役場ニ於テ死亡者ノ本籍地ノ戸籍吏ニ死亡ノ報告ヲ爲スヘキモノトス故ニ此場合ニ於テハ難破船ノ到著シタル地ノ戸籍吏ハ其死亡者ニ付之カ登記ヲ爲サヽルカ如シト雖モ第百三十一條ノ規定乘組人カ難破ノ爲メニ死亡又ハ漂流シテ死屍カ其地ニ到著セサル場合ニ於テ其取調ヲ爲シタル官公署ヨリ死亡ノ報告ヲ爲スヘキ手續ニシテ若シ難風ニ逢ヒ艦船ニ大破ヲ生シ其艦船カ死亡者ヲ乘セテ漂著シタル場合ニ在テハ死亡者ノ屆出ハ第百二十八條ノ規定ニ依リ漂著地ノ戸籍吏ニ之ヲ爲スヘキモノニシテ第百三十一條ヲ適用スヘキモノニアラス

死亡者ノ氏名ハ分明ナルモ其本籍ノ分明ナラサルカ又氏名本籍ハ素ヨリ其居所ノ分明ナラスシテ何人タルヲ認識スルコト能ハサルトキハ警察官ハ檢視調書ヲ作リテ遲滯ナク之ヲ其地ノ戸籍吏ニ報告スヘキコトヲ

要シ戸籍吏ハ報告ヲ受ケ非本籍人身分登記簿ニ登記スヘシ然ル後死亡者ノ本籍カ分明ナルニ至リ何人タルヲ認識スルコトヲ得ルニ至リタルトキハ又遅滞ナク前ニ報告シタル戸籍吏ニ其報告ヲ爲ナスコトヲ要ス前ニ報告ヲ受ケタル戸籍吏ニ於テ本籍分明トナリ又ハ何人タルコトノ認識セラレタル報告ヲ得タルトキハ其戸籍吏ハ第二十六條ノ第二項ノ手續ヲ爲シ若シ其本籍カ管轄內ニアラサルトキハ戸籍吏ハ報告書ノ謄本ヲ作リ正本ヲ本籍地戸籍吏ニ送附スヘキモノトス
戸主又ハ同居者ニ於テ其死亡ノ事實ヲ知リタルトキハ之ヲ知リタル日ヨリ十日以內ニ屆出ヲ爲スコトヲ要ス此場合ニ於テハ醫師ノ診斷書又ハ檢案ニ代ヘ警察官ノ檢視調書ノ謄本ヲ添フコトヲ得ヘシ本籍地戸籍吏ニ於テ此屆出ヲ受ケタルトキ戸籍吏ハ第二十六條第三項ニ依リ前登記ノ欄外ニ其屆出アリタルコト及ヒ其年月日ヲ登記スヘキモノトス

(例)

第百二十九條　死刑ノ執行アリタルトキハ監獄ノ長ハ遅滞ナク第百二十五條ニ揭ケタル諸件ヲ具シ監獄所在地ノ戸籍吏ニ死亡ノ報告ヲ爲スコトヲ要ス
前項ノ規定ハ在監中死亡シタル者アリテ死體ノ引取人ナキ場合ニ之ヲ準用ス此場合ニ於テハ報告書ニ醫師ノ診斷書又ハ檢案書ヲ添フルコトヲ要ス

(註記)　本條ハ監獄ニ於テ死刑ニ處セラレ又ハ刑ニ因ラスシテ死亡シタル者アリテ死體ノ引取人ナキトキ監獄長ヨリ戸籍吏ニ報告スヘキ手續ヲ揭ケラレタルモノナリ

第百三十條　航海中ニ死亡者アリタルトキハ艦長又ハ船長ハ二十四時內ニ乘船者中ヨリ選ヒタル證人ノ前ニ於テ第百二十五條ニ揭ケタル諸件ヲ航海日誌ニ記載シ證人ト共ニ署名捺印シ且證人ノ出生ノ年月日、職業及ヒ本籍地ヲ記載スルコトヲ要ス前項ノ手續ヲ爲シタル後艦船カ日本ノ港ニ著シタルトキハ艦長又ハ船長ハ二十四時内ニ死亡ニ關スル航海日誌ノ謄本ヲ其地ノ戸籍吏ニ送附スルコトヲ要ス

艦船カ外國ノ港ニ著シタルトキハ艦長又ハ船長ハ遲滯ナク死亡ニ關スル航海日誌ノ謄本ヲ其國ニ駐在スル日本ノ公使又ハ領事ニ送附シ公使又ハ領事ハ三个月內ニ之ヲ外務大臣ニ發送シ外務大臣ハ十日內ニ之ヲ死亡者ノ本籍地ノ戸籍吏ニ發送スルコトヲ要ス

第百三十一條　艦船ノ難破ニ因リテ乘組員及ヒ乘客ノ全部又ハ一部カ死亡シタルトキハ其難破ノ取調ヲ爲シタル官廳又ハ公署ハ死亡者ノ本籍地ノ戸籍吏ニ死亡ノ報告ヲ爲スコトヲ要ス

（註記）乘組員トハ艦船ニ在テ勤務スル艦長又ハ船長以下ノ諸員ヲ云ヒ難破ニ因リ死亡スルトハ艦船ノ破壞等ノ爲メニ死亡シタルヲ云フ

第百三十二條　死亡者ノ本籍分明ナラス且何人タルコトヲ認識スルコト能ハサルトキハ警察官ハ遲滯ナク前ニ報告ヲ受ケタル戸籍吏ニ之ヲ報告スルコトヲ要ス

死亡者ノ本籍分明ナルニ至リ又ハ其何人タルコトヲ認識スルコトヲ得ルニ至リタルトキハ警察官ハ遲滯ナク前報告ヲ受ケタル戸籍吏ニ之ヲ報告スルコトヲ要ス

第百二十六條第一項第一號及ヒ第二號ニ揭ケタル死亡屆出義務者カ前項ノ事實ヲ知リタルトキハ十日內ニ死亡ノ屆出ヲ爲スコトヲ要ス此場合ニ於テハ醫師ノ診斷書又ハ檢案書ニ代ヘ警察官ノ檢規調書ノ謄本ヲ添フルコトヲ得

（註記）本條第一項ハ行旅死亡人、路頭倒死人、投死人、縊死人等ノ如キ其氏名ヲ知ルモ本籍住所不明ナルモノ又ハ其氏名ヲモ知ル能ハスシテ何國ノ人ナルヤ不分明ナル者ノ死亡ニ依リ警察官ノ檢視ヲ得テ其死體ヲ市町村長ニ引渡ス場合ニ於テ警察官カ戸籍吏ニ報告シ第二項ハ例ヘハ死亡者ノ引取人等カ顯ハレ其本籍カ分明シ又ハ死者ノ誰タルヲ知リ得タルニ至リタル場合ニ於ケル報告ヲ要スルコトヲ掲ケ第三項ハ死亡届義務者其死亡ヲ知リタルトキ届出ノ手續及ヒ届出ノ期間ヲ明示セラレタルモノナリ

附錄　航海日誌謄本ノ書式

●第一　航海日誌謄本ノ記載ノ書例

岩手縣盛岡市大字仙北三十七番地戸主
男　海　野　仲
明治九年五月拾日生
死亡ノ時　明治參拾壹年九月拾日午前貳時貳分
死亡ノ場所　難波丸船中
青森縣東津輕郡青森町大字安方百六番地米商
證　人　兜　甲　冠㊞
明治拾貳年壹月貳拾日生
山形縣米澤市大字袋町十番地乾物商
證　人　推　竹　干　瓢
明治五年六月六日生
難波丸船長
住　吉　明

右航海日誌ノ作製者
航海日誌作製明治貳拾九年拾月壹日

右仲死亡ニ關スル航海日誌ノ謄本及御送付候也

明治參拾壹年拾月拾七日

住吉　明㊞

明治八年壹月四日生

兵庫市戸籍吏和田岬殿

（附記）本籍分明ナラサル者カ本籍分明シタル等ニ關スル届出書例ハ第一節附錄ニ掲ケタル例ト異ナルヘキコトナキニ依リ畧ス

第三節　死亡者登記書式

附錄第一號ノ十一

明治何年

本籍人

身分登記簿

死亡之部

東京市牛込區戸籍役場

紙數表紙ヲ除キ何枚

東京區裁判所監督判事　氏　名　職印

第一號（戸一二五）

牛込區加賀町二町目三番地戸主平民牛乳商乙吉長男
菅野丙作
明治貳拾年四月五日生
死亡ノ時　明治參拾貳年壹月六日午後參時參拾分
死亡ノ場所　牛込區加賀町二町目三番地
屆出人　菅野乙吉
明治六年壹月六日生

右死亡明治參拾貳年壹月七日屆出同日受附㊞
第二號（戸一二九）

牛込區早稻田町百六番地戸主平民万吉三男
住田次郎吉
明治五年參月貳日生
死亡ノ時　明治參拾貳年貳月四日午後壹時貳拾分
死亡ノ場所　市ヶ谷監獄署
報告者　市ヶ谷監獄署典獄
井河實

右死亡明治參拾貳年貳月四日報告同日受附㊞
第三號（戸一三〇ノ一、二、二八ノ三）

牛込區藥王寺前町五番地戸主

男　氏家直高
明治參年四月四日生
死亡ノ時　明治參拾貳年參月參日午後貳時五拾分
死亡ノ場所　東京丸船中
神奈川縣橫濱市戸太町三番地學生
證人　爲永時藏
明治五年六月八日生
靜岡縣靜岡市鷹匠町八番地無職業
證人　龜田頁次
明治元年五月九日生
東京丸船長　野口榮造
右航海日誌作製者
航海日誌作製明治參拾年參月參日
右死亡ニ關スル航海日誌ノ謄本明治參拾貳年參月拾日發送同日受附㊞

附錄第一號ノ二十二

明治何年

非本籍人
身分登記簿

死亡之部

東京市牛込區戸籍役場

紙數表紙ヲ除キ何枚

東京區裁判所監督判事　氏　名㊞

第一號（戸一三二ノ一、二、二六ノ一）

本籍不明

男　伊　賀　去　就

推定　貳拾五六歳

死亡ノ時　明治參拾貳年六月六日午後拾時

死亡ノ場所　牛込區神樂阪道路

報告者　牛込警察署長警視

上　村　三　平

右死亡報告明治參拾貳年六月七日發送同日受附㊞

第一號欄外登記例

伊賀去就ノ本籍ハ麹町區三番町九番地ニ在リ明治五年參月拾日生ナル旨牛込警察署長上村三平ヨリ明治參拾貳年六月九日報告發送同日受附㊞

第十三章　家督相續

第一節　家督相續及其回復屆

凡ソ家督相續ハ戸主死亡シ又ハ隱居シ若クハ國籍ヲ喪失シタルニ因リ開始シ或ハ戸主カ婚姻又ハ緣組ヲ取消サレテ其家ヲ去リタルニ依リ開始シ又或ハ女戸主カ入夫婚姻ヲ爲シ又ハ入夫カ離婚シタルニ因リ開始スルモノニシテ總シテ家督ニ因リ戸主トナリタル者ハ家督相續シヲ戸主トナリタル事實ヲ知リタルトキ一个月内ニ其屆出ヲ爲スヘシ其屆出ニハ第一家督相續ノ原因及ヒ戸主トナリタル年月日第二前戸主ノ名及前戸主ト家督相續人トノ續柄ヲ揭クヘシ若シ家督相續人カ外國ニ在ル場合ニ於テハ其屆出ハ三个月内ニ屆書ヲ發送スルヲ以テ足レリトス

家督相續ハ被相續人ノ住所ニ於テ開始スルモノニシテ被相續人ノ本籍地ノ戸籍吏ニ屆出ツルコトヲ要ス故ニ家督相續ニ付テハ被相續人又ハ家督相續人カ本籍地外ニ在ルモ寄留地又ハ其所在地ニ之ヲ爲スコトヲ得サルモノニシテ本籍地ノ戸籍吏カ家督相續ノ屆出ヲ受ケタル場合ニ於テ身分登記簿ニ其登記ヲ了シタル上ハ更ニ其戸籍ヲ改寫セサルヘカラサルモノトス若シ被相續人ノ戸主權ノ喪失カ無效又ハ取消ニ依リ戸主權喪失者カ家督相續ノ裁判ヲ受ク其裁判カ確定セラレタルトキハ家督相續權ヲ回復シタル者ハ裁判確定ノ日ヨリ一个月内ニ前項ニ記載シタル諸件ヲ具シ裁判ノ謄本ヲ添ヘテ其屆出ヲ爲シ前ニ爲シタル家督相續ノ登記取消ヲ申請スルヲ要ス戸籍吏ハ此申請ヲ受理シタルトキハ第二十四條ニ依リ前登記ノ欄外ニ之ヲ爲シ原登記ヲ抹消シ更ニ戸籍ヲ改寫シテ現戸籍ハ簿冊ヨリ除去シテ除籍簿ニ移綴スヘシ

（例）

第百三十三條　家督相續ニ因リ戸主ト爲リタル者ハ其事實ヲ知リタル日ヨリ一个月内ニ左ノ諸件ヲ具シテ之ヲ被相續人ノ本籍地ノ戸籍吏ニ屆出ツルコトヲ要ス

一　家督相續ノ原因及ヒ戸主トナリタル年月日

二　前戸主ノ名及ヒ前戸主ト家督相續人トノ續柄
家督相續人カ外國ニ在ル場合ニ於テハ前項ノ屆出ハ三个月內ニ屆書ヲ發送スルヲ以テ足ル
（註記）　家督相續ニ因リ戸主ト爲リタル者ニシテ其事實ヲ知ラサルコトナキカ如シト雖モ例ヘハ推定家督相續人カ被相續人ノ家ヲ離レテ遠國ニアル場合ニ於テハ推定家督相續人ハ被相續人カ死シテ已カ家督相續ヲ爲シタルコトヲ知ラサルコトアルヘシ故ニ總シテ家督相續ニ因リ戸主トナリタルトキハ之ヲ知リタル日ヨリ一个月內ニ屆出ツヘキモノトス又家督相續ノ屆出ヲシテ本籍地ノ戸籍吏ニ之ヲ爲サシムルモノハ家督相續人タル順位等ハ其戸籍ニ付クニアラサレハ知ルニ由ナキモノニシテ被相續人カ戸主權ヲ喪失シテ家督相續ニ因リテ戸主ヲ變換シタル場合ニ於テハ直チニ其戸籍ヲ改寫セサルヘカラサル等ノ事由アルヲ以テナリ
第百三十四條　家督相續回復ノ裁判カ確定シタルトキハ相續權ヲ回復シタル者ハ裁判確定ノ日ヨリ一个月內ニ前條ニ揭ケタル諸件ヲ具シ裁判ノ謄本ヲ添ヘテ之ヲ屆出テ且前ニ爲シタル家督相續ノ登記取消ヲ申請スルコトヲ要ス
（註記）　本條ノ取消モ亦本籍地ノ戸籍吏ニ提出スヘキハ勿論ナリトス

附錄　家督相續屆及登記取消ノ申請書式

●第一　家督相續屆出ノ書例

家督相續屆

四谷區坂町百三十番地戸主士族小間物商
西村セイ長女
嘉永參年貳月壹日生

明治參拾壹年九月拾八日前戸主登隱居ニ因リ家督相續戸主ト爲ル

届出人　西　村　セ　イ㊞

右及御届候也

明治參拾壹年九月拾八日

東京市四谷區戸籍吏大國甲子殿

●第二　戸主死亡ニ因リ家督相續戸主ト爲ル届出ノ書例

家督相續届

大野郡大野町大字淸水五番地戸主社掌

友房長男　寺　田　信　則

明治參年參月壹日生

右明治參拾貳年七月拾八日前戸主友房死亡ニ因リ家督相續戸主ト爲ル

届出人　寺　田　信　則㊞

右及御届候也

明治參拾貳年七月貳拾日

大野郡大野町戸籍吏福井福殿

●第三　家督相續回復ニ因リ家督相續ノ登記取消申請ノ書例

登記取消申請書

明治參拾壹年九月拾八日届

四谷區坂町百三十番地戸主士族小間物商

登長女　西村セイ

明治參拾參年參月參日家督相續權回復裁判確定
右裁判ノ謄本相添登記取消申請候也
明治參拾參年參月參日

四谷區阪町百三十番地士族登長男
家督相權回復申請人　西村麓㊞
明治四年拾月貳日生

東京市四谷區戸籍吏大國甲子殿

第二節　胎兒家督相續屆及其登記取消申請

凡ソ胎兒ハ家督相續ニ付既ニ生レタル者ト看做スヘキヲ以テ相續カ開始シタルトキ他ニ法定ノ推定家督相續人アラスシテ其妻カ被相續人ノ兒子ヲ懷胎シアリタルトキ又ハ被相續人カ私生ノ胎兒ヲ認知シアリタルトキ若クハ遺言ヲ以テ其胎兒ヲ認知セラレタルトキハ其胎兒ハ其家督相續權ヲ有スヘシ故ニ其母ニ於テ相續開始アリタルコトヲ知リタルトキハ之ヲ知リタル日ヨリ一个月内ニ醫師ノ診斷書ヲ添ヘテ家督相續ノ屆出ヲ爲スコトヲ得ヘシ其屆書ニハ相續開始ノ年月日家督相續人カ胎兒ナルコトト前戸主ノ名及前戸主ト家督相續人トノ續柄ヲ記載スルヲ要ス若シ懷胎ノ母カ外國ニ在ルトキハ之ヲ知リタル日ヨリ三个月内ニ屆書ヲ發送スルヲ以テ足ルヘシ

前項ノ如ク胎兒ヲ家督相續人トシテ屆出タル後胎兒カ死體ニテ生レタルトキハ其權利ハ消滅スヘキニ依リ母ハ出產ノ日ヨリ一个月內ニ醫師又ハ出產ニ立會タル產婆ノ檢案書ヲ提出シテ家督相續ノ登記ノ取消ヲ申請セサルヘカラス若シ母カ登記ノ取消ノ申請ヲ爲ササルトキハ之ニ代リ家督相續人タルヲ得ヘキ者ハ其登

記ノ取消ノ申請スヘシ其申請ニ關スル期間ハ胎兒カ死體ニテ生レタルコトヲ知リタル日ヨリ一个月內ニ之ヲ爲スコトヲ要ス
前項ノ屆出及申請ハ本籍地ノ戸籍吏ニ之ヲ爲スヘキモノトス

（例）

第百三十五條　家督相續人カ胎兒ナルトキハ其母ハ相續ノ開始アリタルコトヲ知リタル日ヨリ一个月內ニ左ノ諸件ヲ具シ醫師ノ診斷書ヲ添ヘテ家督相續ノ屆出ヲ爲スコトヲ要ス
一　相續開始年月日
二　家督相續人ノ胎兒ナルコト
三　前戸主ノ名及ヒ前戸主ト家督相續人トノ續柄
第百三十三條第二項ノ規定ハ前項ノ屆出ニ之ヲ準用ス
第百三十六條　胎兒ヲ家督相續人トシテ屆出テタル場合ニ於テ其胎兒カ死體ニテ生レタルトキハ母ハ出產ノ日ヨリ一个月內ニ醫師又ハ出產ニ立會ヒタル產婆ノ檢案書ヲ提出シテ家督相續ノ登記ノ取消ヲ申請スルコトヲ要ス
母カ登記取消ノ申請ヲ爲サヽルトキハ家督相續人ハ其事實ヲ知リタル日ヨリ一ヶ月內ニ登記ノ取消ヲ申請スルコトヲ要ス

（註記）　胎兒カ死體ニシテ生レタルヲ其母ニ於テ一个月內ニ屆出サルトキ其母ハ第二百十條ノ制裁ヲ受クヘキヤ否ハ無論其制裁ヲ受クヘキモノトス

附錄　胎兒家督相續屆及其登記取消申請ノ書式

●第一　胎兒家督相續屆出ノ書例

胎兒家督相續屆

金澤市大字野町六町目二番地戸主平民
胎　　兒

明治參拾六年九月貳拾八日前戸主父藤田藤兵衛死亡ニ付家督相續戸主トナル
右家督相續ニ付醫師診斷書相添ヘ及御屆候也
明治參拾六年拾月五日

金澤市大字野町六町目二番地裁縫業
右母
藤　田　カ　ツ㊞
明治參拾壹年四月拾四日生

金澤市戸籍吏大野盛安殿

●第二　胎兒カ死體ニテ生レタルニ因リ家督相續ノ登記取消申請ノ書例

家督相續登記取消申請

金澤市大字野町六町目二番地藤田藤兵衛嫡出子戸主
胎　　兒

明治參拾六年拾月五日家督相續
明治參拾六年拾貳月貳拾壹日胎兒死體分娩
右出產ニ立會タル產婆ノ檢案書相添家督相續ノ登記取消申請候也
明治參拾七年拾月九日

金澤市大字野町六町目二番地無職業藤兵衛弟

金澤市戸籍吏大野盛安殿

申請人　藤田藤助㊞

第三節　家督相續ノ登記書式

附錄第一號ノ十二

明治何年

本籍人

身分登記簿

家督相續之部

東京市赤坂戸籍役場

紙數表紙ヲ除キ何枚

東京區裁判所監督判事　氏　名［職印］

第一號（戸一三三、一三四）

赤坂區青山南町三町目二番地戸主士族官吏

吉次二男　住　田　辰　藏

明治參年貳月四日生

明治參拾貳年壹月六日前戸主父吉次隱居ニ因リ家督相續戸主ト爲ル

右家督相續明治參拾貳年壹月七日屆出同日受附㊞

第二號（戸一三三）

赤坂區臺町五十番地戸主士族學生

所在地　獨乙伯林
達夫長男　末岡種松
明治九年拾月貮日生
明治參拾貮年貮月四日前戸主父達失死亡ニ因リ家督相續戸主ト爲ル
右家督相續明治參拾貮年參月參拾日屆書發送同年五月六日受附㊞

第三號（戸一三五、一三六）

赤坂區青山北町一町目四番地戸主
胎兒
明治參拾貮年四月貮日前戸主父作之進死亡ニ因リ相續開始
赤坂區青山北町一町目四番地士族無職業
屆出人　母　山口タツ
明治參年貮月四日生
右家督相續明治參拾貮年四月參日屆出同日受附㊞

第一號欄外登記例

明治參拾貮年四月五日家督相續回復ノ裁判確定ニ付同年五月壹日相續權回復者住田吉次長男丑郎ヨリ登記取消申請同日受附㊞

第三號欄外登記例

明治參拾貮年五月五日胎兒死體分娩ニ付赤阪區青山北町一町目四番地庶子山口龜男ヨリ同年六月拾日登記取消申請同日受附㊞

第十四章　推定家督相續人ノ廢除

第一節　推定家督相續人廢除屆

推定家督相續人ハ民法第九百七十五條ノ一號乃至四號ニ該當スルカ又ハ親族會ニ於テ正當ノ事由アリトシテ被相續人ニ同意ヲ爲シタル場合ニ於テハ被相續人ハ其廢除ヲ裁判所ニ請求スルコトヲ得ヘク其請求ニ依リ廢除ノ裁判アリテ其裁判カ確定シタルトキハ被相續人ハ裁判確定ノ日ヨリ十日内ニ裁判ノ謄本ヲ添ヘテ屆出ツルコトヲ要ス其屆書ニハ廢除セラレタル者ノ名、出生ノ年月日、職業ト廢除ノ原因ト廢除ノ裁判カ確定シタル年月日トヲ記載スヘキモノトス

又被相續人ハ遺言ヲ以テ推定家督相續人ヲ廢除スルコトヲ得ヘク被相續人カ遺言ヲ以テ廢除ノ意思ヲ表示ヲシタル場合ニ於テハ遺言ノ效力ノ發生シタル後ハ遲滯ナク遺言執行者ハ裁判所ニ其廢除ヲ請求スヘキモノニシテ廢除ノ裁判アリテ其裁判カ確定シタルトキハ遺言執行者ハ前項ニ記載シタル諸件ヲ具シ且被相續人死亡ノ年月日ヲ記シテ其屆出ヲ爲スコトヲ要ス其期間ハ裁判確定ノ日ヨリ十日内トス

推定家督相續廢除ノ原因止ミタルトキハ被相續人又ハ推定家督相續人ハ其取消ヲ裁判所ニ請求スルコトヲ得ヘク殊ニ推定家督相續人カ被相續人ニ對シテ虐待ヲ爲シ又ハ重大ナル侮辱ヲ加ヘタルニ因リ廢除シタル場合ニ於テハ被相織人ハ何時タリトモ其取消ヲ請求スルヲ得ヘシ然レトモ相續人カ開始シタル後ハ其取消ヲ請求スルコトヲ得サルモノトス若シ被相續人カ遺言ヲ以テ廢除ノ取消ノ意思ヲ表示シタル場合ニ於テハ遺言執行者ハ遺言ノ效力ノ生シタル後遲滯ナク裁判所ニ之カ請求ヲ爲スコトヲ要ス而シテ其取消ノ裁判アリテ取消カ確定シタルトキハ其取消ヲ請求シタル者ハ裁判ノ謄本ヲ提出シテ裁判確定ノ日ヨリ一个月内ニ登記取消ノ申請ヲ爲スヘキモノトス

推定家督相續人ノ廢除ノ屆出及廢除ノ取消ノ申請ハ總シテ本籍地ノ戸籍吏ニ之ヲ爲スヘキモノトス

（例）
第百三十七條　推定家督相續人廢除ノ裁判カ確定シタルトキハ被相續人裁判確定ノ日ヨリ十日内ニ左ノ諸件ヲ具シ裁判ノ謄本ヲ添ヘテ之ヲ届出ツルコトヲ要ス
一　廢除セラレタル者ノ名出生ノ年月日及ヒ職業
二　廢除ノ原因
三　廢除ノ裁判カ確定シタル年月日
（註記）　推定家督相續人トハ被相續人ノ家督相續ヲ承繼スル權利ヲ有スル者ヲ云フ推定家督相續人ノ廢除ハ所謂廢嫡ナリ其廢嫡ハ從前地方廳ノ許可ヲ受クヘキ成規ナリシカ本法施行以後ハ裁判所ノ許可ヲ得ヘキモノトス
第百三十八條　被相續人カ遺言ヲ以テ推定家督相續人ヲ廢除スル意思ヲ表示シタル塲合ニ於テ廢除ノ裁判カ確定シタルトキハ前條ノ届出ハ遺言執行者ヨリ之ヲ爲スコトヲ要ス
前項ノ場合ニ於テハ屆書ニ被相續人ノ死亡ノ年月日ヲ記載スルコトヲ要ス
第百三十九條　推定家督相續人廢除ノ取消ノ裁判カ確定シタルトキハ其取消ヲ請求シタル者ハ裁判確定ノ日ヨリ一个月内ニ裁判ノ謄本ヲ提出シテ登記ノ取消ヲ申請スルコトヲ要ム
（註記）　廢除ノ取消ハ從前ノ廢嫡復立ト殆ト同一ナリ廢嫡復立ハ地方廳ノ特許ヲ得タルモ推定家督相續人ノ廢除ノ回復ハ裁判所ノ許可ヲ要スルモノトス

附錄　推定家督相續人廢除屆出及廢除回復申請ノ書式

●第一　被相續人生存中家督相續人廢除ノ屆出ノ書例

推定家督相續人廢除書

淺草區田町二町目五十番地戸主平民車夫荒川力藏長男無職業
推定家督相續人　虎藏
明治拾貳年貳月壹日生
右力藏被相續人ニ對シ重大ナル侮辱ヲ爲シタル爲メ廢除セラル明治參拾貳年四月四日裁判確定
右廢除ノ儀裁判謄本相添ヘ及御届候也
明治參拾貳年四月五日
淺草區田町二町目五十番地戸主平民車夫
荒川力藏㊞
弘化四年八月拾五日生
淺草區戸籍吏倉米稟藏殿

●第二　遺言ニ依ル推定家督相續人廢除届出ノ書例
家督相續人廢除届
與謝郡上宮津村大字小田三百五十番地戸主平民浦島太郎長男
推定家督相續人　無職業　龜子
明治元年拾貳月壹日生
右龜子浪費者トシテ准禁治產ノ宣告ヲ受ケ改悛ノ望ナキ爲メ廢除セラル明治參拾五年九月拾八日裁判確定

被相續人太郎明治參拾五年八月拾日死亡
右推定家督相續人廢除裁判ノ謄本相添ヘ及御屆候也
明治參拾五年九月貮拾七日
遺言執行者
與謝郡與謝村大字與謝一番地戸主平民漁業
龜子伯父　浦島海月㊞
與謝郡與謝村戸籍吏海市麗殿

●第三　廢除取消屆出ノ書例
廢除ノ登記取消ノ申請
明治參拾貮年四月五日廢除
淺草區田町二町目五十番地戸主平民車夫荒川力藏長男
車夫　虎藏
明治拾壹年貮月壹日生
右虎藏推定家督相續人廢除取消セラル明治參拾五年五月拾日裁判確定
右裁判ノ謄本相添ヘ推定家督相續人廢除ノ登記取消申請候也
明治參拾五年五月貮拾五日
申請人　荒川力藏㊞
弘化四年八月拾五日生

第二節　推定家督相續人廢除登記書式

東京市淺草區戸籍吏倉米票藏殿

附錄第一號ノ十三

明治何年

本籍人　身分登記簿

推定家督相續人廢除之部

東京市本鄕區戸籍役場

紙數表紙ヲ除キ何枚

東京區裁判所監督判事　氏　　名　㊞

第一號（戸一三七、民九七五）

本郷區元町一町目五番地戸主平民下宿營業北内力藏
長男無職業
推定家督相續人　太　郎
明治拾年八月七日生

右太郎被相續人ニ對シ虐待ヲ爲シタルカ爲メ廢除セラル明治參拾貳年五月四日裁判確定
被相續人　北　内　力　藏

文化貳年貳月四日生

右推定家督相續人廢除明治參拾貳年五月六日屆出同日受附㊞

第二號（戸一三七、一三八、民九七五）

本鄕區弓町三町目一番地戸主福永吉藏長男無職業

推定家督相續人　一　郎

明治五年貳月八日生

右一郎家名ニ汚辱ヲ及ホスヘキ罪ニ因リ刑ニ處セラレタルカ爲メ廢除セラル明治參拾貳年拾月貳日裁判確定

被相續人吉藏明治參拾貳年六月四日死亡

本鄕區湯島新花町六十番地戸主平民無職業

遺言執行者　壹郎叔父　福　田　龜　三

明治元年參月貳日生

右推定家督相續人廢除明治參拾貳年拾月四日屆出同日受附㊞

第十五章　家督相續人ノ指定

第一節　家督相續ノ指定ニ關スル屆出及申請

法定ノ家督相續人アラサルトキハ被相續人ハ家督相續人ヲ指定スルコトヲ得ヘク被相續人ニ於テ家督相續人ヲ指定シタルトキハ被相續人ハ指定シタル者ノ氏名、族稱、出生ノ年月日、職業及本籍地ト法定ノ推定家督相續人ナキコトトヲ屆書ニ記載シテ戸籍吏ニ屆出ツヘシ然リ而シテ被相續人ニ於テ家督相續人ヲ指定シタル後法定ノ家督相續人アルニ至リタルトキハ指定ノ效力ハ之ヲ失フヘキニ依リ此場合ニ於テ指定ヲ爲シタル者ハ其事實ヲ知リタル日ヨリ一个月內ニ效力ヲ失ヒタル事由ノ證明書ヲ提出シテ登記ノ取消ヲ申請スヘキモノニシテ總シテ家督相續人ノ指定ハ之ヲ取消スコトヲ得ヘシ其取消ノ屆出ニハ指定家督相續人ノ氏名、族稱出生ノ年月日、職業及本籍地ト指定ノ年月日トヲ記載スヘキモノシニテ其取消ヲ爲シタルトキハ之ト同時ニ登記ノ取消ヲ申請セサルヘカラサルモノトス

被相續人ハ遺言ヲ以テ家督相續人ノ指定又ハ其取消ヲ爲スコトヲ得ヘク被相續人カ遺言ヲ以テ家督相續人ノ指定又ハ其取消ヲ爲スノ意思ヲ表示シタルトキハ遺言執行者ハ遺言ノ效力ノ生シタル後チ其指定又ハ取消ニ關スル遺言ノ謄本ヲ添ヘテ指定又ハ取消ノ屆出ヲ爲スコトヲ要ス就中指定ノ屆出ニ在テハ前項ノ前段ニ記載シタル諸件ト被相續人死亡ノ年月日トヲ記載シ取消ノ場合ニ於テハ前項後段ニ記載シタル諸件ハ又被相續人死亡ノ年月日トヲ記載スヘシ但其屆出ト同時ニ登記ノ取消ヲ申請スルハ勿論ナリトス

(例)

第百四十條　家督相續人指定ノ屆書ニハ左ノ諸件ヲ記載スルコトヲ要ス

一　指定家督相續人タルヘキ者ノ氏名、族稱、出生ノ年月日、職業及ヒ本籍地

二　法定ノ推定家督相續人ナキコト

(註記)　家督相續人指定トハ從前諸侯以下ノ幕士ニ行ハレタル假養子ト唱フ者ニ似タリ假養子ハ其支配頭ヘ之ヲ屆出置キ萬一當主死亡シタルトキハ之ヲ以テ其家督相續ヲ爲サシムルモ假養子ハ其戶主ノ家人ニ屬セス戶主嗣子アルニ至リタルトキハ消滅シ又何時タリトモ其戶主ニ於テ之ヲ罷メ又ハ引替ルコトヲ得ルモノナリ是ト同ク家督相續人ノ指定モ身分登記簿登記スルモ戶籍ニ記載セスシテ指定家督相續人アルニ至リタルトキハ其效力ヲ失ヒ又ハ被相續人ニ於テ之ヲ取消スヲ得ヘキモノナリ是レ殆ント相類似セルモノナリ

第百四十一條　民法第九百八十一條ノ規定ニ依リ家督相續人指定ノ届出ヲ爲ストキハ届書ニ前條ニ掲ケタル諸件及ヒ被相續人ノ死亡ノ年月日ヲ記載シ且之ニ其指定ニ關スル遺言ノ謄本ヲ添フルコトヲ要ス

（註記）　家督相續人ノ指定ハ被相續人カ生存中ニ限ラス遺言ニ依リテモ又之ヲ指定スルコトヲ得ヘク此場合ニ於テハ遺言執行者ヨリ其届出ヲ爲スモノトス

第百四十二條　家督相續人ノ指定ノ取消ノ届書ニハ左ノ諸件ヲ記載スルコトヲ要ス

一　指定家督相續人ノ氏名、族稱、出生ノ年月日、職業及ヒ本籍地

二　指定ノ年月日

第百四十三條　家督相續人指定ノ取消ノ届出ヲ爲ス者ハ同時ニ家督相續人指定ノ登記ノ取消ヲ申請スルコトヲ要ス

（註記）　家督相續人指定ノ届出ヲ爲ストキ同時ニ更ニ指定登記取消ヲ申請スヘキモノニシテ其届出及申請ハ共ニ戸籍吏ニ之ヲ爲スヘキモノトス此場合ニ於テハ戸籍吏ハ身分登記簿ニ其取消ヲ登記シ更ニ登記ヲ抹消シ其欄外ニ取消ノ旨ヲ登記シ交互參看ノ符號ヲ登記シ置クヘキモノトス

第百四十四條　民法第九百八十一條ノ規定ニ依リテ指定ノ取消ノ届出ヲ爲ス場合ニ於テハ前二條ノ規定ニ依ル外届書ニ被相續人ノ死亡ノ年月日ヲ記載シ且之ニ指定ノ取消ニ關スル遺言ノ謄本ヲ添フルコトヲ要ス

（註記）　遺言ニ依リ家督相續ノ取消ヲ爲ス場合ニ於テモ届出ト同時ニ登記取消ノ申請ヲ爲スヘキモノトス

第百四十五條　家督相續人ノ指定カ其效力ヲ失ヒタルトキハ指定ヲ爲シタル者ハ其事實ヲ知リタル日ヨ

リ一个月内ニ其效力ヲ失ヒタル事由ノ證明書ヲ提出シテ登記ノ取消ヲ申請スルコトヲ要ス

（註記）效力ヲ失ヒタル事由ノ證明書トハ例ヘハ長二男アル者二男ヲ他家ノ養子ト爲シタル後チ長男ノ死亡シ又ハ二男失踪ニ依リ家督相續人ナキニ至リ家督相續人ヲ指定シタル後二男ノ離縁ニ因リ復歸シ失踪ヲ取消サレル場合ニ於テハ被相續人ハ推定家督相續人タルモノニアリタルニ至リタルヲ以テ其事由ヲ證明スル如シ本條ニ於テハ取消ノ届出ヲ爲スヘキ明文アラサルニ依リ唯ニ登記取消ノ申請ノミヲ提出シ取消ノ届書ヲ提出スルニ及ハサルモノトス何トナレハ取消ハ其届出ニ依リ效力ノ消滅スモ無效ハ始メヨリ效力ノ生セサルモノト看做スヘクレハナリ

附錄　家督相續人指定及取消ノ届書並登記取消申請書式

●第一　家監相續人指定届出ノ書例

家督相續人指定届

勢多郡前橋町大字本町七十二番地戸主士族繁光二男

教員　上野新造

明治拾八年五月七日生

法定ノ推定家督相續人ナキニ付右新造ヲ以テ家督相續人ニ指定ス

右家督相續人指定候條及御届候也

明治參拾壹年八月拾七日

群馬郡高崎町大字赤坂三番地戸主士族建築技師

被相續人　飛彈　匠㊞

明治貳年參月貳日生

群馬郡高崎町戸籍吏佐野廣道殿

●第二　遺言ニ依リ家督相續人届出ノ書例

家督相續人指定届

南佐久郡川上村大字居倉一番地戸主佐左衛門弟農

一　郎　平

明治拾壹年七月壹日生

被相續人北佐久郡岩村田町大字猿久保千八百五十六番地戸主士族農長倉八十右衛門法定ノ推定家督相續人ナキニ付右一郎平ヲ以テ家督相續人ニ指定セラレタリ

明治參拾壹年七月拾參日被相續人死亡

右指定ニ關スル遺言ノ謄本相添ヘ及御届候也

明治參拾五年七月貳拾四日

北佐久郡平根村大字上平尾十一番地戸主平民農

遺言執行者　長倉八十右衛門叔父　早　田　稻　作㊞

明治元年參月八日生

北佐久郡岩村田町戸籍吏遠藤盛重殿

●第三　家督相續人指定取消届出ノ書例

家督相續人指定取消届

勢多郡前橋町大字本町七十二番地戸主繁光二男

教員

上野新造
明治八年五月七日生

明治參拾壹年八月拾七日指定

右指定取消候條此段及御屆候也

明治參拾參年九月拾日

群馬郡高崎町大字赤坂三番地士族建築技師
被相續人　飛　彈　匠㊞
明治貳年參月貳日生

群馬郡高崎町戸籍吏佐野廣道殿

●第四　指定相續人登記取消申請ノ書例

家督相續人指定登記取消申請

勢多郡前橋町大字本町七十二番地　戸主繁光　二男
敎員
指定家督相續人　上　野　新　造
明治八年五月七日生

右明治參拾壹年八月拾七日提出ノ家督相續人指定屆出取消候條右登記取消ノ儀申請候也

群馬縣高崎町大字赤坂三番地戸主士族建築技師

明治參拾參年九月拾日

取消申請人　飛　彈　匠㊞
明治貳年參月貳日生

群馬郡高崎町戸籍吏佐野廣道殿

（附言）第百四十五條ニ依ル無效ニ依リ登記取消申請書ハ結文右何年何月何日家督相續人指定ノ儀屆出置キ候處幾男女名出生ニ依リ又ハ失踪ノ幾男女名歸復失踪宣告取消ノ裁判ニ依リ法定ノ家督相續人アルニ至リ指定效力ヲ失ヒ候條別紙證明書相添ヘ登記取消ノ儀ヲ申請候也ト記載シ餘ハ此例ヲ參酌シテ記載スルヲ要ス

●第五　指定ノ效力ヲ失ヒタル事由證明書例

證明書

岩瀨郡須賀川町大字須賀川一番地戶主平民祠官八雲彌比古二男

八重彥

明治四年四月八日生

明治參拾參年壹月壹日失踪取消宣告ヲ受ク

右八重彥失踪ノ宣告取消ノ裁判ニ依リ法定ノ家督相續人アルニ至リタリ仍テ別紙裁判ノ謄本ヲ以テ之ヲ證明ス此段及御屆候也

明治參拾參年九月拾日

被相續人　八雲彌比古㊞

嘉永六年貳月拾九日生

岩瀨郡須賀川町戶籍吏岩代三郎殿

第二節　家督相續人指定ニ關スル登記書式

附錄第一號ノ十四

明治何年

本籍人

身分登記簿

家督相續人指定之部

東京市京橋區戸籍役場

紙數表紙ヲ除キ何枚

東京區裁判所監督判事　氏　名㊞

京橋區釆女町一町目五番地戸主辰郞三男平民書籍商

山岸吉次

明治拾年壹月七日生

第一號（戸一四〇―一四三、民九七九九八〇）

法定ノ推定家督相續人ナキニ付右吉次指定セラル

京橋區釆女町三町目一番地戸主平民無職業

被相續人　吉次兄

黑田吉郞

明治元年貳月五日生

右家督相續人指定明治參拾貳年五月貳日届出同日受附㊞

第二號（戸一四〇、一四一）

京橋區銀座一町目三番地戸主一郎弟平民無職業
中野又一
明治拾年壹月五日生

被相續人京橋區銀座三町目二番地平民下田甲三法定ノ推定家督相續人ナキニ付右又一指定セラル
明治參拾貳年七月壹日被相續人死亡

京橋區釆女町二町目一番地戸主平民無職業
遺言執行者　甲三弟　高田乙助
明治元年壹月五日生

右家督相續人指定明治參拾貳年七月拾日届出同日受附㊞

第三號（戸一四二）

京橋區釆女町一町目五番地戸主辰郎三男平民書籍商
山岸吉次
明治拾年壹月七日生

明治參拾貳年五月貳日指定

京橋區釆女町三町目一番地戸主平民無職業
指定取消人　吉次兄　黑田吉郎
明治元年貳月五日生

右家督相續人指定ノ取消明治參拾貳年拾月貳拾五日届出同日受附㊞

第一號欄外登記例

明治參拾貳年拾月貳拾五日黒田吉郎ヨリ登記取消ノ申請同日受附㊞

第十六章　入籍、離籍及ヒ復籍拒絶

第一節　入籍屆出

凡ソ家族ノ庶子及私生子ハ戸主ノ同意アルニアラサレハ家ニ入ルコトヲ得サルニ因リ其戸主カ同意セサルニ依リ庶子ヲシテ母其他ノ家ニ入ラシメ又ハ戸主ノ同意セサルニ依リ私生子ヲシテ母ノ家ニ入ルル能ハサルニ依リ他家ニ入ラシメ他家ノ家族ト爲サントスル者又ハ婚姻、養子縁組ニ因リ他家ニ入リタル者カ其配偶者又ハ養親ノ親族ニアラサル自己ノ親族ヲ婚家又ハ養家ノ家族ニ爲サント欲シ若クハ婚家又ハ養家ヲ去リタル者カ婚族又ハ養家ニ在ル自己ノ直系卑屬ヲ自家ノ家族ト爲サント欲スル者ハ左ノ第一ニ列記シタル諸件ヲ具シ第二ノ區別ニ依リ戸主配偶者、養親又ハ後見人ノ同意ノ證書ヲ添ヘ若クハ屆書中ニ同意ノ旨ヲ附記シテ署名、捺印セシメ其屆出ヲ爲スヘキモノトス

●第一　屆書ニ記載スヘキ條件

一　入籍スヘキ家ノ戸主ノ氏名、出生ノ年月日、職業及ヒ本籍地

二　入籍スヘキ家ノ戸主又ハ家族入籍スヘキ者トノ親族關係

三　入籍スヘキ者カ廢家シテ他家ニ入ルトキハ其旨

四　入籍スヘキ者カ家族ナルトキハ其去ルヘキ家ノ戸主ノ氏名、出生ノ年月日、職業、本籍地及ヒ其戸主ト入籍スヘキ者トノ續柄

●第二　戸主ノ同意ヲ得ヘキモノ

一　家族ノ庶子、私生子ヲ其家ニ入ルトキ

二　他家ニアル戸主ノ親族カ戸主ノ家族ト爲ルトキ

三　他家ノ家族タル親族ヲ戸主ノ家族ト爲ストキ新舊戸主ノ同意ヲ要ス

●第三　親權ヲ行フ父又ハ母又ハ後見人ノ同意ヲ得ヘキモノ

一　第二ノ二號三號ニ掲ケタル者カ未成年者ナルトキ

●第四　配遇者ノ同意ヲ要スヘキモノ

一　婚姻ニ依リ他家ニ入リタル者カ配遇者ノ親族ニアラサル自己ノ親族ヲ婚家ノ家族ト爲サントスルトキ

二　婚家ヲ去リタル者カ其家ニ在ル自己ノ直系卑屬ヲ自家ノ家族ト爲サントスルトキ

●第五　養親ノ同意ヲ要スヘキモノ

一　養子緣組ニ因リ他家ニ入リタル者カ養親ノ親族ニアラサル自己ノ親族ヲ養家ノ家族ト爲サントスルトキ

二　養家ヲ去リタル者カ其家ニ在ル自己ノ直系卑屬ヲ自家ノ家族ト爲サントスルトキ

（例）

第百四十六條　民法第七百三十五條第一項若クハ第七百三十七條ノ規定ニ依リ他家ノ家族ト爲ラントト欲スル者又ハ民法第七百三十八條ノ規定ニ依リ自己ノ親族ヲ婚家養家又ハ自家ノ家族ト爲サント欲スル者ハ左ノ諸件ヲ具シテ入籍ノ屆出ヲ爲スコトヲ要ス

（註記）　本條ニ列記シタル一號乃至四號ハ本文第一ニ記載セシヲ以テ略ス

第百四十七條　民法第七百三十五條第一項、第七百三十七條及ヒ第七百三十八條ノ規定ニ依リ戸主、配遇者、養親、親權ヲ行フ者又ハ後見人ノ同意ヲ要スル場合ニ於テハ屆出人ハ屆書ニ同意ノ證書ヲ添ヘ又ハ同意ヲ爲シタル者ヲシテ屆書ニ同意ノ旨ヲ附記シ之ニ署名捺印セシムルコトヲ要ス

附錄 入籍屆書式

父ノ認知ヲ得タル私生子即チ庶子ニシテ其戸主同意セスシテ父ノ家ニ入ルコト能ハスシテ母ノ家ニ入リ又ハ私生子出生ノトキ戸主ノ同意セサルニ依リ母ノ家ニ入ルコト能ハスシテ一家ヲ創立スルノ例ハ第二章第一節出生屆出書式ニ掲載シアルヲ以テ茲ニ之ヲ省ク

●第一　私生子ニシテ一家ヲ廢シテ母ノ家ニ入ル屆出ノ書例

廢家入籍屆

宇都宮市大字地上町二番地戸主馬勞業

三　瓶　勘　助

明治貳年四月五日生

右勘助姉セン私生子河內郡平石村大字石井九百二番地戸主平民機職業

三　瓶　サ　ン

明治拾參年參月貳日生

廢家ノ上入籍ス

三　瓶　勘　助㊞

右姪サンノ入籍ニ同意セシコトヲ證明ス

私生子サン廢家ノ上伯父勘助ノ家ニ入テ其家族ト爲ルニ同意セシコトヲ證明ス

三　瓶　セ　ン㊞

文久參年參月五日生

右入籍及御屆候也

明治參拾壹年八月拾六日

親權執行者　母　三瓶セン㊞

宇都宮市戸籍吏押山明殿

●第二　戸主親族ナル他家ノ家族入籍屆出ノ書例

親族入籍屆

津市大字南堀端一番町十五番地戸主平民陶器商

幸名渡弟

陶器製造業　幸名茂八

應應貳年四月五日生

右茂八實父三重郡四市日町大字北町六十五番地戸主士族陶器商久松茂承家族ニ入籍ス

右二男茂八ノ家族トシテ入籍ニ同意セシコトヲ證明ス

茂八實父　久松茂承㊞

天保拾貳年五月七日生

右茂八カ實父久松茂承ノ家族ト爲ルコトニ同意シタルコトヲ證明ス

茂八兄　桑名渡㊞

元治元年拾月貳拾壹日生

右入籍及御屆候也

明治參拾貳年拾貳月拾五日

桑名茂八㊞

津市戸籍吏伊勢平一郎殿

●第三　實家ニ於テ擧ケタル子ヲ養家ノ家族ト爲スノ届出ノ書例

親族入籍届

上京區下天神町十七番地戸主平民菓子商天滿三郎養子無職業天滿五郎實子

入籍者　下京區御供町四番地戸主書籍商生玉新一孫

菓子職　十　郎

明治拾年貳月四日生

右十郎カ家ニ入リテ家族ト爲ルニ同意セシコトヲ證明ス

天　滿　三　郎㊞

天保八年拾月貳拾五日生

天　滿　五　郎㊞

文久元年六月參日生

右十郎天滿三郎ノ家ニ入リ其家族ト爲ルニ同意セシコトヲ證明ス

生　玉　新　一　郎㊞

天保參拾年八月參日生

右入籍及御届候也

明治參拾八年六月拾六日

届出人　生　玉　十　郎㊞

京都市上京區戸籍吏鴨川清殿

●第四　婿家ヲ去リタル者婿家ニ擧ケタル子ヲ自家ノ家族ト爲スノ屆出ノ書例

婿家ノ子(女)入籍屆

犬上郡彦根町大字芹橋一町目十二番地戸主士族著作業橋瓜賑實子
同郡彦根町大字西榮三十八番地戸主刀劍商二井三郞繼子無職業

入籍者　八百吉
明治貳拾壹年六月拾日生

橋瓜賑㊞
明治五年貳月五日生

右八百吉ノ入籍ニ同意シタルコトヲ證明ス

二井三郞㊞
明治元年六月四日生

右八百吉カ其實父賑ノ家族ト爲ルニ同意セシコトヲ證明ス

親權ヲ行フ母　二井三郞妻無職業　二井ハマ㊞
明治九年九月八日生

右八百吉入籍爲致候條此段及御屆候也
明治參拾壹年七月拾六日

犬上郡彦根町竹生島次殿

橋爪八百吉㊞

第二節　離籍屆

成年ノ家族ニシテ戸主ノ定メタル場所ニ居住セス催告スルモ應セス又ハ家族カ戸主ノ同意ヲ得スシテ婚姻、養子縁組ヲナシ若クハ養子ヲ爲シタルトキハ戸主ハ其家族ヲ離籍スルコトヲ得ヘク戸主ニ離籍セラレタル家族ハ一家ヲ創立セサルヘカラス戸主ニ於テ家族ヲ離籍シ又離籍ニ依リ一家ヲ創立シタルトキハ左ノ諸件ヲ具シテ屆出ツヘキモノニシテ離籍者カ一家ヲ創立シタル者ハ離籍セラレタル事實ヲ知リタル日ヨリ十日內ニ屆出ツルコトヲ要ス

●第一　戸主カ家族ヲ離籍セントスルトキ屆出ニ具スヘキ諸件

一　離籍セラルヘキ者ノ氏名出生ノ年月日及ヒ職業

二　離籍ノ原因及其原因發生ノ年月日

三　離籍セラルヘキ者ト共ニ家ヲ去ルヘキ者アルトキハ其名、出生ノ年月日、職業及ヒ其者ト離籍セラルヘキ者トノ續柄

●第二　離籍ニ依リ一家ヲ創立シタル者カ屆出ニ具スヘキ件

一　離籍ヲ爲シタル戸主ノ氏名、出生ノ年月日、職業及ヒ本籍地

二　離籍ヲ爲シタル戸主ト屆出人トノ續柄

三　離籍ノ原因及ヒ年月日

四　屆出人ノ家ニ入ルヘキ者アルトキハ其名、出生ノ年月日、職業及ヒ其者ト屆出人トノ續柄

（例）

第百四十八條　戸主カ其家族ヲ離籍セント欲スルトキハ左ノ諸件ヲ具シテ之ヲ届出ツルコトヲ要ス

（註記）本條ノ成文中第一號乃至第四號ハ原文ノ儘本文ニ列記セシニ依リ略ス但該第二號ノ離籍ノ原因トハ家族ニ於テ戸主ノ同意ヲ得ス民法ノ明文ニ反シテ婚姻又ハ養子縁組ヲ爲シタルカ如キ其離籍スヘキ原因タル事由ヲ云ヒ原因ノ發生トハ即チ其養子縁組又ハ婚姻ヲ爲シタル年月日ヲ云フ又離籍セラレタル者ト共ニ家ヲ去ルトハ父カ離籍セラレタルトキ其子ハ父ニ隨テ其家ヲ去ルカ如キモノニシテ子ハ父ニ隨フヘキ原則ニ依リ父カ離籍セラレタルトキハ子ハ家ニ在ルコトヲ得サレハナリ

第百四十九條　離籍ニ因リテ一家ヲ創立シタル者ハ其事實ヲ知リタル日ヨリ十日内ニ左ノ諸件ヲ具シテ其旨ヲ届出ツルコトヲ要ス

（註記）本條モ亦第一號乃至第四號ハ成文ノ儘本文ニ掲ケタルヲ以テ之ヲ省ク離籍ニ因リ一家ヲ創立スルトハ離籍セラレタル者ハ勢ヒ一家ヲ創立セサルヲ得ス若シ一家ヲ創立シ得サルトキハ無籍者ヲ生スヘキモノニシテ天下豈ニ無籍者アラサルヘカラレハナリ第四號ノ届出人ノ家ニ入ルトハ離籍ニ依リ共ニ其家ヲ去ル者ヲ云フ

附錄　離籍及ヒ一家創立ノ届書

●第一　戸主ノ指定シタル居所ニ在ラサルニ依リ家族ヲ離籍スル届出ノ書例

離籍届

芝區神明町十六番地戸主平民待合茶屋業詑間ニノ方

被離籍者　無職業　馬太郎

明治七年九月七日生

右馬太郎明治貳拾八年五月貳日以後指定ノ塲所ニ在ラサルニ付明治參拾壹年七月拾六日五个月内ニ戸主ノ家ニ復歸シ戸主ト同居スヘキ旨催告シ明治參拾壹年拾貳月拾五日ニ至リ期間滿了スルモ復歸同居セスシテ催告ニ應セス仍テ離籍ス

馬太郎ト共ニ家ヲ去ル者　馬太郎長男　無職業　丑之助　明治貳拾八年四月貳日生

右離籍致候間及御届候也

明治參拾壹年拾貳月拾七日

離籍届出人　詫間ユン㊞　萬延元年六月拾八日生

京東市芝區戸籍吏花園一枝殿

●第二　戸主ノ同意ヲ得スシテ養子ヲ爲シタルニ依リ離籍届出ノ書例

離籍届

麴町區富士見町三町目七番地戸主新平民靴商伯父

被離籍者　靴職　圜十　文久貳年貳月拾壹日生

右圜十明治參拾貳年壹月拾五日戸主ノ同意ヲ得スシテ養子ヲ爲シタルニ因リ離籍ス

圜十ト共ニ家ヲ去ル者　圜十養子　靴職　革造　明治拾壹年參月四日生

右離籍致候條及御届候也

新　民　平㊞

弘化元年七月六日生

明治參拾貳年貳月四日

東京市麴町區戸籍吏星岡富吉殿

●第三　離籍ニ依リ一家創立屆出ノ書例

一家創立屆

芝區神明町十六番地戸主平民待合茶屋業

離籍ヲ爲シタル戸主　詫　間　エ　ソ

萬延元年六月拾八日生

小石川區大門町十九番地戸主平民無職業

一家創立者　詫　間　馬　太　郎

明治七年九月七日生

右馬太郎戸主ノ催告ニ應セス戸主指定ノ場所ニ住居セサルニ付明治參拾壹年拾貳月拾六日離籍セラル

馬太郎ノ家ニ入ル者　馬太郎長男　無職業　丑　之　助

明治貳拾八年四月貳日生

右離籍ニ付一家創立候條及御屆候也

明治參拾壹年拾貳月拾九日

詫　間　馬　太　郎㊞

東京市小石川區戸籍吏小川礫太殿

第三節　復籍拒絶ノ届

凡ソ婚姻又ハ養子緣組ニ依リ他家ニ入リタル者カ離婚、離緣トナリタルトキハ實家ニ復籍スルハ一般ノ通則ナリト雖モ家族カ戶主ノ同意ヲ得スシテ婚姻又ハ養子緣組ヲ爲シタル場合ニ於テハ戶主ハ民法ノ規定ニ依リ其復籍ヲ拒絶スルコトヲ得ヘキニ依リ戶主ニ於テ復籍ヲ拒マントスルトキハ戶主ハ左ノ諸件ヲ具シテ戶籍吏ニ届出ヲ爲スコトヲ要ス

一　復籍ヲ拒マルヘキ者ノ氏名、出生ノ年月日、職業及ヒ本籍地

二　復籍ヲ拒マルヘキ者カ家族ナルトキハ戶主ノ氏名、出生ノ年月日、職業及ヒ本籍地

三　復籍拒絶ノ原因及ヒ其原因發生ノ年月日

復籍ヲ拒絶セラレタル者又ハ復籍スヘキ家カ廢絶シタルトキハ婚姻又ハ養子緣組ニ依リ他家ニ入リタル者カ離婚又ハ離緣セラルルモ勿論實家ニ復歸スル能ハサルニ依リ是等ノ者カ離婚又ハ離緣トナリタルトキハ一家ヲ創立セサルヘカラス一家ヲ創立シタルトキハ其事實ヲ知リタル日ヨリ十日內ニ左ノ諸件ヲ具シテ届出ヲ爲スヘキモノトス

一　復籍ヲ拒ミタル戶主又ハ廢絶シタル家ノ最終ノ戶主ノ氏名、出生ノ年月日、職業及ヒ本籍地

二　復籍拒絶又ハ復籍スヘキ家ノ廢絶ノ原因及ヒ年月日

三　届出人ノ家ニ入ルヘキ者アルトキハ其名、出生ノ年月日、職業及ヒ其者ト届出人トノ續柄

（例）

第百五十條　戶主カ其家族タリシ者ノ復籍ヲ拒マント欲スルトキハ左ノ諸件ヲ具シテ届出ツルコトヲ要ス

（註記）　本條第一號乃至第三號ハ成文ノ儘本條第一項ニ之ヲ揭ケタルニ依リ略ス但復籍拒絶ノ原因

トハ法條ニ反シ戸主ノ同意ヲ得スシテ婚姻又ハ緣組ヲ爲シテ他家ニ入ルモノ即チ其原因ナリ其他家ニ入リタル年月日ハ其ノ原因發生ノ年月日トナリトス

第百五十一條　復籍拒絶又ハ復籍スヘキ家ノ廢絶ニ因リテ復籍ヲ爲スコト能ハサル者カ一家ヲ創立シタルトキハ其事實ヲ知リタル日ヨリ十日內ニ左ノ諸件ヲ具シテ其旨ヲ屆出ツルコトヲ要ス

（註記）本條ノ第一號乃至第三號モ亦本文第二項ニ成文ノ儘ヲ掲ケタレハ茲ニ略ス其第三號ノ屆出人ノ家ニ入ルヘキ者トハ例ヘハ妻カ夫ノ離緣ニ依リ夫ニ隨テ夫ノ家ニ入ルカ如キ場合ヲ云フ

附錄　復籍拒絶及一家創立屆書式

●第一　戸主ノ同意ヲ得スシテ婚姻ヲ爲シタルニ依リ復籍ヲ拒絶スル屆出ノ書例

復籍拒絶屆

神田區佐久間町十九番地戸主平民船宿業
猪牙舟吉
明治參年五月拾日生

舟吉妻無職業
カチ
明治拾年四月拾貳日生

右カチ明治三拾壹年七月貳拾八日戸主ノ同意ヲ得スシテ舟吉ト婚姻ヲ爲シタルニ付復籍ヲ拒絶ス

右復籍拒絶致候條此段及御屆候也

小石川區江戸川町四番地戸主平民網打業
カチ兄　大曲駒吉㊞
明治元年壹月拾日生

●第二　復籍ヲ拒絶セラレタル者離婚ニ付一家創立屆出ノ書例

東京市小石川區戸籍吏小川礫太殿

復籍拒絶ニ付一家創立屆

小石川區江戸川町四番地戸主平民網打業
復籍拒絶者　大曲駒吉
明治元年壹月拾日生

神田區佐久間町十九番地戸主平民船宿業猪牙舟吉妻
一家創立者　無職業　カヂ
明治拾年四月拾貳日生

右カヂ兄駒吉ノ同意ヲ得スシテ婚姻セシ爲メ明治參拾壹年八月拾五日離籍セラル

離婚ニ依リ一家創立

右離婚ニ依リ一家創立候條此段及御屆候也

明治參拾貳年八月參拾壹日

猪牙カヂ㊞

東京市神田區戸籍吏芝崎守殿

●第三　實家廢絶ニ依リ離縁ノ養子一家ヲ創立スル屆出ノ書例

離縁ニ付一家創立屆

豐多摩郡内藤新宿町一町目一番地戸主平民煙草商
離縁ヲ爲シタル戸主　戸部幸

同郡千駄ヶ谷村大字新町十一番地戸主平民水車業
天保五年八月六日生
一家創立者
玉　川　徹
明治七年九月八日生
右徹父玉川冷二慶應參年九月拾八日死亡家督相續人ナクシテ絶家トナリタルニ依リ復籍スルコト能ハス　離縁ニ因リ一家創立
徹ト共ニ入籍ス
徹　妻
キ　ヨ
明治拾壹年六月六日生
右離縁ニ付一家創立致候條及御屆候也
明治參拾五年參月貳日
玉　川　徹㊞
豊多摩郡千駄ヶ谷村戸籍吏小谷滓三殿

第四節　入籍離籍及復籍拒絶ニ關スル登記書式

附錄第一號ノ十五

明　治　何　年

本籍人

身分登記簿

入籍、離籍及ヒ復籍拒絶之部

東京市神田區戸籍役場

紙數表紙ヲ除キ何枚

東京區裁判所監督判事　氏　名　㊞

第一號（戸一四六、民七三五ノ一）

神田區鎌倉河岸二町目三番地戸主平民酒問屋
落　合　六　兵　衛
文化元年貳月四日生

右六兵衞妹キン私生子神田區三河町三町目一番地戸主平民無職業
尾　野　兵　助
明治五年參月貳日生

廢家ノ上入籍

右入籍明治參拾壹年拾月五日屆出同日受附㊞

第二號（戸一四六、民七三七）

神田區錦町一町目四番地戸主無職業
奥　田　七　郎
文化貳年參月五日生

神田區鈴木町八番地戸主平民無職業

廢家ノ上入籍　七郎弟　下田鶴松

明治元年貳月拾日生

神田區小川町五十番地戸主平民書籍商山口太郎（明治元年七月六日生）妻無職業

タカ

明治七年五月四日生

右タカ兄本郷區追分町三番地戸主官吏添田五郎（天保貳年參月六日生）三女

右入籍明治參拾壹年拾月貳拾日屆出同日受附㊞

第三號（戸一四六、民七三八）

入籍　ハナ

神田區美土代町一町目四番地戸主平民青物商三平弟無職業

戸口平次

明治五年六月八日生

右入籍明治參拾壹年拾壹月貳日屆出同日受附㊞

第四號（戸一四八、民七五〇）

離籍人　戸口三平

右平次明治參拾壹年貳月四日戸主ノ同意ヲ得スシテ婚姻ヲ爲シタルニ付離籍セラル

明治元年拾月貳日生

右離籍明治參拾貳年壹月六日届出同日受附㊞

第五號（戸一四八、民七五〇）

神田區堅大工町六番地戸主平民農徳兵衛三男無職業

河内　徳　三　郎

明治參年貳月九日生

右徳三郎明治參拾貳年貳月四日戸主ノ同意ヲ得スシテ養子ヲ爲シタルニ付離籍セラル

徳三郎ト共ニ家ヲ去ル　徳三郎養女　カ　ヤ

明治拾九年八月六日生

離籍人

河　内　徳　兵　衛

文化參年貳月四日生

右離籍明治參拾貳年貳月貳拾日届出同日受附㊞

第六號（戸一四九、民七五〇）

神田區堅大工町六番地戸主農

離籍ヲ爲シタル戸主　河　内　徳　兵　衛

文化參年貳月四日生

小石川區指ケ谷町八番地戸主平民無職業

一家創立者　河　内　徳　三　郎

明治參年貳月九日生

右德三郞父德兵衞ノ同意ヲ得スシテ養子ヲ爲シタルカ爲メ明治參拾貳年貳月貳拾日離籍セラル
一家創立

德三郞ノ家ニ入ル　德三郞養女
カ　マ
明治拾九年八月六日生

右離籍ニ因ル一家創立明治參拾貳年參月壹日屆出同日受附㊞

第七號(戸一五〇、民七五〇)

神田區錦町一町目三番地戸主平民運送業川上秀雄
(明治元年參月四日生)養子無職業
音　吉
明治九年八月七日生

右音吉明治參拾壹年五月參日戸主ノ同意ヲ得スシテ養子ト爲リタルニ付復籍ヲ拒絕セラル

下谷區練塀町十番地平民菓子商
寄留地　神田區錦町三町目一番地
拒絕者
音吉實父　下　井　儀　一
文化貳年四月七日生

右復籍拒絕明治參拾壹年拾貳月貳日屆出同日受附㊞

第八號(戸一五一、民七五〇)

下谷區練塀町十番地戸主菓子商
拒絕者
下　井　儀　一

文化貳年四月七日生
神田區美土代町一町目五番地戸主平民無職業
一家創立者　川上音吉
明治九年八月七日生

右音吉父儀一ノ同意ヲ得スシテ養子トナリタルカ爲メ明治參拾壹年拾貳月貳日復籍ヲ拒絶セラル
離籍ニ因リ一家創立

右復籍拒絶ニ因レル一家創立明治參拾貳年壹月七日届出同日受附㊞

第九號（戸一五一、民七四〇）

神田區美土代町一町目五番地戸主平民無職業
廢家ノ最終ノ戸主　川上音吉
明治九年八月七日生
神田區今川小路二町目三番地戸主平民無職業
一家創立者　音吉妹　田上ラク
明治拾壹年貳月參日生

右ラク兄音吉明治參拾五年貳月五日廢家シテ他家ニ入リタルカ爲メ復籍スルコト能ハス
離婚ニ因リ一家創立

右廢家ニ因リ一家創立明治參拾九年八月七日届出同日受附㊞

第十七章　廢家及絶家

第一節　廢家絶家ニ關スル届

凡ソ分家又ハ一家創立ニ依リ戸主ト爲リタル者ハ其家ヲ廢シ他ノ家ニ入ルコトヲ得ヘキモ家督相續ニ因リ戸主トナリタル者即チ二代以上襲續ノ戸主ハ一家ヲ廢シテ他家ニ入ルコトヲ得ス然レトモ本家相續又ハ本家ヲ再興シ其他正當ノ事由ニ因リ裁判所ノ許可ヲ得タルトキハ二代以上世襲ノ戸主タリトモ其家ヲ廢スルヲ得ヘシ然リ而シテ家督相續ニ依リ戸主トナリタルニアラサル者ニ於テ廢家ヲ爲サントスル者ハ家督相續ニ因リ戸主トナリタル者ニアラサルコトノ證明書ヲ作リ左ノ諸件ヲ具シテ直チニ戸籍吏ニ屆出ツヘシ又家督相續ニ因リ戸主ト爲リタル者カ廢家セントスルトキハ裁判所ニ之カ請求ヲ爲シ許可ヲ得タル後其許可ニ關スルノ裁判ノ謄本ヲ添ヘ左ノ諸件ヲ具シテ廢家ノ屆出ヲ爲スコトヲ要ス

一　廢家シタル者カ入ルヘキ家ノ戸主ノ氏名、出生ノ年月日、職業及ヒ本籍地

二　廢家シタル者ニ隨ヒテ他家ニ入ル者ノ名、出生ノ年月日及ヒ職業

戸主カ死亡シ其他一家ニ戸主ヲ失ヒテ家督相續人ナキトキハ其家ハ絶家トナルヘキモノニシテ其家ニアル處ノ家族ニシテ父又ハ母アル者ハ父又ハ母ニ隨ヒ其他ハ各一家ヲ創立スヘキモノナリ此ノ如ク一家ヲ創立シタル者ハ其家斷絶シテ已レカ一家ヲ創立シタルコトヲ知リタル日ヨリ十日内ニ左ノ諸件ヲ具シテ絶家及一家創立ノ屆出ヲ爲スヘキモノトス

一　絶家ノ最終ノ戸主ノ氏名、出生ノ年月日、職業及ヒ本籍地

二　絶家ノ原因及ヒ年月日

三　一家ヲ創立シタル者ニ隨テ其家ニ入ル者ノ名、出生ノ年月日及ヒ職業

（例）

第百五十二條　廢家ヲ爲サントス欲スル者ハ左ノ諸件ヲ具シ家督相續ニ因リテ戸主ト爲リタル者ニ非サルコトノ證明書又ハ廢家ノ許可ニ關スル裁判ノ謄本ヲ添ヘテ屆出ツルコトヲ要ス

（註記）　本條第一號及第二號ハ本文第一項ニ成文ノ儘ヲ揭ケタルニ依リ玆ニ畧ス
第百五十三條　絕家ノ家族ニシテ一家ヲ創立シタル者ハ其事實ヲ知リタル日ヨリ十日內ニ左ノ諸件ヲ具シテ絕家及ヒ一家創立ノ屆出ヲ爲スコトヲ要ス
（註記）　本條第一號乃至第三號モ亦成文ノ儘本文ノ末項ニ列記シタレハ之ヲ略ス第一號ノ最終ノ戸主トハ其絕家ノ際戸主タリシ者ヲ云フ

附錄　廢家及ヒ絕家屆出書式

●第一　廢家屆出ノ書例

廢　家　屆

四谷區塩町三町目二番地戸主平民豆腐商
廢家人　大　木　戸　一　郎
明治六年六月七日生
戸一郎ノ家ニ入ル者　妻　無職業　マ　タ
明治拾壹年貳月六日生
北豊島郡板橋町大字下板橋百八十四番地戸主平民貸座敷業
戸一郎ノ入ルヘキ家ノ戸主　大　木　久
明治元年參月四日生

右廢家致候條別紙證明書（裁判謄本）相添此段及御屆候也
明治參拾五年拾壹月壹日

北豐島郡板橋町戸籍吏榎本孤仙殿

大木戸一郎㊞

●第二　廢家ニ關スル證明書例

證明書

四谷區鹽町三町目二番地戸主平民豆腐商

廢家人　大木戸一郎

明治六年六月七日生

右戸一郎北豐島郡板橋町大字下板橋百八十四番地貸座敷業大木久ノ弟ニテ明治十年九月拾八日分家シ一家創立シタル戸主ニシテ家督相續ニ因リ戸主トナリタル者ニアラス

右證明候也

明治參拾五年拾壹月壹日

大木戸一郎㊞

北豐島郡板橋町戸籍吏榎本孤仙殿

●第三　絶家及一家創立届出ノ書例

北足立郡浦和町大字浦和三番地戸主平民日本鐵道會社驛夫

絶家最終ノ戸主　大宮榮

明治拾年拾月拾日生

右榮家督相續人ナキニ因リ明治參拾四年五月拾壹日絶家

南埼玉郡岩槻町大字岩槻七十八番地平民藥種商
一家創立者　大　宮　和
明治拾壹年壹月貳日生
和ノ家ニ入ル者　和長男　無職業　巳　之　吉
明治貳拾六年拾貳月八日生

右絶家及一家創立及御届候也
明治參拾五年貳月八日
届出人　大　宮　和㊞
北足立郡浦和町戸籍吏坂本太郎殿

第二節　廢家及絶家ニ關スル登記書式

附錄第一號ノ十六

明治何年

本籍人

身分登記簿

廢家及ヒ絶家之部

東京市淺草區戸籍役場

紙數表紙ヲ除キ何枚

東京區裁判所監督判事　氏　名　印

第一號（戸一五二）

神田區美土代町一町目五番地戸主平民無職業
廢家人　養子　川上音吉
明治九年八月七日生
妻　カク
明治拾貳年參月四日生
淺草區左衛門町六十五番地戸主酒商
右音吉ノ入ルヘキ家ノ戸主　山上卓一
明治元年貳月參日生

右廢家明治參拾五年貳月五日届出同日受附㊞

第二號（戸一五三）

淺草區左衛門町河岸第六號地戸主無職業
絶家最終ノ戸主　岡田三平
天保參年六月四日生

右三平家督相續人ナキニ因リ明治參拾壹年九月六日絶家

淺草區三筋町三町目一番地戸主平民藥種店
一家創立者　岡田三次
明治元年貳月四日生
三次妻　トク

明治九年拾月五日生

右絶家及ヒ一家創立明治參拾貳年八月八日屆出同月受附㊞

第十八章　分家及廢絶家再興

第一節　分家及廢絶家再興ニ關スル屆出

凡ソ家族ハ戸主ノ同意ヲ得テ分家シ又ハ廢絶シタル本家、分家、同家其他親族ノ家ヲ再興スルコトヲ得ヘク若シ其家族カ未成年者ナルトキハ親權ヲ行フ父又ハ母若クハ後見人ノ同意ヲ得ルコトヲ要ス故ニ家族ハ是等ノ同意ヲ得スシテ分家又ハ廢絶家ヲ再興スルコトヲ得サルナリ家族カ戸主又ハ其他ノ者ノ同意ヲ得テ分家又ハ廢絶家ヲ再興セントスルトキハ左ノ諸件ヲ具シ戸主其他ノ者ノ同意ヲ爲シタル證明書ヲ添ヘ又ハ其同意ノ旨ヲ屆書ニ記載シ署名捺印セシメテ屆出ツルコトヲ要ス

●第一　分家セントスル者カ屆出ツヘキ條件

一　分家ノ戸主トナルヘキ者ノ氏名、出生ノ年月日、職業及ヒ本籍地

二　本家ノ戸主ノ氏名、職業、本籍地及ヒ其戸主ト分家ノ戸主ト爲ルヘキ者トノ續柄

三　分家ノ家族ト爲ルヘキ者アルトキハ其名、出生ノ年月日及ヒ職業

四　分家ノ戸主及ヒ家族ト爲ルヘキ者ノ父母ノ氏名、職業及ヒ本籍地

●第二　廢絶家ヲ再興セントスル者カ屆出ツヘキ諸件

一　廢絶家ノ最終ノ戸主ノ氏名職業、及ヒ本籍地

二　廢絶ノ原因及ヒ年月日

三　廢絶シタル家ト再興ヲ爲ス者ノ家トノ續柄

四　再興ヲ爲ス者ノ戸主ノ氏名、出生ノ年月日、職業及ヒ本籍地

五　再興ヲ爲ス者ニ隨ヒテ其家ニ入ルヘキ者ノ名、出生ノ年月日及ヒ職業

（例）

第百五十四條　分家ヲ爲サントト欲スル者ハ左ノ諸件ヲ具シテ之ヲ届出ツルコトヲ要ス

（註記）本條第一乃至第四號ハ本文第一項ニ成文ノ儘ヲ揭ケタルニ依リ之ヲ略ス但本條第三號ノ分家ノ家族トナルヘキモノトハ其分家スル者ニ隨テ分家スル家ニ入ルヘキ者ヲ云フ

第百五十五條　廢絶家ヲ再興セントト欲スル者ハ左ノ諸件ヲ具シテ之ヲ届出ツルコトヲ要ス

（註記）本條第一號乃至第五號モ亦成文ノ儘ヲ本文ノ末項ニ揭ケタレハ略ス而シテ第三號ノ廢絶シタル家ト再興ヲ爲ス者ノ家トハ例ヘハ本家ノ家族ニシテ分家同家ヲ再興シ分家ノ戸主又ハ家族ニシテ本家又ハ同家ヲ再興シ若クハ親族ノ家ヲ再興スルトキハ本家ト分家又ハ同家若クハ親族相互ヲ云ヒ第五號ノ再興ヲ爲ス者ニ隨テ其家ニ入ルトハ再興者ノ配偶者直系卑屬等カ配偶者又ハ直系尊屬ニ隨テ再興スル家ニ入ルヲ云フ

第百五十六條　分家又ハ廢絶家再興ノ届出人ハ届書ニ戸主ノ同意ノ證書ヲ添ヘ又ハ戸主ヲシテ届書ニ同意ノ旨ヲ附記シ之ヲ署名、捺印セシムルコトヲ要ス

前項ノ規定ハ民法第七百四十三條ノ但書ノ規定ニ依リ親權ヲ行フ者又ハ後見人ノ同意ヲ要スル場合ニ之ヲ準用ス

附錄　分家及ヒ廢絶家再興屆出書式

●第一　妻子ヲ有スル家族分家ヲ爲ス届出ノ書例

分家届

南足立郡千住町大字千住三町目一番地戸主平民青物

問屋

本家戸主　大橋衛門

明治參年拾貳月貳拾八日生

神田區須田町十三番地果物商

分家戸主　衛門弟　大柿樽貫

明治九年拾月參日生

右父南足立郡千住町大字千住三町目一番地無職業大柿甘吉

右母亡キヤウ

樽貫ト共ニ分家ニ入ル者　樽貫妻　キサ

明治拾年九月拾日生

右父南足立郡舍人町八百一番地農粟生實

右母イガ

樽貫ト共ニ分家ニ入ル者　樽貫長男　八彌

明治貳拾八年八月四日生

右母キサ

右樽貫ノ分家スルニ同意セシコトヲ證明ス

大柿衛門㊞

右妻子携帶分家ス此段及御屆候也

明治參拾貳年六月拾五日

分家者　大　柿　樽　貫㊞

東京市神田區戸籍吏芝崎守殿

●第二　家族ニ於テ親族ノ絶家ヲ再興スルノ屆出ノ書例

絶家再興屆

本所區緑町三町目八番地戸主平民無職業
絶家最終ノ戸主　大　石　重　太

右重太家督相續人ナキニ因リ弘化參年拾壹月四日絶家

本所區花町二十七番地戸主平民肥料商
絶家ノ再興人　重太又甥　大　石　堅
明治拾五年參月參日生

重太長男　無職業
堅ト共ニ再興ノ家ニ入ル者　・復　藏
明治參拾壹年五月四日生

右堅ノ絶家大石氏ヲ再興スルニ同意セシコトヲ證明ス

本所區龜井戸天神町二十五番地戸主平民人形師
堅兄　大　畠　耕　齊㊞
明治拾年七月九日生

堅父　大　畠　金　藏㊞
万延元年貳月貳日生

堅母　大　畠　ム　メ㊞

右絶家再興ス仍テ及御届候也
明治參拾貳年七月八日
文久元年四月八日生
大石　堅㊞
東京市本所區戸籍吏二國武總殿

第二節　分家及廢絶家再興ニ關スル登記書式

附錄第一號ノ十七

明治何年

本籍人

身分登記簿

分家及ヒ廢絶家再興之部

東京芝區戸籍役場

紙數表紙ヲ除キ何枚

東京區裁判所監督判事　氏　　名　印

第一號（戸一五四）

神奈川縣横濱市伊勢町二町目一番地戸主平民無職業

本家戸主　中　戸　市　兵　衛

芝區明舟町三十五番地戸主平民牛肉販賣營業

分家戸主　市兵衛弟　中　戸　市　三

右父神奈川縣橫濱市伊勢町二町目一番地中戶市右衛門
明治元年參月貳日生
右母　　　　タ　カ
市三妻
ハ　ナ
明治拾年五月四日生
右父神奈川縣橫濱市扇町二町目一番地平民松下高尾
右母亡　　　ト　キ

右分家明治參拾貳年壹月六日届出同日受附㊞

第二號（戶一五五）

淺草區左衛門河岸第六號地戶主無職業
絕家最終ノ戶主　　岡　田　三　平
右三平家督相續人ナキニ因リ明治元年九月六日絕家
芝區日蔭町二町目一番地戶主平民無職業
絕家再與人　三平甥　岡　田　丹　次
明治拾年貳月六日生

右絕家再與明治參拾貳年九月八日届出同日受附㊞

第十九章　國籍得喪

第一節　國籍取得ノ届出

凡ソ日本人外國人ト婚姻ヲ爲シ又ハ養子緣組ヲ爲スコトヲ得ヘク外國人ノ女カ日本人ニ嫁シ又ハ外國人ノ

男カ日本ノ女ニ入夫シ若クハ婿養子トナリ外國人ノ男カ日本人ノ養子トナルコトヲ得ヘシ就中日本人カ外國ノ男子ヲ入夫トシテ之ト婚姻シ又ハ養子トシテ縁組ヲナスハ總テ内務大臣ノ許可ヲ受クルヲ要ス外國人カ婚姻又ハ養子縁組ニ因リ日本人ノ夫トナリ妻トナリ又ハ養子トナルトキハ外國人ハ日本ノ國籍ヲ取得スヘキニ依リ此場合ニ於テハ婚姻養子縁組ノ届出ヲ爲ス者ハ國籍ヲ取得シタル外國人ノ原國籍ヲ記載シタル届書ヲ要ス其内務大臣ノ許可シ得ヘキモノハ届書ニ許可書ノ謄本ヲ添ヘ國籍取得ノ届出ヲ爲スヘキモノトス

外國人ヲ日本人ニ於テ認知シタルニ因リ其認知セラレタル外國人カ日本ノ國籍ヲ取得スヘキトキハ認知ヲ爲シタル者ハ認知ノ届書ニ認知シタル子ノ原國籍ヲ記載シ若シ其母カ外國人ナルトキハ母ノ國籍ヲ之ニ記載スルヲ要ス

外國人カ日本國ニ歸化ヲ爲スハ日本政府ノ許可ヲ受クサルヘカラス其許可ヲ受ケテ日本ノ國籍ヲ取得シタルトキハ許可ヲ受ケタル日ヨリ十日内ニ左ノ諸件ヲ具シ内務大臣ノ許可書ノ謄本ヲ添ヘテ其届出ヲ爲スヲ要ス若シ其妻子カ歸化人ト共ニ日本ノ國籍ヲ取得セサルトキハ其取得セサル事由ヲ其届書ニ記載スヘキモノトス

一　歸化人ノ氏名出生ノ年月日、職業、住所及ヒ原國籍

二　父母ノ氏名出生ノ年月日、職業及ヒ國籍

三　歸化人ト共ニ日本ノ國籍ヲ取得シタル者アルトキハ其名、出生ノ年月日、職業、及ヒ其者ト歸化人トノ續柄

四　許可ノ年月日

（例）

第百五十七條　外國人カ婚姻又ハ養子緣組ニ因リテ日本ノ國籍ヲ取得スヘキトキハ婚姻又ハ緣組ノ届出人ハ届書ニ國籍取得者ノ原國籍ヲ記載スルコトヲ要ス
入夫婚姻又ハ養子緣組ノ場合ニ於テハ前項ノ規定ニ依ル外届書ニ內務大臣ノ許可書ノ謄本ヲ添フルコトヲ要ス

（註記）　本條ハ日本人カ外國人ノ女ヲ娶リテ妻トシ又ハ外國人ノ男ヲ迎ヘテ入夫トシ若クハ婿養子ト爲シ又ハ單ニ養子トシテ緣組ヲ爲スニ因リ其外國人カ日本ノ國籍ヲ取得スルニ付キ規定セラレタルモノニシテ就中日本人カ外國人ヲ入夫又ハ養子ト爲スニハ內務大臣ノ許可ヲ得ルヲ要ス而シテ其許可ハ明治三十一年法律第二十一號ノ要件ヲ具備スルニアラサレハ許可セラレサルヘキモノトス

第百五十八條　外國人カ認知ニ因リテ日本ノ國籍ヲ取得スヘキトキハ認知者ハ認知ノ届書ニ子ノ原國籍ヲ記載スルコトヲ要ス
子ノ母カ外國人ナルトキハ認知者ハ届書ニ母ノ國籍ヲ記載スルコトヲ要ス

（註記）　本條ハ日本人カ外國人ヲ認知シタル爲メ其認知セラレタル外國人カ日本ノ國籍ヲ取得スヘキトキ届出ノ方法ヲ規定シタルモノニシテ其取得ニ關スル規定ハ他日國籍法頒布ヲ待テ定メラルヘシト雖モ認知ヲ得タル者ハ未成年者ニ限ルモノトス何トナレハ成年者ニ在テハ自巳ノ隨意ニ國籍ヲ變シ得ヘケレハナリ

第百五十九條　歸化ヲ爲シタル者ハ歸化ノ許可ヲ受ケタル日ヨリ十日內ニ左ノ諸件ヲ具シ內務大臣ノ許可書ノ謄本ヲ添ヘテ之ヲ届出ツルコトヲ要ス
歸化人ノ妻又ハ子カ歸化人ト共ニ日本ノ國籍ヲ取得セサルトキハ届書ニ其事由ヲ記載スルコトヲ要ス」

（註記）本條ノ第一號乃至第四號ハ成文ノ儘本文ニ掲ケタレハ之ヲ畧ス而シテ本條ハ歸化人カ日本ノ國籍ヲ取得シタルニ依リ屆出ヲ爲スノ手續ヲ規定シタル者ニシテ外國人カ日本ニ歸化スルハ內務大臣ノ許可ヲ受クルヲ要ス其歸化ニ關スル規定ハ國籍法ニ定ムヘキモノナレハ他日國籍法ノ發表ニ依リ其規定ヲ判明スヘキモノナリ

（參照）明治三十一年七月九日法律第二十一號

明治六年第百三號布告左ノ通リ改正ス

第一條　日本人ハ外國人ヲ養子又ハ入夫ト爲スニハ內務大臣ノ許可ヲ得ルコトヲ要ス

第二條　內務大臣ハ外國人カ左ノ條件ヲ具備スルニ非サレハ前條ノ許可ヲ與フルコトヲ得ス

一　引續キ一年以上日本ニ住所又ハ居所ヲ有スルコト

二　品行端正ナルコト

附錄　國籍取得ノ屆出書式

●第一　外國人ヲ養子ト爲シタルニ付國籍取得屆出ノ書例

養子國籍取得屆

麴町區下六番町三十二番地戶主士族官吏

養父　新　進

明治元年八月七日生

養母　アキ

養子　英國人　敎員　ジヨン

明治五年壹月壹日生

右ジョン養子縁組ニ因リ國籍ヲ取得ス　明治拾壹年七月五日生

右養子國籍取得ニ付內務大臣ノ許可書ノ謄本相添及御屆候也

明治參拾參年拾貳月九日

新　進㊞

東京市麴町區戸籍吏星岡富吉殿

●第二　日本人ト婚姻ニ因リ外國ノ女ノ國籍取得屆出ノ書例

婚姻ニ依ル國籍取得ノ屆

神田區駿河臺甲賀町二番地士族中立業

夫　二階堂信行

明治八年七月貳拾日生

妻　佛國人　無職業　ピチヲ

明治拾壹年貳月四日生

右婚姻ニ付國籍ヲ取得ス仍テ及御屆候也

明治參拾壹年拾月拾日

二階堂信行㊞

東京市神田區戸籍吏芝崎守殿

●第三　歸化人ニ在テ國籍ヲ取得シタル屆出ノ書例

歸化ニ因ル國籍取得屆

芝區芝公園第十一號地敎員佛國人
パテント、イーグル
千八百五十八年九月拾八日生
父　佛國人　官吏
パテント、アイソル
千八百四十四年貳月拾貳日生
母
スミス
千八百四十五年五月五日生
妻
マリヤ
千八百五十九年七月貳日生
イーグルト共ニ國籍ヲ取得シタル者
パテント、イーグル

右國籍取得致候條別紙内務大臣ノ許可書ノ謄本相添ヘ及御届候也
明治參拾參年八月拾日

東京市芝區戸籍吏花園一枝殿

第二節　國籍喪失書

日本ノ女カ外國人ト婚姻ヲ爲シ婚姻又ハ養子緣組ニ因リテ日本ノ國籍ヲ取得シタル者カ離婚又ハ離緣ニ依リ外國人ノ國籍ヲ有シ若クハ日本人タル子カ認知ニ因リ外國ノ國籍ヲ取得シ其他自己ノ志望ニ依リ外國ノ國籍ヲ取得シタル者等ハ皆日本ノ國籍ヲ失フヘキモノナリ其日本ノ國籍ヲ失フヘキ者ハ國籍喪失ノ前ニ末ニ列記シタル諸件ヲ具シテ屆出ツルコトヲ要ス若シ國籍喪失前ニ其屆出ヲ爲スコト能ハサルトキハ喪失後十日内ニ之ヲ爲サヽルヘカラス然レトモ國籍喪失者カ日本ニ住所又ハ居所ヲ有セサルトキハ國籍喪失後ニ

於テ其屆出ヲ爲スコトヲ要セス

又日本ノ國籍ヲ失フ者カ滿十七年以上ノ男子ナルトキハ國籍喪失ノ屆出人ハ屆書ニ本人カ既ニ陸海軍ノ現役ニ服シタルコト又ハ之ニ服スルノ義務ナキコトノ證明書ヲ添フルコトヲ要シ若シ其者カ官職ヲ帶フル者ナルトキハ國籍喪失屆出人ハ所屬長官ノ許可ヲ得テ其許可書ノ謄本ヲ屆書ニ添フヘキモノトス

國籍喪失屆出ニ具スヘキ諸件ハ左ノ如シ

一 國籍喪失ノ原因

二 國籍喪失ノ期日ヲ知リ得ヘキトキハ其年月日

三 法定ノ推定家督相續人アルトキハ其名、出生ノ年月日、職業及ヒ其者ト屆出人トノ續柄

四 新ニ取得スヘキ國籍

五 屆出人ノ妻又ハ子カ共ニ國籍ヲ失フヘキトキハ其妻又ハ子ノ名、出生ノ年月日及ヒ職業

（例）

第百六十條　日本ノ國籍ヲ失フヘキ者ハ其國籍喪失前ニ左ノ諸件ヲ具シテ之ヲ屆出ツルコトヲ要ス

（註記）　本條ノ第一號乃至第五號ハ成文ノ儘本文ニ揭ケタルニ依リ略ス但國籍喪失ニ關スル規定ハ國籍法ノ頒布アルニアラサレハ知ルニ由ナキモノタレハ以下第二條共亦註記ヲ省略ス

第百六十一條　日本ノ國籍ヲ失ヒタル者カ國籍喪失前ニ前條ノ屆出ヲ爲スコト能ハサリシトキハ國籍喪失後十日內ニ之ヲ爲スコトヲ要ス

前項ノ規定ハ國籍喪失者カ日本ニ住所又ハ居所ヲ有セサルトキハ之ヲ適用セス

第百六十二條　日本ノ國籍ヲ失フヘキ者カ滿十七年以上ノ男子ナルトキハ國籍喪失ノ屆出人ハ屆書ニ其者カ既ニ陸海軍現役ニ服シタルコト又ハ之ニ服スル義務ナキコトノ證明書ヲ添フルコトヲ要ス

日本ノ國籍失フヘキ者カ官職ヲ帶フル者ナルトキハ國籍喪失ノ届出人ハ届書ニ所屬長官ノ許可書ノ謄本ヲ添ヘテ之ヲ届出ツルコトヲ要ス

（備考）第三編第四章參觀

附錄　國籍喪失届出書式

日本橋區馬喰町二町目戸主平民運漕業西野遠洋二女
無職業
ベルチ
明治拾貳年五月拾六日生

右ベルチ米國人ミリー、センナート、ト婚姻ヲ爲スニ因リ國籍ヲ喪失ス

右國籍喪失致候間此段及御届候也

明治參拾參年拾壹月四日

届出人　西野遠洋㊞
文久元年七月貳日生

東京市日本橋區戸籍吏江戸眞雄殿

第二節　國籍回復届

婚姻ニ因リ日本ノ國籍ヲ失ヒタル者カ婚姻解消ノ後日本國ニ住所ヲ定メテ國籍ヲ回復セントシ又ハ自己ノ志望ニ依リ外國ノ國籍ヲ取得シ若クハ日本ノ國籍ヲ失ヒタル者ノ妻子ニシテ其夫又ハ父ノ國籍ヲ取得シ日本ノ國籍ヲ失ヒタル者等カ又日本國ニ住所ヲ定メテ國籍ヲ回復セントスルニハ內務大臣ニ出願シテ其許可ヲ得ヘシ內務大臣ノ許可ヲ得ダルトキハ其許可ヲ得タル日ヨリ十日內ニ許可書ノ謄本ヲ添ヘ左ノ諸件ヲ具シテ届出ヘキモノトス

一　日本ノ國籍ヲ失ヒタル原因及ヒ年月日

二　國籍回復前ニ有セシ國籍
三　國籍回復ノ許可ヲ得タル年月日
四　國籍回復者ト共ニ日本ノ國籍ヲ取得シ又ハ之ヲ回復シタル者アルトキハ其名、出生ノ年月日、職業及ヒ其者ト國籍回復者トノ續柄

（例）

第百六十三條　日本ノ國籍ヲ回復シタル者ハ國籍回復ノ許可ヲ得タル日ヨリ十日内ニ左ノ諸件ヲ具シ内務大臣ノ許可書ノ謄本ヲ添ヘテ之ヲ届出ツルコトヲ要ス

（註記）　本條第一號乃至第四號ハ成文ノ儘本文ニ掲ケタレハ之ヲ略ス

（附記）　本條ニ付テハ國籍法頒布ノ上ナラテハ確乎タル手續ヲ知ルニ由ナケレハ届出書式等ヲモ亦之ヲ略ス

第四節　國籍得喪ニ關スル登記書式

附錄第一號ノ十八

明治何年

本籍人　身分登記簿

國籍得喪之部

東京市麴町區戸籍役場

紙數表紙ヲ除キ何枚

東京區裁判所監督判事　氏　名　㊞

第一號（戸一五七）

夫　麴町區元園町一町目八番地戸主平民雜貨商
井　口　冷　水
千八百五拾八年九月貳拾六日生

妻　獨國人　無職業
ヘ　ル　ミ　ー
千八百六拾壹年五月參拾日生

バ　ウ　ル、レ　ン　チ

右ヘルミー婚姻ニ因リ國籍ヲ取得ス
婚姻證書作製者
伯林身分取扱吏
婚姻證書作製　千八百八拾九年拾月九日

右婚姻證書ノ謄本明治參拾壹年拾貳月貳拾日外務大臣甲野乙郎發送同日受附㊞

第二號（戸一五七）

麴町區永田町一町目六番地戸主平民官吏
養父　寺　山　太　郎
明治元年壹月六日生
養母　イ　ヨ
明治五年八月七日生
養子　英國人　小學校敎員
マ　リ　ー
明治拾年六月九日生

右マリー緣組ニ因リ國籍ヲ取得ス

右養子緣組明治參拾貳年六月七日屆出同日受附㊞
第三號(戸一五八)
麹町區麹町九町目五番地戶主平民茶商飯口平三郎
庶子男獨國人
認知ニ因リ國籍ヲ取得シタル者　ク　ル　ツ
明治參拾年參月四日生
右母　獨國人　マリー、ノイベルヒ
右私生子認知明治參拾貳年九月五日屆出同日受附㊞
第四號(戸一六〇)
麹町區平河町二町目三番地戶主平民無職業
河合　アキ
明治參年貳月六日生
右アキ佛國人アンリー、ベルナールト婚姻ヲ爲スニ因リ國籍喪失
右國籍喪失(明治參拾貳年拾壹月拾日屆出同日受附㊞

第一號欄外登記例
本籍人身分登記簿婚姻之部第三號參看

第二號欄外登記例
本籍人身分登記簿養子緣組之部第二十號參看

第三號欄外登記例

本籍人身分登記簿私生子認知之部第四號參看

第二十章　氏名及族稱ノ變更

第一節　氏名變更屆

凡ソ氏名ヲ改稱スルハ明治五年八月第二百三十五號布告ニ依リ之ヲ禁セラレタルヲ以テ爾後氏名改稱スルヲ得サルモ其但書ニ同苗同名等ニ餘義ナキ差支アル者ハ管轄廳ヘ改名願出ヘシトアルニ依リ是等ノ差支アルトキハ管轄廳ニ出願シ其許可ヲ得テ改名スルコトヲ得ヘキモ氏ハ如何ナル差支アルモ改稱スルヲ得ス然レトモ祖先ノ氏ノ煙滅ニ屬セシモノヲ復興スル爲メ之ヲ復舊スルハ願ニ依リ許可ヲ得ヘキモノトス故ニ其許可ヲ得テ氏ヲ復舊シ又ハ改名ヲ爲ス者ハ其許可書ヲ受領シタル日ヨリ十日内ニ復舊又ハ改名ノ屆出ヲ爲スヘキモノニシテ其屆書ニハ復舊又ハ改名前ノ氏名復舊シタル氏又ハ改稱シタル名復舊又ハ改稱ノ原因及許可ノ年月日ヲ記載シ且之ニ管轄廳ノ許可書ノ謄本ヲ添ヘルコトヲ要ス但華族ニ在テハ是等ノ許可ハ宮内大臣ニ之ヲ爲スヘキニ依リ宮内大臣ノ許可書ノ謄本ヲ添フヘキモノトス

（例）

第百六十四條　氏ヲ復舊シ又ハ名ヲ改稱シタル者ハ十日內ニ左ノ諸件ヲ具シ管轄官廳ノ許可書ノ謄本ヲ添ヘテ之ヲ屆出ツルコトヲ要ス

一　復舊又ハ改稱前ノ氏名
二　復舊シタル氏又ハ改稱シタル名
三　復舊又ハ改稱ノ原因及ヒ許可ノ年月日

附錄　復姓及改名屆書式

●第一　復姓屆出ノ書例

復姓届

本郷區弓町二町目十五番地戸主平民無職業
丸橋忠彌
嘉永六年五月七日生

右祖先ノ氏ノ湮滅ヲ憂ヒ長曾我部ニ復舊ノ儀明治參拾參年六月四日許可
右復舊ス依之別紙東京府知事ノ許可書ノ謄本相添及御屆候也
明治參拾參年六月拾參日
丸橋忠彌㊞
東京市本郷區戸籍吏富士元在殿

●第二　改名屆出ノ書例

改名屆

本郷區弓町二町目十五番地無職業
長曾我部忠彌
嘉永六年五月七日生

右忠彌祖先以來諱ノ通字盛ノ字ヲ用ヒテ盛鄕ト改名明治參拾五年壹月六日許可
右改名致候條別紙東京府知事ノ許可書ノ謄本相添及御屆候也
明治參拾五年壹月拾日
長曾我部忠彌㊞
東京市本郷區戸籍吏富士元在殿

第二節　族稱ノ變更

華族ノ子弟ニシテ更ニ華族ニ列セラレ又ハ士族平民ニシテ華族ニ列セラレ平民ニシテ士族ニ編入シ若クハ華士族ノ蜚其稱ヲ失ヒタルトキハ其辭令書又ハ許可書ヲ受領シタル日ヨリ十日內ニ辭令書又ハ管轄官廳ノ許可書ノ謄本ヲ添ヘ戸主ハ本人ヨリ家族ノ戸主ヨリ新舊族稱及族稱變更ノ原因族稱變更ノ辭令又ハ許可アリタル年月日ヲ具シテ届出ツルコトヲ要ス其分家廢絕家再興又ハ處刑ニ因リ族稱ヲ失ヒタル者ハ此届書ヲ爲スヲ要セス但處刑ニ因リ族稱ヲ失ヒタルトキハ明治三十一年司法省訓令第六號ニ依リ檢事ヨリ本人本籍地ノ戸籍吏ニ其報告ヲ爲スヘキモノトス

(例)

第百六十五條　新ニ華族ニ列セラレ又ハ華士族ノ稱ヲ失ヒタル者ハ十日內ニ左ノ諸件ヲ具シテ辭令書又ハ管轄官廳ノ許可書ノ謄本ヲ添ヘテ之ヲ十日內ニ届出ツルコトヲ要ス

一　新舊族稱

二　族稱變更ノ原因

三　族稱變更ノ辭令又ハ許可アリタル年月日

前項ノ届出ハ其族稱ニ變更アリタル者カ家族ナルトキハ戸主ヨリ之ヲ爲スコトヲ要ス

(註記)　本條ニ依レハ華族ニ列セラレ又ハ華族ノ平民ニ編入セラレタルモノノミ族稱變更ノ届出ヲ爲シ平民ノ士族ニ編入セラレタル者ハ此届出ヲ爲スヘキ明文ナシト雖モ平民ノ士族ニ編入セラレタル者モ亦族稱ノ變更セシモノナレハ身分登記簿ニ登記シ戸籍ニ記載セサルヘカラサルモノナルニ依リ本文ニ其事ヲ揭ケタルモノトス

第百六十六條　前條ノ規定ハ分家、廢絕家再興又ハ處刑ニ因リ族稱ヲ失ヒタル者ニハ之ヲ適用セス但處刑ニ因リテ族稱ヲ失ヒタル場合ニ於テハ檢事ハ其者ノ本籍地ノ戸籍吏ニ其旨ヲ報告スルコトヲ要ス

附錄　族稱變更屆出書式

豐多摩郡大久保村大字東大久保一番地戸主舊士族
無職業

北畠忠道
明治七年五月拾日生

右忠道明治參拾四年拾月九日華族ニ列セラル
右辭令書謄本相添ヘ族稱變更及御屆候也
明治參拾四年拾月拾五日

北畠忠道㊞

豐多摩郡大久保村戸籍吏甲田一郎殿

第三節　氏名及族稱變更登記書式

附錄第一號ノ十九

明治何年

本籍人

身分登記簿

氏名及ヒ族籍變更之部

東京市牛込區戸籍役場

紙數表紙ヲ除キ何枚

東京區裁判所監督判事　氏　名　職印

第一號（戸一六四）

牛込區矢來町六番地戸主平民湯屋營業
山本又吉
明治六年八月九日生

祖先ノ苗字湮滅ヲ憂ヒ川合氏ヲ廢シ山本氏ニ復ス明治參拾壹年拾貳月五日許可
右氏ノ復舊明治參拾壹年拾貳月六日屆出同日受附㊞

第二號（戸一六四）

牛込區早稻田町五十番地戸主爲右衞門長男平民
青物商
本木長之助
明治元年七月六日生

同氏名ノ者アルニ因リ爲藏ヲ長之助ト改稱ス明治參拾貳年拾貳月拾日許可
右名ノ改稱明治參拾壹年拾貳月拾壹日屆出同日受附㊞

第三號（戸一六五）

牛込區山伏町三番地戸主華族官吏（舊士族）
新田義近
明治元年貳月九日生

右義近明治參拾貳年壹月八日ノ辭令ヲ以テ華族ニ列セラル
右族稱變更明治參拾貳年壹月九日屆出同日受附㊞

第二十一章　身分登記ノ變更

第一節　身分登記ノ變更ノ申請

凡第二章ヨリ第二十章ニ記載セシ處ノ諸件ノ屆出ニ依リ登記ヲ爲シタル事件ニ於テ變更ヲ要スヘキ事項アルトキハ其事由ヲ具シテ裁判所ニ申請シ登記變更ノ請求ヲ爲スヲ得ヘシ裁判所ニ於テ許可アリタルトキハ其裁判カ確定シタル日ヨリ一个月內ニ原登記ノ件名及原登記ノ年月日、變更スヘキ事項ヲ具シ裁判ノ謄本ヲ添ヘテ原登記ヲ爲シタル戶籍吏ニ之カ申請ヲ爲スヘキモノトス若シ確定判決ニ依リ身分登記ノ變更ヲ申請スル場合ニ於テモ又之ニ準スルコトヲ要ス

(例)

第百六十七條　身分登記ノ變更ヲ請求セントスル者ハ原登記ヲ爲シタル戶籍役場ノ所在地ヲ管轄スル區裁判所ノ許可ヲ得テ其申請ヲ爲スコトヲ要ス

第百六十八條　身分登記變更ノ申請ハ許可ノ裁判カ確定シタル日ヨリ一个月內ニ左ノ諸件ヲ具シ裁判ノ謄本ヲ添ヘテ原登記ヲ爲シタル戶籍吏ニ之ヲ爲スコトヲ要ス

一　原登記ノ件名及年月日

二　變更スヘキ事項

第百六十九條　前條ノ規定ハ確定判決ニ依リテ身分登記ノ變更ヲ申請スル場合ニ之ヲ準用ス

附錄　登記變更申請書

明治參拾貳年壹月壹日嫡出子出生屆

豊多摩郡大久保村大字西大久保一番地戶主華族官吏

前田利勝及同人妻ヨウ

長男　勝豊

右勝豊出生登記中出生ノ時ノ行ニ明治參拾壹年拾月貳拾壹日午前壹時五十分トアルヲ明治參拾壹年拾月貳拾貳日午前貳時ト變更ノ儀明治參拾貳年貳月拾參日許可ノ裁判確定ス
右裁判ノ謄本相添ヘ登記變更ノ儀申請候也

明治參拾貳年貳月拾五日

申請人　父　前田利勝㊞
嘉永五年八月壹日生

豐多摩郡大久保村戸籍吏甲田一郎殿

第二節　身分登記變更登記書式

附錄第一號ノ二十

明治何年

本籍人

身分登記簿

身分登記變更之部

東京市麴町區戸籍役場

紙數表紙ヲ除キ何枚

東京區裁判所監督判事　氏　名　㊞

第一號（戸一六七、一六八）

麹町區麹町一町目一番地戸主平民呉服商飯尾太郎
同人妻ウシ
長男　一郎
明治參拾貳年參月五日右一郎出生登記中出生ノ時ノ行ニ午後五時トアルヲ午後六時ト變更ス明治參拾貳年五月四日許可ノ裁判確定
申請人　飯尾太郎
明治元年四月貳日生
右出生登記變更明治參拾貳年五月五日申請同日受附㊞

第五編　戸籍簿

第一章　戸籍編製

凡ソ戸籍ハ戸籍吏ノ管轄地ニ本籍ヲ定メタル者ニ付テ編製シ日本ノ國籍ヲ有セサル者ハ戸籍吏ノ管轄地內ニ在リト雖モ本籍ヲ定ムルコトヲ得ス其戸籍吏ノ管轄地內ニ戸籍ヲ定メタル者ニ付テハ戸籍ハ左ノ附錄第二號雛形ノ用紙ヲ用ヒテ各家別葉ニ作リ附錄第三號以下ノ書式ニ依テ之ヲ記載スヘシ若シ一家ノ人員多クシテ一葉ニ書キ盡サヽルトキハ乙號ノ用紙ヲ接續シテ記載スヘシ又戸籍ハ地番號ノ順序ニ從ヒ之ヲ編製シテ帳簿ト爲シ若シ戸籍吏ノ管轄地內ニ於テ各別ニ地番號ヲ附シタル二個以上ノ區畫アル場合ニ於テハ其區畫ノ順序ハ戸籍吏ニ於テ之ヲ定ム其他全家他ニ寄留シ本籍地ニ地所ヲ有セス住家ナクシテ其在籍地番號ヲ定ムル能ハサル類ハ舊慣ニ從ヒ地番號ヲ附セスシテ戸籍ノ末尾ニ編綴スルコトヲ得ヘキモノトス

凡テ戸籍簿ハ正副二本ヲ設ケ正本ハ戸籍役場ニ備ヘ副本ハ監督區裁判所ヲ管轄スル地方裁判所ニ保存ス若シ便宜ニ依リ市町村ノ戸籍簿二冊以上ニ分綴スルトキハ其表紙ニ番號又ハ大字等ヲ附記スヘキモノトス

總シテ戸籍其他戸籍ニ關スル書類ノ保管ニ付テハ第一編第一章ニ記述スル處ニ依ルヘシ

戸籍用紙（附錄第二號）雛形

（甲號）

竪　八　寸

横

本籍地	麹町區元園町一町目三番地 （朱）麹町四町目六番地
前戸主	飯田正義

明治六拾年八月拾日華族ニ列セラル同月拾七日屆出

同日受附㊞明治六拾年拾月六日本籍地變更屆出同日受附㊞

戸主

族稱	士族 （朱）華族
前戸主トノ續柄	亡飯田正義長男
父	亡飯田正義
母	タカ
	長男

飯田正夫

表五

寸

明治五拾八年六月壹日午後八時死亡同月貳日屆出同日受附㊞

明治五拾八年五月七日麹町區四番町五番地副嶋吉藏

主

出生 明治參拾壹年六月貳拾壹日

戸主トナリタル原因及年月日 父正義死亡ニ因リ明治五十九年十一月五日戸主ト爲ル同月六日屆出同月同日受附

父 川下幾太郎

母 ナラ

三女

母

家族トノ續柄

タカ

出生 明治九年六月四日

父 副島吉藏

二女

二女婚姻屆出同日受附入籍㊞

明治七拾五年七月六日推定家督相續人廢除ノ裁判確定同月八日屆出同日受附㊞

妻	
母	ラク
家族トノ續柄	
出生	明治參拾六年七月四日
	トク

長男	
父	飯田正夫
母	トク
家族トノ續柄	長男
	一郎
出生	明治六拾年八月九日

明治七拾貳年六月四日麹町區永田町四町目五番地澤田兵三ヘ養子縁組届出同日受附除籍㊞明治七拾貳年六月四日戸主ノ同意ヲ得スシテ養子トナリタルニ因リ同月拾五日復籍拒絶届出同日受附㊞

父	飯田正夫	長女
母	トク	
家族トノ續柄		
長女	ハナ	
出生	明治六拾參年九月六日	

（乙號）

明治六拾八年貳月四日出生届出同日神田區戸籍吏甲野乙郎受附同日届書發送同月七日受附㊞

父	飯田正夫	二男
母	トク	
家族トノ續柄		
二	二郎	

男

出生　明治六拾八年貳月參日

明治六拾八年拾月壹日麹町區平河町一町目四番地井戸龜次郎養子協議離縁届出同日受附入籍㊞明治七拾年拾月拾五日芝區巴町參番地ヘ分家届出同日芝區戸籍吏丙野丙郎受附同日届書及入籍通知書發送同月拾九日受附除籍㊞

弟

父　亡飯田正義
母　亡タカ
二男
家族トノ續柄

出生　明治參拾四年五月七日

正高

明治九拾參年七月五日神田區錦町壹町目四番地雲井時直二女婚姻届出同日受附入籍㊞

婦

父　雲井時直
母　ムメ
二女
家族トノ續柄

出生
明治七拾貳年五月六日

マツ

父

母

家族トノ續柄

出生

父

母

家族トノ續柄	出生	父	母	家族トノ續柄	出生

備考　本簿式ニ示ス所ノ母、長女、及弟ノ三欄ニハ朱線ヲ交叉スルモノトス

第百七十條　戸籍ハ戸籍吏ノ管轄地内ニ本籍ヲ定メタル者ニ付キ之ヲ編製ス

（例）日本ノ國籍ヲ有セサル者ハ本籍ヲ定ムルコトヲ得ス

（註記）本條ハ戸籍ヲ編製スヘキ者ハ如何ナル者ナルヤヲ揭ケタルモノニシテ戸籍ヲ編製スヘキモノハ日本人ニシテ戸籍吏ノ管轄内ニ本籍ヲ定メタル者ナルコトヲ規定セラレタルモノナリ日本人タリトモ國籍ヲ喪失シタルモノハ日本人ニアラサレハ本籍ヲ定ムルコトヲ得サルニ依リ戸籍ヲ編製スヘキ者ニアラス又外國人ナルモ日本ノ國籍ヲ有シタル者ハ日本人ナレハ本籍ヲ定ムヘキニ依リ戸籍ヲ編製スルヘキモノトス

第百七十一條　戸籍ハ地番號ノ順序ニ從ヒ編綴シテ帳簿ト爲ス

戸籍吏ノ管轄地内ニ各別ニ地番號ヲ附シタル二個以上區畫アル場合ニ於テハ其區畫ノ順序ハ戸籍吏之ヲ定ム

（註記）戸籍ハ地番號ノ順序ニ從ヒ編綴シテ帳簿ト爲スヘキニ依リ大字、小字ノ別ナク市町村一体ニ地押番號ヲ設ケタルモノハ其地押番號ノ順序ニ之ヲ編綴シ又大字若クハ小字ノ別ニ依リ地番號ヲ付シタル市町村ハ大字、小字ニ依リ其番號ノ順序ニ編綴スヘキモノトス例ヘハ一町村ニ甲乙二字アリテ各字毎ニ地番號ヲ付シタルトキハ甲字ノ一番地ヨリ終番地迄ハ其順序ニ編綴シ甲字ノ地番號ノ盡キタル後乙字一番地ヨリ終番地マテ順序ニ編綴スルカ如シ若シ他ノ管轄内ニ全戸寄留スルモノ地所家屋等ナキ者ハ地番號ヲ付セス其市町村ノ戸籍ノ末尾ニ編綴スヘシト雖モ大字ニ依リ區別アルトキハ其大字ノ地番號ノ盡キタル末ニ編綴スヘシ又各別ニ地番號ヲ付シタル二個以上ノ區畫アル場合ニ於テハ第二項ノ明文ニ依リ之ヲ定ムヘシト雖モ之ニ反シ二個以上ノ地番號ヲ付シタル一個ノ區畫アル場合例ヘハ一番地三番地ヲ合セテ一區畫トシテ住所ヲ定メタル者ノ如キハ本人ノ選ム處ニ任セテ一個ノ地番號ヲ以テ戶籍ヲ定ムヘキモノトス

第百七十二條　戶籍簿ハ正副二本ヲ設ク

戶籍簿ノ正本ハ之ヲ戶籍役場ニ備ヘ其副本ハ監督區裁判所ヲ管轄スル地方裁判所之ヲ保存ス

（註記）　戶籍ノ正本ハ戶籍役場ニ備フルハ從前戶籍ノ正本ハ市町村役場ニ備フトナレトモ副本ヲ地方裁判所ニ保存スルハ從前之ヲ郡役所又ハ府縣廳ニ保存スルトハ稍異ナル處アリトス從前郡役所又ハ府縣廳ニ保存スルモノハ其編製又ハ改製ノ場合ニ於テ之ヲ備ヘテ單ニ保存スルニ止マルヘシト雖モ本法ニ於テハ各家ノ戶籍ヲ改製スルトキ其時々謄本ヲ提出セシメ共ニ之ヲ保存スヘキモノニシテ本條ノ保存中ニハ改製ノ謄本モ亦之ニ包含スヘキモノトス

（備考）　第一編第一章及第二編附錄戶籍法取扱手續第六條參觀

第二章　戶籍及除帳簿並戶籍ニ關スル書類ノ保存並保管

前款既ニ記述シタル如ク戶籍ノ副本ハ地方裁判所之ヲ保存シ戶籍役場ニ備フル正本ハ戶籍吏之ヲ保管スヘキモノニシテ其保管ノ方法ハ既ニ第一編第一章ニ記述シタル處ニ依ルヘシ然リ而シテ戶籍ハ各家人民ノ身分ニ關スル事項ヲ記載シタル完全ノ證書タレハ事變ヲ避クル爲メニスル場合ノ外戶籍役場外ニ持出スコトヲ得ス若シ戶籍ノ全部又ハ一部カ滅失シタルトキハ其滅失ニ依リ再製又ハ補完スルノ手續ニ關シテハ第二編第三章ニ記述シタル處ヲ準用スヘシ

若シ家督相續、廢家、絕家其他ノ事由ニ依リ戶籍ノ全部抹消シタルトキハ其戶籍ハ戶籍簿中ヨリ除去シテ別ニ之ヲ編綴シテ帳簿ト爲シ之ヲ戶籍役場ニ保有スヘシ其保存期間ハ司法大臣ノ定ムル處ニ依ル然リ而シテ全部ヲ抹消シタル戶籍ヲ戶籍簿ヨリ除キテ帳簿ニ編綴スレハ恰モ從前ノ戶籍除帳簿ニ於ケルカ如シ故ニ

除帳簿ト號スルモ亦妨ケナシ但之ヲ編綴スルノ順序ハ除帳ノ日次ニ依リ之ヲ爲シテ他日參考ノ捜索ヲ便ニスヘシ

（例）

第百七十三條　家督相續廢絶家其他ノ事由ニ因リ戸籍ノ全部ヲ抹消シタルモノハ之ヲ戸籍簿ヨリ除キ別ニ編綴シテ帳簿ト爲シ之ヲ戸籍役場ニ保存ス

前項ノ帳簿ヲ保存スヘキ期間ハ司法大臣之ヲ定ム

（註記）　本條其他ノ事由トハ除籍スヘキ總テノ事由ヲ云ヒ全家他管轄内ニ轉籍シ戸主ニ於テ國籍喪失スルカ如キ之ヲ包含スヘシ

第百七十四條　第十二條乃至第十四條ノ規定ハ戸籍簿竝ニ戸籍ノ謄本及ヒ抄本ニ之ヲ準用ス

（註記）　第十二條ハ事變ノ場合ヲ除クノ外ハ身分登記簿ヲ戸籍役場外ニ持出スコトヲ得サルノ件ニシテ第十四條ハ身分登記簿ノ全部又ハ一部カ滅失シタルトキ再製又ハ補完ノ規定第十三條ハ手數料ヲ納付シテ身分登記ノ閲覽又ハ登記ノ謄本若クハ抄本ノ交付ヲ請求スル者アルトキ之ヲ付與スヘキ等ノ事項ヲ明記セシモノ、戸籍モ亦此規定ヲ準用スヘキモノトス但第十三條ニ付テハ此例ニ依リ更ニ次欵ニ記事スヘキモノトス

第三章　戸籍ノ閲覽及ヒ戸籍ノ謄本抄本ノ交付竝ニ其手數料

（備考）　第二編第三章參觀

凡ソ手數料ヲ納付シテ戸籍ノ閲覽又ハ戸籍ノ謄本、抄本若クハ戸籍ニ關スル屆出申請等ニ對スル受理ノ證明書ヲ請求スル者アルトキ戸籍吏カ請求ニ應シテ其閲覽ヲ爲サシメ又ハ謄本、抄本若クハ屆出申請等ニ對スル受理ノ證明書ヲ交付スルノ手續及其手數料ノ金額等ハ總テ第二編第五章ニ記述シタル處ニ依ル

（例）第百七十四條 前章ニ附記ス

（備考）第一編附錄司法省訓令第五號第十一條乃至第十四條及第二編第五章附記司法省令第十三號參觀

第六編 戸籍記載ノ手續

第一章 戸籍ニ記載スヘキ事項

凡ソ戸籍ハ第五編第一章ニ揭ケタル雛形ノ用紙ヲ以テ一戸每ニ之ヲ作リ一括シテ戸籍簿ニ編綴スルモノニシテ戸籍ニハ左ノ事項ヲ記載スヘキモノトス

一 戸主、前戸主及ヒ家族ノ氏名

二 戸主ノ族稱及ヒ本籍地但家族ト戸主ト族稱ヲ異ニスル場合ニ於テハ家族ニ付テモ其族稱ヲ記載スルコトヲ要ス

三 戸主及ヒ家族ノ出生ノ年月日

四 戸主又ハ家族ト爲リタル原因及ヒ年月日但出生ニ因リテ家族ト爲リタル者ニ付テハ此記載ヲ要セス

五 戸主竝ニ家族ノ父母ノ氏名及ヒ其父母ト戸主又ハ家族トノ續柄

六 戸主ト前戸主トノ續柄及ヒ家族ト戸主トノ續柄但家族ノ中他家ヨリ入リテ他ノ家族ノ配偶者ト爲リタル者又ハ他ノ家族ヲ經テ戸主トノ親族關係ヲ有スル者ニ付テハ其者ト戸主トノ續柄ノ外他ノ家族トノ續柄ヲ記載スルコトヲ要ス

七 他家ヨリ入リテ戸主又ハ家族ト爲リタル者ニ付テハ其原籍地。原籍ノ戸主ノ氏名、族稱及ヒ其戸主ト戸主又ハ家族ト爲リタル者トノ續柄

八　他家ヨリ入リテ家族ト爲リタル者ニシテ他ノ家族トノミ親族關係ヲ有スル者ニ付テハ其者ト他ノ家族トノ續柄

九　戸主又ハ家族ノ身分ノ變更及ヒ其原因並ニ年月日

十　後見人アル者ニ付テハ後見人ノ氏名、住所及ヒ後見人就職並ニ任務終了ノ年月日

（例）

第百七十五條　戸籍ハ一戸毎ニ一本ヲ作ル

（註記）　戸籍ハ一戸毎ニ之ヲ作リテ簿冊ニ編綴スルモノナルヲ以テ用紙ニ餘白アルトキハ之ヲ存シ編製後入籍スル者アルトキハ敢テ順位ニ拘泥セス其末尾ニ接續シテ記載スヘキモノトス

第百七十六條　戸籍ニハ左ノ事項ヲ記載スルコトヲ要ス

（註記）　本條ハ戸籍ニ記載スヘキ事項ヲ掲ケラレタルモノニシテ其事項即チ第一號乃至第十號ハ本文ニ成文ノ儘ヲ掲ケタレハ玆ニ省キ唯タ事項中註記ヲ要スルモノノミヲ解説スヘシ第二號ノ家族ト戸主ト族稱ヲ異ニスル場合ハ例ヘハ華士族ノ家族タル者公權ヲ剝奪セラレタルニ依リ華士族タル貴稱ヲ失ヒタル場合ヲ云フ第四號ノ家族トナリタル原因トハ例ヘハ婚姻又ハ養子縁組ニ因リ他ヨリ入リテ戸主又ハ家族ト爲ル類ニシテ其婚姻又ハ養子縁組ハ即チ家族トナリタル原因ナリ其他私生子ノ認知モ原因ナレハ親族ノ入籍モ亦即チ原因ナリ第五號ハ戸主ノ父母ノ氏名ト戸主トノ續柄家族ノ父母ノ氏名ト家族トノ續柄ノ意ニシテ例ヘハ父母ノ氏名、長二三男女又ハ庶子私生子男女ノ續柄ヲ云フ第六號ノ他家ヨリ入リテ他ノ家族ノ配偶者ト爲リタル者トハ例ヘハ兄弟ノ妻姉妹ノ夫タル者ノ類ヲ云ヒ他ノ家族ヲ經テ戸主トノ親族ノ關係ヲ有ストハ例ヘハ甥姪ノ如キ者ヲ云フ即チ甥姪ハ其父母タル戸主ノ兄弟姉妹ヲ經テ戸主ト親族ノ關係ヲ有スヘキモノナレハナリ

第二章　戸主及ヒ家族ノ氏名ヲ戸籍ニ記載スルノ順序

戸主及家族ノ氏名ヲ戸籍ニ記載スル順序

第一　戸主

第二　直系尊屬例ヘハ高祖父母、曾祖父母、祖父母、父母ト親等ノ遠キ者ヨリ順次記載シ親等ノ同シキ者ハ親族間ノ順位ニ依リ親族間ノ順位同シキ者ハ出生ノ前後ニ依リテ記載ス

第三　戸主ノ偶配者例ヘハ戸主ノ夫又ハ妻ヲ記ス

第四　戸主ノ直系卑屬例ヘハ子及子ノ配偶者、孫及孫ノ配偶者、曾孫及ヒ曾孫ノ配偶者、玄孫及玄孫ノ配偶者ト親等ニ近キ者ヨリ順次之ヲ記載シ親等ノ同シキ者ハ親族間ノ順位ニ依リ親族間ノ順位同シキ者ハ出生ノ前後ニ依リ記載ス

第五　戸主ノ傍系親及其配偶者例ヘハ兄弟姉妹及ヒ其配偶者、伯叔父姑及ヒ其配偶者、甥姪及其配偶者大伯叔父母及其配偶者、又甥又姪及其配偶者、從弟及其配偶者等親等ノ近キ者ヨリ順次記載スルヲ要ス若シ親等同シキ者ハ出生ノ前後ニ依リ記載ス

第六　戸主ノ親族ニ非サル家族例ヘハ六親等以外ノ家族ハ親等ノ遠近ニ從ヒ親等ノ近キ者ヲ先ニシ親等ノ同シキ者ハ出生ノ前後ニ依ル若シ親等ナキ者ハ皆出生ノ前後ニ依ルヘシ故ニ從前本家末家同家ノ廢絶ニ依リ其家族等ヲ引受ケ又ハ祖父父等ノ妾ノ入籍シテ家族トナリタル者ノ如キ戸主ノ親族ニアラサル者ハ皆出生ノ前後ヲ以テ其順序ヲ定ムヘシ

(例)

第百七十七條　戸主及ヒ家族ノ氏名ヲ戸籍ニ記載スルニハ左ノ順序ニ依ル

直系尊屬ノ間ニアリテハ親族ノ遠キ者ヲ先ニシ直系卑屬又ハ傍系親ノ間ニ在リテハ親等ノ近キ者ヲ先ニス

直系尊屬直系卑屬又ハ傍系親ノ間ニ在リテ親等ノ同シキ者ハ親族間ノ順位ニ依リ親族間ノ順位ノ同シキ者ハ出生ノ前後ニ依リテ其順序ヲ定ム

前二項ノ規定ハ戸主ノ親族ニ非ラザル者ノ記載ニ之ヲ準用ス

（註記）　本條第一第一項ノ第一ノ戸主第二ノ戸主ノ直系尊屬第三戸主ノ配偶者第四戸主ノ直系卑屬及ヒ其配偶者第六戸主ノ親族ニ非ラサ者等ハ其成文ヲ以テ本文ニ掲ケ且其例ヲ付シテ直チニ記註セリ仍テ第一乃至第六號ハ註記ハ共ニ畧ス

第三章　身分登記ヲ爲シ又ハ戸籍ニ關スル屆出ヲ受タルトキ戸籍記載ノ方法及書例

第一節　身分登記及戸籍ニ關スル屆出ニ基キ戸籍記載

戸籍吏ニ於テ身分ニ關スル屆出ヲ受ケ身分登記簿ニ登記ヲ爲シ又ハ戸籍ニ關スル屆出ヲ受理シタルトキハ第一款以下ニ掲ケル手續ニ依リ戸籍ヲ記載スルコトヲ要ス但身分登記簿ニ登記ヲ爲シタル事項ハ其登記ニ基キテ戸籍ヲ記載シ其他ノ事項ハ其屆出ニ依リテ記載スヘキモノナルヲ以テ身分登記簿ニ登記シタル事項ニ在テハ戸籍記載ニ付別ニ屆出ヲ要セサルモノトス

（例）

第百十八條　戸籍吏カ身分登記ヲ爲シ又ハ戸籍簿ニ關スル屆出ヲ受領シタルトキハ次條以下ノ規定ニ從ヒテ戸籍ノ記載ヲ爲スコトヲ要ス

第一款　家督相續及家督相續回復ニ關スル戸籍ノ記載

家督相續ノ屆出アリテ戸籍吏カ第四編第十三章第三節ニ依リ其登記ヲ爲シタルトキハ其登記ト前戸主ノ戸籍ニ基キ新戸主ノ戸籍ヲ編製シ又家督相續回復ノ屆出アリテ戸籍吏カ又一同上ノ手續ヲ爲シタルトキハ其

登記ト戸主ノ名義ヲ有セシ者ノ戸籍ニ基キテ又新戸主ノ戸籍ヲ編製スヘキモノニシテ此場合ニ於テハ戸籍吏ハ前戸主又ハ戸主ノ名義ヲ有セシ者ノ戸籍即チ舊戸籍ニ家督相續又ハ家督相續囘復ニ依リ改製スル旨ヲハ載シ其戸籍ハ朱線ヲ交叉シテ之ヲ抹消シ戸籍吏ハ其戸籍ト新戸主ノ戸籍ニ職印ヲ以テ契印ヲ爲シ新戸籍記戸籍簿ニ編綴シ舊戸籍ハ戸籍簿ヨリ除去シテ除籍簿ニ移綴スルコト從前代替ニ依リ戸籍ヲ改寫シタル手續ト敢テ異ナルコトナキモノトス

胎兒ニ於テ家督相續ヲ爲シタル場合ニ於テハ前項ノ手續ヲ爲スヲ要セスシテ前戸主ノ戸籍中其戸主ニ關スル部分ノミヲ抹消シ其欄内ノ上部ニ第五款ニ揭ケタル附錄第四十六號ノ書例ニ依リ家督相續人カ胎兒ナル旨ヲ記載シ其出生ノ屆出アリタルトキ前項ノ手續ヲ爲スヘシ若シ胎兒カ死體ニテ產レタルニ依リ更ニ家督相續人ヲ選定シタルトキハ選定セラレタル者カ家督相續ヲ爲スヲ待テ其戸籍ヲ改製スヘキモノトス但シ本文ニ依リ戸籍ヲ編製シタルトキハ戸籍吏ハ遲滯ナク其戸籍ノ副本ヲ監督區裁判所ヲ管轄スル地方裁判所ニ送付スルコトヲ要ス

（例）

第百七十九條　家督相續又ハ家督相續囘復ノ登記ヲナシタルトキハ其登記及ヒ前戸主又ハ戸主ノ名義ヲ有セシ者ノ戸籍ニ基キテ新戸主ノ戸籍ヲ編製スルコトヲ要ス

前項ノ場合ニ於テハ前戸主又ハ戸主ノ名義ヲ有セシ者ノ戸籍ニ事由ヲ記載シテ其戸籍ヲ抹消シ且其戸籍ト新戸主ノ戸籍トニ職印ヲ以テ契印ヲ爲スコトヲ要ス

胎兒カ家督相續人ナル場合ニ於テハ其出生ニ至ルマテ前二項ノ手續ヲ爲スコトヲ要セス此場合ニ於テハ前戸主ノ戸籍中戸主ニ關スル部分ノミヲ抹消シ家督相續人ノ胎兒ナル旨ヲ記載スルコトヲ要ス

（註記）　本條ハ家督相續又ハ家督相續ノ囘復ニ依リ戸籍改製ノ手續ヲ規定セラレタルモノニシテ戸

主ノ名義ヲ有セシモノトハ回復ニ依リ戸主ヲ止メラレタルモノヲ云フ蓋シ家督相續ヲ回復セラレタル戸主ハ其家督相續ヲ回復セラレタル迄ハ戸主ニアリシモ實際戸主タル權利ヲ有セサル者ニシテ唯戸主タル名義ヲ有セシモノナルヲ以テナリ又胎兒カ相續人タル場合ニ前戸主ノ戸籍中ニ別ニ胎兒ノ部ヲ設クルニ及ハス其出生迄ハ前戸主ノ上欄中ニ唯其事ヲ記載スルヲ以テ足ルヘシ

第百九十四條　第百七十九條及ヒ第百八十條ノ規定ニ依リテ戸籍ヲ編製シタルトキハ戸籍吏ハ遲滯ナク其副本ヲ監督區裁判所ヲ管轄スル地方裁判所ニ送付スルコトヲ要ス

第二款　分家廢絶家再興其他一家新立轉籍就籍ニ關スル戸籍ノ記載

分家、廢家及ヒ絶家再興其他一家ヲ創立スヘキ事件ノ登記ヲ爲シタルトキハ其登記ニ基キテ新ニ戸籍ヲ編製シ又轉籍又ハ無籍戸主就籍ノ届出ヲ受理シタルトキハ其届出ニ基キテ又新ニ戸籍ヲ編製スヘシ又其届出ハ總テ新管轄ノ戸籍吏ニ之ヲ爲スヘキモノニシテ新管轄ノ戸籍吏カ新ニ其戸籍ヲ編製シタル場合ニ於テハ其届出ノ副本ハ遲滯ナク之ヲ舊管轄戸籍吏ニ送付スルヲ要ス然リ而シテ此届出アリテ新ニ戸籍ヲ編製スルトキハ第一章ニ掲クル外特殊ノ事項ヲ記載スヘキモノトス但本文ニ依リ戸籍ヲ編製シタルトキ戸籍吏ハ遲滯ナク其副本ヲ監督區裁判所ヲ管轄スル地方裁判所ニ送附スヘキコトヲ要ス

(例)

第百八十條　分家、廢絶家再興其他新ニ家ヲ立ツヘキ事件ノ登記ヲ爲シ又ハ轉籍若クハ無籍戸主ノ就籍ノ届出ヲ受理シタルトキハ其登記又ハ届出ニ基キテ戸籍ヲ編製シ轉籍届書ノ副本ハ遲滯ナク之ヲ舊管轄ノ戸籍吏ニ送付スルコトヲ要ス

前項ノ規定ニ依リテ戸籍ヲ編製スルニハ第百七十六條ニ掲ケタル事項ノ外各場合ニ付キ特殊ナル事項ヲ記載スルコトヲ要ス

（註記）分家、廢絶家再興其他新ニ家ヲ立ツル事件ハ皆身分登記簿ニ登記スヘキモノナルヲ以テ其屆出アリタルトキハ先ツ登記簿ニ之ヲ登記シタル後戶籍ニ記載スヘシ轉籍及無籍戶主ノ就籍ハ登記簿ニ登記セスシテ直チニ戶籍ニ記載スヘキモノナリ然リ而シテ分家、廢絶家再興其他一家ヲ新立スルノ屆出及轉籍ハ其本籍カ轉屬スヘキ地ノ戶籍吏ニ之ヲ爲スヘキモノニシテ戶主ノ就籍ニ付テハ就籍地戶籍吏ニ屆出ヲ爲スハ敢テ云フヲ俟タス而シテ本條第一項ノ其他新ニ家ヲ立ツヘキ事件トハ戶主ニ於テ庶子、私生子ノ家ニ入ルヲ拒ミ離籍又ハ復籍ヲ拒絶セラレタル者ニ於テ一家ヲ創立シ絶家ノ家族カ新ニ家ヲ立ツル等ノ如キヲ云ヒ二項ノ特殊ナル事項トハ例ヘハ分家ニ因リ一家ヲ創立シ廢絶家ヲ再興シ家ヲ立テタル者又ハ無籍者ノ就籍ニ依リ戶籍ヲ編製シタルカ如キハ第百七十六條ニ揭ケタル事項ノ外特ニ其事件ヲ戶籍ニ記載スヘキヲ云フ

（備考）前款附記第百九十四條參觀

第三款　復籍拒絶及癈家ニ關スル戶籍ノ記載

戶主ノ同意ヲ得スシテ家族カ養子緣組又ハ婚姻ニ依リ他家ニ入リタルトキ戶主ニ於テ其復籍ヲ拒絶スルコトヲ得ヘキニ依リ戶主ヨリ復籍拒絶ノ屆出アリテ其事由ヲ身分登記簿ニ登記シタルトキハ戶籍吏ハ之ヲ戶籍ニ記載スヘシ

若シ一家ヲ癈シ又ハ絶家ト爲リタルノ屆出アリテ身分登記簿ニ其登記ヲ爲シタルトキハ戶籍吏ハ最終ノ戶主即チ癈家シ又ハ絶家ノ際戶主タリシ者ノ戶籍ニ其事由ヲ記載シ其戶籍ハ何レモ抹消シテ戶籍簿ヨリ之ヲ除去シテ除籍簿ニ移綴スヘシ

單身戶主死亡シ又ハ失踪ノ宣告アリテ其死亡又ハ失踪ノ登記ヲ爲シタル場合ニ於テ其家ニ家督相續人ナキコト分明ナルトキハ戶籍吏ハ戶簿役場ノ所在地ヲ管轄スル區裁判所ニ申報シ其許可ヲ得テ死亡者又ハ失踪

者ノ戸籍ニ絶家ノ原因及年月日ヲ記載シ前項ノ手續ヲ爲スヘキモノトス

（例）

第百八十一條　復籍拒絶ノ登記ヲナシタルトキハ復籍ヲ拒絶シタル者ノ戸籍ニ登記ノ要旨ヲ記載スルコトヲ要ス

（註記）　復籍拒絶ノ登記ニ關シテハ第四編第十六章第三節第四節ニ記述シタル處ニ依リ參看スヘシ

第百八十二條　廢絶家ノ登記ヲ爲シタルトキハ最終戸主ノ戸籍ニ事由ヲ記載シテ其戸籍ヲ抹消スルコトヲ要ス

（註記）　本條ハ廢家又ハ絶家ノ屆出アリテ之ヲ登記シタル場合ニ於テ戸籍ニ登記スルノ手續ヲ掲ケラレタルモノニシテ最終ノ戸主トハ廢家ヲ爲シ又ハ死亡又ハ失踪ニ依リ絶家トナリシトキ死亡又ハ失踪シタル戸主ヲ云ヒ事由トハ死亡ニ依ルカ又ハ失踪ニ依ル等ノ事由ヲ云フ但廢絶家ニ關スル身分ニ付テハ第四編第十七章ニ掲クル處ヲ參看スヘシ

第百八十三條　單身戸主ノ死亡又ハ失踪ノ登記ヲ爲シタル場合ニ於テ其家ニ家督相續人ナキコト分明ナルトキハ戸籍吏ハ戸籍役場ノ所在地ヲ管轄スル區裁判所ノ許可ヲ得テ死亡者又ハ失踪者ノ戸籍ニ絶家ノ原因及ヒ年月日ヲ記載シテ其戸籍ヲ抹消スルコトヲ要ス

（註記）　本條ハ絶家ノ屆出ナキモ戸主死亡又ハ失踪ノ屆出アリ他ニ親族ナキ場合ニ於テ其家督相續人ナキコト分明タルトキ戸籍吏カ絶家ノ處分ヲ爲シ戸籍ニ記載シ且除籍スルノ手續ヲ規定セラレタルモノニシテ絶家ノ原因トハ即チ戸主ノ死亡又ハ失踪ニ因ルモ家督相續スヘキ者ナキ事由ヲ云フ

第四款　管轄地内轉籍ニ關シ戸籍ノ記載

同一ノ戸籍吏ノ轄地内ニ於テ本籍ヲ變更スル届出アリテ之ヲ受理シタルトキハ戸籍吏ハ管轄地ニ於テ本籍變更ノ事由ヲ本人ノ戸籍ニ記載シ舊本籍地名番號ヲ抹消シテ新本籍地ヲ記載スルコト第五編第一章ニ附記セシ附錄第三號甲號戸籍用紙雛形ニ於ケルカ如クスヘシ

（例）

第百八十四條　戸籍吏ノ管轄地内ニ於ケル本籍地變更ノ届出ヲ受理シタルトキハ事由ヲ戸籍ニ記載シ舊本籍地ニ關スル記載ヲ抹消シ新本籍地ヲ記載スルコトヲ要ス

第五款　家督相續分家廢絶家一家新立轉籍就籍等ニアラサル事項ニ關スル戸籍記載

家督相續又ハ家督相續ノ回復、分家、絶家再興其他一家創立轉籍、無籍戸主ノ就籍、復籍拒絶廢絶家、管轄内轉籍等ニ關スル事項ニ付戸籍吏カ其登記ヲ爲シ又ハ其届出ヲ受理シテ之ヲ戸籍ニ記載スル手續及書例等ハ既ニ前二款ニ記述シタリ其他出生嫡出子否認、私生子認知、養子緣組、離緣、婚姻、離婚、後見、隱居、失踪、死亡、推定家督相續人ノ廢除、入籍、離籍、復籍拒絶國籍ノ得喪、氏名及族稱變更、身分登記ノ變更、就籍（無籍戸主ニアラス）除籍等ニ關スル事項ヲ身分登記簿ニ登記シ又ハ其届出ヲ受理シタルトキハ戸籍吏ハ其登記又ハ届出ニ基キ第一章以下ニ掲クル處ニ依リ其事項ヲ戸籍ニ記載スヘキモノニシテ其記載ヲ爲シタル事項ノ變更アリタルトキハ亦其變更ニ關スル事項ヲ記載スルヲ要ス

（例）

第百八十五條　前六條ノ場合ヲ除ク外身分登記ヲ爲シ又ハ戸籍ニ關スル届出ヲ受理シタルトキハ其登記又ハ届出ニ基キ第百七十六條ニ掲ケタル事項ヲ戸籍ニ記載スルコトヲ要ス

前項ノ場合ニ於テ第百八十條第二項ノ規定ニ依リテ戸籍ニ記載シタル事項ノ變更アルトキハ其變更ヲ

記載スルコトヲ要ス

第六款　戸籍記載ノ書例

明治三拾一年七月司法省訓令第五號戸籍法取扱手續附錄第三號戸籍ニ關スル記載ノ書例左ノ如シ

附錄第三號

戸籍記載例

出生

一　明治參拾壹年六月貳拾壹日出生届出同日受附㊞

二　明治參拾壹年六月貳拾貳日出生届出同日子丑縣寅卯郡辰巳村戸籍吏甲野乙郞受附同日届書發送同月貳拾五日受附㊞

備考　第一記載例ハ父母ノ本籍地ニ届出テタルノ例ヲ示シ第二記載例ハ出生地又ハ父母ノ寄留地ニ届出テ其戸籍吏ヨリ發送シタル届書ヲ本籍地ノ戸籍吏カ受附ケタルノ例ヲ示ス

棄見

三　明治參拾壹年七月壹日發見届出同日受附㊞

四　明治參拾壹年七月參日辰巳市午未町參番地丙野丙吉ニ引渡㊞

五　明治參拾壹年拾月貳日申酉市戌亥町四番地丁野丁助ニ引受替同月參日届出同日受附㊞

六　明治參拾壹年拾月拾八日父子丑縣寅卯郡辰巳村百番地戊川戊助現出引取拾月貳拾日登記取消申請同日受附㊞

嫡出子否認

七　明治參拾壹年七月七日嫡出子否認ノ裁判確定同月拾日届出登記變更申請同日受附㊞

八　嫡出子タルノ身分取得
明治參拾壹年七月參日父甲母乙婚姻ニ因リ嫡出子タル身分取得届出同日受附㊞

私生子認知

九　明治參拾壹年七月壹日子丑縣寅卯郡辰巳村五番地甲野甲私生子認知届出同日受附入籍㊞

十　明治參拾壹年七月壹日父辰市午未町參番地丙野丙藏認知届出同日辰市午未町戸籍吏戊野戊一郎受附同日届書及ヒ入籍通知書發送同月九日受附除籍㊞

備考　第九記載例ハ他家ノ戸主ノ私生子ヲ認知シテ之ヲ入籍セシメタルノ例ヲ示シ第十記載例ハ他家ノ戸主カ私生子ヲ認知シタル旨ヲ其戸主ノ本籍地ニ届出テ其戸籍吏ヨリ私生子ノ本籍地ノ戸籍吏ニ届書及ヒ入籍通知書ヲ發送シ其戸籍吏之ヲ受附タルニ因リ私生子ヲ除籍シタルノ例ヲ示ス

養子緣組

十一　明治參拾壹年六月四日子丑村四番地丁野丁郎二女養子緣組届出同日受附入籍㊞

十二　明治參拾壹年六月四日子丑村七番地戊野戊五郎ノ養子緣組届出同日受附入籍㊞

十三　明治參拾壹年六月五日寅卯縣辰巳郡午未村六番地乙野乙郎甥養子緣組届出同日子丑市戸籍吏丙野丙郎受附同月六日届書發送同月八日受附入籍㊞

十四　明治參拾壹年六月五日午未區申酉町七番地甲野甲郎ヘ養子緣組届出同日子丑市戸籍吏丙野丙郎受附同月六日届書發送同月九日受附除籍㊞

十五　明治參拾壹年六月六日子丑府寅卯郡辰巳村九番地乙野乙郎養子緣組届出同日辰巳村戸籍吏丙野丙郎受附同月八日届書發送同月拾日受附入籍㊞

十六　明治參拾壹年六月六日夫乙四郎ト共ニ養子緣組入籍㊞

十七　明治參拾壹年六月六日辰巳縣午未郡申酉村拾番地甲野甲郞ヘ養子緣組屆出同月七日受附除籍㊞

養子緣組ノ無效、取消

十八　明治參拾壹年六月拾參日緣組無效ニ因リ登記取消申請同日受附㊞

十九　明治參拾壹年六月拾參日緣組無效ニ因リ登記取消申請同日辰巳村戸籍吏丙野丙郞受附同日申請書發送六月拾九日受附㊞

二十　明治參拾壹年六月拾四日緣組取消ノ裁判確定同月貳拾九日登記取消申請同日受附㊞

二十一　明治參拾壹年六月拾四日緣組取消ノ裁判確定同月貳拾九日登記取消申請同日子丑縣寅卯郡辰巳町戸籍吏丙野丙郞受附同日申請書發送七月貳日受附㊞

離緣

二十二　明治參拾壹年八月參日協議離緣實家復籍屆出同日受附除籍㊞

二十三　明治參拾壹年八月參日子丑村九番地甲野甲郞養子協議離緣屆出同日入籍㊞

二十四　明治參拾壹年八月四日夫乙四郞ト共ニ協議離緣實家復籍除籍㊞

二十五　明治參拾壹年八月四日子丑縣寅卯郡辰巳村貳番地乙野乙郞養子協議離緣屆出同日辰巳村戸籍吏丙野丙郞受附同月六日屆書發送同月九日受附入籍㊞

二十六　明治參拾壹年八月四日夫乙四郞ト共ニ協議離緣入籍㊞

二十七　明治參拾壹年八月七日離緣ノ裁判確定同月拾日實家復籍屆出同日受附除籍㊞

二十八　明治參拾壹年八月七日子丑縣寅卯郡子丑町一番地甲野甲郞養子離緣裁判確定同月拾日屆出同日子丑町戸籍吏丙野丙郞受附同日屆書發送八月拾參日受附入籍㊞

二十九　明治參拾壹年八月拾日離緣ノ裁判確定同月拾四日離緣及ヒ實家廢絕ノ旨屆出同日受附除籍㊞

婚　姻

三　十　明治參拾壹年七月參日子丑縣寅卯郡辰巳村四番地乙野乙郞姉婚姻屆出同日受附入籍㊞

三十一　明治參拾壹年七月參日辰巳市午未町五番地甲野甲郞長男甲太ト婚姻屆出同日辰巳市戶籍吏丙野丙郞受附同月五日屆書及入籍通知書發送同月七日受附除籍㊞

三十二　明治參拾壹年七月拾壹日寅卯縣辰巳郡午未村六番地乙野乙郞二女婚姻屆出同日子丑市戶籍吏丙野丙郞受附同日屆書發送同月拾五日受附入籍㊞

三十三　明治參拾壹年七月拾壹日午未縣子丑郡申酉村七番地甲野甲郞二男甲太ト婚姻屆出同日子丑市戶籍吏丙野丙郞受附同日發送屆書同月拾七日受附除籍㊞

婚姻ノ無效取消

三十四　明治參拾壹年八月九日婚姻取消裁判確定同月貳拾日甲裁判所檢事乙野乙郞登記取消請求書發送同月貳拾五日受附㊞

他ハ養子緣組ノ無效、取消ノ記載例準用

離　婚

養子離緣ノ記載例準用

後　見

三十五　明治參拾壹年七月拾日後見人子丑縣寅卯郡辰巳村甲野乙郞就職屆出同日受附㊞

隱　居

三十六　明治參拾壹年八月壹日隱居屆出同日受附㊞

三十七　明治參拾壹年八月四日隱居取消裁判確定同月拾參日登記取消申請同日受附㊞

三十八　明治參拾壹年八月五日隱居取消裁判確定同月拾日乙裁判所檢事丙野丙郎登記取消請求書發送同月貳拾參日受附㊞

失踪

三十九　明治參拾壹年八月拾日失踪宣告確定同月拾八日屆出同日受附㊞

四　十　明治參拾壹年九月壹日失踪宣告取消ノ裁判確定同月拾參日登記取消申請同日受附㊞

死亡

四十一　明治參拾壹年八月參拾日午後八時死亡九月貳日屆出同日受附㊞

四十二　明治參拾壹年九月八日午後拾壹時辰巳市午未町四番地ニ於テ死亡同月拾日屆出同日午未町戸籍吏丙野丙郎受附同日屆書發送同月拾四日受附㊞

四十三　明治參拾壹年九月拾日午前拾時辰巳監獄署ニ於テ死亡同月拾壹日辰巳監獄署長典獄丁野丁郎報告書發送同月拾四日受附㊞

家督相續

四十四　明治參拾壹年拾月壹日家督相續屆出同日受附㊞

四十五　明治參拾壹年拾月拾貳日家督相續回復ノ裁判確定同月拾八日屆出登記取消申請同日受附㊞

四十六　明治參拾壹年拾月拾日前戸主甲郎死亡家督相續人胎兒ナル旨同月貳拾日屆出同日受附㊞

四十七　明治參拾壹年拾貳月拾六日家督相續人タル胎兒死體ニテ分娩同月貳拾六日登記取消申請同日受附㊞

家督相續人廢除

四十八　明治參拾壹年七月壹日推定家督相續人廢除ノ裁判確定同月五日屆出同日受附㊞
四十九　明治參拾壹年八月拾壹日廢除取消ノ裁判確定同月貳拾八日登記取消申請同日受附㊞
入籍
五　十　明治參拾壹年拾月四日子丑縣寅卯郡辰巳町五番地甲野甲郎甥入家屆出同日受附入籍㊞
五十一　明治參拾壹年拾月四日辰巳市午未町一番地乙野乙郎方入家屆出同日辰巳市戶籍吏丙野丙郎受附同月五日屆書及ヒ入籍通知書發送同月九日受附除籍㊞
離籍
五十二　明治參拾壹年九月拾日離籍屆出同日受附除籍㊞
五十三　明治參拾壹年九月拾日夫甲郎離籍セラレ共ニ家ヲ去リタルニ因リ除籍㊞
五十四　明治參拾壹年拾月九日子丑市寅卯町一番地甲野甲郎ヨリ離籍セラレタルニ因リ一家創立屆出同日受附㊞
五十五　明治參拾參年拾月九日夫甲助一家ヲ創立シタルニ因リ入籍㊞
復籍拒絕
五十六　明治參拾壹年拾壹月拾參日戶主ノ同意ヲ得スシテ婚姻ヲ爲シタルニ因リ同月拾五日復籍拒絕屆出同日受附㊞
五十七　明治參拾壹年拾貳月拾七日子丑市寅卯町一番地甲野甲郎ヨリ復籍ヲ拒絕セラレタルニ因リ同月拾九日一家創立屆出同日受附㊞
五十八　明治參拾八年拾貳月拾七日夫甲助一家ヲ創立シタルニ因リ入籍㊞
廢家、絕家

五十九　明治參拾壹年八月拾日廢家屆出同日受附㊞
六　十　明治參拾壹年八月拾六日甲區裁判所ノ許可ヲ得テ絕家トス㊞
六十一　明治參拾壹年拾月九日戸主死亡其家絕家ト爲リタルニ因リ同月拾參日一家創立屆出同日受附㊞

分　家

六十二　子丑村四番地甲野甲郎方ヨリ分家明治參拾壹年拾月拾日屆出同日受附㊞
六十三　明治參拾壹年拾月拾日父甲平分家シタルニ因リ入籍㊞
六十四　明治參拾壹年拾月拾日子丑村百十番地ヘ分家屆出同日受附除籍㊞
六十五　明治參拾壹年拾月拾壹日子丑市寅卯町七番地ヘ分家屆出同日寅卯町戸籍吏丙野丙郎受附同日屆書及入籍通知書發送同月拾五日受附除籍㊞

廢絕家再與

六十六　子丑縣寅卯郡辰巳村八番地甲野甲郎叔父明治參拾壹年拾壹月拾壹日廢家乙村氏再興屆出同日受附㊞
六十七　明治參拾壹年拾壹月拾壹日辰已縣午未郡申酉村二十九番地ニ於テ絕家乙村ノ氏再興屆出同日申酉村戸籍吏丙野丙郎受附同日屆書及入籍通知書發送同月拾五日受附除籍㊞

國籍得喪

六十八　明治參拾壹年拾月拾貳日イ國ロ府ハ街アンリー、ベルナール、ト婚姻ヲ爲シタルニ因リ國籍喪失同月拾參日屆出同日受附除籍㊞
六十九　明治參拾壹年拾月貳拾日甲區裁判所ノ許可ヲ得テ國籍喪失者トス除籍㊞
備考　第六十八記載ハ國籍喪失後ニ屆出ヲナシタルノ例ヲ示ス

七十　氏名族稱ノ變更
明治參拾壹年七月拾六日氏ノ復舊同月拾七日屆出同日受附㊞
七十一　明治參拾壹年八月壹日改名同月五日屆出同日受附㊞
七十二　明治參拾壹年八月拾五日華族ニ列セラル同月拾七日屆出同日受附㊞
七十三　明治參拾壹年八月貳拾日士族ノ稱返上同月貳拾參日屆出同日受附㊞
七十四　明治參拾壹年八月貳拾八日處刑ニ因リ族稱ヲ失フ同日戊亥地方裁判所報告九月參日受附㊞

登記ノ變更
七十五　明治參拾壹年九月六日ノ裁判ニ依リ同月貳拾日出生ノ時ニ關スル登記變更申請同日受附㊞
七十六　明治參拾壹年拾壹月貳拾參日ノ裁判ニ依リ同月參拾日甲ト戸主トノ續柄ニ關スル登記變更申請同日受附㊞

轉籍
七十七　明治參拾壹年七月貳拾日子丑縣寅卯郡辰巳町五番地ヨリ轉籍屆出同日受附入籍㊞
七十八　明治參拾壹年七月貳拾日午未市申酉町七番地ヘ轉籍屆出同日申酉町戸籍吏丙野丙郎受附同月貳拾壹日屆出及入籍通知書發送同月貳拾五日受附除籍㊞
七十九　明治參拾壹年七月貳拾日本籍地變更屆出同日受附㊞

就籍、除籍
八十　明治參拾壹年八月壹日就籍ノ裁判確定同月五日屆出同日受附就籍㊞
八十一　明治參拾壹年九月五日除籍ノ裁判確定同月七日屆出同日受附除籍㊞

第二節　戸籍加除

第一款　編製後家族ノ入籍及全家又ハ戸内一部ノ除籍

第一章ニ於テ戸籍ニ記載スヘキ順序ヲ掲載シタルモ該章ニ掲載シタルモノハ戸籍編製ノ際ニ於テ記載スヘキ順序ナルヲ以テ一旦編製シタル後家族ノ戸籍ニ入ルヘキ者アルトキハ其順序ニ拘ハラス戸籍ノ末尾ニ入籍ノ日次ヲ逐ヒ記載スヘキモノトス故ニ例ヘハ他家ノ家族タリシ父母カ入籍スルトキ父母ハ戸主ノ配偶者ノ上位ニ記載スヘキモ既ニ孫ノ出生アリタル後ニ入籍スル者ナレハ其孫ノ末位ニ之ヲ記載シ若シ他日戸籍ヲ編製スルトキハ正當ノ順序ニ依リ其配偶者ノ上位ニ之ヲ記載スルカ如シ

戸主ヲ始メ其家族ノ全員ヲ戸籍ヨリ除クトキハ戸主タリシ者ノ上部ニ其事由ヲ記載シ戸籍ノ全部ヲ抹消スヘシ又戸内ノ一人若クハ數人ヲ戸籍ヨリ除クトキハ其除去スヘキ者ノ上部ニ其事由ヲ記載シ其一部ヲ抹消ス故ニ例ヘハ戸主カ廢家シ又ハ戸主カ死亡失踪等ニ依リ其家カ絶家トナリテ其家族カ他家ニ入リ又ハ一家ヲ創立スル場合ニ於テハ其戸籍ハ全部抹消シ戸籍簿ヨリ除去シテ除籍簿ニ移綴シ又例ヘハ家族ノ一人又ハ數人カ養子縁組、婚姻等ニ依リ他家ニ入ルトキハ他家ニ入ル者ノ戸籍ノ部分ニ前節第五款ニ掲載セシ如ク養子縁組又ハ婚姻等ニ依リ他家ニ入リタル事由ヲ記載シ其戸籍ノ一部即チ本人ノ戸籍ヲ抹消スルカ如シ

（例）

第百八十六條　戸籍ヲ編製シタル後一人又ハ數人ヲ戸籍ニ入ルヘキトキハ第百七十七條ノ順序ニ拘ナラス戸籍ノ末尾ニ之ヲ記載スルコトヲ得

第百八十七條　一戸ノ全員又ハ一戸内ノ一人若クハ數人ヲ戸籍ヨリ除クヘキトキハ事由ヲ戸籍ニ記載シテ戸籍ノ全部又ハ一部ヲ抹消スルコトヲ要ス

（註記）　一戸ノ全員ヲ戸籍ヨリ除クハ廢家又ハ絶家ノ場合ニ限ルヘキモノニシテ單身戸主ノ死亡失踪又ハ本家相續等ノ如キモ亦然ランモノナルヘキモ其結局絶家ニ歸スヘキモノナレハ絶家ノ例ニ

依ルヘシ

第二欵　本籍ノ轉屬ニ關スル入籍除籍ノ手續

他ノ戸籍吏ノ管轄ニ本籍ヲ有スル者カ此戸籍吏ノ管轄ニ轉屬スルニ依リ入籍ノ手續ヲ爲ス場合ニ於テハ其入籍スル者ノ身分ニ關スル屆出其他ノ書類又ハ戸籍ニ關スル屆書ヲ送付スルト同時ニ入籍ヲ爲シタル者ヲ舊管轄ノ戸籍吏ニ通知スヘキモノトス例ヲ擧ケテ之ヲ言ヘハ甲戸籍吏ノ管轄ニ本籍ヲ有スル者ノ家族カ乙戸籍吏ノ管轄内ニ本籍ヲ有スル者ト養子緣組又ハ婚姻ヲ爲シテ其家ニ入ルノ屆出ヲ爲シタルトキハ乙戸籍吏ハ其登記ヲ爲シ又戸籍ニ之ヲ記載シテ緣組又ハ婚姻ノ屆書及證人ノ證明書等ノ副本ト入籍ノ通知書トヲ甲戸籍吏ニ送付シ之ト同時ニ入籍通知ヲ爲スカ如シ又轉籍者ニ付テ一例ヲ擧クレハ甲戸籍吏ノ管轄地内ニ本籍ヲ有スル戸主カ乙戸籍吏ノ管轄内ニ轉籍ノ屆出ヲ爲シタルトキ乙戸籍吏ハ其轉籍者ノ戸籍ヲ編製シ其屆出ノ副本ト入籍通知書トヲ併セテ甲管轄ノ戸籍吏ニ送付スルカ如シ

此戸籍吏ノ管轄内ニ本籍ヲ有スル者カ他ノ戸籍吏ノ管轄内ニ轉屬スル場合ニ於テ舊本籍ノ戸籍吏ハ新管轄即チ轉屬シタル地ノ戸籍吏ヨリ入籍ヲ爲シタル旨ノ通知ヲ受ケタル後チ其通知ノ發送及ヒ受附ノ年月日ヲ戸籍ニ登記シテ除籍ノ手續ヲ爲スヘキモノニシテ若シ其事項カ轉屬ニアラスシテ轉籍ナルトキハ入籍通知書ノ發送及受附年月日ヲ記載スル外戸籍ニ轉籍地及ヒ轉籍ノ年月日ヲ記載シテ其戸籍ヲ除去スヘキモノトス例ヘハ甲戸籍吏ノ管轄地内ニ本籍ヲ有スル者ノ養子トナリ其本籍カ乙戸籍吏ノ管轄地内ニ轉屬スル場合ニ於テ甲戸籍吏ハ乙戸籍ヨリ入籍ノ通知ヲ受ケタル後其通知書ノ發送及受附ノ年月日ヲ本人ノ戸籍ニ記載シテ之カ除籍ノ手續ヲ爲スカ如シ其轉籍ニ依リ除籍スルモ亦此手續ニ依ルヘシト雖モ轉籍ニ在テハ入籍通知書發送及ヒ受附ノ年月日ノ外更ニ轉籍地及轉籍ノ年月日ヲ記載スヘキモノナリ

（例）

第百八十八條　入籍ノ手續ヲ爲ス場合ニ於テ入籍ヲ爲スヘキ者ノ本籍カ他ノ戸籍吏ノ管轄ヨリ戸籍吏ノ管轄ニ轉屬スルモノナルトキハ身分ニ關スル屆書其他ノ書類又ハ戸籍ニ關スル屆書ヲ送付スルト同時ニ入籍ヲ爲シタル旨ヲ舊管轄ノ戸籍吏ニ通知スルコトヲ要ス

（註記）戸籍中ノ家族ノ一人又ハ數人カ他ノ戸主ノ本籍ニ轉入シ之カ爲メ本籍地カ他ノ戸籍吏ノ管轄ニ轉屬シ又ハ戸主ノ本籍カ此戸籍吏ノ管轄ヨリ他ノ戸籍吏ノ管轄ニ轉スル場合ニ於ケル入籍ノ手續ヲ規定セラレタルモノニシテ身分ニ關スル屆書トハ即チ身分登記簿ニ登記スヘキ屆書ヲ云ヒ戸籍ニ關スル屆書トハ身分登記簿ニ登記スルヲ要セスシテ單ニ戸籍ニ記載ニノミ關スル屆書ニシテ例ヘハ轉籍屆書ノ類ヲ云フ

第百八十九條　除籍ノ手續ヲ爲スヘキ場合ニ於テ除籍ヲ爲スヘキ者ノ本籍カ戸籍吏ノ管轄ヨリ他ノ戸籍吏ノ管轄ニ轉屬スルモノナルトキハ新管轄ノ戸籍吏ヨリ入籍ヲ爲シタル旨ノ通知ヲ受ケタル後其通知ノ發送及ヒ受附ノ年月日ヲ戸籍ニ記載シテ除籍ノ手續ヲ爲スコトヲ要ス

轉籍ニ因リテ除籍ヲ爲スヘキ場合ニ於テハ前項ニ掲ケタル事項ノ外轉籍地及轉籍ノ年月日ヲ記載スルコトヲ要ス

（註記）本條ハ此戸籍吏ノ管轄地内ニ本籍ヲ有スル者カ他ノ戸籍吏ノ管轄地内ニ轉籍シ入籍ノ通知ヲ受ケテ除籍スルノ手續ヲ規定セラレタルモノニシテ前項ハ戸主ノ家族ノ一人又ハ數人中他ノ戸籍吏ノ管轄ニ轉屬スル場合ヲ掲ケ第二項ニ全戸轉籍ノ場合ニ於ケル除籍ノ手續ヲ掲ケラレタルモノナリ但シ轉屬トハ家族ノ一人又ハ數人戸籍ヲ轉スルヲ云ヒ轉籍トハ全家擧テ他ニ轉籍スルヲ云フ

第三節　戸籍ニ關スル屆書其他ノ書類受附ノ手續及受附ノ年月日ヲ戸

籍ニ記載シ其他文字ノ記載方並文末ニ戸籍吏認印ノ方法

戸籍吏ニ於テ戸籍ニ關スル屆書其他ノ書類ヲ受理シタルトキハ第三編第二章ニ記述シタル如ク戸籍法取扱手續第五條ノ手續ヲ爲シ且其屆出其他ノ書類ニ受附ノ番號年月日ヲ記載シ屆書ニ依リ其事項ヲ戸籍ニ記載スルトキハ尙ホ其屆書ヲ受附タル年月日ヲ記載スルコトヲ要ス今其一例ヲ擧ケンニ明治三十一年八月十一日ニ出生ノ屆出ヲ受理シタルトキハ其件名、屆出人ノ氏名、受附ノ年月日及番號ヲ受附帳ニ記入シ又其屆書ニ受附ノ番號及ヒ年月日ヲ記載シ身分登記簿ニ出生ノ登記ヲ爲シタル後引續テ其戸籍ニ出生者ノ名及父母ノ名、出生ノ年月日等ヲ成規ニ依リ記載シ更ニ出生者ノ戸籍ノ上部ニ明治參拾壹年八月拾壹日出生屆出同日受附ト其屆出受附ノ年月日ヲ記スルカ如シ

總テ戸籍ニ記載スル數字及戸籍ニ記載シタル文字ニ誤脱剩餘アリテ之カ訂正插入及削除ヲ爲シ其文末ニ戸籍吏又ハ代理者カ認印スルノ方法手續ニ在テハ第三編第五章第一項第二項及第三項ノ後段ニ依ルヘキコトヲ要ス

（例）

第百九十條　身分登記又ハ戸籍ニ關スル屆出ニ基キテ戸籍ノ記載ヲ爲ス場合ニ於テハ前十一條ニ規定シタル事項ノ外身分ニ關スル屆書其他ノ書類又ハ戸籍ニ關スル屆書ノ受附年月日ヲ記載スルコトヲ要ス

（註記）

凡ソ戸籍ハ身分登記簿ニ登記スル事件ニ在テハ身分登記ニ基キテ記載シ身分登記簿ニ登記セサル事件例ヘハ就籍、除籍等ノ如キハ其屆書ニ基キテ記載スルモノニシテ是等ニ基キテ戸籍ヲ記載スル場合ニ於テハ第百七十九條以下第百八十九條ニ規定シタル事項ノ外身分登記ニ關スル屆出其他ノ書類ノ受附ノ年月日ヲ記載シ又ハ戸籍ニ關スル屆出ノ年月日ヲ記載スルモノニシテ戸籍

ハ身分登記簿ニ登記シタル事項ニ在テハ身分登記ニ基キテ記載スルモ其受附年月日ヲ記載スルハ屆書其他ノ書類ノ受附年月日ヲ記載スヘキモノナリ又本條ニ云フ其他ノ書類トハ報告書申請書等ノ類ヲ云フ若シ死亡ノ報告アリシトキハ其報告書ノ受附年月日ヲ記載シ失踪ノ登記取消ノ申請アリタルトキハ其申請書受附ノ年月日ヲ記載スルノ類ナリ

第百九十一條　第十八條、第二十九條及ヒ第三十一條ノ規定ハ戸籍ノ記載ニ之ヲ準用ス

（註記）本條ニ掲ケタル第十八條ハ第三編第二章第二十九條第三十一條ハ同第五章ニ掲ク

（備考）第一編附錄戸籍法取扱手續第五條及第十條並ニ第三編第二章參觀

第四節　戸籍用紙中ノ一部ノ盡キタルトキ記載方及行政區畫變更ニ依リ土地名稱地番號ノ變更

記載ノ事項多クシテ戸籍用紙中ノ一部分ヲ用ヒ盡シテ記載スヘキ事項ヲ記載シ能ハサルニ至リタルトキハ同一ノ用紙ヲ以テ其部分ニ掛紙ヲ爲シテ其用紙ニ充テ之ニ記載スルコトヲ要ス此場合ニ於テハ戸籍吏ハ本紙ト掛紙トニ職印ヲ以テ契印スヘキモノトス

若シ行政區畫ノ變更ニ依リ甲區ノ一部カ甲ヲ離レテ乙區ニ合併シ其他市町村ノ分合ヲ爲シ若クハ土地ノ名稱又ハ地番號ニ變更アリタルトキハ戸籍ニ記載シタル區名土地ノ名稱地番號モ隨テ改正セサルヘカラス其改正スルハ各戸主ノ戸籍中其名稱及地番號ノ傍ニ新名稱新地番號ヲ附記シテ舊名稱舊地番號ヲ抹消スヘキモノトス

（例）

第百九十二條　戸籍用紙中ノ一部分ヲ用井盡シタルトキハ掛紙ヲ以テ用紙ニ充ツルコトヲ得
掛紙ヲ爲シタルトキハ戸籍吏ハ職印ヲ以テ掛紙ト本紙トニ契印ヲ爲スコトヲ要ス

第百九十三條　行政區畫、土地ノ名稱又ハ地番號ノ變更アリタルトキハ戸籍ニ記載シタル區畫、名稱又ハ番號ハ當然之ヲ改正シタルモノト看做ス

第七編　戸籍ニ關スル届出

第一章　轉籍及本籍變更

凡ソ戸主カ一家ヲ擧テ他ノ戸籍吏ノ管轄内ニ本籍ヲ轉スルモノ之ヲ轉籍ト單稱シ同一ノ戸籍吏ノ管轄地内ニ於テ甲乙轉スルカ如キハ本籍變更ト稱ス一戸籍中ノ家族ノ一人又ハ數人カ婚姻、養子縁組、離婚、離縁、分家及ヒ廢絶家再興、親族入籍等ニ依リ他ノ戸籍吏ノ管轄地ニ本籍ヲ移スカ如キモ轉籍ナルヘケレトモ本法ニ於テハ轉籍トハ言ハスシテ本籍ノ轉屬ト揭ケラレタリ就中戸主カ全家ヲ擧ケテ他ノ戸籍吏ノ管轄地内ニ本籍ヲ轉セントスルトキハ戸主ハ原籍地ノ戸籍吏ニ請ヒテ其戸籍ノ謄本ヲ受ケ轉籍者ノ氏名、出生ノ年月日及職業ト原籍及ヒ轉籍地ヲ具シ其謄本ヲ添ヘテ轉籍地ノ戸籍吏ニ届出ツヘキモノニシテ其届書ハ正副二本ヲ作ルコトヲ要ス轉籍地ノ戸籍吏ニ於テ其届出ヲ受理シタルトキハ第六編第二章第一節第二款第一項ノ手續ニ依リテ入籍ヲ取扱ヒ原籍ノ戸籍吏ハ其第二項ニ依リテ之カ除籍ヲ爲スヘキモノトス

若シ同一戸籍吏ノ管轄内ニ於テ本籍ヲ變更セントスルトキハ其戸主ハ原籍地及新籍地ヲ具シテ戸籍吏ニ本籍地變更ノ届出ヲ爲スヘキモノトス轉籍及本籍地變更ノ届出ハ總テ書面ヲ以テ之ヲ爲スヘシト雖モ正當ノ事由アルモノハ口頭ヲ以テ之ヲ爲スコトヲ得ヘシ此場合ニ於テ戸籍吏ハ其供述ヲ聽キテ届書ヲ作リ戸主ヲシテ署名捺印セシムル等總テ登記ニ關シ戸籍吏カ作製スルノ方式ニ準スヘシ又此届出ニ付テハ第五十一條ニ依リ代人ヲ以テ之ヲ爲スコトヲ得ルモノトス

(例)

第百九十五條　戸籍吏ハ管轄地外ニ本籍ヲ轉セント欲スルトキハ戸主ヨリ左ノ諸件ヲ具シ戸籍ノ謄本ヲ添ヘテ之ヲ轉籍地ノ戸籍吏ニ屆出ツルコトヲ要ス

一　轉籍者ノ氏名、出生ノ年月日及ヒ職業

二　原籍地及ヒ轉籍地

前項ノ屆書ハ正副二本ヲ作ルコトヲ要ス

(註記)　本條ハ甲戸籍吏ノ管轄地內ニ本籍ヲ有スル戸主カ一家ヲ擧ケテ乙戸籍吏ノ管轄地內ニ轉籍スル場合ノ屆出方式ヲ揭ケラレタルモノナリ

第百九十六條　戸籍吏ノ管轄地內ニ於テ本籍地ヲ變更セント欲スルトキハ戸主ヨリ原籍地及ヒ新本籍地ヲ具シテ其旨ヲ戸籍吏ニ屆出ツルコトヲ要ス

(註記)　本條ハ同戸籍吏ノ管轄地ニ轉籍スル者ノ屆出方式ヲ揭ケラレタルモノニシテ此場合ニ於テハ其屆書ハ二通ヲ要セス

第二章　就籍及除籍

第一節　漏籍者就籍及重籍者除籍ノ屆出ノ手續竝ニ屆出義務者

凡ソ戸籍屆出ノ闕漏其他ノ事由ニ因リ本籍ヲ有セサル者ハ就籍ノ手續ヲ爲ササルヘカラス之ニ反シ本籍ノ重復シアルモノハ其一方ヲ除籍セサルヘカラス凡ソ日本人ニシテ國籍ヲ有セサルモノアルヘカラサルト一人ニテ二個以上ノ本籍ヲ有スヘキモノニアラサルノ理由ニ基クルモノナリ故ニ本籍ヲ有セサルモノハ戸主タルヘキモノト家族ナルトヲ問ハス就籍ノ手續ヲ爲シ復本籍ヲ有スル者ハ戸主家族ヲ論セス一方ヲ存シテ他ヲ除籍スルノ手續ヲ爲ササルヘカラス其就籍又ハ除籍ヲ爲スノ手續ハ漏籍其他ノ事由又ハ復本籍ヲ有シタル事由ヲ揭ケテ其就籍又ハ除籍ノ屆出ヲ爲サントスル戸籍役場ノ所在地ヲ管轄スル區裁判所ニ請求ヲ爲

シ其許可ヲ得テ就籍又ハ除籍ノ届出ヲ爲スヘキモノニシテ其就籍又ハ除籍カ家族ナルトキ又ハ戸主ト家族ナルトキハ其届出ハ戸主ヨリ之ヲ爲スヘキモノトス

（例）

第百九十七條　届出ノ闕漏其他ノ事由ニ因リ本籍ヲ有セス又ハ復本籍ヲ有スル者ハ就籍又ハ除籍ノ届出ヲ爲サントスル戸籍役塲ノ所在地ヲ管轄スル區裁判所ノ許可ヲ得テ其届出ヲナスコトヲ要ス

（註記）　本條ハ所謂舊ノ無籍者編入、漏籍者編入及重籍者除籍ニシテ其他ノ事由トハ届出ノ闕漏ニアラサル事由ヲ云フ例ヘハ失踪者カ八十年以上ニ達シタルニ依リ曾テ除籍シタル後數年ヲ經過シテ尚ホ生存アリシ場合ニ於テ就籍ヲ請求スルカ如キヲ云フ

第二百條　就籍又ハ除籍スヘキ者カ家族ナルトキ又ハ戸主及ヒ家族ナルトキハ前二條ノ届出ハ戸主ヨリ之ヲ爲スコトヲ要ス

（註記）　本條ハ就籍又ハ除籍スルニ付届出ノ義務ヲ負フ者ヲ規定シタルモノニシテ其就籍又ハ除籍スヘキ者カ戸主ナルトキハ勿論又其家族ナルトキハ就籍除籍ノ届出ハ戸主ニ於テ之ヲ爲シ若シ又戸主ト家族ト共ニ就籍除籍ノ届出ヲ爲ストキハ總テ戸主ニ於テ之ヲ爲スヘキモノトス

第二節　就籍屆

裁判所ニ於テ就籍請求ノ許可アリテ其裁判確定シタルトキハ確定ノ日ヨリ十日內ニ裁判ノ謄本ヲ添ヘ左ノ諸件ヲ具シテ就籍スヘキ地ノ戸籍吏ニ其届出ヲ爲スヘキヲ要ス

一　就籍スヘキ者ノ氏名、族稱、出生ノ年月日時、職業及ヒ就籍スヘキ地
二　就籍スヘキ者ノ氏名及ヒ其者ト父母トノ續柄
三　本籍ヲ有セサリシ原因

四　就籍スヘキ者カ前ニ本籍ヲ有セシトキハ其舊本籍地
五　就籍スヘキ者カ戸主ナルトキハ其旨
六　就籍スヘキ者カ家族ナルトキハ戸主ノ氏名、族稱、職業及ヒ其者ト戸主トノ續柄
七　就籍スヘキ者カ戸主及ヒ家族ナルトキハ戸主、家族ノ別及ヒ家族ト戸主トノ續柄
八　就籍スヘキ者カ他家ヨリ入リテ戸主又ハ家族ト爲リタル者ナルトキハ其原籍地、原籍ノ戸主ノ氏名、族稱及ヒ其戸主ト就籍スヘキ者トノ續柄

前第六號及第七號ノ場合ニ於テ就籍スヘキ者カ家族ニシテ他家ヨリ入リテ他家ノ家族ノ配偶者ト爲リタル者ナルトキハ屆書ニ其者ト戸主トノ續柄ノ外他ノ家族トノ續柄ヲ記載スヘシ又他ノ家族ヲ經テ戸主ト親族ノ關係ヲ有スル者ナルトキハ又其者ト戸主トノ續柄ノ外家族トノ續柄ヲ記載シ若シ又其就籍スヘキ家族カ他ノ家族トノミ關係ヲ有スル者ナルトキハ其者ト他ノ家族トノ關係ノミヲ記載スヘキモノトス

（例）

第百九十八條　就籍ノ屆出ハ許可ノ裁判カ確定シタル日ヨリ十日内ニ左ノ諸件ヲ具シ裁判ノ謄本ヲ添ヘテ就籍スヘキ地ノ戸籍吏ニ之ヲ爲スコトヲ要ス

前項第六號及ヒ第七號ノ場合ニ於テ就籍スヘキ家族カ他家ヨリ入リテ他ノ家族ノ配偶者ト爲リタル者ナルトキ又ハ他ノ家族ヲ經テ戸主トノ親族關係ヲ有スル者ナルトキハ屆書ニ其者ト戸主トノ續柄ノ外他ノ家族トノ續柄ヲ記載シ若シ他ノ家族トノミ親族關係ヲ有スル者ナルトキハ其者ト他ノ家族トノ續柄ノミヲ記載スルコトヲ要ス

（註記）　本條ノ第一號乃至第八號ハ本文ニ成文ノ儘掲ケタレハ省略ス而シテ本條ハ戸主又ハ家族若クハ戸主ト家族トノ就籍ノ屆出ニ關スル事項ヲ掲ケタルモノニシテ其屆出ハ裁判確定ノ日ヨリ十

日內ニ就籍地ノ戸籍吏ニ之ヲ爲シ其屆出ニ付テハ第一號乃至第八號ノ事項ヲ記載スルヲ要ス然シテ本條第一號ノ其者ト父母トノ續柄トハ就籍スヘキ者ト父母トノ續柄ヲ記載スヘキモノニシテ即チ養親子又ハ繼父母、繼子若クハ嫡母及庶子等ノ如キ續柄ヲ云フ第二號ノ本籍ヲ有セサリシ原因トハ例ヘハ明治五年戸籍編製ノ際家ヲ出テ歸ラサリシニ依リ戸籍人別ノ屆出ニ漏シ又ハ出生ノ際父母ニ於テ其屆出ヲ怠リタルヲ以テ其籍ニ漏レ若クハ失踪ニ依リ除籍セラレ數年ヲ經タルニ依リ無籍トナリタル等總テ籍ニ欠漏セシ原因ヲ記載スヘキヲ云ヒ第四號ノ就籍スヘキ前ニ本籍ヲ有セシトハ殆ト失踪者カ除籍セラレテ後就籍スルカ如キ場合ヲ云ヒ第八號ハ他家ノ家族ニシテ他家ニ入リタル後其家ヲ去リテ其籍ヲ失ヒタル者カ更ニ就籍スル場合ニ於テ屆書ニ記載ノ方式ヲ揭ク第二項ノ就籍スヘキ家族カ他家ヨリ入リテ他ノ家族ノ配偶者ト爲リタル者トハ例ヘハ甲家ノ家族タリシ甲者カ乙家ノ家族タル乙者ノ配偶者トナリタル者ナルトキ乙家戸主トノ續柄ノ外甲者トノ續柄ヲ記載スヘキヲ云ヒ又就籍スヘキ家族カ他ノ家族ト戸主トノ親族關係ヲ有スルトハ例ヘハ甲家ノ戸主甲者ノ養父タル乙者ト就籍スヘキ丙者トハ親子ノ關係ヲ有シ其乙丙ノ關係ヨリシテ甲ト丙トカ親族ノ關係ヲ有スルカ如キヲ云フ又他ノ家族ノミ關係ヲ有スルトハ甲家戸主ノ長男乙者ハ丙者ノ妹ノ所生ニシテ其妹ハ既ニ死亡シ丙者カ甲家ニ就籍セントスルモ甲家ハ單ニ乙者ノ親族タリシカ如キヲ云フ

第三節　除籍屆

復本籍ヲ有スル者カ重復スル處ノ本籍ヲ除キテ其本籍ヲシテ一ニ歸セシムルハ既ニ記述シタルカ如ク區裁判所ノ許可ヲ受クヘキモノニシテ除籍ノ許可ヲ待テ之カ屆出ヲ爲スハ許可ノ裁判カ確定シタル日ヨリ十日內ニ左ノ諸件ヲ具シ裁判謄本ヲ添ヘテ除籍スヘキ地ノ戸籍吏ニ屆出ヘキモノトス

一　除籍スヘキ者ノ氏名、族稱、職業、本籍地及ヒ復本籍地
二　復本籍ヲ有セル原因
三　除籍スヘキ者カ本籍ト復本籍トニ於テ身分ヲ異ニスルトキハ本籍竝ニ復本籍ニ於ケル身分及ヒ其身分ノ異ナル原因

（例）

第百九十九條　除籍ノ屆出ハ許可ノ裁判カ確定シタル日ヨリ十日內ニ左ノ諸件ヲ具シ裁判ノ謄本ヲ添ヘテ除籍スヘキ地ノ戸籍吏ニ之ヲ爲スコトヲ要ス

（註記）　本條ノ第一號乃至第三號ハ成文ノ儘ヲ本文ノ起頭ニ揭ケタレハ畧ス而シテ本條ハ復本籍ヲ有スル者カ重復スル處ノ本籍ヨリ除籍スルニ付テ屆出ノ手續ヲ揭ケラレタルモノニシテ第一號ノ復本籍地トハ即チ重復スル本籍地ヲ云フ故ニ例ヘハ大久保村ニ本籍ヲ有シテ住居スル者カ淀橋町ノ戸籍ニモ揭載アルトキハ即チ淀橋町ハ本籍カ重復スル地ナリ第二號ノ復本籍地ヲ有スル原因トハ例ヘハ代々大久保村ニ住居スル士族カ淀橋町ニ田畑ヲ所持セシヲ以テ從前其田畑ニ百姓名前ヲ付シ置キ之ヲ淀橋町ノ名寄帳ニ記載アリシヨリ茲ニ戸籍編製ノ際淀橋町ノ戸籍ニ揭ケ大久保村ハ素ヨリ居住地ナルニ依リ大久保村ノ戸籍ニ編製シタルヨリ本籍重復シ又ハ甲地ノ本籍者カ乙地ニ轉居セシニ甲町村役場ニ於テ除籍スルコトヲ怠リタルヨリ終ニ本籍カ重復スルニ至リタルカ如キ皆其原因タルヘシ第三號ノ身分ヲ異ニスルトハ一方ニハ士族トシ他ノ一方ニ平民ト揭ケアリシ如キヲ云フ

第三章　身分登記ノ屆出ニ關スル規定中戸籍ノ屆出ニ準用スヘキ事項

身分登記ノ屆出ニ關シ規定セラレタル左ノ諸件ハ戸籍ニ關スル屆出ニ付テモ之ヲ準用スヘキモノトス

一　届出ハ書面ヲ以テ之ヲ爲シ正當ノ理由アルトキハ戸籍吏ニ其理由ヲ陳述シ口頭ヲ以テ届出ヲ爲シ得ルコト

二　届書ニハ届出事件、届出年月日、届出人ノ族稱、職業、出生ノ年月日本籍地ヲ記載シ署名捺印スルコト

三　届出ヲ爲スヘキ者カ未成年者又ハ禁治産者ナルトキハ親權ヲ行フ者又ハ後見人ヲ以テ届出義務者ト爲シ其届出人ハ届書ニ届出ヲ爲スヘキ者ノ氏名、族稱、出生ノ年月日及本籍地、無能力者ノ原因、届出人カ親權ヲ行フ者又ハ後見人タルコトヲ記載スヘキコト

四　届出人届出事件ノ本人又ハ届出ノ證人カ本籍地外ニ在ルトキ届書ニ其所在地ヲ記載スルコト

五　本法ノ規定ニ依リ届書ニ記載スヘキ事項中其事實ヲ存セサルモノ又ハ知レサルモノアルトキハ其旨ヲ記載スルコト戸籍吏ニ於テ各届出事件ニ付特ニ重要ト認ムル事項ヲ記載セサル届書ヲ受理スルヲ得サルコト

六　届書ニハ本法其他法令ニ定メタル事項ニ非サレハ之ヲ記載スルコトヲ得サルコト

七　第二十九條ノ規定ハ届書ノ記載ニ之ヲ準用スルコト

八　口頭ヲ以テ届出ヲ爲スニハ届出人ハ戸籍吏ノ面前ニ出頭シ届出事件ヲ陳述シ戸籍吏ハ直チニ其口述竝ニ届出ノ年月日、届出人ノ氏名、出生ノ年月日、職業及ヒ本籍地ヲ筆記シテ届出人ニ讀聞カセ届出人ヲシテ署名捺印セシムルコト

九　前項ノ規定ニ依リテ戸籍吏カ作ルヘキ書面ニハ届書ニ關スル規定ヲ準用スルコト

十　届出人カ疾病其他ノ事故ニ因リテ自ラ戸籍吏ノ面前ニ出頭スルコト能ハサルトキハ代理人ヲ差出スコトヲ得ルコト

十一　本法ニ定メタル屆出期間ハ屆出事件ノ發生シタル日ヨリ起算スルコト
十二　裁判確定ノ日ヨリ期間ヲ起算スヘキ場合ニ於テ屆出義務者カ裁判ノ送達又ハ交付ヲ受ケタル前裁判カ確定シタルトキハ其送達又ハ交付ヲ受ケタル日ヨリ期間ヲ起算スルコト
十三　本法ノ規定ニ依リ期間內ニ爲スヘキ屆出ヲ怠リタル爲メ過料ニ處セラレタル者アルトキ戸籍吏ヨリ旣ニ屆出ヲ受理シタル旨ノ通知アリタル場合ノ外裁判所ハ遲滯ナク其屆出ヲ爲スヘキ地ノ戸籍吏ニ通知スヘキコト
十四　戸籍吏ニ於テ前項ノ通知ヲ受ケタルトキハ屆出義務者ニ對シ相當ノ期間ヲ定メ其期間內ニ屆出ヲ爲スヘキ旨催告ヲ爲スヘキコト
十五　屆出義務者カ催告ノ期間內ニ屆出ヲ爲ササルトキハ戸籍吏ハ更ニ相當ノ期間ヲ定メテ催告ヲ爲シ爾後屆出義務者カ催告ニ應セサルトキ尙ホ催告ヲ爲スヘキコト
十六　本法ノ規定ニ違反シ屆出ヲ爲ササル者カ管轄內ニアルコトヲ知リタルトキハ戸籍吏ハ其事項ヲ管轄區裁判所ニ通知スルコト
十七　屆出期間ヲ經過シタル後ニ屆出ヲ爲シタル場合ト雖モ戸籍吏ハ其屆出ヲ受理スヘキコト
十八　屆出人ハ手數料ヲ納付シテ屆出受理ノ證明書ヲ請求スルコトヲ得ルコト

（例）
第二百二條　第四十三條、第四十四條、第四十六條、第四十九條乃至第五十二條、第五十四條、第五十五條、第五十八條及ヒ第六十二條乃至第六十六條ノ規定ハ本章ノ屆出ニ之ヲ準用ス

（備考）　第四編第一章第一節乃至第六節及ヒ第八節乃至第十節參觀

第八編　抗告、罰則及附則

第一章　抗告

第二百三條　身分登記又ハ戸籍ニ關スル事件ニ付キ戸籍吏ノ處分ヲ不當トスル者ハ戸籍役場ノ所在地ヲ管轄スル區裁判所ニ抗告ヲ爲スコトヲ得

（註記）　身分登記又ハ戸籍ニ關スル事件ニ付戸籍吏ノ處分トハ例ヘハ身分登記又ハ戸籍ニ關スル事件ノ屆出ヲ爲スモ戸籍吏ニ於テ之ヲ受理セス又ハ受理スルモ懈怠ニ付シ登記又ハ記載ヲ怠リ若クハ登記、記載ヲ誤マリ或ハ手數料ヲ納付シテ登記簿及戸籍ノ閲覽若クハ謄本、抄本等ヲ請求スルモ戸籍吏ニ於テ閣覽ヲ爲サシメス又之ヲ交付セサル等何事ニ依ラス登記及戸籍ニ關スル不當ノ處分アル場合ヲ云フ此場合ニ於テハ其處分ヲ不當トスル者ハ裁判所ニ抗告ヲ爲スコトヲ得ヘシ

第二百四條　抗告ハ管轄區裁判所ニ抗告狀ヲ差出シテ之ヲ爲ス

抗告狀ニハ屆書又ハ申請書及ヒ其他ノ關係書類ヲ添フルコトヲ要ス

（註記）　抗告ハ抗告狀ヲ作リ管轄區裁判ニ提出スヘキモノニシテ其抗告狀ニハ其事件ニ關スル屆書申請書其他關係ノ書類ヲ添付スヘキモノトス

第二百五條　抗告ヲ受ケタル裁判所ハ抗告ニ關スル書類ヲ戸籍吏ニ送付シテ其意見ヲ求ムルコトヲ要ス

（註記）　裁判所ニ於テ抗告ヲ受クタルトキハ其書類ヲ一旦戸籍吏ニ送付シテ戸籍吏ノ意見ヲ求ムルヘキニ依リ戸籍吏ハ其書類ニ付キ熟考シテ其意見ヲ答申セサルヘカラス

第二百六條　戸籍吏ハ抗告ヲ理由アリト認ムルトキハ處分ヲ變更シテ其旨ヲ裁判所及ヒ抗告人ニ通知スルコトヲ要ス

抗告ヲ理由ナシト認ムルトキハ其意見ヲ附シ送付ヲ受ケタル書類ヲ五日内ニ裁判所ニ返還スルコトヲ

要ス

（註記）　戸籍吏ニ於テ抗告ニ關スル書類ノ送附ヲ受ケ其抗告ノ理由アリト認メタルトキハ戸籍吏ハ既ニ爲シタル處分ヲ變更シテ抗告人ノ申立ヲ採用スルヲ得ヘシ其處分ヲ變更スルトキハ戸籍吏ハ其旨ヲ裁判所及抗告人ニ通知スヘシ又其抗告カ理由ナシト認ムルトキハ其書類ニ意見ヲ附シテ五日内ニ其書類ヲ送附ヲ受ケタル裁判所ニ返還スヘキモノトス

第二百七條　裁判所ハ抗告ヲ理由ナシトスルトキハ之ヲ却下シ其理由アリトスルトキハ戸籍吏ニ相當ノ處分ヲ命スルコトヲ要ス

抗告ヲ却下シ又ハ處分ヲ命スル裁判ハ決定ヲ以テ之ヲ爲シ之ヲ戸籍吏及ヒ抗告人ニ送達スルコトヲ要ス

（註記）　本條ハ抗告ノ理非ヲ正シテ裁判所カ決定ヲ以テ之ヲ却下シ又戸籍吏ニ相當ノ處分ヲ命スルコトヲ規定シタルモノニシテ裁判所ハ其抗告ヲ理由ナシトスルトキハ抗告人ニ之ヲ却下スヘシト雖モ若シ理由アリト認メタルトキハ戸籍吏ハ或ハ懲戒ニ付シ或ハ過料ニ處スル等相當ノ處分ヲ命スヘキモノトス

第二百八條　裁判所ノ決定ニ對シテハ法律ニ違背シタル裁判ナルコトヲ理由トスルトキニ限リ民事訴訟法ノ規定ニ從ヒテ抗告ヲ爲スコトヲ得

（註記）　本條ハ裁判所ノ決定ニ對シ民事訴訟法ノ規定ニ依リ更ニ抗告ヲ爲シ得ヘキコトヲ規定シタルモノニシテ民事訴訟法ノ規定ニ依リ抗告ヲ爲シ得ヘキハ裁判ノ決定カ法律ニ違背シタル裁判ナルコトヲ理由トスル時ニ限ルヘキモノトス

第二百九條　抗告ノ費用ニ付テハ非訟事件手續法ノ規定ヲ準用ス

（註記）本條ハ抗告ノ費用ヲ規定シタルモノニシテ抗告ノ費用ハ非訟事件手續法第二十六條ニ依リ申立人ノ負擔トス其他第二十七條等ヲ準用スヘキモノトス

第二章　罰則

第二百十條　本法ノ規定ニ依リ期間内ニ爲スヘキ屆出又ハ申請ヲ怠リタル者ハ十圓以下ノ過料ニ處セラル

（註記）本條ハ本法ニ規定セラレタル期間内ニ屆出又ハ申請ヲ怠リタル者ヲ罰スヘキ明條ヲ揭ケタルモノニシテ期間内ニ屆出又ハ申請ヲ怠リタルトハ例ヘハ出生ノ日ヨリ十日内ニ出生ノ屆出ヲ爲ササル者或ハ死亡ノ日ヨリ五日内ニ死亡ノ屆出ヲ爲サス胎内ニ在テ認知セラレタル子カ死體ニテ分娩シタルトキ其事實ヲ知リタル日ヨリ一个月内ニ認知ノ登記ノ取消ヲ申請セサルカ如キヲ云フ其之ヲ怠リタル者ハ本條ノ過料ニ處セラルヘシ

第二百十一條　期間内ニ屆出又ハ申請ヲ爲ササルニ因リ戸籍吏カ期間ヲ定メテ屆出又ハ申請ノ催告ヲ爲シタル場合ニ於テ尙ホ其屆出又ハ申請ヲ怠リタル者ハ二十圓以下ノ過料ニ處セラレ二回以上戸籍吏ノ催告ニ應セサル者モ亦同シ

（註記）本條ハ戸籍吏ノ催告ニ應セスシテ尙ホ屆出又申請ヲ怠リタル者ヲ罰スヘキ明條ヲ規定シタルモノニシテ戸籍吏ノ催告ニ應セサル者アルトキハ戸籍吏ハ數回催告ヲ爲シ得ヘクシテ數回之ニ應セサルトキハ又數回本條ノ過料ニ處セラルヘキモノトス

第二百十二條　戸籍吏ハ左ノ場合ニ於テハ三千圓以下ノ過料ニ處セラル

一　正當ノ理由ナクシテ身分又ハ戸籍ニ關スル屆出若クハ申請ヲ受理セサルトキ

二　身分登記又ハ戸籍ノ記載ヲ爲スコトヲ怠リタルトキ又ハ戸籍ニ關スル屆出又ハ申請ノ受理ノ證明

書ヲ交付セサルトキ

圓以下ノ過料ニ處セラルヘシ

（註記） 本條第一號第二號ノ所爲アルトキハ其所爲カ故意ナルト過失ナルトヲ問ハス戸籍吏ハ三十圓以下ノ過料ニ處セラル

第二百十三條　戸籍吏ハ左ノ場合ニ於テハ十圓以下ノ過料ニ處セラル

一　正當ノ理由ナクシテ身分登記簿又ハ戸籍簿ノ閲覽ヲ拒ミタルトキ

二　正當ノ理由ナクシテ身分登記簿又ハ戸籍ノ謄本若クハ抄本ヲ交付セス又ハ身分若クハ戸籍ニ關スル屆出又ハ申請ノ受理ノ證明書ヲ交付セサルトキ

（註記） 本條ハ戸籍吏カ正當ノ理由ナクシテ身分登記簿又ハ戸籍簿ノ閲覽ヲ拒ミ又ハ其謄本、抄本ヲ交付セス若クハ屆出又ハ申請ノ受理ノ證明書ヲ交付セサルトキノ制裁ヲ規定セラレタルモノニシテ是等ノ場合ニ於テハ戸籍吏ハ本條ノ過料ニ處セラルヘキモノトス

第二百十四條　本章ニ定メタル過料ノ裁判ハ過料ニ處セラルヘキ者ノ住所又ハ居所ノ地ヲ管轄スル區裁判所之ヲ爲ス其裁判及ヒ裁判ノ執行ニ付テハ非訟事件手續法ノ規定ヲ準用ス

（註記） 本章ノ規定ニ依リ過料ニ處セラルヘキ裁判ハ其過料ニ處セラルヘキ者ノ住所又ハ居所ヲ管轄スル區裁判所ノ管轄ニ屬スヘキモノナルヲ以テ市町村ノ分レテ甲乙二個ノ區裁判所カ管轄スルトキ戸籍役場ハ甲區裁判所ノ管轄内ニアルヲ以テ甲區裁判所ノ監督ニ屬スヘキモ其戸籍吏其他屆出又ハ申請違反者カ乙區裁判所ノ管轄ニ住居スルトキハ乙區裁判所ノ管轄ニ屬スヘキモノトス

第二百十五條　自己又ハ他人ノ利ヲ圖リ若クハ他人ヲ害スル目的ヲ以テ身分又ハ戸籍ニ關シ詐僞ノ屆出若クハ申請ヲ爲シタル者ハ十一日以上四年以下ノ重禁錮又ハ貳圓以上百圓以下ノ罰金ニ處セラル

（註記） 本條ハ自己又ハ他人ノ利害ヲ釀スヘキ爲メニ故ラニ詐僞ノ屆出ヲ爲シタル者ヲ罰スルノ明

條ヲ揭ケラレタルモノニシテ若シ自己又ハ他人ノ利害ニ關スルニアラスシテ差異アル屆出ヲ爲ス者ニ在テハ事實過誤ノ所爲タラサルヘカラサレハ本條ニ依リ處罰スヘキモノニアラス若シ既ニ差異ノ登記ヲ爲シタルトキハ登記變更ノ手續ニ依リ訂正スヘキモノトス

第三章　附則

附則ハ第二百十六條ヨリ第二百二十三條迄總テ八條アリ就中第二百十六條ハ市町村長ヲ置カサル地ニ於テ戸籍吏ノ職務ヲ行フヘキ吏員ノ件ニシテ之ヲ第一編第一章ニ揭ケ第二百十七條ハ本法ノ規定ニ依リ納付スル手續料收入ノ件ニシテ又第一編第一章ニ揭ク第二百十八條ハ屆出人其他ノ者ノ署名捺印ノ件ニシテ第二編第五章ニ揭ケ第二百十九條ハ登記目錄ヲ以テ登記簿ニ代用ノ件第二百二十條ハ登記目錄ノ册數紙數不足ノ場合ニ於テ戸籍吏作製ノ件ニテ第二編第一章ニ揭ク

第一節　戸籍改製ノ時期

凡ソ戸籍ハ從前編製シタルモノヲ用ヒ家督相續、轉籍ノ場合ト分家、廢絶家再興其他一家ヲ創立スル場合ニ於テ更ニ之ヲ編製スルトキハ其記載ハ本法ノ規定ニ依ルヘシト雖モ其他ハ從前ノ戸籍ヲ用ヒテ本法ニ依リ改製スルヲ要セス若シ本法ノ用紙ヲ用ヒテ戸籍ヲ編製スルトキハ舊戸籍ニ記載ナキ事項ニシテ其事實ヲ知ル能ハサルモノノ其記載ヲ省クコトヲ得ヘシ從前ノ戸籍中父ノ名ハ總テ記載アルモ母ノ名ニ至テハ母カ家族ニシテ生存セサルモノハ記載ナキヲ常トセハ若シ其母ノ名等ノ知ル能ハサルモノハ勿論其他總テ事實ヲ知ル能ハサルモノハ之ヲ省クコトヲ得ヘシ其舊用紙ニ在テハ本法ニ從ヒ記載スヘキ事項ノ區畫ナキモノアリ若シ舊用紙ヲ以テ編製スルトキハ其區畫ナキモノハ亦之ヲ省クヲ得ヘシ總シテ一体ニ戸籍ヲ改製スル時期ハ司法大臣ニ於テ定メラルヘキモノトス

（例）

第二百二十一條　本法ノ規定ニ依リ戸籍ヲ改製スヘキ時期ハ各地又ハ一般ニ付キ司法大臣之ヲ定ム

本法施行後戸籍ノ記載ヲ爲シ又ハ新ニ戸籍ヲ編製スル場合ニ於テハ其記載又ハ編製ニ付テハ本法ノ規定ニ從フコトヲ要ス但記載ヲ要スル事項ニシテ其事實ヲ知ルコト能ハサルモノ又ハ從前ノ戸籍用紙中其事項ヲ記載スヘキ區劃ノ設ナキモノハ其記載ヲ省クコトヲ得

第二節　寄留

第一款　寄留ノ事務

明治四年頒布ノ戸籍法ハ勿論明治十九年内務省令第十九號及同年内務省令第二十二號ノ寄留ニ關スル規定ノ外ハ本法施行ノ日ヨリ廢セラレ又其他ノ法令ナルモ本法ノ規定ニ抵觸スルモノト重復スルモノトハ同日ヨリ廢止セラレヘキモノトス故ニ内務省令第十九號寄留屆出ニ關スル制裁及出入寄留簿及其屆出登記ニ關スル規定等ハ此法律ト相竝施行スヘキモノタル敢テ言フヲ待タス然リ而シテ其寄留ニ關スル事務ノ監督ニ付テハ第五條ノ規定ヲ準用シ司法行政ノ監督ヲ準屬セラルヘキモノトス

寄留ノ事務ニ在テハ内務省令ニ依リ取扱フヘキニ依リ其事務ハ市町村長ノ職務ニ屬シ戸籍吏ノ職務ニ屬セサルモノナリト言フ説夥多アリテ當路ノ吏員ノ迷ヒテ決セサル者多シ編者カ考フル處ニ依レハ寄留ハ即チ戸籍事務ノ一部分ニシテ内務省カ明治十九年ニ於テ省令ヲ發シテ其事務ノ手續ヲ定メ屆出ヲ怠リタル者ニ付罰則ヲ規定セラレタルハ戸籍法則ニ基キテ定メラレタルモノニシテ該法令ハ當時其主管タリシ内務省ヨリ發セラレタルモ今日戸籍ノ事務カ司法省ノ主管ニ移屬セラレタル上ハ寄留ノ事務モ從テ司法省ノ主管ニ移屬セラレサルヘカラス其元タル戸籍事務カ司法部ニ屬シテ枝葉タル寄留ノ事務カ内務省ノ主管タルヘキ事ハ道理上ヨリ論スルモ實際上ヨリ論スルモ決シテアルヘカラサルナリ殊ニ從來所管ノ移轉ニ從ヒ舊主管

廳ノ法令ノ其儘履行セラレタルコトハ往々其例ヲ見ル處ナリ斯ク言ハヽ論者ハ或ハ言ハン該法令中區長戶長ニ於テ寄留者ノ屆出ヲ受理シ寄留簿ヲ整頓スヘキ明文アリテ區長戶長ノ事務ハ市町村長ノ固有ノ事務タルモ市町村長ト戶籍吏トハ其人ハ同一ナルモ其職務ハ異ナルヘキモノナリ故ニ若シ戶籍吏ヲシテ寄留ノ事務ヲ處理セシムルニ於テハ該法令中ノ區長戶長ハ戶籍吏タルコトヲ明示セラレサルヘカラス否ラサルニ依リ該事務ハ從前ノ如ク市町村長ニ屬スヘキモノナリト論者ノ言ハルル處一理ナキニアラサレトモ戶籍吏ト市町村長トハ別種ノモノニアラス市町村長ハ戶籍吏ニシテ戶籍吏ハ市町村長ナリ市町村長カ戶籍ノ事務ヲ扱フトキハ戶籍吏トナリ其市町村ノ行政事務ニ從事スルトキハ市町村長ノ名ヲ以テシ敢テ別人ナルニアラス止タ其主管ノ異ナルノミ其主管ノ異ナルカ故ニ亦其監督ノ異ナルモノトス然リ而シテ戶籍吏トシテ身分登記及戶籍ニ關スル事務ニ從事スル者ハ市町村長ニ限ルヘカラス市參事會員町村助役等ニ於テモ市町村長故障アル場合ハ戶籍吏ノ職務ニ從事ス論者ノ言ハルル如ク內務省令第十九號第二十二號中區長戶長トアルニ依リ寄留ノ事務ハ市町村長ニ屬スヘシトセハ明年三十年十一月大藏省令第二十號ニ依リ戶籍ノ謄本ヲ請求スル者アル場合ニ於テハ該省令ニハ市町村長ノ證明シタル新舊戶籍ノ謄本云々トアルニ依リ其謄本ヲ作リ之ニ證明シテ交付スヘキモノハ市町村長ナラサルヘカラス又公證人規則第二十八條ニ依リ在籍ヲ證明スルモ郡長若クハ戶長ト明掲セラレアレハ市町村長ナラサルヘカラス其他陸軍士官候補生敎導團生徒中央地方幼年學校生徒ノ志願書ニ添付スヘキ戶籍ノ謄本ヲ始メ從前ノ法令中戶籍ノ謄本ヲ提出セシムル明文アルモノ皆區長戶長市町村長ニ於テ證明スヘキ明文ヲ掲ケラレアリ戶籍法施行後既ニ數旬ヲ經ルモ未タ戶籍吏ト改正スルノ令達アリシヲ聽カス去リ迚市町村長ノ職務トシテ戶籍ヲ謄寫シ之ヲ證明スルハ市町村長ノ事務ト戶籍吏ノ事務トヲ混交シ結局其監督アル所ヲ區別スル能ハサルニ至ルヘシ故ニ人ハ同一ノ人タリトモ其職務ハ之ヲ區別セサルヘカラス是レ法令ニ區長戶長又ハ市町村長トアリシモ其職務ノ區別ヲ設ケラレタル

上ハ區別スヘキコト當然ナルヘケレハ爾來是等ノ事務ハ渾テ戸籍吏ノ職務ニ移屬セシコトハ言ヲ俟タスシテ明カナリ尙ホ一歩ヲ進メテ寄留ノ事務ヲ戸籍吏ニ屬セサルヘカラサルコトヲ證言スヘシ見ヨ戸籍法第二百二十二條ノ末項ニ於テ寄留ニ關スル事務ノ監督ニ付テハ第五條ノ規定ヲ準用ストアルニアラスヤ蓋シ此法意ヲ案スルニ寄留ノ事務ニ付テハ戸籍及身分登記ニ關スル事務ニ準シテ判事ノ監督ヲ受ケ又寄留ノ事務ハ戸籍及身分登記ニ關スル事務ニ準シテ司法行政ニ關スル規定即チ裁判所構成法ノ規定ヲ準用セラルヘキモノナルヘシ若シ寄留ノ事務ヲシテ市町村長ノ事務ニ屬スルモノトセハ寄留ノ事務ハ行政廳ノ監督ニ付セラルヘキヲ以テ戸籍法第五條ヲ準用セラルルハ穩當ナラサルノミナラス其法文ハ市制町村制ノ規定ヲ準用ストセサルヘカラス然ルニ第五條ノ規定ヲ準用セラルヘキ明文ヲ掲ケラレタルニ依リ寄留ノ事務モ共ニ戸籍吏從屬スヘキモノタル疑フヘカラサルナリ

編者曰此疑義ニ付テハ我カ大久保村ハ既ニ其筋ヘ稟伺中ニシテ尙ホ此事ニ付テハ或ル者ニ質義セシニ市町村長ノ職務ニ屬スヘキ景况ナリト雖モ編者ハ固ク本說ヲ執テ動カサルモノナリ

（例）

第二百二十二條　明治四年四月四日布告戸籍法、明治十九年内務省令第十九號及ヒ同年内務省令第二十二號ハ寄留ニ關スル規定ヲ除ク外本法施行ノ日ヨリ之ヲ廢止シ其他ノ法令ニシテ本法ノ規定ニ抵觸シ又ハ重複スルモノハ同日ヨリ之ヲ廢ス

寄留ニ關スル事務ノ監督ニ付テハ第五條ノ規定ヲ準用ス

（附記）　寄留ニ關スル屆出及取扱手續等ニ關スル諸則ハ第四部中ニ其目ヲ設ケテ掲載スヘキニ依リ讀者宜ク第四部ニ就キ之ヲ了セラルヘシ

第二部　親族編

第一編　總則

本編ハ親族ノ範圍及親等算定ノ方法ニ關スル規定ヲ揭ケラレタルモノニシテ本編各條ノ規定ハ所謂親族法ノ基礎タルモノナリ

第一章　親族ノ範圍

凡ソ六親等內ノ血族ト配偶者及三親等內ノ姻族ヲ以テ親族トシ縱令血統相聯繫シ實際親族ノ關係アリト雖トモ此範圍外ニ在ルモノハ民法上親族タル效力ヲ有セス故ニ親族ニ付規定シタル民法上ノ權利ヲ行ヒ義務ヲ負擔スルコトヲ得サルモノナリ

親等ハ世數ヲ算シテ之ヲ定メ一世ヲ一親等トシ世代ヲ重ヌルニ隨ヒ親等ノ數ヲ增シ親族ノ關係ヲ疎ニス故ニ親族ノ遠近ハ世數ノ多少ニ依ル其始祖ヨリ子孫ニ直下スルモノニアラスシテ同始祖ニ出ツル處ノ親系即チ親族ノ一人又ハ配偶者ヨリ始祖ニ遡リ其始祖ヨリ子孫ニ下ラスシテ他ノ一人ニ下ルマテノ世數ヲ傍系ト謂ヒ其親等ヲ定ム蓋シ傍系親トハ直系親ニ對スルノ語ニシテ父祖子孫ハ直系ニシテ兄弟伯叔父姑ノ如キハ即チ傍系親ナリ其親等ヲ算フルハ已レ又ハ配偶者ヨリ算フルモ已又ハ配偶者ヲ以テ世數ニ加ヘス直系ノ親等ヲ算フルトキハ父母ヲ一親等トシ祖父母ヲ二親等曾祖父母ヲ三親等トシ以上遡リテ六親等ニ至リ又子ヲ一親等トシ孫ヲ二親等トシ下テ六親等ニ至ル傍系親ニ在テハ父母ヲ一親等トシ兄弟姉妹ヲ二親等トシ甥姪ヲ三親等トスルカ如シ餘ハ皆之レニ準シテ親等ヲ算定スヘキモノトス

(例)

第七百二十五條　左ニ揭ケタル者ハ之ヲ親族トス

一　六親等内ノ血族
二　配偶者
三　三親等内ノ姻族

（註記）　本法ニ於テハ血統ノ相聯繫スル者タリトモ六親等内ノ血族ニアラサレハ親族ノ關係ヲ有セシメス其六親等外ノ血族ヲシテ民法上親族タルノ効力ヲ生セシメサル所以ノモノハ他ナシ六親等外ノ血族ニ在リテハ親愛ノ情極メテ疎ク互ニ相見ルコト血縁ナキ者ト相同シキコトヲ思量セラレタルモノニシテ新律綱領及刑法ノ親屬例ヲ見ルモ六親等以外ノ者ヲ以テ親族トナシタルモノナシ故ニ從來ノ慣例ヲ執リ親族ハ六親等以内ノ者ニ限ルモノト規定セラレタルモノトス
本法ニ在リテハ姻族ハ三親等以内ノ者ヲ以テ親族ノ範圍ニ置キ三親等以外ノ姻族ハ親族ト認ス本法ニ於テ三親等以内ノ姻族ヲ以テ親族ト爲シタルモノハ蓋シ人情ニ於テ實際親族ノ待遇ヲ爲ス處ノ慣習ニ依ルモノトス

第七百二十六條　親等ハ親族間ノ世數ヲ算シテ之ヲ定ム
傍系親ノ親等ヲ定ムルニハ其一人又ハ其配偶者ヨリ同始祖ニ遡リ其始祖ヨリ他ノ一人ニ下ルマテノ世數ニ依ル

（註記）　本條ハ血統ノ親疎ヲ以テ親等計算法ノ基礎ヲ定メタルモノニシテ世數ヲ算スルトハ世代ヲ算フルヲ云フ同始祖ニ遡ルトハ例ヘハ伯叔父母ナレハ其父母ヨリ祖父母ニ遡リ祖父ヨリ伯叔父母ニ下リ其間ノ世數即チ父母祖父母伯叔父母ト算ヘテ親等ヲ定ムルカ如シ

第二章　養子ト養親及養方親族並繼父母ト繼子、嫡母ト庶子トノ間ニ於ケル親族ノ關係

養子ト養親トハ眞ノ親子ヲ假設スルモノニシテ養子ノ實親ニ於ケルヨリ養親ニ於ケル却テ其情義ノ深厚ナラサルヘカラス故ニ養子ト養親トノ間ハ勿論養子ト養親ノ血族ノ間ニ於ケルモ養子縁組ヲ爲シタルトキハ其日ヨリ血族間ニ於ケルト同一ノ親族ノ關係ヲ生シ又父カ後妻ヲ娶リ母カ後夫ヲ迎ヘタルトキハ前妻ノ子ト後妻ト前夫ノ子ト後夫トノ間夫カ庶子ヲ擧ケタルトキ其庶子ト父ノ配偶者トノ間モ亦其日ヨリ血族間ニ於ケル同一ノ親族ノ關係ヲ生ス故ニ前章ニ記述シタル親等ニ依リ民法上ノ效力モ互ニ生スヘシト雖モ養親養子ノ間離縁トナリタルトキハ養親ト養子及養親血族トノ親族ノ關係ハ離縁ノ日ヨリ止ム而シテ養親カ養家ヲ去リタルトキハ養親ト養親ノ實方ノ血族ト養子トノ間ノ親族關係ハ養親カ養家ヲ去リタルノ日ヨリ止ム但シ養親カ本家相續、分家、廢家、絶家ヲ再興スル爲メニ養家ヲ去リタル場合ニ於テハ本文ノ限ニ在ラス

若シ養子ノ配偶者養子ノ直系卑屬即チ子孫又ハ其子孫ノ配偶者カ養子離縁ニ因リ其養子ト共ニ養家ヲ去リタルトキハ養子ト共ニ養家ヲ去リタル者ト養子ノ養親ト其養親ノ血族トノ親族ノ關係ハ其養子ト共ニ養家ヲ去リタルニ由リ止ム

(例)

第七百二十七條　養子ト養親及ヒ其血族トノ間ニ於テハ養子縁組ノ日ヨリ血族間ニ於ケルト同一ノ親族關係ヲ生ス

(解釋)　本條ハ養子縁組ニ依リ生スル親族關係ノ性質ヲ定メタルモノニシテ本條ニ云フ養子トハ男女ヲ分タス之ヲ總稱スルモノナリ

第七百二十八條　繼父母ト繼子ト又嫡母ト又庶子トノ間ニ於テハ親子間ニ於ケルト同一ノ親族關係ヲ生ス

（解釋）父死後母ニ於テ後夫ヲ迎ヘタルトキ前夫ノ子母ノ後夫ヲ指テ繼父ト稱シ後夫ヨリ前夫ノ子ヲ指シテ繼子ト稱ス母ノ連子ニシテ後夫ニ養ハルヽ者（養子ニアラス）亦其後夫ヲ繼父トシ後夫ヨリ繼子ト稱ス母ニ於テ再嫁スルモ後夫ノ家ニ連レ越サレサルトキハ繼父子ノ稱ナシ又先妻ノ子ヨリ父ノ後妻ヲ呼テ繼母ト云ヒ後妻ヨリ夫ノ前妻ノ子ヲ呼テ亦繼子ト稱ス妻ヨリ夫ノ嫡子ニアラサル子ヲ呼テ庶子ト云ヒ庶子ヨリ父ノ正妻ヲ呼テ嫡母ト云フ繼父母ト繼子及嫡母ト庶子ノ間ニ於ケル養子ト異ナリ眞ノ親子ノ關係ヲ有セサレトモ其配偶者ノ一方ト實子トノ間ニ在テハ眞ノ親子ノ關係ヲ有スヘケレハ其子ト配偶者ノ他ノ一方ノ間ニ於ケルモ亦眞ノ親子ノ間ニ於ケルト同一ニ親族關係ヲ生スルモノト爲サヽルヘカラス

第七百三十條　養子ト養親及ヒ其血族トノ親族關係ハ離縁ニ因リテ止ム

養親カ養家ヲ去リタルトキハ其者及ヒ其實方ノ血族ト養子トノ親族關係ハ之ニ因リテ止ム養子ノ配偶者、直系卑屬又ハ其配偶者カ養子ノ離縁ニ因リテ之ト共ニ養家ヲ去リタルトキハ其者ト養親及ヒ其血族トノ親族關係ハ之ニ因リテ止ム

（註記）本條第一項ニ於テ養子縁組ニ依リ生シタル親族關係ハ離縁ニ依リ消滅スヘキコトヲ明掲シタルモノニシテ他家ヨリ入リタル養親カ離縁離婚ニ依リ養家ヲ去リタルトキハ其本人及其養家ノ血族ト養子トノ親族關係ハ之ニ依テ消滅スルコトヲ第二項ニ規定セラレタリ第三項ハ養子離縁ニ依リ其配偶者直系卑屬及其配偶者ヲ養子カ携帶シタルトキ其者ト養親及其血族ト親族關係ノ消滅スルコトヲ規定シタルモノナリ然レトモ養子ノ直系卑屬ハ養家繼承ノ地位ヲ占ムルモノニシテ所謂法定ノ推定家督相續人タレハ其養家ヲ去ラサルトキハ其者ト養親及其血族トハ親族關係ヲ有スルコト勿論ナリトス

（備考）第三章ノ例ニ記載スル第七百三十一條後段ノ規定參觀

第三章　姻族關係及繼父母ト繼子嫡母ト庶子トノ間ニ於ケル親族關係ノ消滅

配偶者ノ一方カ離婚トナリテ其家ヲ去リタルトキハ姻族關係並繼親子及嫡母ト庶子トノ間ノ親族關係ハ之ニ因リテ消滅スヘシ蓋シ此ノ如キ親族關係ハ親ノ婚姻ニ依リテ生スルモノナルカ故ニ又其離婚ニ依リ消滅ニ至ルヘキハ敢テ疑フヘキニアラス然リ而シテ夫婦ノ一方カ死亡シタルモ他ノ一方カ生存スルカ其家ヲ去ラサルトキハ姻族關係並繼親子及嫡母ト庶子トノ間ノ親族關係ハ消滅スヘキモノニアラサルモ夫婦ノ一方カ死亡シタル場合ニ於テ一方ノ生存配偶者カ其家ヲ去リタルトキハ姻族關係及此ノ如キ親族關係ハ消滅スヘキモノトス然レトモ本家相續ノ爲メ其家ヲ去ルカ又ハ分家若クハ廢家絶家ヲ再興ノ爲メニ其家ヲ去ルトキハ其生存配偶者ハ依然其家ニ在ルト同一視セサルヘカラサルヲ以テ姻族親族ノ固有ノ關係ハ消滅スヘキモノニアラス又婚姻無效トナリタルモノハ初メヨリ其婚姻ノ成立セサルモノニシテ婚姻ノ解消シタルモノニアラサレハ之カ爲メ姻族關係親族關係ノ消滅シタリトスヘキモノニアラス

（例）

第七百二十九條　姻族關係及ヒ前條ノ親族關係ハ離婚ニ因リテ止ム

夫婦ノ一方カ死亡シタル場合ニ於テ生存配偶者カ其家ヲ去リタルトキ亦同シ

（註記）本條第二項生存配遇者カ其家ヲ去ルトハ例ヘハ夫カ死亡ノ後其婦カ生家ニ復歸シ又ハ婦カ死去ノ後其夫カ實家ニ復歸シタル場合ヲ云フ

第七百三十一條　第七百二十九條第二項及ヒ前條第二項ノ規定ハ本家相續分家及ヒ廢絶家再興ノ場合ニハ之ヲ適用セス

(註記) 本條ノ本家相續分家廢絶家再興ハ該家ノ本家ノ相續ヲ爲シ又ハ該家ヨリ該家ノ分家ヲ新立シ若クハ該家ノ緣故ノ廢家絶家ヲ該家ヨリ再興スルモノニ該當シ他家ノ本家ヲ相續シ他家ノ分家ヲナシ該家ニ緣故ナキ他家ノ緣故アリシ家ヲ再興スル場合ニ該當セサルヘシ

第二編　戸主及家族

第一章　總則

本章ハ其家ニ生レテ家族タリシ者ト他家ヨリ入リテ家族トナリタルモノヲ規定シ家ヲ轉スルニ付キ必用ナル條件ヲ定メ併セテ戸主權取得ノ特別原因ヲ掲ク戸主權取得ノ普通原因ハ家督相續ニシテ第三部相續ノ部ニ規定セラルルナリ

第一節　戸主ト家族ノ關係

凡ソ一家ノ家長タル者之レヲ戸主ト云ヒ其戸主タル者ノ家ニ在ル者ト其配偶者トハ戸主ノ家族トス然リ而シテ戸主變更即チ代替ノ場合ニ於テハ舊戸主即チ隱居ト其家族トハ新戸主ノ家族トス若シ戸主ノ親族ニアラサルヲ以テ其戸主ノ家族タルヘカラサルモ民法施行ノ際民法上家族トシテ其戸主ノ家ニ在ル者ハ亦之レヲ家族トシ其家族トナリタル者ハ民法施行ノ日ヨリ本章第二節ノ規定ニ從ヒ戸主權ニ服スヘキモノトス

(例)

第七百十二條　戸主ノ親族ニシテ其家ニ在ル者及ヒ其配偶者ハ之ヲ家族トス

戸主ノ變更アリタル場合ニ於テハ舊戸主及ヒ其家族ハ新戸主ノ家族トス

(註記) 戸主ノ親族ニシテ其家ニ在ル者トハ前編第一章ニ掲ケタル戸主ノ六親等ノ血族ト三親等ノ

姻族トヲ云ヒ其配偶者トハ戸主及家族ノ配偶者ヲ云フ但本條ノ明文ヲ以テスルトキハ其配偶者ナル稱ハ戸主ノ配偶者ニ於ケルカ如シト雖モ若シ然ラソニハ從來ノ慣行ト合ハサルモノニシテ之レヲ刑法ノ親族例等ニ照ラスモ戸主ノ配偶者ノミニ限ルトキハ法律施行ノ點ニ於テ差支アル處アルヘキモノトス

（備考） 民法施行法第六十二條參觀

第二節　子タル者ノ定籍ニ關スル規定

子ハ當然其父ノ家ニ入ルヘシト雖モ父カ其子ノ出生前ニ離婚又ハ離緣ニ依リ其家即チ子ノ懷胎シタル家ヲ去リタル後子ノ出生シタルトキハ現ニ父ノ屬スル家ニ入ラスシテ懷胎ノ始メニ父カ屬シタル家ニ入ルヘキモノトス例ヘハ養子カ離緣ニ因リ實家ニ復歸シ入夫カ離婚ニ因リテ婚家ヲ去リタルトキ既ニ妻カ懷胎シテアリテ其養子又ハ入夫ノ離緣又ハ離婚ノ後其家ニ在リテ養子又ハ入夫ノ子ヲ產ミタルトキハ其子ハ養家又ハ婚家ニ入ルカ如シ若シ其子ノ出生前父母共ニ其家ヲ去リタルトキ例ヘハ父カ養子ニシテ離緣トナリテ養家ヲ去ルトキ其妻カ父ト離婚セスシテ隨テ其家ヲ去リタルカ如キ場合ニ於テハ父カ養家ヲ去リタル後出生ノ子ヲシテ懷胎ノ始メニ遡リ父ノ舊養家ニ入ラシムヘカラスシテ出生ノ時現ニ父ノ屬スル家即チ其實家ニ入ルヘキモノトス然レトモ母カ子ノ出生前ニ復籍ヲ爲シタルトキハ子ハ出生ノ當時父ノ屬スル家ニ入ルヲ得スシテ懷胎ノ始メニ父カ屬セシ家ニ入ルヘシ例ヘハ母カ協議上離婚ヲ爲シテ生家ニ復歸スルカ又ハ本法第八百十三條第十號及第八百十八條第二項ニ依リ離緣ヲ理由トシテ離婚ノ訴ヲ爲シ子ノ出生前ニ復籍シタルトキハ其子ハ父ノ舊養家ニ屬スルカ如シ

子ハ父ノ家ニ入ルヲ以テ原則トスルモ父ノ知レサル子ニ在テハ父ノ家ニ入ルヲ得サルニ依リ此場合ニ於テハ子ハ母ノ家ニ入ルヘシ若シ父母共ニ知レサル子ハ其屬スヘキ家ナキニ依リ一家ヲ創立シテ以テ其家籍ヲ

定ムヘキモノトス

（例）

第七百三十三條　子ハ父ノ家ニ入ル

父ノ知レサル子ハ母ノ家ニ入ル

父母共ニ知レサル子ハ一家ヲ創立ス

（解釋）　父又ハ母ノ家ニ入ルトハ其屬スヘキ家籍ヲ定ムルモノニシテ父ノ知レサル子トハ私生子ノ類ナリ又父母ノ知レサル子トハ棄兒迷兒ノ如ク其父母ノ誰タルヤヲ判別シ能ハサル子ヲ云フ其父母ノ知レサル子ハ其定ムル處ノ籍ナキヲ以テ一家ヲ創立シ以テ其籍ヲ定メシムヘキモノトス否ラサレハ數歳月間無籍者ヲ出スニ至ルヲ以テナリ

第七百三十四條　父カ子ノ出生前ニ離婚又ハ離緣ニ因リテ其家ヲ去リタルトキハ前條第一項ノ規定ハ懷胎ノ始ニ遡リテ之ヲ適用ス

前項ノ規定ハ父母カ共ニ其家ヲ去リタル場合ニハ之ヲ適用セス但母カ子ノ出生前ニ復籍ヲ爲シタルトキハ此限ニ在ラス

（註記）　本條第一項ハ子ハ父ノ家ニ入ル原則ノ除外例ヲ揭ケラレタルモノナリ蓋シ父カ離婚又ハ離緣ニ因リ婚家又ハ養家ヲ去ルノ後母カ其家ニ殘留シタルトキハ出生ノ子ハ懷胎ノ始メ父カ屬セシ家即チ母ノ家ニ入ルモノニシテ是レ舊慣ニ依ル處ナリ

第二項ハ母カ父ニ隨テ其家ヲ去リ父ノ屬スル家ニ入リタル場合ヲ規定シタルモノニシテ舊慣ト相反スル所ナリ舊慣ニ於テハ婦カ養子ニ隨テ其家ヲ去ルモ其家ニ在リテ懷胎シタルトキハ出生ノ子ハ其家ニ屬スヘキナリ然レトモ父母共ニ其家ヲ去リ父母カ婚姻ヲ解消セサルニ子ノミ其舊家ニ歸

セシムルハ條理ニ戻リタルモノナレハ此ノ場合ニ於テハ出生ノ子モ亦父母ノ現ニ屬スル家ニ入ル然レトモ父母共ニ其家ヲ去リ婚姻ヲ解消シタルトキハ之レニ反シ出生ノ子ハ其舊家ニ屬セシムヘキモノトス

（備考）　民法施行法第六十三條參觀

第二節　家族ノ庶子私生子タル者定籍ニ關スル規定

家族カ正當ノ婚姻ニ依リ子ヲ擧ケタルトキハ其子ハ當然前節ニ規定アル處ニ從ヒ其父又ハ其母ノ家ニ入ルヘキニ依リ其戸主タル者ノ家族トナシ戸主ハ其子ニ對シテ扶養敎育ノ義務ヲ負フヘキコト當然ナリト雖トモ家族ニ於テ庶子又ハ私生子ヲ擧ケタルトキハ家族カ正當ノ婚姻ニ依リテ擧ケタルモノニアラスシテ倫理ニ悖リタル所爲タレハ戸主ニ於テ其子ヲ自家ノ家族トナシ扶養敎育ノ義務ヲ負擔スルヲ拒ムヲ得ヘシ故ニ家族ノ庶子及私生子ハ戸主ノ同意アルニアラサレハ其家ニ入ルコトヲ得ス若シ家族ノ庶子ニシテ其父ノ家ニ入ルコトヲ得サルトキハ其母ノ家ニ入ルヘシ私生子ニ於テハ勿論父ノ知レサル子タルヲ以テ第七百三十三條第二項ノ規定ニ依リ母ノ家ニ入ルヘキコト言フヲ俟タサレトモ若シ母ノ家ニ入ルコトヲ得サルトキハ其籍ニ置クコト能ハサルニ依リ一家ヲ創立シテ以テ其籍ヲ定ムヘキモノトス

（例）

第七百三十五條　家族ノ庶子及ヒ私生子ハ戸主ノ同意アルニ非ラサレハ其家ニ入ルコトヲ得ス

庶子カ父ノ家ニ入ルコトヲ得サルトキハ母ノ家ニ入ル

私生子カ母ノ家ニ入ルコトヲ得サルトキハ一家ヲ創立ス

（註記）　婚姻ニ依リ家族カ擧ケタル子ハ戸主ニ於テ其家ニ入ルコトヲ拒ムコトヲ得サルモ家族カ庶子私生子ヲ擧ケタルトキハ其家ニ入ルコトヲ拒ムコトヲ得ヘシ故ニ本條第一項ニ戸主ノ同意アル

ニアラサレハ其家ニ入ルコトヲ得サル旨ヲ規定セラレタリ其他別ニ必要ナキヲ以テ説明ヲ欠ク

第四節　女戸主ノ入夫ヲ戸主トシ他家ニ在ル戸主ノ親族ヲ家族ト爲スノ規定

女戸主ニ於テ入夫ヲ迎ヘテ婚姻ヲ爲シタルトキハ女戸主ハ其戸主ヲ退キ入夫ハ當然其家ノ戸主トナル是レ蓋シ婦ハ夫ニ從フヘキ原則ニ基キタルモノナリ然レトモ婚姻ノ當時反對ノ意思ヲ表示シタルトキハ此限ニアラサルモノトス

戸主ノ親族ニシテ乙家即チ他家ニ在ルモノハ甲家戸主ノ同意ヲ得タルトキハ甲家戸主ノ家族ト爲ルコトヲ得ヘキモ若シ其乙家即チ他家ニ在ル甲家戸主ノ親族タル者カ乙家戸主ノ家族タルトキハ又乙家戸主ノ同意ヲ得ルコトヲ要ス單ニ甲家戸主ノ同意ヲ得タルノミニテ甲家ノ家族トナルコトヲ得ス又其親族タル者カ未成年ナルトキハ單ニ戸主ノ同意ヲ得タルノミニテハ他家ニ入リ家族トナルコトヲ得ス此場合ニ於テハ親權ヲ行フ父又ハ母若クハ其後見人ノ同意ヲ得ルコトヲ要ス故ニ例ヘハ乙家ノ戸主カ廢家スル場合ニ於テ甲家戸主ノ親族タルヲ以テ甲家戸主ノ家族タラントスルトキ其者カ未成年者ニアラサレハ甲家戸主ノ同意ヲ得ルノミニテ甲家戸主ノ家族トナルヲ得ヘキモ乙家戸主ノ家族タル者ニ於テ甲家戸主ノ親族タルニ依リ甲家戸主ノ家族トナラントスルニハ甲乙兩家戸主ノ同意ヲ得若シ其者カ未成年者ナルトキハ尙ホ親權ヲ行フ父又ハ母若クハ後見人ノ同意ヲ要スヘキモノトス

（例）

第七百三十六條　女戸主カ入夫婚姻ヲナシタルトキハ入夫ハ其家ノ戸主ト爲ル但當事者カ婚姻ノ當時反對ノ意思ヲ表示シタルトキハ此限ニ在ラス

（註記）　女戸主カ入夫ヲ爲シタルトキ入夫カ其家ノ戸主トナルコトハ明治二十六年第二百六十三號

布告ニ於テ規定セラレタル處ニシテ爾來之ニ依リ實行セラレタルモノナリ然レトカモ女戸主カ入夫婚姻シタルトキハ入夫ヲシテ必ス其家ノ戸主ト爲サシムルニ於テ自由ノ權利ヲ束縛スルノ嫌ナキ能ハス殊ニ情實ニ於テ入夫ヲシテ戸主タラシムルヲ得サル場合ナシトセサレハ本條第二項ニ於テ當事者カ婚姻ノ當時前項ノ規定ニ反對スル意思ヲ表示シタルトキハ强テ入夫ヲシテ戸主タラシムルニ及ハサル除外例ヲ揭ケタルモノナリ

第七百三十七條　戸主ノ親族ニシテ他家ニ在ル者ハ戸主ノ同意ヲ得テ其家族ト爲ルコトヲ得但其者カ他家ノ家族タルトキハ其家ノ戸主ノ同意ヲ得ルコトヲ要ス

前項ニ揭ケタル者カ未成年者ナルトキハ親權ヲ行フ父若クハ母又ハ後見人ノ同意ヲ得ルコトヲ要ス

（註記）　本條第一項本文ハ戸主ノ家族ニアラスシテ他家ニアル戸主ノ親族ヲシテ家族ト爲ス場合ヲ規定セラレタルモノニシテ戸主カ一家ヲ廢シテ親族ノ家族トナリ又ハ戸主カ死亡シ其家名ヲ繼承スルモノナクシテ親族ノ家族トナリ若クハ分家戸主ニ於テ其生家ニ復歸スルカ如キ場合ニ該當シ其但書ニ在リテハ子カ侍養ノ爲メニ他家ノ家族タル父母ヲ入家セシメテ家族ト爲スカ如キ總シテ他家ニ在ル親族ヲ家族ト爲ス場合ニ該當スヘシ蓋シ從前ノ例ニ於テ一家退轉其他ノ事情ニ依リ親族ヲシテ附籍トナシ家族ニ準シ養育等ヲ爲シタル者ニ髣髴タリ

第五節　婚姻離婚、養子緣組離緣ニ因リ其親族ヲ養家、婚家、生家ニ携帶入籍ノ規定及離緣離婚ニ因ル復籍ノ規定

凡ソ婚姻又ハ養子緣組ニ因リ他家ニ入リタル者カ婚家又ハ養家ノ親族ニアラサル自己ノ親族ヲ其婚家又ハ養家ノ親族ト爲サントスルトキハ其親族タル者ノ戸主ハ婚家又ハ養家ノ戸主トノ同意ヲ得ヘキノミナラス其配偶者又ハ養親タル者ノ同意ヲ得ルコトヲ要ス今一例ヲ擧ケンニ甲家ノ弟妹又ハ二男女カ乙者ノ入夫又

ハ妻トナリ若クハ養子トナリテ乙家ニ入リタルトキ甲家ニアル父母又ハ弟妹等ヲシテ乙家ノ家族ト爲サントスルトキハ甲乙兩家戸主ノ同意ヲ得且其夫又ハ其妻若クハ養親ノ同意ヲ要スルカ如シ之ニ反シ婚姻又ハ養子緣組ニ依リ他家ニ入リタル者カ離婚離緣ニ因リ婚家又ハ養家ヲ去リタルトキハ其婚家又ハ養家ニ遺留セル自巳ノ直系卑屬即チ其子孫ヲ自家ノ家族ト爲サントスルトキモ前述ノ如ク其配偶者又ハ養親ト協議シ兩戸主ノ同意ヲ得テ自家ニ引取ルコトヲ得ヘキモノトス

婚姻又ハ養子緣組ニ因リ他家ニ入リタル者即チ他家ニ入リ夫又ハ妻若クハ養子トナリタル者カ離婚又ハ離緣トナリテ婚家又ハ養家ヲ去ル場合ニ於テハ實家ニ復籍スヘキモノトスト雖トモ其實家カ廢家絶家トナリテ復籍ヲ爲シ能ハサルトキハ更ニ一家ヲ創立ス若シ實家ヲ再興セントヲ請フトキハ實家再興ヲ爲スコトヲ得ヘシ

（例）

第七百三十八條　婚姻又ハ養子緣組ニ因リテ他家ニ入リタル者カ其配偶者又ハ養親ノ親族ニ非ラサル自巳ノ親族ヲ婚家又ハ養家ノ家族ト爲サント欲スルトキハ前條ノ規定ニ依ル外其配偶者又ハ養親ノ同意ヲ得ルコトヲ要ス

婚家又ハ養家ヲ去リタル者カ其家ニ在ル自己ノ直系卑屬ヲ自家ノ家族ト爲サント欲スルトキ亦同シ

（註記）　本條ハ從前ノ親族送入籍及携帶者送入籍ト異ナルナキヲ以テ之ニ對シ別ニ註記ヲ要セサルモノトス

第七百三十九條　婚姻又ハ養子緣組ニ因リテ他家ニ入リタル者ハ離婚又ハ離緣ノ場合ニ於テ實家ニ復籍ス

（註記）　本條ハ夫又ハ妻若クハ養子トシテ他家ニ入リタル者カ離婚離緣トナリタルトキ當然實家ニ復歸スヘキコトヲ規定シタルモノニシテ舊慣ト異ナルコトナシ蓋シ婚姻養子緣組ノ無效即チ取消

シトナリタル場合ハ本條ニ包含セス婚姻養子緣組ノ無效トナリタルモノハ其婚姻養子緣組カ始メヨリ成立セサリシモノタレハ其夫婦又ハ養子タルモノハ初メヨリ實家ヲ去ラサリシモノト看做スヘケレハナリ

第七百四十條　前條ノ規定ニ依リテ實家ニ復籍スヘキ者カ實家ノ廢絶ニ因リテ復籍ヲ爲スコト能ハサルトキハ一家ヲ創立ス但實家ヲ再興スルコトヲ妨ケス

（註記）　本條モ亦從來實行セラルヽ處ノ慣例ト異ナルコトナクシテ復籍ノ場合ニ於テ實家カ斷滅セシトキハ一家ヲ新立シ又本人ノ請願ニ依リテ實家ヲ再興スルモ妨ケナシ

第六節　婚姻養子緣組ニ因リ他家ニ入リタル者カ更ニ婚姻養子緣組ニ因リ他家ニ入ルノ手續及離籍又ハ復籍拒絶

婚姻又ハ養子緣組ニ因リ他家ニ入リタル者例ヘハ他家ニ入夫シ又ハ婚嫁シ又ハ養子ト爲リタル者カ更ニ婚姻又ハ養子緣組ニ因リテ他家ニ入ラント欲スルトキハ其婚家又ハ養家及實家戶主ノ同意ヲ得ルコトヲ要シ養子緣組ニ付テハ第八百四十五條ニ依リ尙ホ實家ニ在ル父母ノ同意ヲ得ルコトヲ要ス若シ戶主ノ同意ヲ得スシテ更ニ他家ニ入夫シ又ハ婚嫁シ若クハ他家ノ養子トナリタルトキハ同意ヲ爲サヽリシ戶主ハ其婚姻又ハ養子緣組ノ日ヨリ一年內ニ戶籍吏ニ申請シ其復籍ヲ拒絶スルコトヲ得ヘシ然リ而シテ舊法ニ於テハ婚姻ニ依リ他家ニ入リタル者ハ養子緣組ノ爲メ其家ヨリ他家ニ入リ又ハ養子タル者（繼嗣ノ地位ニアル者ヲ除ク）ハ婚姻ノ爲メ養家ヨリ他家ニ入ルコトヲ得ヘキモ婚姻ニ因リ他家ヨリ入リタル者カ婚姻ノ爲メ更ニ他家ニ入リ又ハ養子緣組ニ因リ他家ヨリ入リタル者カ養子緣組ノ爲メ更ニ他家ニ入ルコトヲ得サリシ蓋シ養子緣組ノ爲メ他家ヨリ入リタル者カ養子緣組ノ爲メ他家ニ入ルトキハ養父母各兩名ヲ帶スル姿ニナリ又婚姻ノ爲メ他家ヨリ入リタル者カ婚姻ノ爲メ他家ニ入ルトキハ二樣ノ姻族ヲ帶スル姿トナリ妥當ナラサレハ

ナリ然リ而シテ婚姻又ハ養子縁組ニ依リ他家ニ入リタル者カ戸主ノ許諾ヲ得テ更ニ他家ニ入リタル後離婚又ハ縁組ニ因リ其家ヲ去ル場合ニ於テ何レニ復籍スヘキヤニ在テハ疑ヲ存スル所ナリ婚姻又ハ養子縁組ニ因リ他家ニ入リタル者カ離婚又ハ離縁ニ因リ婚家又ハ養家ヲ去ル場合ニ於テハ實家ニ復籍スヘシト雖モ養子カ養家ヨリ婚姻ニ因リ他家ニ入ルトキハ其養家ヲ以テ實家ト看做スヘキニ依リ他日養子カ離婚ニ依リ婚家ヲ去ル場合ニ於テハ養家ニ復籍セサルヘカラス然レ𪜈養子縁組ニ依リ他家ニ入リ又ハ婚姻ニ因リ他家ニ入リタル者カ更ニ婚姻ニ依リ他家ニ入リタル後離縁又ハ離婚トナリテ養家又ハ婚家ヲ去ル場合ニ於テハ前養家又ハ前婚家ニ復籍スルモ其實家ニ復籍スルモ互ノ協議ニ依ルヘシ若シ實家戸主ニ於テ既ニ其復籍ヲ拒絶シタルトキハ其者ハ前養家又ハ前婚家ニ復籍セサルヘカラス若シ實家及養家又ハ婚家戸主ノ同意ヲ得スシテ養子縁組又ハ婚姻ニ依リ他家ニ入リタルニ依リ實家戸主及前養家又ハ前婚家戸主ニ於テ其復籍ヲ拒絶セラレタル者ハ何レニモ復籍スルコト能ハサルモノトス

前項ノ復籍ヲ拒絶セラレタル者及第七百五十條第二項ニ依リ復籍ヲ拒絶セラレタル者カ婚家又ハ養家ヲ去リタルトキ若クハ第七百四十九條第三項ニ依リ離籍セラレタル家族ハ一家ヲ創立スヘキモノトス

（例）

第七百四十一條　婚姻又ハ養子縁組ニ因リテ他家ニ入リタル者カ更ニ婚姻又ハ養子縁組ニ因リ他家ニ入ラント欲スルトキハ婚家又ハ養家及ヒ實家ノ戸主ノ同意ヲ得ルコトヲ要ス

前項ノ場合ニ於テ同意ヲ爲ササリシ戸主ハ婚姻又ハ養子縁組ノ日ヨリ一年内ニ復籍ヲ拒ムコトヲ得

（註記）

舊法ニ於テハ本條ノ如キ婚姻ニ因リ他家ニ入リタル者カ婚姻又ハ養子縁組ノ爲メ更ニ他家ニ入リ養子縁組ニ因リ他家ニ入リタル者カ更ニ他家ノ養子トナルカ如キハ禁スル處ナリト雖モ一旦實家ニ復籍シ更ニ他家ニ入ルハ妨ケナキモノタレハ本條ノ規定ヲ爲スモ敢テ害ナキモノトス

第七百四十二條　離籍セラレタル家族ハ一家ヲ創立ス他家ニ入リタル後復籍ヲ拒マレタル者カ離縁ニ因リテ其家ヲ去リタルトキ亦同シ

（註記）復籍ヲ拒絶セラレ又ハ離籍セラレタル者カ一家ヲ創立スルハ勢ヒ已ムヲ得サルモノトス

（備考）本法第七百七十六條、第八百四十五條及第八百四十六條●民法施行法第六十五條●戸籍法第八十七條第百三條參觀

第七節　推定家督相續人カ他家ニ入リ又ハ一家ヲ創立スルヲ禁シ家族カ他家ヲ相續シ分家シ廢絶家ヲ再興シ妻カ夫ニ隨ヒ夫ノ家ニ入ル規定

法定ノ推定家督相續人ハ本家相續ノ必要アルトキハ其家ヲ去リテ本家ニ入ルコトヲ得ヘキモ其他ハ相續編第九百七十五條ノ事由ニ依リテ廢除シタル場合ヲ除クノ外其家ヲ去ルコトヲ得サルニ依リ勿論他家ニ入リ又ハ一家ヲ創立スルコトヲ得ス其他ノ家族ニ於テハ戸主ノ同意ヲ得タルトキハ他家ヲ相續シ分家ヲ爲シ若クハ廢絶シタル本家、分家、同家其他親族ノ家ヲ再興スルヲ得ヘシ然レトモ未成年ノ家族ニ在テハ戸主ノ同意ノミヲ以テスルヲ得サレハ未成年ノ家族ハ親權ヲ行フ父又ハ母若クハ後見人ノ同意ヲ得ルコトヲ要ス若シ推定監督相續人カ戸主ノ同意ヲ得スシテ婚姻又ハ養子縁組ヲ爲シタルトキハ戸主ハ第七百五十條第二項ニ依リ其婚姻又ハ養子縁組ヲ爲シタル日ヨリ一年内ニ離籍ヲ爲スコトヲ得ヘシ其戸主ノ同意ヲ得スシテ婚姻又ハ養子縁組ヲ爲タルニ依リ法定ノ推定家督相續人タル者ヲ離籍スルヲ得ヘキモノハ戸主權ノ制裁ニシテ戸主ニ於テ不適當ナリトスル妻ヲ娶リ又ハ養子ヲ爲シテ其家ニ入ルルトキハ家制ヲ紊亂シ終ニ系統ヲ失フヘキ虞アルヘクレハナリ

夫カ其家ヲ去リ他家ニ入リ又ハ一家ヲ創立シタルトキハ妻ハ夫ニ隨ヒ當然其家ニ入ルモノトス是レ蓋シ妻

ハ夫ニ隨フヘキ原則ヲ規定セラレタルモノナリ

（例）

第七百四十三條　家族ハ戸主ノ同意アルトキハ他家ヲ相續シ分家ヲ爲シ又ハ廢絶シタル本家、分家、其他親族ノ家ヲ再興スルコトヲ得但未成年者ハ親權ヲ行フ父若クハ母又ハ後見人ノ同意ヲ得ルコトヲ要ス

（註記）　本條ハ家族カ戸主ノ同意ヲ得テ他家ニ入ルコトヲ規定シタルモノニシテ婚姻又ハ養子緣組ハ本文ニ含有セス蓋シ婚姻養子緣組ニ付テハ第七百五十條ノ規定アルヲ以テナリ

第七百四十四條　法定ノ推定家督相續人ハ他家ニ入リ又ハ一家ヲ創立スルコトヲ得ス但本家相續ノ必要アルトキハ此限ニ在ラス

前項ノ規定ハ第七百五十條第二項ノ適用ヲ妨ケス

（註記）　本條ハ推定家督相續人即チ嫡長子孫ニシテ該家繼承ノ地位ニ在ル者ハ本家ニ相續人ヲ欠ク場合ニ於テ本家ヲ相續スル外其家ヲ去ルコトヲ許サヽルコトヲ揭ケラレタルモノナリ蓋シ本家相續ノ必要アル場合ニ於テハ第七百六十二條ニ於テ戸主タリトモ其家ヲ廢シテ本家ニ入ルヲ得ヘキ規定アルヲ以テ非戸主タル推定家督相續人ニシテ本家相續ノ爲メ其家ヲ去リ得サルコトハ勿論ニシテ是皆本邦古來ノ習慣トシテ其家ヲ重ンスル所以ナリ然レ共推定家督相續人ニシテ戸主ノ許諾ヲ得スシテ妻ヲ娶リ養子ヲ爲シテ之ヲ其家ニ入ルルカ如キハ一家ノ安危ニ關係スルノ虞アルヘキヲ以テ戸主ニ於テ之ヲ離籍シ以テ相續權ヲ廢除スルヲ得ヘキモノトス

第七百四十五條　夫カ他家ニ入リ又ハ一家ヲ創立シタルトキハ妻ハ之ニ隨ヒテ其家ニ入ル

（註記）　本條ノ規定ニ在テハ從來施行スル所ニシテ別ニ註記ヲ要スヘキモノニアラサルモノトス

第二章　戸主及家族ノ權利義務

第一節　戸主家族ノ姓氏及家族扶養ノ義務

祖先以來傳ハル處ノ氏ヲ以テ其家姓ト爲シ代々戸主ニ於テ襲用スルモノニシテ戸主ノ家族モ亦戸主ト共ニ之ヲ稱用ス故ニ戸主ト家族トハ其氏ヲ異ニスルコトナシ蓋シ婦ハ嫁スルモ尙ホ生家ノ氏ヲ稱用スル舊慣ナルモ本法實施ノ日ヨリ第七百四十六條ノ明文ニ依リ從來家姓ヲ稱用セサリシ婦タルモ亦戸主ト共ニ其家ノ氏ヲ稱用スヘキモノトス

戸主ハ家族ニ對シ戸主權ヲ施シ得ヘキヲ以テ又家族ニ對スル義務ナカルヘカラス是レ戸主ニ於テ家族ヲ扶養スル義務ヲ負ヘル所以ナリ然リ而シテ戸主ニ於テ此如キ負擔ノ義務アリト雖モ家族カ職業ヲ營ミタル貨錢其他自已ノ名ヲ以テ得タル財産等ヲ以テ自ラ衣食其他ノ費用ヲ辨シ得ルモノハ自ラ全部又ハ幾部分ヲ辨セシメ戸主ハ其不足ヲ負擔スルニ過キス又扶養ノ義務タル第九百六十條ニ規定セラルル如ク其權利者ノ需要ト扶養義務者ノ身分及資力トニ依リテ定ムヘキモノタルヲ以テ貧家ニ在テハ完全ナル義務ヲ負擔スルヲ要セス敎育ノ義務モ扶養義務ノ一部タリト雖モ亦然リトス殊ニ其家族カ戸主ノ定メタル居所ニ在ラサル間ハ戸主ハ其扶養義務ヲ免カルヘキモノトス

（例）

第七百四十六條　戸主及ヒ家族ハ其家ノ氏ヲ稱ス

（註記）　本條ハ戸主ト家族ト總テ其家ノ姓氏ヲ稱スルコトヲ規定シタルモノナリ

第七百四十七條　戸主ハ其家族ニ對シテ扶養ノ義務ヲ負フ

（註記）　扶養義務ハ家族ノ生活及敎育ノ費用ヲ自ラ支辨シ能ハサル場合ニ於テ戸主カ之ヲ負擔スルモノニシテ第九百五十九條第九百六十條等ニ規定スル處ニ依リ了解スヘキヲ要ス

（備考）　本法第九百五十九條第九百六十條參觀

第二節　家族ノ財産及家族ノ居所

舊制ニ依レハ地所、家屋、船舶、記名公債證書、株劵等ノ如キ特ニ記名アル財産ノ外一家中ニ在ル財産ハ擧テ戸主ノ所有ニ屬シ家族ノ所有タルコトヲ認メサルモ本法實施ノ後ハ自已ノ名ニ於テ得タルモノハ特ニ家族ノ所有財産トス然レトモ家族ト戸主ト通常一家中ニ居住スル者ナレハ其家ニアル財産ニシテ戸主家族ノ何レニ屬スヘキカ分明ナラサル財産アルヘキハ云フヲ俟タス此如ク所屬分明ナラサル財産ハ戸主ノ財産ト推定セラルヘシ是レ舊制ニ於テ一家ノ財産ハ擧ケテ戸主ノ所有ト爲シタル原則ニ基キ規定セラレタルモノトス

家族ハ戸主權ニ服從シテ戸主ノ扶養ヲ受クルモノタレハ戸主ノ許諾ヲ得ス擅ニ居所ヲ定ムルコトヲ得ス然ルニ家族カ戸主ノ許諾ヲ受ケス戸主ノ意ニ反シ擅ニ居所ヲ定メ戸主ノ指定シタル居所ニアラサルトキハ其間戸主ハ其家族ニ對シテ扶養義務ヲ免カルヘシ故ニ若シ家族カ戸主ノ意ニ反シ戸主ノ指定シタル居所ニ在ラサルモ後戸主ノ許諾ヲ得又ハ戸主ノ指定シタル場所ニ居ヲ移シタルトキハ扶養義務ヲ回復スヘシ

其家族カ戸主ノ指定シタル居所ニ在ラサルトキハ戸主ハ相當ノ期間ヲ定メテ居所ヲ指定シ其指定ノ場所ニ居所ヲ轉スヘキ旨ヲ催告スルコトヲ得ヘシ其催告ニ應セサルトキハ戸主ハ其旨戸籍吏ニ申請シテ其家族ヲ離籍スルコトヲ得ヘシ然レトモ其家族カ未成年者ナルトキハ離籍ノ處分ヲ爲スコトヲ得ス是レ蓋シ未成年者ハ未タ智能全カラサルカ故ニ此制裁ヲ加フルトキハ不良ノ少年トナリ終ニ回復スヘカラサルニ至ルヘケレハナリ又推定家督相續人ハ本文ヲ適用セサルコト第七百四十四條ノ規定ニ依リ明カナリ

（例）

第七百四十八條　家族カ自己ノ名ニ於テ得タル財産ハ其特有財産トス
戸主又ハ家族ノ孰レニ屬スルカ分明ナラサル財産ハ戸主ノ財産ト推定ス

（註記）自己ノ名ニ於テ得タル財産トハ例ヘハ俸給、利益金、賞與金、手間賃、贈與、遺贈、養子、入夫及婦カ齎帶シタル財産等總シテ家族カ自己ニ取得シタル財産ヲ云フ家族ハ特ニ自己ノ財産トシテ所有シタル財産ハ自活ノ資ニ供スヘシ又ハ縱令家族カ特有財産ヲ以テ其家ノ爲メニ消費シタルコトアルモ自家ノ生活ニ必要ナル範圍内ニ於テ之ヲ負擔スヘキハ當然ナルニ依リ戸主ニ對シ償還ヲ求ムルコトヲ得ス若シ其他程度ヲ超エテ戸主ノ爲メニ繰替ヲ爲シタルコトアルトキハ其償ヲ求ムルコトヲ得ヘキハ云フヲ俟タス（第九百五十四條、第九百六十條）

第七百四十九條　家族ハ戸主ノ意ニ反シテ其居所ヲ定ムルコトヲ得ス

家族カ前項ノ規定ニ違反シテ戸主ノ指定シタル居所ニ在ラサル間ハ戸主ハ之ニ對シテ扶養ノ義務ヲ免ル

前項ノ場合ニ於テ戸主ハ相當ノ期間ヲ定メ其指定シタル場所ニ居所ヲ轉スヘキ旨ヲ催告スルコトヲ得若シ家族カ其催告ニ應セサルトキハ戸主ハ之ヲ離籍スルコトヲ得但其家族カ未成年者ナルトキハ此限ニ在ラス

第三節　家族ノ婚姻又ハ養子縁組ニ關シ戸主ノ同意ヲ要シ及戸主ノ權利ヲ行フ能ハサルトキノ規定

凡ソ家族ハ戸主權ニ服シ戸主ノ扶養ヲ受ケヘキモノナルニ依リ其進退去就ヲ定ムル亦戸主ノ同意ヲ要セサルヘカラス故ニ家族カ婚姻又ハ養子縁組ヲ爲スハ戸主ノ同意ヲ得ヘキモノニシテ男滿三十年女滿二十五年ニ達セサル者ハ父母ノ同意ヲ得ルヲ要ス若シ戸主ノ同意ヲ得スシテ婚姻又ハ養子縁組ニ依リ他家ニ入リ又ハ養子ヲ爲シタルトキハ其戸主ハ其婚姻又ハ養子縁組ヲ爲シタル日ヨリ一年以内ニ戸籍吏ニ申請シテ復籍ヲ拒ミ又ハ離籍ヲ爲スコトヲ得ヘシ然リ而シテ家族カ婚姻又ハ養子縁組ニ依リ他家ニ入リタル後離婚又ハ

離縁トナリタルトキハ實家ニ復籍スヘキ規定ナルモ既ニ復籍拒絶ノ申請アリシトキハ實家ニ復籍スルコトヲ得ス又離籍ノ申請アリタルトキハ其家ニ在ルコトヲ得ス此二箇ノ場合ニ於テハ其本人ハ一家ヲ創立セサルヘカラス而シテ其婚姻又ハ養子縁組ニ依リ妻トナリ子トナリタル者ハ其夫又ハ養親ニ隨ヒ養親カ創立シタル家ニ入ルヘキモノトス

戸主カ意思欠缺シ不在、失踪、未成年、禁治産ノ場合ニ於テハ戸主權ヲ行フコト能ハサルニ依リ未成年、禁治産ノ場合ノ外ハ總テ親族會之ヲ行フモノトス然レ共其戸主ニ對シ親權ヲ行フ者アルトキハ親權ヲ行フ者之ヲ行ヒ又後見人アレハ後見人之ヲ行フ其他未成年者、禁治産者ニ在テハ必ラス後見人アルヘキニ付之カ代權ハ亦後見人之ヲ行フヘキモノトス蓋シ家族ノ婚姻又ハ養子縁組等ニ對シ戸主ノ同意ヲ得ルコトヲ要スヘキモノハ此規定ニ依リ之ヲ爲スヘキモノトス

(例)

第七百五十條　家族カ婚姻又ハ養子縁組ヲ爲スニハ戸主ノ同意ヲ得ルコトヲ要ス

家族カ前項ノ規定ニ違反シテ婚姻又ハ養子縁組ヲ爲シタルトキハ戸主ハ其婚姻又ハ養子縁組ノ日ヨリ一年内ニ離籍ヲ爲シ又ハ復籍ヲ拒ムコトヲ得

家族カ養子ヲ爲シタル場合ニ於テ前項ノ規定ニ從ヒ離籍セラレタルトキハ其養子ハ養親ニ隨ヒテ其家ニ入ル

(註記)　本條第三項ニ離籍者ノ養子ノコトヲ掲ケテ其妻タル者ノコトヲ掲ケサルハ第七百四十五條ノ規定アルヲ以テナリ

第七百五十一條　戸主カ其權利ヲ行フコト能ハサルトキハ親族會之ヲ行フ但戸主ニ對シテ親權ヲ行フ者又ハ其後見人アルトキハ此限ニ在ラス

（備考） 本法第七百四十五條、第八百九十五條、第九百三十四條、戸籍法第八十七條、第百三條參觀

第三章 戸主權ノ喪失

第一節 戸主カ隱居ヲ爲スニ付テノ規定

舊制ニ於テハ年齡五十歳以上ノ者ハ他ニ原因アラサルモ隱居ヲ爲スコトヲ得タリ其五十歳以上ニ至リ隱居ヲ爲スヲ得セシメタルモノハ人ノ生命ハ五十年ヲ以テ限リ人ハ五十年以上ニ至レハ老衰シテ業務ヲ執ルコト能ハサルモノト假定シタル古來ノ慣習ニ基キタルモノナレトモ五十年ニシテ命ヲ終リ又ハ老衰シテ業務ヲ執ルコト能ハサルモノハ蓋シ稀ナルヲ以テ實際上ノ經驗ニ依リ爾後六十年ヲ以テ其限度ト定メ年齡滿六十年以上ニアラサレハ隱居ヲ爲スコトヲ得サルコトト定メ縱令六十年以上ナルモ完全ノ能力ヲ有スル家督相續人カ單純ノ承認ヲ爲スニアラサレハ隱居ヲ爲スコト能ハス故ニ此二條件カ具備スルニアラサレハ隱居スルヲ得ス然リ而シテ此二條件カ具備スルモ隱居ヲ爲ス者カ任意ニ出ツヘキハ勿論若シ任意ニ出サルトキハ隱居ハ之ヲ取消ヲ得ヘキモノトス

前項ハ男戸主カ隱居スル場合ヲ規定セラレタルモノニシテ之ヲ女戸主ニ適用スルコトヲ得ス女戸主ハ年齡ニ拘ラス隱居ヲ爲スコトヲ得ヘシ然レトモ女戸主カ隱居ヲ爲ス場合ニ於テ其女戸主ニ夫アルトキハ其夫ノ同意ヲ得サルヘカラス然レトモ正當ノ理由アルニ非サレハ夫ハ之ヲ拒ムコトヲ得ス是レ蓋シ女戸主ニ於テ隱居ヲ爲スヘキ正當ノ理由アルモ其夫ニ於テ自己ノ利益ノ爲メニ不正當ノ事由ニ基キ同意ヲ拒ミ隱居ヲ爲スコトヲ得サラシムルコト能ハサルノ弊ナカランヲ要スルニアリトス然リ而シテ女戸主ニ在テハ年齡ニ拘ハラス隱居ヲ爲スコトヲ得セシムルヲ規定セラレタル者ハ古來ノ制、士ハ武ヲ以テ常職トシ食祿ヲ賜ヒ庶人ニシテ戸主タル者ハ夫役ニ當ルヘキ公務ヲ帶ヒタルニ依リ婦女ノ家督相續ヲ許サス又家督相續ニ付年齡ニ制限アリタリシモ明治五年十一月ニ於テ徵兵令ヲ頒布シ明治六年ヨリ之ヲ施行セラルルコトトナリ隨

テ庶人ノ夫役ヲ止ラレ公課ハ納税義務者ニ一體ニ賦課スルコトニ定メラレタリ是ニ於テ明治六年二月第二十八號華士族相續法ヲ頒布シ男子無キ者ハ女子ノ相續ヲ聽サレタルモ女子ニシテ戸主タルハ畢竟男子ノ相續スヘキ者ナク婿養子ト爲スヘキ相應ノ者ナキ時ニ限ルヘキモノニシテ他日相應ノ者アラハ夫ヲ迎ヘテ夫ニ戸主ヲ讓ルヘキハ既ニ成法ノ趣旨ニシテ女子ノ相續ハ變則ニシテ男子ニ於テ戸主タルヘキハ當然ナリ是ニ於テ一旦女子カ相續シテ戸主ニ立タル後タルモ完全ノ能力ヲ有スル家督相續人カ相續ノ單純承認ヲ爲スニ於テハ女戸主ハ年齢六十年未滿ナルモ戸主ヲ讓リテ隱居ヲ爲スコトヲ得セシムルハ本法ノ旨趣タル處ナリ

(例)

第七百五十二條　戸主ハ左ニ掲ケタル條件ノ具備スルニ非サレハ隱居ヲ爲スコトヲ得ス

一　滿六十年以上ナルコト

二　完全ノ能力ヲ有スル家督相續人カ相續ノ單純承認ヲ爲スコト

(註記)　既成法ニ於テ華士族ニ限リ隱居ヲ爲スニ付年齢ニ制限ヲ設ケラレ其他ハ別ニ制限ナキモ一家ヲ經營シ能ハサル未成年者ヲ以テ戸主ニ立テ少壯有爲ノ戸主カ隱居ヲ爲スカ如キコトアラサリシモ六年第二十八號布告ニ於テ華士族ニ女子及未成年者ノ相續ヲ爲スコトヲ許サレタルヨリシテ未成年者カ戸主ヲ讓リ少壯有爲ノ戸主ノ隱居ヲ爲ス者次第ニ顯出シ現今ニ在テハ戸主及隱居ハ戸籍上其肩書ニ存シ其實隱居ニシテ家制ヲ料理シテ戸主タルノ義務ヲ免カレサルハ世上往々見ル處ナリ蓋シ戸主ノ資格ヲ以テ負擔スルヲ得サル者ニ戸主ヲ讓リ戸主隨意ニ隱居スルカ如キ風習ヲ掃除シ之ヨリ生スル種々ノ弊害ヲ豫防スルニアリ又本條ニ隱居ヲ爲スハ滿六十年以上タルコトヲ規定シタルモ滿六十年以上ニ至ラハ隱居ヲ爲サシムルノ注意ニアラス滿六十年以上ナルモ戸主ニ於

テ隱居ヲ爲スヘカラストスルトキハ隱居ヲ爲スニ及ハス又滿六十年以上ニ達スルモ家督相續人カ無能力者ニシテ相續ノ單純承認ヲ爲スコトヲ得サルトキハ隱居ヲ爲シ得ヘカラサルモノトス

第七百五十五條　女戸主ハ年齡ニ拘ハラス隱居ヲ爲スコトヲ得
有夫ノ女戸主カ隱居ヲ爲スニハ其夫ノ同意ヲ得ルコトヲ要ス但夫ハ正當ノ理由アルニ非サレハ其同意ヲ拒ムコトヲ得ス

（註記）本條ハ第七百五十三條第一項ノ變則ヲ規定シタルモノニシテ女戸主ハ其夫ノ同意ヲ得ルニ於テハ年齡ニ拘ハラス隱居ヲ爲スコトヲ得ヘキモ其隱居ヲ爲スニハ完全ノ能力ヲ有スル家督相續人カ相續ノ承認ヲ爲スコトヲ要スヘキハ第七百五十二條ニ於ケル如シ

（備考）戸籍法第百十一條參觀

第二節　疾病又ハ本家相續及本家再興若クハ家政ヲ執ル能ハス又ハ婚姻ニ依リ他家ニ入リ又ハ隱居ヲ爲シ、無能力者ノ隱居ニ關スル規定

戸主疾病ニシテ一家ヲ維持シ能ハサルカ又ハ本家ニ相續人ナキニ因リ分家戸主ニ於テ本家ノ相續ヲ爲ス場合若クハ分家ノ戸主ニシテ廢家又ハ絶家シタル本家ヲ再興スル場合其他已ムヲ得サル事情アリテ爾後家政ヲ執ルコト能ハサルニ至リタルトキハ年齡滿六十年ニ達セサルモ隱居ヲ爲スコトヲ得ヘシ此場合ニ於テハ完全ノ能力アル法定ノ推定家督相續人カ單純ノ承認ヲ爲スヘキハ勿論ナリト雖モ若シ法定ノ推定家督相續人アラサルトキハ豫メ家督相續人ヲ定メ相續ノ承認ヲ得ルコトヲ要ス然リ而シテ本項ニ掲クル處ノ事故ニ依リ第七百五十二條ノ規定ニ依ラス戸主ノ隱居ヲ爲スハ非訟事件手續法第九十條ニ依リ其戸主ノ住所地ヲ管轄スル區裁判所ニ許可ノ申請ヲ爲スヘシ其申請ニハ推定家督相續人又ハ家督相續人タルヘキコトヲ承認

シタルコトヲ其相續人タルヘキ者ヲシテ表示セシメ之ニ署名捺印セシムヘキモノトス

戸主カ其家ヲ棄テ他家ニ入ラントスルハ家ヲ重シトスル我カ舊慣ニ悖ルモノナリト雖モ婚姻ニ因リ他家ニ入ラントスルニ於テハ實際人情ノ忍ヒサルモノナキニシモアラス殊ニ女戸主ノ如キハ他家ニ入ルコトヲ禁スルニ於テハ婚姻ニ關シ大ナル妨ケトナルコトナカルヘシ何トナレハ女戸主カ他ニ婚姻スルハ容易ナルモ其家ニ在テ入夫ヲ迎フルハ甚タ難カルヘシ是ニ於テ女戸主カ婚姻ニ因リ他家ニ入ルヲ許サヽルヘカラサレトモ戸主ノ儘他家ニ入リ又ハ男女兩戸主相婚姻スルハ一家ノ利害ニ重大ナル關係ヲ及ホスヘキニ依リ容易ニ許スヘキモノニアラス是ニ於テ男戸主カ女戸主ノ入夫タラントシ又ハ女戸主カ男戸主ニ婚嫁セントスル場合ニ於テハ其男女ノ戸主ハ其年齡ニ拘ハラス推定家督相續人ナキ者ハ家督相續人タルヘキ者ヲ定メ其承認ヲ得テ隱居ヲ爲スコトヲ得ヘシ若シ其戸主カ隱居ヲ爲サスシテ婚姻ニ依リ他家ニ入ラントシ其屆出ヲ爲シタルトキハ戸籍吏ハ第七百七十六條ニ依リ其屆書ヲ受理スヘカラスト雖モ戸籍吏カ誤テ其屆出ヲ受理シタルトキハ其婚姻ハ第七百七十五條ノ規定ニ依リ有效ニ成立シタルモノトス此場合ニ於テ其戸主ハ婚姻ノ日ニ於テ隱居ヲ爲シタルモノト看做スヘシ

又法定代理人ノ權限ハ法律ニ依リ定マルモノナレハ民法第四條及第九條ノ明文アリテ其意味廣汎ナルモ無能力者カ隱居ヲ爲スニ付テハ該條ニ依リ法定代理人ノ同意ヲ得ルコトヲ要セス本法第七百五十七條及戸籍法第百十九條ニ依リ戸籍吏ニ屆出ルヲ以テ有效ナリトス

（例）

第七百五十三條　戸主カ疾病、本家ノ相續又ハ再興其他已ムコトヲ得サル事由ニ因リテ爾後家政ヲ執ルコト能ハサルニ至リタルトキハ前條ノ規定ニ拘ハラス裁判所ノ許可ヲ得テ隱居ヲ爲スコトヲ得但法定ノ推定家督相續人アラサルトキハ豫メ家督相續人タルヘキ者ヲ定メ其承認ヲ得ルコトヲ要ス

（註記）本條ハ年齡六十年未滿ノ戶主カ隱居スル場合ヲ規定セラレタルモノニシテ本家ヲ相續シ又ハ廢絕ノ本家ヲ再興セントスルニハ分家ノ戶主ハ隱居シ本家ニ入リテ相續シ又ハ之カ再興ヲ爲スヘキモノニシテ本家相續再興ノ爲メ分家ノ戶主ノ隱居ヲ許スハ其家ヲ重ンスル古來ノ慣習ニ基クルモノニシテ已ムヲ得サル事由ニ因リ爾後家政ヲ執ルコト能ハサルニ至リタルトハ戶主カ家資分散又ハ破產ノ宣告ヲ受ケタルヲ以テ世ノ信用ヲ失シ又ハ負債ノ爲メ自己ノ力ヲ以テ一家ヲ支ヘ能ハサルニ依リ他ニ戶主ヲ設クヘキ必要アルカ如キ場合ヲ云フ而シテ本條ノ如キ一般ノ規定ニ反シテ隱居ヲ爲スニ付テハ利害關係人ノ權利ニ重要ナル關係ヲ有スヘキニ依リ其事由ノ確實ナラサルヘカラサルヲ以テ裁判所ノ許可ヲ請フコトヲ必要ト爲シタルモノナリ其推定家督相續人アラサル者ヲシテ家督相續人ヲ定メシムルモノハ隱居ヲ爲スカ爲メニ一家斷滅ノ結果ヲ生セシムルカ如キ弊害ヲ防止スルノ趣旨ニ出タルモノトス

第七百五十四條　戶主カ婚姻ニ因リテ他家ニ入ラント欲スルトキハ前條ノ規定ニ從ヒ隱居ヲ爲スコトヲ得

戶主カ隱居ヲ爲サスシテ婚姻ニ因リ他家ニ入ラント欲スル場合ニ於テハ戶籍吏カ其屆出ヲ受理シタルトキハ其戶主ハ婚姻ノ日ニ於テ隱居ヲ爲シタルモノト看做ス

（註記）本條ハ戶主カ婚姻ニ依リ他家ニ入ラントスルノ規定ヲ揭ケラレタルモノニシテ前條ノ規定ニ從ヒトハ第七百五十二條ノ要件ヲ具備セサルモ裁判所ノ許可ヲ得テ隱居ヲ爲シ然ル後他家ニ入ルヘキコトヲ云フモノナリ

第七百五十六條　無能力者カ隱居ヲ爲スニハ其法定代理人ノ同意ヲ得ルコトヲ要セス

（註記）本條ハ未成年者又ハ禁治產者カ法定代理人ノ同意ヲ得スシテ隱居ヲ爲スヲ得ルコトヲ規定

セラレタルモノナリ

（備考）　本法第七百五十五條、第七百六十一條、第七百七十五條、第七百七十六條●非訟事件手續法第九十條●戸籍法第百十九條、第百二十條、第百二十一條參觀

第三節　隱居ノ效力及隱居ノ取消

隱居ヲ爲シタルノ效力ハ隱居ヲ爲ス者ト家督相續人トカ戸籍法ノ規定ニ依リ戸籍吏ニ隱居ヲ爲スノ屆出ヲ爲シタル日ニ於テ發生スヘキモノニシテ此兩者カ屆出ヲ爲スコトヲ規定セラレタルモノハ戸主ノ隱居ヲ爲スハ本人ノ任意ニ出タルト家督相續人カ單純ノ承認ヲ爲シタルトヲ明瞭ナラシムルモノナリ然リ而シテ第七百五十二條ノ要件ヲ具備セスシテ隱居ヲ爲シ又ハ疾病又ハ本家相續若クハ再興其他已ムヲ得サル事由ニ因リ家政ヲ執ルコト能ハサル等ノ事實アリシモ裁判所ノ許可ヲ得スシテ隱居ヲ爲シ若クハ其許可ヲ得タルモ其事實ナキ者隱居ヲ爲シタルカ如キ總テ第七百五十二條及第七百五十三條ノ規定ニ違反シテ爲シタル隱居ニ關シテハ其隱居ヲ爲シタル者ノ親族及檢事ハ隱居屆出ノ日ヨリ三个月內ニ隱居ノ取消ヲ裁判所ニ請求スルコトヲ得又女戸主カ第七百五十五條第二項ニ依リ其夫ノ同意ヲ得スシテ隱居ヲ爲シタルトキハ其夫ハ本文ノ期間內ニ女戸主カ爲シタル隱居ノ取消ヲ裁判所ニ請求スルコトヲ得ヘシ蓋シ戸主隱居ノ效力ハ隱居ヲ爲ス者ト家督相續人トノ屆出ニ依リ確定セシモノトスルモ法律ニ規定シタル必要ノ條件ヲ缺キタル場合ハ之ヲ取消シ戸主カ隱居ヲ爲スニ付利害關係ヲ有スル親族及女戸主ノ夫ノ利益ヲ保護シ又檢事ニ於テ其請求ヲ爲シ以テ公益ヲ保護スルニアリトス但隱居ノ取消請求ニ關シテハ隱居者ノ普通裁判籍ヲ有スル裁判所ノ管轄ニ屬シ親屬ヨリ取消ヲ請求スルモノハ人事訴訟手續法第三十六條第三項ニ依ルヘシ

（例）

第七百五十七條　隱居ハ隱居者及ヒ其家督相續人ヨリ之ヲ戸籍吏ニ屆出ツルニ因リテ其效力ヲ生ス

（註記）本條ニ付テハ別ニ解釋ヲ要セサル其效力ヲ主張スル爲メ其以前ノ債權者又ハ債務者ニ通知ヲ要スルモノニシテ其通知ニ付テハ第七百六十一條ニ規定セラレタリ

第七百五十八條　隱居者ノ親族及ヒ檢事ハ隱居屆出ノ日ヨリ三个月內ニ第七百五十二條又ハ第七百五十三條ノ規定ニ違反シタル隱居ノ取消ヲ裁判所ニ請求スルコトヲ得

女戶主カ第七百五十五條第二項ノ規定ニ違反シテ隱居ヲ爲シタルトキハ夫ハ前項ノ期間內ニ其取消ヲ裁判所ニ請求スルコトヲ得

（註記）本條ノ請求ニ依リ裁判所ニ於テ隱居ヲ取消サレタルトキハ民法第百二十一條ニ依リ其行爲ハ初メヨリ無效ト看做サルヘキニ依リ亦初メヨリ隱居ヲ爲ササリシモノト看做スヘキモノトス

（備考）本法第九十條、第九十一條、第九十五條、第百二十條、第百二十二條◎人事訴訟手續法第三十五條、第三十六條、第三十七條、第三十八條、第三十九條第四項◎戶籍法第百二十二條參觀

第四節　詐欺又ハ强迫ニ依リ爲シタル隱居ノ屆出取消及取消以前相續人ノ債務ニ關シ返濟ノ請求

隱居者又ハ家督相續人カ他人ヨリ詐欺又ハ强迫ヲ受ケテ隱居ノ屆出ヲ爲スコトハ古來其例アル處ニシテ亦各人ノ知ラルル所ナリ此ノ如キ任意ニアラサル隱居ハ其隱居者又ハ家督相續人ニ於テ隱居ノ取消ヲ裁判所ニ請求スルコトヲ得ヘシ其取消ノ請求ヲ爲スハ詐欺ヲ發見シ又ハ强迫ヲ免カレタル時ヨリ一年以內ニ之ヲ爲スヘキモノトス然レ共其隱居又ハ家督相續人ニ於テ追認ヲ爲シタルトキハ以後其取消ヲ請求スルコトヲ得サルヘシ又隱居者又ハ家督相續人カ詐欺又ハ强迫ニ依リ隱居ノ屆出ヲ爲シタルモ其詐欺ニ陷リタルコトヲ知覺セス又ハ其强迫セラレタル狀態ノ存續スル間ハ其親族又ハ檢事ヨリ裁判所ニ其取消ヲ請求スルヲ得ヘシ然リ而シテ此取消請求ヲ爲シ得ヘキ權利ヲ其親族及檢事ニ付與シタル者ハ親族ニ在テハ其利害ニ付多

少關係ヲ有スヘキモノニシテ檢事ハ社會ノ安寧ヲ保護スル職ニシテ一家ノ安寧ハ終ニ國ノ秩序ニ關係ヲ及ホスヘキヲ以テナリ其親族又ハ檢事ニ於テ隱居ノ取消ヲ請求シタル後隱居者又ハ家督相續人カ其隱居ノ屆出ヲ追認シタルトキハ取消權ハ消滅スヘキモノトス又此取消權ヲシテ永ク存立セシムルトキハ實際種々ノ弊害ヲ生スヘキ虞アルニ付特別ノ時效ヲ定メ隱居屆出ノ日ヨリ之ヲ十年以內トシ十年ヲ經過シタルトキハ其權利ノ消滅ニ歸スヘキモノトス

戸主カ隱居シ家督相續人カ戸主ニ立タルトキハ其戸主ニ對シテ債權ヲ取得スヘキモノアルヘキハ言ヲ俟サルナリ然ルニ其債務者タル戸主カ隱居ノ取消ニ依リ家督相續人ニ復シ戸主タル身分ヲ失シタルトキハ債務者ハ一朝忽チ權利ヲ失ヒ損害ヲ被ムルヘキハ必然ナリ故ニ前戸主ノ家督相續人ニ對スル債權者ハ隱居取消ニ依リ戸主ヲ復シタル隱居ニ對シ其辨濟ヲ請求スルコトヲ得ヘキハ勿論尙ホ家督相續人ニ對シテモ請求スルコトヲ得ヘシ然レトモ債權者カ債權ヲ取得セル當時隱居ノ取消原因ノ存スルコトヲ知リタルトキハ家督相續人カ戸主タルニ著目セスシテ家督相續人ノ一身上ニ付著目シタルモノタレハ縱令隱居ノ取消トナリテ隱居カ戸主ニ復シ戸主カ家督相續人ニ復セシモ債權者ニ在テハ素ヨリ自己ノ利害ニ關係ヲ有セサリシコトヲ想像スヘケレハ斯カル債權者ニ對シテハ戸主ニ復シタル隱居ニ於テ家督相續人カ戸主タリシトキノ債務ヲ負擔スルヲ要セス且家督相續人カ家督相續ヲ爲ス以前ノ債務及戸主カ爲シタル債務タルモ家督相續人ノ一身ニ專屬スル債務モ又同一ナルヲ以テ是等ノ債務ニ付テ債權者ハ家督相續人ニノミ請求スルヲ得ヘシ前各項ニ關スル諸件ハ民法施行前ニ生シタルモノト雖モ民法施行後ニ於テモ前各項ニ記述シタル處ニ依ルモノトス

（例）

第百五十九條　隱居又ハ家督相續人カ詐欺又ハ强迫ニ因リテ隱居ノ屆出ヲ爲シタルトキハ隱居者又ハ家

督相續人ハ其詐欺ヲ發見シ又ハ强迫ヲ免レタル時ヨリ一年内ニ隱居ノ取消ヲ裁判所ニ請求スルコトヲ得但追認ヲ爲シタルトキハ此限ニ在ラス

隱居者又ハ家督相續人カ詐欺ヲ發見セス又ハ强迫ヲ免レサル間ハ其親族又ハ檢事ヨリ隱居ノ取消ヲ請求スルコトヲ得但其請求ノ後隱居者又ハ家督相續人カ追認ヲ爲シタルトキハ取消權ハ之ニ因リテ消滅ス

前二項ノ取消權ハ隱居屆出ノ日ヨリ十年ヲ經過シタルトキハ時效ニ因リテ消滅ス

第七百六十條　隱居ノ取消前ニ家督相續人ノ債權者ト爲リタル者ハ其取消ニ因リテ戶主タル者ニ對シテ辨濟ノ請求ヲ爲スコトヲ得但家督相續人ニ對スル請求ヲ妨ケス

債權者カ債權取得ノ當時隱居取消ノ原因ノ存スルコトヲ知リタルトキハ家督相續人ニ對シテノミ辨濟ノ請求ヲ爲スコトヲ得家督相續人カ家督相續前ヨリ負擔セル債務及ヒ其一身ニ專屬スル債務ニ付キ亦同シ

（備考）民法第九十條、第九十一條、第九十五條、第百二十條、第百二十二條●人事訴訟手續法第十五條第三十六條、第三十八條●民法施行法第六十四條●戶籍法第百二十二條參觀

第五節　隱居又ハ入夫婚姻ニ依ル戶主權ノ喪失ニ付債權債務ノ兩者ニ通報

戶主カ隱居ヲ爲スハ其債權者及債務者ニ對シ利害關係ヲ及ホスヘキモノナレハ隱居ヲ爲スノ效力ハ隱居者及家督相續人ノ屆出ニ依リ生スヘキモ未タ之ヲ知ラサル債權者及債務者ニ對シテハ其效力ヲ主張スルコトヲ得サルナリ而シテ隱居ニ依リ又ハ入夫婚姻ニ因ル戶主權ノ喪失ノ場合ニ於テハ前戶主又ハ家督相續人ヨリ前戶主ノ債權者又ハ債務者ニ通知ヲ爲スコトヲ要ス此ノ如ク前戶主又ハ家督相續人ニ通知ノ義務ヲ負ハ

シメ以テ債權者又ハ債務者ニ於ケル不虞ノ損失ヲ被ラシメンコトヲ防キ其利益ヲ保護スルニアリトス

(例)

第七百六十一條　隱居又ハ入夫婚姻ニ因ル戸主權ノ喪失ハ前戸主又ハ家督相續人ヨリ前戸主ノ債權者及ヒ債務者ニ其通知ヲ爲スニ非サレハ之ヲ以テ其債權者及ヒ債務者ニ對抗スルコトヲ得ス

(註記)　入夫婚姻ニ因ル戸主權喪失トハ女戸主カ入夫ヲ迎ヘテ婚姻ヲ爲スニ因リ戸主タル權ヲ入夫ニ讓リ入夫カ相續スル場合ヲ云フ

第六節　廢家及絶家

凡ソ廢家トハ其家ノ廢滅シ其家名ノ滅失スルヲ云ヒ絶家トハ戸主ノ亡失ニ依リ家名ヲ斷絶スルヲ云フ新ニ一家ヲ新立シタル者ハ其家ヲ廢シテ他家ニ入ルコトヲ得ヘシト雖モ新立ニアラサル二代以上世襲ノ家ハ本家ニ相續人ナクシテ分家ヨリ入テ本家ヲ相續シ又ハ本家ノ廢絶シタルヲ再興シ其他正當ノ事由ニ依リ裁判所ノ許可ヲ得テ廢家スルノ外ハ之ヲ廢スルコトヲ得ス是蓋シ我カ國古來ヨリ家名相續法ニ依リ制ヲ立タル舊慣ニ依レルモノニシテ祖先ヨリ傳承シタル家名ヲ廢スルコトハ重大ナル事件ニシテ一家ヲ廢シ祖先ノ祭祀ヲ斷ツハ子孫タル者ノ尤モ忍ヒサル處ニシテ其家ヲ重ンスルノ情ノ極メテ切ナルモノナレハ立法ノ本旨モ亦之ニ依テ定メラレタルモノナリ之ニ反シ一家新立シタル者ヲシテ其家ヲ廢シテ他家ニ入ルコトヲ得セシメタルモノハ新立ノ家ノ戸主ハ之ヲ廢スルモ祖先ノ祭祀ヲ斷ツヘキ憂ナキノミナラス其廢家ヲ禁スルニ於テハ或ハ困難ナル結果ヲ見ルニ至ルヘシ之本文新立ノ家名ハ廢スルコトヲ得セシメタル所以ナリ又戸主カ適法ニ一家ヲ廢シテ他家ニ入リタルトキハ其家族モ亦戸主ニ從テ其家ニ入ルヘキモノトス戸主死亡シ又ハ國籍喪失等ニ依リ其家ニ相續人ナキトキハ其家ハ絶家シタルモノト爲ス此場合ニ於テ他ニ家族アルトキハ其家族ハ各一家ヲ創立スヘキモノトスルモ若シ子ニシテ父アル者ハ父ニ隨ヒテ父ノ入ル家

ニ入リ父ノ知レサルトキ又ハ父ノ他家ニ在ルトキ若クハ父ノ死亡シタルトキハ其子ハ母ニ隨テ母ノ入ルヘキ家ニ入ル又戶主ノ家族ノ妻タルモノハ其夫ニ隨ヒ夫カ入ル處ノ家ニ入ルヘキモノトス

（例）

第七百六十二條　新ニ家ヲ立テタル者ハ其家ヲ廢シテ他家ニ入ルコトヲ得

家督相續ニ因リテ戶主ト爲リタル者ハ其家ヲ廢スルコトヲ得ス但本家ノ相續又ハ再興其他正當ノ事由ニ因リ裁判所ノ許可ヲ得タルトキハ此限ニ在ラス

（註記）　家督相續ニ因リテ戶主ト爲リタル者トハ隱居又ハ死亡跡ヲ相續シ若クハ婚姻ニ因リテ相續ヲ爲シタル戶主ヲ云フ分家又ハ一家ヲ創立シタル戶主ハ其家ヲ廢スルコトヲ得ヘキモ家督相續ニ因リ戶主トナリタル者ハ其家ヲ廢スルコトヲ得ス然レモ本家ニ相續人ナキニ依リ分家ノ戶主ニ於テ本家ヲ相續スル場合又ハ分家ノ戶主ニ於テ廢家又ハ絕家トナリタル本家ヲ再興スル場合ニ於テ分家ニ家督相續人ナキトキハ分家戶主ハ之カ爲メ其家ヲ廢スルコトヲ得ヘク其他正當ノ事由アルトハ貧困ニテ一家ヲ推持シ能サル等總シテ已ムヲ得サル事情アルニ因リ其家ヲ廢シテ他家ニ入ラントスル場合ヲ云フ此場合ニ於テハ非訟事件手續法第九十一條ニ依リ戶主ノ住所地ヲ管轄スル區裁判所ノ許可ヲ請フヘキモノトス

第七百六十三條　戶主カ適法ニ廢家シテ他家ニ入リタルトキハ其家族モ亦其家ニ入ル

（註記）　本條ハ廢家戶主ノ家族ハ其戶主ニ隨テ他家ニ入ルヘキコトヲ規定シタルモノニシテ適法ニ廢家シテ他家ニ入ルトハ分家ノ戶主カ區裁判所ノ許可ヲ得テ其家ヲ廢シテ本家ヲ相續シ又ハ再興ヲ爲シ若クハ戶主貧困又ハ幼稚ニシテ一家ヲ推持スル能ハサルニ依リ又區裁判所ノ許可ヲ得テ其家ヲ廢シ他家ニ入ルカ如キヲ云フ

第七百六十四條　戸主ヲ失ヒタル家ニ家督相續人ナキトキハ絶家シタルモノトシ其家族ハ各一家ヲ創立ス但子ハ父ニ隨ヒ又父カ知レサルトキ、他家ニ在ルトキ若クハ死亡シタルトキハ母ニ隨ヒテ其家ニ入ル

前項ノ規定ハ第七百四十五條ノ適用ヲ妨ケス

（註記）本條ハ戸主ヲ失ヒタルトキ他ノ家族アルモ其家ニ家督相續人ナキトキハ其家ハ絶家トナルヘキコトヲ規定シタルモノニシテ此場合ニ於テハ他ノ家族アルトキハ其家族ハ各一家ヲ創立スヘシト雖モ家族中父子アルトキハ其子ハ父ニ隨ヒテ父ノ家ニ入リ其父カ他家ニアルトキハ母ト共ニアレハ母ニ隨ヒ母ノ家ニ入ル父母共ニアラス又父母アルモ家ニアラサルトキハ一家ヲ創立スルモノトス

（備考）戸籍法第八十七條、第百五十二條、第百五十三條及非訟事件法第九十一條參觀

第三編　婚姻

第一章　婚姻ノ成立

第一節　婚姻ノ要件

第一款　婚姻ヲ爲スノ要旨

婚姻ハ男女相合シテ一家ヲ爲シ子ヲ擧ケ相互ニ扶助シテ以テ生ヲ立ルノ勞ヲ執リ運命ヲ偕ニスル爲メニ結合スル契約ヲ云フ故ニ婚姻ヲ爲スノ主眼トスル處ハ子ヲ擧ケテ祖先ノ統系ヲ永世ニ傳ヘントスルト男女相互ニ扶助シテ運命ヲ偕ニスルトニアリトス

婚姻ハ第七百七十五條ニ依リ其屆出ヲ爲シタルニ依リ成立シ其屆出ヲ爲シタル後ハ夫婦及其父母又ハ其子

ノ間ニ權利義務ヲ發生シ夫婦互ノ財產ニ關シテ未タ婚姻ノ成立セサル前ニ於テ之カ契約ヲ爲シ登記シテ以テ夫婦トナル者ノ財產上ノ權利ヲ行ヒ義務ヲ結約スルモノタレハ夫婦ハ其意ニ隨ヒ自由ニ其契約ヲ爲スコトヲ得ヘキヲ以テ此契約ハ婚姻ノ契約ニ附帶シテ之ヲ行フモノトス

又凡ソ人ハ隨意ニ婚姻ヲ爲スコトヲ得ヘシト雖モ第七百六十五條乃至第七百七十三條ニ揭クル條件ニ違フモノハ婚姻ヲ爲スコトヲ得サルモノトス是レ蓋シ婚姻ハ各自ノ自由ト爲ス法律上ノ原則ノ例外法タリ

第二款　男女婚姻ヲ爲シ得ル年齡

凡ソ男滿十七年、女ハ滿十五年ニ至ラサレハ婚姻ヲ爲スコトヲ得ス故ニ男ハ滿十七年女ハ滿十五年ヲ以テ婚姻ヲ爲シ得ヘキ年齡ト爲ス蓋シ各種ノ契約ニ於ケル男女共成年ニ至ラサレハ之ヲ爲スヲ得サレハ未成年者ノ爲メニスル契約ハ父母又ハ後見人代テ之ヲ爲スハ即チ法律上ノ原則ニシテ幼者ハ法律上契約ヲ爲シ得ヘキ能力ナキモノト爲セシモノトス然レトモ婚姻ノ契約ニ於ケル財產上ノ契約ト異ナリ一身上ノ契約タレハ幼者ト雖モ自ラ之ヲ爲スコトヲ得ヘシ然リ而シテ法律ニ於テ本文ノ如キ年齡ニ制限ヲ設ケラレタル所以ノモノハ能力ニ關スルモノニアラスシテ婚姻ヲ爲ス者ノ身體ノ成熟ニ依ルモノトス蓋シ身體ノ成熟ニ至ラサレハ縱令婚姻ヲ爲スモ其目的ヲ達スルヲ得サルヲ以テナリトス又人ノ身體ハ其性來ニ依リ多少之ヲ異ニスルモノナリト雖モ立法官ハ衛生上ノ搜查ニ依リ法律上一定ノ年齡ヲ定メ以テ身體ノ虞害ヲ防キ及婚姻ノ主眼トスル處ノ夫婦相扶ケテ運命ヲ偕ニシ重大ノ義務ヲ負フニ付キ其精神ヲ要スルノ適當ナル年齡ヲ定メタルモノトス

幼者ニ付テハ前項ノ如ク婚姻ニ年齡ノ制限アルモ老者ニ在テハ之カ制限ヲ設ケス故ニ縱令死ニ垂ントスル者ニアルモ亦婚姻ヲ行フコトヲ得ヘシ蓋シ夫婦互ニ子ヲ擧ケ統ヲ繼カシムル目的ヨリ之ヲ爲ストキ老者ハ子ヲ擧クヘキ力弱キ者タレハ幾分カ法律上ノ制限ヲ設ケサルヘカラスト雖モ婚姻ハ啻ニ子ヲ擧クルノミヲ

以テ主眼トセス夫婦相扶ケテ生ヲ遂クルモ亦其主眼タルヲ以テ法律上之カ制限ヲ設クルコトナキモノトス

從來施行スル處ノ法律中男女婚姻ヲ爲スニ付年齡ニ制限ナシ止タ刑法第三百四十條ニ十二歳未滿ノ幼女ヲ姦スル者ヲシテ重罪ニ處スルノ明文アルト陸海軍結婚條例ニ於テ軍人二十六年未滿ノ女ト結婚セシメサルノ成文アルノミ故ニ平人ニ在テハ從來滿十二年以上ナレハ婚姻ヲ爲スモ敢テ妨ケナキモノタリシモ本法施行ノ後ハ茲ニ規定スル所ニ從フヘシ然レトモ本法實施以前十七年未滿ノ男子ト十五年未滿ノ女ト婚姻ヲ結ヒ實施ノ際未タ本條ノ年齡ニ達セサルモ既ニ結行シタル婚姻ハ解婚スルニ及ハサルモノトス

（例）

第七百六十五條　男ハ滿十七年女ハ滿十五年ニ至ラサレハ婚姻ヲ爲スコトヲ得ス

（備考）　本法第七百六十五條、第七百八十條、第七百八十一條參觀

第三款　重婚及再婚

凡ソ夫アル者其夫ト解婚セスシテ他ノ男子ト婚姻ヲナシ又ハ婦アル者其婦ト離婚セスシテ他ノ女ト婚姻ヲ爲スヲ許サス犯スモノハ刑法ニ問ヒ尙ホ解婚セシムヘキモノトス蓋シ婚姻ハ各自ノ自由ニ任ス原則タリト雖モ一夫數妻ヲ娶リ一婦ノ數夫ニ嫁スルカ如キハ夫婦相愛スルノ情ヲ欠キ却テ夫婦ノ間無限ノ怨恨ヲ生シ隨テ其配偶者數人カ擧ケタル子ノ間不諧ヲ生シ互ニ仇視スルノ弊害ヲ發生スヘキニ因ルモノトス

一旦婚姻ヲ行ヒ夫婦ノ緣義ヲ結ヒタルモ其婚姻ヲ解消シタル後ハ再ヒ婚姻ヲ爲スヲ得留ニ再婚ヲ爲スヲ得ルノミナラス其婚姻ヲ解消シ又ハ取消シタルトキハ尙ホ數婚ヲ爲スコトヲ得ヘシ然レトモ女ハ前婚解消又ハ取消ノ日ヨリ滿六ケ月經過シタル後ニアラサレハ再婚ヲ爲スコトヲ得ス若シ本法施行前ニ前婚カ解消又ハ取消サレタルモノハ其解消又ハ取消ノ時ヨリ起算スヘキモノトス然リ而シテ前婚解消又ハ取消ノ前ヨリ

女カ懐胎シタル場合ニ於テハ此制限ハ分娩ノ日迄ニ止マルヘキヲ以テ未タ六ケ月ヲ經過セサルモ爾後隨意ニ再婚スルコトヲ得ヘシ本法第七百六十七條ニ此制限ヲ規定セラレタルモノハ他ナシ第八百二十條ノ規定ニ依リ再婚ノ日ヨリ二百日後ニ生レタル子ハ再婚ノ夫ノ子ト看做スヲ得ヘキヲ以テ若シ前婚ノ解ケタル日又ハ取消ノ日ヨリ六个月以内ニ再婚ヲ許ストキハ二百日以内ニ生レタル子ハ前婚ノ夫ノ子タリヤ又ハ再婚ノ夫ノ子タリヤヲ識別シ能ハサル疑ヲ惹キ起スヘキヲ以テ此疑ヲ防カン爲メ立法者ハ此ノ如キ制限ヲ設ケ以テ急ニ再婚ヲ爲シ婦徳ヲ汚スノ弊ヲ矯正スルニアリトス但重婚ヲ理由トシテ婚姻ノ取消ヲ請求シタル場合ニ於テ其訴ヲ棄却シタル判決ハ當事者ノ前配偶者ニ對シテハ其配偶者カ訴訟ニ參加シタルトキニ限リ其效力ヲ有ス

(例)

第七百六十六條　配偶者アル者ハ重テ婚姻ヲ爲スコトヲ得ス

(註記)　若シ本法ニ違ヒ結婚ヲ行ヒタルトキハ第七百八十條ニ依リ當事者ノ配偶者又ハ前配偶者ヨリ其取消ヲ請求スルコトヲ得ヘシ

第七百六十七條　女ハ前婚ノ解消又ハ取消ノ日ヨリ六ケ月ヲ經過シタル後ニ非サレハ再婚ヲ爲スコトヲ得ス

女カ前婚ノ解消又ハ取消ノ前ヨリ懷胎シタル場合ニ於テハ其分娩ノ日ヨリ前項ノ規定ヲ適用セス

(註記)　前婚解消トハ婦カ其夫ト離婚シ又ハ其夫ノ死亡ニ依リ婚儀ノ解ケタル場合ヲ云ヒ取消トハ法律ニ違背シタル婚姻ヲシテ取消タルヲ云フ

(備考)　民法施行法第六十六條第七百七十五條第七百七十六條第七百八十條第七百八十二條人事訴訟手續法第十八條第二項參照

第四款　姦通ニ因リ離婚ノ妻相姦者ト婚姻禁止

凡ソ有夫ノ婦ニシテ他人ト姦通シ仍テ離婚ノ宣告ヲ受ケタル者又ハ離婚ノ宣告ヲ受サルモ刑ノ宣告ヲ受ケタルモノハ其夫ト婚姻解消ノ後ニ於テ相姦者ト婚姻ヲ爲スコトヲ得サルモノニシテ刑ニ處セラレサルモ姦通ニ因リ離婚ノ宣告ヲ受ケタル妻又ハ離婚ノ宣告ヲ受ケサルモ姦通ニ因リ刑ノ宣告ヲ受ケタル妻ヲシテ前婚解消ノ後姦夫ト婚姻スルコトヲ得セシメサルモノハ既ニ一家和合ノ大本ヲ紊亂シ國家善良ノ風俗ヲ害シタルモノナレハナリ故ニ此禁ヲ犯シテ婚姻ヲ爲シタルトキハ第七百八十條ノ規定ニ依リ其婚姻取消ヲ請求スルコトヲ得ヘシ

（例）

第七百六十八條　姦通ニ因リテ離婚又ハ刑ノ宣告ヲ受ケタル者ハ相姦者ト婚姻ヲ爲スコトヲ得ス

（註記）　姦通ニ依リ離婚ノ宣告ヲ受ケタルモ刑ニ處セラレサルコトアルヘシ又刑ノ宣告ヲ受ケタルモ離婚セラレスシテ後他ノ原因ニ因リ離婚セラルルコトアルヘク夫死シテ寡婦トナルコトモアルヘシ如何ナル場合ト雖モ姦通ノ妻ハ姦夫ト婚姻スルヲ得サルモノトス

（備考）　本法第七百七十六條、第七百八十條參觀

第五款　親族間及姻族間ノ禁婚

凡親族中已レヨリ直線ニ上下スル系統ニ係ル者ヲ直系ト云ヒ父母、祖父母、曾祖父母、高祖父母等ヲ直系尊屬ト稱シ子、孫、曾孫、玄孫等ヲ直系卑屬ト稱ス皆直系血族ナリ兄弟、姉妹、伯叔父姑、甥姪ハ三親等内ノ傍系血族ニシテ配偶者ノ親族ヲ姻族ト云ヒ其配偶者ヨリ直線ニ上下スル者ヲ直系姻族ト云フ即チ配偶者ノ父母、祖父母以上、子、孫以下是ナリ其直系血族ノ間又ハ三親等内ノ傍系血族ノ間若クハ直系姻族ノ間ニ於テハ互ニ婚姻ヲ爲スコトヲ得ス然レトモ養子養方ノ親族トノ間ニ於ケル直系血族トノミ相婚姻スル

ヲ得スシテ養方ノ傍系血族トノ間ニ在テハ互ニ婚姻スルヲ得ス姻族ノ關係ハ離婚ニ依リテ止ミ養子ト養親及養方血族トノ親族ノ關係及養子ノ配偶者ノ直系卑屬又ハ其配偶者ト養親又ハ其直系尊屬ト親族ノ關係ハ養子離縁及養子離縁ニ依リ其配偶者カ養子ト共ニ養家ヲ去リタルニ依リ止ムヘシト雖モ其姻族又ハ親族關係ノ止ミタル後ト雖モ是等ニ在テハ互ニ婚姻ヲ爲スコトヲ得ス若シ此規定ニ反シ婚姻ヲ行ヒタルトキハ第七百八十條ニ依リ其取消ヲ請求スルコトヲ得ヘキモノトス但其請求ハ人事訴訟手續法第一條ニ依リ夫カ普通裁判籍ヲ有スル地又ハ死亡ノ時之ヲ有シタル地ノ地方裁判所ノ管轄ニ專屬スヘシ蓋シ本文ノ如ハ契約自由ノ原則ニ反スル例外法ヲ規定セラレタルモノハ近親相姦スルハ倫理ヲ紊亂シ患害ヲ釀生スルノ虞アルヘキモノニシテ第一一家數子間若クハ其數子ト父母トノ間ニ競爭疾惡ノ念ヲ發生セシムルニアリ第二父母ニ於テ其子孫ヲ統制スルノ權力ヲ失フニ至ラシムルノ恐レアリ第三若年ノ輩ヲシテ誑惑ニ遭遇セシムルノ患害ニ陷ラシメ以テ身体上ト人情上トニ多少害ヲ發セシムルニアリ

舊制ニ於モ直系ノ尊屬卑屬直系姻族間及三親等内ノ傍系ノ血族ハ相互ニ婚姻スルコトヲ許サヽリシモ血緣ナキ傍系ノ親族ニ於テハ三親等内タルトモ其名義ヲ去リタル上ハ互ニ相婚姻スルヲ得セシムル慣習ニシテ例ヘハ養子養家ノ家女タル姉妹ト婚姻セントスルトキハ先以テ其姉妹ヲ一旦他家ノ養女トナシ戸籍上兄弟姉妹ノ名義ヲ去リ更ニ他家ヨリ婚嫁スル等實ニ姑息形式上一手段ニ出タルモノニシテ名實相反スヘキモノナリ仍テ本法ニ於テハ第七百六十九條ニ但書ヲ加ヘテ養子養方ノ傍系血族トノ間ノ婚姻ハ本文禁止ノ例外ヲ規定セラレ從來施行セラレタル煩雜ナル無用ノ手續ヲ廢セラレタルモノナリ蓋シ養子養方ノ傍系血族ト婚姻セシムルモ亂倫ノ行爲ニアラサレハナリ

(例)

第七百六十九條　直系血族又ハ三親等内ノ傍系血族ノ間ニ於テハ婚姻ヲ爲スコトヲ得ス但養子ト養方ノ

傍系血族トノ間ハ此限ニ在ラス

（註記）父母、祖父母及子孫、兄弟、姉妹、伯叔父姑、甥姪ノ間ハ互ニ婚姻ヲ爲スコトヲ得サルモ養子養方ノ兄弟、姉妹、伯叔父姑、甥姪ノ間ハ從前ノ如ク一旦他家ノ養子女ト爲スカ如キ手數ヲ要セス相互ニ結婚スルヲ得ヘキモノトス但直系血族中ニハ繼父母、嫡母、庶子ヲ含有スヘシト雖モ夫ノ前妻及妻ノ前夫ノ子、妻ノ私生子等ハ本文直系血族中ニ含有セス第七百七十條ノ直系姻族中ニ含有スヘシ又本法ニ明文ナキ親族ハ婚姻スルヲ得ヘキニ依リ大伯叔父姑ト又甥又姪ト婚姻スルハ妨ケナキモノトス

第七百七十條　直系姻族ノ間ニ於テハ婚姻ヲ爲スコトヲ得ス第七百二十九條ノ規定ニ依リ姻族關係カ止ミタル後亦同シ

（註記）直系姻族トハ配偶者ノ父母、祖父母、子孫ヲ云フ直系姻族トハ配偶者ト婚姻ヲ解消シ姻族關係ノ止ミタル後タリトモ婚姻ヲ爲スコトヲ得ス故ニ例ヘハ妻ノ母子トハ其夫又ハ夫ノ父祖、子孫ト其妻トハ婚姻ヲ爲スコトヲ得ス其配偶者カ離婚トナリ又ハ死亡シテ婚姻解消シ姻族ノ關係止ミタル後ト雖モ亦然リ然リト雖モ傍系姻族ニ於テハ別ニ禁婚ノ明文ナキヲ以テ婚姻ヲ爲スコトヲ得ヘシ古制ニ於テハ傍系姻族間ニ在テハ婚姻ヲ禁スルモノアリ妻カ離婚又ハ死亡ノ後前妻ノ姉妹ト婚姻シ又ハ夫ト離婚又ハ夫死亡ノ後前夫ノ兄弟ト婚姻スルヲ禁シ妻死後其姉妹ト結婚スルカ如キハ一旦其姉妹ヲ他家ノ養女トシ其姉妹タル名義ヲ止メタルトキハ更ニ婚姻スルコトヲ得セシメタルモ本法ニ於テハ姻族ノ禁婚ハ直系姻族間ニ限リタルヲ以テ配偶者ノ兄弟姉妹ト婚姻スルハ之ヲ禁スルモノニアラス

第七百七十一條　養子、其配偶者、直系卑屬又ハ其配偶者ト養親又ハ其直系尊屬トノ間ニ於テハ第七百

三十條ノ規定ニ依リ親族關係カ止ミタル後ト雖モ婚婚ヲ爲スコトヲ得ス

(註記) 本條ハ養子ト養親又ハ其直系尊屬、養子ノ配偶者ト養親又ハ其直系尊屬、養子ノ直系卑屬ト養親又ハ其直系尊屬、養子ノ直系卑屬ノ配偶者ト養親又ハ其直系尊屬トノ間ニ於テハ第七百三十條ニ依リ親族關係カ止ミタル後タリトモ婚姻スルヲ得ス故ニ例ヘハ養子離縁ノ後タリトモ其養子ト養親又ハ其父母祖父母トハ婚姻スルコトヲ得ス又養子ト離婚シ又ハ養子死亡等ニ依リ養子ト婚姻解消ノ後タリトモ養親又ハ其父母祖父母ニ於テ養子ノ配偶者タリシ者ト婚姻スルヲ得ス又養子ノ子孫又ハ其子孫ノ配偶者カ縁組又ハ婚姻解消ノ後其養親又ハ養親ノ父母、祖父母ト婚姻スルヲ得サルカ如シ蓋シ曾テ親ト呼ヒ子孫ト呼ヒタル者ニ於テ縦令親族關係ノ止ミタル後タリトモ婚姻ヲ許スヘキハ穩カナラサルニ依ルモノナレハナリ但傍系親族ノ配偶者ニ在テハ本法禁婚ノ明文ナキヲ以テ兄弟及伯叔父姑、甥姪ノ配偶者タリシモ婚姻解消ノ後ハ結婚スルヲ得ヘキモノトス

(備考) 本法第七百七十六條、第七百八十條[illegible]人事訴訟手續法第一條參觀

第六款　婚姻ヲ爲スニ付父母後見人親族會ノ同意ヲ得ヘキ規定

凡ソ子カ婚姻ヲ爲スニハ其家ニ在ル父母ノ同意ヲ得ルヲ要ス父母ノ一方カ知レサルトキ又ハ死亡シタルトキ若クハ家ニ在ラサルトキ又ハ其意思ヲ表示シ能ハサルトキハ他ノ一方即チ父カ前述ノ場合ニ於テハ母、母カ前述ノ場合ニ於テハ其父ノミノ同意ヲ得ルヲ以テ足レリトス又父母共ニ知レサルカ又ハ父母共ニ死亡シタルカ若クハ父母共ニ家ヲ去リタルカ又ハ父母共ニ其意思ヲ表示スルコト能ハサルカ如ク家ニ同意ヲ得ヘキ父母アラサルトキハ子カ成年者ナレハ他ニ同意ヲ得ルヲ要セス婚姻ヲ爲スコトヲ得ヘシト雖モ未成年者ナルトキハ其後見人及ヒ親族會ノ同意ヲ得ルヲ要ス但シ男カ年齡滿三十年女カ年齡滿二十五年ニ達シタル後ニ於テ婚姻ヲ爲ストキハ父母ノ同意ヲ得ルヲ要セス

婚姻ニ付テハ其家ニ在ル父母ハ養實ヲ問ハス又繼父母、嫡母ヲ論セス總テ其同意ヲ得ヘク其一方カ同意スルモ他ノ一方カ同意セサルトキハ其子ハ婚姻ヲ爲スコトヲ得ス然レトモ繼父母ニ於テ繼子ノ婚姻ヲ拒ミ嫡母ニ於テ庶子ノ婚姻ヲ拒ムトキハ子ハ親族會ノ許諾ヲ得テ婚姻ヲ爲スコトヲ得ヘシ其繼父母、嫡母ニ於テ子ノ婚姻ヲ拒ミタルトキ其子ニ於テ親族會ノ許諾ヲ得テ婚姻ヲ爲シ得ヘキ規定ヲ設ケラレタル所以ノモノハ他ナシ實父母ニ在テハ不當ニ子ノ婚姻ヲ拒ムコトナカルヘシ又之ヲ拒ムモ之カ爲メ親子相爭フカ如キハ尠カルヘキモ血族ノ關係ナキ繼父母及嫡母ニ在テハ其不當ナルヲ知テ子ノ婚姻ヲ拒ムコト往々之アレハナリ又禁治產者カ婚姻ヲ爲スハ其後見人ノ同意ヲ得ルコトヲ要セス

(例)

第七百七十二條　子カ婚姻ヲ爲スニハ其家ニ在ル父母ノ同意ヲ得ルコトヲ要ス但男カ滿三十年女カ滿二十五年ニ達シタル後ハ此限ニ在ラス

父母ノ一方カ知レサルトキ、死亡シタルトキ、家ヲ去リタルトキ又ハ其意思ヲ表示スルコト能ハサルトキハ他ノ一方ノ同意ノミヲ以テ足ル

父母共ニ知レサルトキ、家ヲ去リタルトキ又ハ其意思ヲ表示スルコト能ハサルトキハ未成年者ハ其後見人及ヒ親族會ノ同意ヲ得ルコトヲ要ス

(註記)　本條第一項ハ子ハ其家ニ在ル父母ノ同意ヲ得ルニ非ラサレハ婚姻ヲ爲スコトヲ得サル原則ヲ規定シタルモノニシテ其家ニ在ラサルトハ失踪等ノ場合ヲ云ヒ其意思ヲ表示スルコト能ハサルトハ父母カ治產ノ禁ヲ受ケタル場合ヲ云フ

第七百七十三條　繼父母又ハ嫡母カ子ノ婚姻ニ同意セサルトキハ子ハ親族會ノ同意ヲ得テ婚姻ヲ爲スコトヲ得

（註記）本條ハ前條第一項ノ原則ニ制限ヲ付シタルモノニシテ子ノ婚姻ニ付父母ノ同意ヲ與フルト否トハ父母ノ任意ニシテ其當否如何ヲ論スヘカラサルヲ以テ繼父母嫡母ノ同意ヲ與ヘサルトキハ親族會ノ同意ヲ得ルノ途ヲ開キタルモノナリ

第七百七十四條 禁治產者カ婚姻ヲ爲スニハ其後見人ノ同意ヲ得ルコトヲ要セス

（備考）本法第七百八十三條◉人事訴訟手續法第一條◉戶籍法第百三條參觀

第七款　婚姻ノ屆出及婚姻ノ效力

凡ソ契約ハ雙方合意ヲ得テ成立シ官公吏ノ手數ヲ要スヘキモノニアラスト雖モ婚姻ハ婦女ノ能力ヲ變易シ且夫婦財產上ノ權利義務ニ影響ヲ及ホスヘキモノタレハ之ヲ公ニセサルヘカラス抑婚姻ノ效力タル戶籍吏ニ之カ屆出ヲ爲スニ因テ生スルモノニシテ其屆出ハ當事者雙方及成年以上ノ證人二人以上夫ノ本籍地又ハ所在地ノ戶籍役場ニ出頭シ入夫婚姻及婿養子緣組ナルトキハ妻ノ本籍地又ハ所在地ノ戶籍役場ニ出頭シ戶籍吏ニ口頭ニテ之ヲ爲シ又ハ署名シタル書面ヲ以テ之ヲ爲スコトヲ要ス疾病其他ノ事故アリテ自ラ戶籍吏ノ面前ニ出頭スルコト能ハサルモ代理人ヲ以テ陳述スルコトヲ許サス又代署シタル書面ヲ以テ屆出ツルコトヲ許サス若シ自ラ陳述シ難キ者ハ自署ノ書面ヲ以テ屆出自署シ能ハサル者ハ出頭シテ自ラ陳述スヘシ其當事者ヲシテ自身出頭シテ陳述セシムルモノハ當事者雙方ヲシテ眞ニ婚姻ヲ爲スノ意思アルヲ表示セシムルモノナリ然リ而シテ婚姻ノ屆書ニハ戶籍法第百二條ニ列記シタル諸件ヲ記載スヘキモノニシテ口頭ヲ以テ屆出ヲ爲ス場合ニ於テモ亦此諸件ヲ陳述スルヲ要ス

婚姻ノ屆出アリタルトキハ戶籍吏ハ其婚姻カ第七百四十一條第一項、第七百四十四條第一項、第七百五十條第一項、第七百五十四條第一項、第七百六十五條乃至第七百七十三條及第七百七十五條第二項ノ規定其他ノ法令ニ違反セサルヤ否ヲ調査シ違反セサルモノト認メタル後ニアラサレハ受理スルコトヲ得ス若シ其婚姻カ第七百四十一條第一項又ハ第七百五十條第一項ノ規定ニ違反シ戸主ノ承諾ヲ經スシテ婚姻ヲ爲サント欲シ届出タルトキハ戸籍吏ハ其届出人ニ注意スヘシ其注意ヲ爲シタルモ當事者カ其届出ヲ受理センコトヲ請求スルトキハ戸籍吏ハ之ヲ受理スヘシ而シテ其婚姻ニ付父母又ハ戸主若クハ親族會其他後見人等ノ同意ヲ得ヘキ事件ハ戸籍吏ニ對シ口頭ヲ以テ陳述スルモ差支ナシ敢テ書面ヲ以テスルニ及ハサルモノトス

（例）

第七百七十五條　婚姻ハ之ヲ戸籍吏ニ届出ツルニ因テ其効力ヲ生ス

前項ノ届出ハ當事者雙方及ヒ成年ノ證人二人以上ヨリ口頭ニテ又ハ署名シタル書面ヲ以テ之ヲ爲スコトヲ要ス

（註記）

本條ノ届出ハ口頭ニテ之ヲ爲スモ書面ヲ以テスルモ届出人ノ随意ナリ口頭ニテ爲ストキハ（戸籍法第五十四條）戸籍吏ノ面前ニ出頭シテ届出事件ヲ陳述シ戸籍吏ハ之ヲ筆記スヘキモノトス

第七百七十六條　戸籍吏ハ婚姻カ第七百四十一條第一項、第七百四十四條第一項、第七百五十條第一項、第七百五十四條第一項、第七百六十五條乃至第七百七十三條及ヒ前條第二項ノ規定其他ノ法令ニ違反セサルコトヲ認メタル後ニ非サレハ其届出ヲ受理スルコトヲ得ス但婚姻カ第七百四十一條第一項又ハ第七百五十條第一項ノ規定ニ違反スル場合ニ於テ戸籍吏カ注意ヲ爲シタルニ拘ハラス當事者カ其届出ヲ爲サント欲スルトキハ此限ニ在ラス

（註記）

第七百四十一條第一項、第七百五十條第一項ノ規定ニ違反シタル届出ニ付戸籍吏ノ注意ヲ與フルモノハ離籍ニ關スル反省ヲ爲スヲ得サラシメントスルモノニシテ父母又ハ戸主其他親族會若クハ後見人ノ同意ヲ得ヘキヲ同意ヲ得スシテ婚姻ヲ爲シタルトキハ同意ヲ爲スヘキ權利ヲ有スル者ハ取消ノ請求ヲ爲シ得ヘキモノトス

（備考）本法第七百八十條乃至第七百八十三條、戸籍法第五十四條第五十五條第五十六條第百二條乃至第百八條參觀

第八款　日本人外國ニ於テ爲ス婚姻

（例）外國ニ於テ日本人カ相互ニ婚姻ヲ爲サント欲スルトキハ戸籍法ノ規定ニ從ヒ其國ニ駐在スル日本ノ公使又ハ領事ニ婚姻ノ屆出ヲ爲スコトヲ得ヘシ其屆出ニ付テハ前款ニ記述シタル處ヲ準用スヘキモノトス

第七百七十七條　外國ニ在ル日本人間ニ於テ婚姻ヲ爲サント欲スルトキハ其國ニ駐在スル日本ノ公使又ハ領事ニ其屆出ヲ爲スコトヲ得此場合ニ於テハ前二條ノ規定ヲ準用ス

（註記）前二條ノ規定ヲ準用スルトハ婚姻ノ效力ハ其屆出ニ依リ發生シ其屆出ノ事項ハ第七百七十五條第二項ニ從フヘクシテ夫婦トナラントスル者ノ年齡カ法ニ適シ、重婚ニアラス、前婚解後六ケ月ヲ經過ノ後ナルコト、姦通ニ因リ離婚又ハ刑ノ宣告ヲ受ケタル者ノ相姦者ニアラサルコト、第七百六十九條乃至第七百七十一條ノ親族ニアラサルコト、其他父母又ハ戸主、後見人、親族會ノ同意ヲ受クヘキ者ノ規定ニ違反セサルヲ云フ若シ夫レ外國ニ於テ婚姻ヲ爲スニ付父母其他ノ同意ヲ得ルヲ要スルニ因リ父母其他同意ヲ與フヘキ者カ其國ニアラサルトキハ公使又ハ領事ニ面述スルヲ得サルニ付此場合ニ於テハ必ス書面ヲ以テセサルヘカラス若シ然ラスンハ外國ニ在テ婚姻ヲ爲ストキハ日本國ニ在ル者ニ在テハ其婚姻ヲ爲スコトヲ知ラサルヲ僥倖トシテ民法ニ規定シタル條件ヲ履行スヘキ義務ヲ拋棄スルニ至ランコトナカルヘカラサルモノトス

（備考）本法第七百八十條乃至七百八十三條、戸籍法第五十四條、第五十九條、第百二條、第百三條、第百七條參觀

第二節　婚姻ノ無效及ヒ取消

第一款　婚姻ノ無效

凡ソ婚姻ハ其屆出ニ因リ效力ノ發生ト共ニ成立スルモノナリト雖モ若シ人違其他ノ事由ニ因リ相婚雙方又ハ一方ニ於テ婚姻ヲ爲スノ意思ナキトキハ縱令屆出ヲ爲シタリトモ其婚姻ハ無效トス之ニ反シ縱令當事者ノ意思相合シテ實際婚姻ヲ爲シタリトモ當事者ニ於テ婚姻ノ屆出ヲ爲サヽルトキハ其婚姻ハ無效ニシテ成立セサルモノトスルモ些少方式ニ違フ所アルモノハ之カ爲メ婚姻ヲ取消サルヽコトナシ蓋シ第七百七十八條第二項ニ但書ヲ加ヘラレタルカ如キハ此趣旨ニ出タルモノナリ然リ而シテ當事者間ニ婚姻ヲ爲スノ意思ナキト當事者カ婚姻ノ屆出ヲ爲サヽルトノ原因ニ依リ婚姻ノ無效ハ當事者間承諾ノ全ク欠缺シタルト全ク屆出ナキトニ限ルヘシ承諾及屆出ノ瑕疵ニ於ケルカ如キハ無效ノ原因ト爲ス能ハス無效トハ法律行爲ノ初メヨリ效ナキモノニシテ事件ノ初メヨリ成立セサルヲ云フ一旦成立シヲ效力ヲ生セシメ後初メヨリ成立セサルカ如キナルハ之ヲ無效ト爲ス能ハス此如キハ之ヲ取消スヘキナリ例ヘハ甲者乙者ト思意シテ丙者ト婚姻ヲ爲シタルカ如キ人ノ形体上ニ關スル差違ハ初メヨリ丙者ト婚姻スルノ意ナクシテ甲者ハ全ク其承諾ヲ欠缺シタルモノナレハ無效ナリ又精神ノ喪失シタル者ハ素ヨリ合意ノ能力ナキモノタレハ全ク承諾ノ欠缺タルヲ以テ其婚姻ハ無效ナリ暴行强迫ニ在テハ事ノ强大ナリト否トニ依テ承諾ノ欠缺ト瑕疵ト區別セサルヘカラス强暴トハ意思ノ自由ヲ妨ケラルルヲ云フ例ヘハ汝予ト婚姻ヲ行ハサレハ汝ノ父母ヲ害セントノ强迫セラレ乙者甲者ノ意ニ從ハサレハ甲者ノ爲メニ父母ヲ害セラレンコトヲ恐レ父母ノ災害ヲ避ケン爲メ甲者ト婚姻ヲ爲シタルカ如キハ即チ承諾ノ瑕疵アル原因ニシテ請求ニ依リ之ヲ取消シ無效ヲ以テ論セサルヘシト雖モ暴行强迫ノ程度强大ナルカ爲メ承諾ノ形アリテ其實ナキモノハ承諾瑕疵ヲ以テセスシテ全ク承諾欠缺シタルモノトシ初メヨリ婚姻ノ意思ナキモノト爲スカ如シ婚姻無效ノ訴ハ人事訴訟手續法第一章ニ掲ク

ル各條ニ付テ了知セラルヘシ

（例）

第七百七十八條　婚姻ハ左ノ場合ニ限リ無效トス

一　人違其他ノ事由ニ因リ當事者間ニ婚姻ヲ爲ス意思ナキトキ

二　當事者カ婚姻ノ屆出ヲ爲サヽルトキ但其屆出カ第七百七十五條第二項ニ揭ケタル條件ヲ缺クニ止マルトキハ婚姻ハ之カ爲メニ其效力ヲ妨ケラルヽコトナシ

（解釋）當事者間トハ相婚スル雙方又ハ一方ヲ云フ即チ婚夫ト婚婦ノ間ヲ云フモノトス第二項ノ其效力ヲ妨ケラルヽコトナシトハ婚姻ノ屆出ヲ爲ストキハ婚姻ハ完全ニ成立スルモノトシ其方式ニ些少ノ違フ所アルモ之カ爲メ婚姻ヲ取消サルヽコトナキヲ云フ

第二款　婚姻ノ取消

婚姻ハ他ノ法律行爲ト異ナリ容易ニ取消スモノニ非ス之ヲ取消ハ必ラス法律ノ規定ニ依ラサルヘカラス即チ第七百八十條以下七條ニ規定セラレタル條件ハ之ヲ取消ヲ得ヘキモノニシテ此規定ニ依ラサルモノハ取消スコトヲ得サルモノトス但無效ト取消トノ區別ノ異ナルコトハ前項本文中ニ記述シタルヲ以テ再ヒ玆ニ贅セス

（例）

第七百七十九條　婚姻ハ後七條ノ規定ニ依ルニ非サレハ之ヲ取消スコトヲ得ス

（解釋）婚姻取消ノ手續ニ關シテハ人事訴訟手續法第一章各條ニ揭載セラレタル處ニ依ルヘシ

第三款　第七百六十五條乃至第七百七十一條ニ違反スル婚姻ノ取消ノ手續

男女ノ雙方又ハ一方カ未タ適齢ニ至ラスシテ爲シタル婚姻(第七百六十五條)前婚解ケサル者又ハ前婚解消後若クハ前婚取消後六个月ヲ經過セサル前ニ爲シタル婚姻(第七百六十六條第七百六十七條)離婚又ハ刑ノ宣告ヲ受ケタル後相姦者ト爲シタル婚姻(第七百六十八條)直系血族又ハ三親等内ノ傍系血族ノ間ニ於テ爲シ又ハ從前直系姻族間タリシ者ノ間ニ爲シタル婚姻(第七百七十條)前養子、配偶者、直系卑屬又ハ其配偶者ト養親又ハ其直系尊屬ノ關係アリシ者カ其關係ノ止ミタル後爲シタル婚姻(第七百七十一條)ハ各當事者其戸主、親族又ハ檢事ヨリ裁判所ニ其取消ヲ請求スルコトヲ得ヘシ就中第七百六十六條第七百六十七條第七百六十八條ノ規定ニ違反シタル婚姻ニ在テハ當事者ノ配偶者又ハ前配偶者モ亦婚姻ノ取消ヲ請求スルコトヲ得ヘキモノトス然リ而シテ是等ノ婚姻ニ付テハ戸主親族ニ在テハ利害ノ關係ヲ有シ家族カ婚姻ヲ爲スニ付テハ特ニ戸主ノ承諾ヲ要スヘキモノニシテ戸主ハ其家族ヲ制御シ財産上其他諸般ノ關係ヲ有スルコト頗ル大ナレハ親族及戸主ハ此ノ如キ違法ノ婚姻ニ對シ取消ヲ請求スルヲ得ヘキナリ又檢事ハ社會ノ安寧ヲ保護スルニ付道德ニ背反シ社會ノ爲メニ害ヲ與フヘキ婚姻ヲ取消スヘキ必要アルモノトス然レトモ當事者ノ一方カ死亡シタル後ハ檢事ハ其取消ヲ請求スルコトヲ得ス蓋シ夫婦ノ一方カ死亡シタル後ハ其婚姻ハ自ラ解消シタルモノナレハ解消ト共ニ法律ニ違反シタル婚姻ノ汚辱ハ既ニ消滅シ社會ニ於テ其婚姻ヲ解消セシムヘキ要ナキヲ以テナリ

(例)

第七百八十條　第七百六十五條乃至第七百七十一條ノ規定ニ違反シタル婚姻ハ各當事者其戸主親族又ハ檢事ヨリ其取消ヲ裁判所ニ請求スルコトヲ得但檢事ハ當事者ノ一方カ死亡シタル後ハ之ヲ請求スルコトヲ得ス

第七百六十六條乃至第七百六十八條ノ規定ニ違反シタル婚姻ニ付テハ當事者ノ配偶者又ハ前配偶者モ

亦其取消ヲ請求スルコトヲ得

(註記) 當事者ノ一方トハ即チ配偶者ノ一方ヲ云フ

(備考) 人事訴訟手續法第一章各條●民法施行法第六十七條參觀

第四款　不適齡者ノ婚姻、違法再婚ノ婚姻ノ解消

凡ソ男女法律ニ定メタル年齡ニ達セサル者ト前婚解消又ハ取消ノ後六个月ヲ經過セサル者カ爲シタル婚姻、當事者、親族、戸主又ハ檢事ヨリ取消ノ請求ヲ爲スコトヲ得ヘキコトハ前款ニ記述シタリ然レトモ適齡以前ニ婚姻ヲ爲シタル者カ既ニ適齡ニ達シタルトキハ其戸主及親族等ニ於テ婚姻ノ取消ヲ請求スルコトヲ得ス之ニ反シ不適齡者ニ於テハ適齡ニ達シタル後尙ホ三个月間其取消ヲ請求スルコトヲ得ヘシ適齡ニ達シタルトキ其婚姻ヲ追認シタルトキハ適齡ニ達シタル後未タ三个月ヲ經過セサルモ取消ヲ請求スルコトヲ得ス不適齡者以外ノ者ニ於テハ適齡ニ達シタル後ハ取消ノ請求ヲ爲スコトヲ得スシテ不適齡者ニ在テ適齡ニ達タル後ト雖モ三个月間其請求ヲ得セシメタルモノハ戸主、父母等ニ在テハ不適齡者カ適齡ニ達スル迄ニ其取消ヲ請求スルコトヲ得ルモ既ニ適齡ニ達シタル不適齡者ハ不適齡ノ間ハ完全ナル能力ヲ有セサルニ依リ適齡ニ達スル迄ノ間ニ其取消ヲ請求スルコトヲ得サレハ適齡ニ達シテヨリ後尙ホ三个月ノ猶豫ヲ與ヘラレタルモノナリ

又第七百六十六條ノ規定ニ違反シ前婚解消又ハ取消ノ日ヨリ六ヶ月以内ニ爲シタル婚姻ナルモ前婚解消又ハ取消ノ日ヨリ六个月ヲ經過シタルトキ未タ六个月ヲ經過セサルモ女カ懷胎シタルトキハ婚姻ノ取消ヲ請求スルコトヲ得ス蓋シ前婚解消又ハ取消ノ日ヨリ六个月ヲ經過シタル後ニアラサレハ再婚スルヲ得サルコトヲ規定セラレタルモノハ血統ノ混交スルヲ防止スル旨趣ニ出タルモノナレトモ再婚後婦カ懷胎シタル確證アルトキハ其懷胎ハ前婚ニ依リテ爲シタルモノニアラサルコト明白ニシテ血統混交ノ虞ナキニ依リ取

消ヲ請求スルヲ得サルモノトス

(例)

第七百八十一條　第七百六十五條ノ規定ニ違反シタル婚姻ハ不適齡者カ適齡ニ達シタルトキハ其取消ヲ請求スルコトヲ得ス

不適齡者ハ適齡ニ達シタル後尚ホ三个月間其婚姻ノ取消ヲ請求スルコトヲ得但適齡ニ達シタル後追認ヲ爲シタルトキハ此限ニ在ラス

(註記)　本條ハ之ヲ二段ニ分チ第一項ハ當事者及以前ノ戸主親族等ニ於テ取消ヲ請求スルコトヲ得サルコトヲ規定シ第二項ハ不適齡者ニ於テ取消ヲ請求スル場合ヲ規定セラレタリ又不適齡者ノ婚姻ハ畢竟當事者間ニ於テ隨意ニ之ヲ爲セシノミニシテ戸主、父母其他ノ同意ヲ得タルモノニアラサレトモ既ニ適齡ニ違シタルトキハ適意ノ承諾ニ依リテ爲シタルモノト看做シ當事者以外ノ者ニ於テ取消ヲ請求スルコトヲ得ス若シ其取消ヲ爲シ得ヘキモノトスルトキハ却テ夫婦ノ榮譽ヲ傷害スルニ至ルヘキモノトス

第七百八十二條　第七百六十七條ノ規定ニ違反シタル婚姻ハ前婚ノ解消若クハ取消ノ日ヨリ六个月經過シ又ハ女カ再婚後懷胎シタルトキハ其取消ヲ請求スルコトヲ得ス

(註記)　本條ハ規定ニ違反シ婚姻ヲ爲シタル裁制ヲ設ケタルモノナリ

第五欵　父母後見人親族會ノ同意ヲ得ス又ハ詐欺若クハ强迫ニ因リ同意ヲ得テ爲シタル婚姻ノ取消

第七百七十二條ニ列記シタル父母又ハ後見人若クハ親族會ノ同意ヲ得ヘキ者其同意ヲ得スシテ婚姻ヲ爲シタルトキハ父母其他同意ヲ爲ス權利ヲ有セシ者ヨリ其婚姻取消ヲ裁判所ニ請求スルコトヲ得ヘク縱令同意

ヲ爲シタリシモ其同意カ眞ノ同意ニアラスシテ詐欺又ハ强迫ニ因ル同意ナルトキハ亦取消ヲ請求スルコトヲ得ヘシ蓋シ本文ノ取消請求ハ當時同意權ヲ有セシ者ニ於テ之ヲ爲シ其權利ヲ有セサリシ者ニ於テハ其請求ヲ爲スコトヲ得ス又此ノ如キ同意ヲ爲スヘキ權利ヲ有スル者ニ於テ婚姻取消ノ請求ヲ爲シ得ルモノハ幼者ノ誘惑ニ遭ハンコトヲ防ク爲メニ大ニ利益アルモノナリ

此婚姻取消權ハ其婚姻ニ對シ同意ヲ爲ス權利ヲ有スル者カ婚姻ヲ爲シタルコトヲ知リタル後六个月ヲ經過シタルトキ又詐欺ヲ發見シ若クハ强迫ヲ免レタル後六个月ヲ經過シタルトキハ其權利ハ消滅スヘシ故ニ例ヘハ子カ父母ノ同意ヲ得スシテ婚姻ヲ爲シタルニ其父母ハ子ノ婚姻ヲ爲シタルコトヲ知ラサリシトキハ之ヲ知リタルトキヨリ六个月内ニ婚姻取消ノ請求ヲ爲ササリシトキハ爾後取消ノ請求ヲ爲スコトヲ得ス又詐欺ヲ以テ父母ノ同意ヲ得若クハ强迫ニ因リ同意ヲ得タルトキ同意者カ後チ其詐欺ヲ發見シ又ハ强迫ヲ免レタルトキハ其詐欺ヲ發見シ强迫ヲ免レタル後六个月内ニ取消ノ請求ヲ爲サスシテ六个月ヲ經過シタルトキハ其權利ハ消滅スヘシ其他同意權ヲ有スル者カ其婚姻ヲ追認シ又ハ婚姻屆出ノ日ヨリ既ニ二年ヲ經過シタルトキハ其權利ハ消滅スヘシト雖モ其同意ヲ得ヘキ者カ死亡シタルモ取消權ハ消滅セサルニ依リ其權利ヲ有セシ者ハ又其取消ノ請求ヲ爲スコトヲ得ヘキモノトス但本文ノ期間ヲ經過セサルトキハ民法施行前ニ生シタル事柄タルトモ民法施行後ニ於テ取消ヲ爲スコトヲ得ヘシ

（例）

第七百八十三條　第七百七十二條ノ規定ニ違反シタル婚姻ハ同意ヲ爲ス權利ヲ有セシ者ヨリ其取消ヲ裁判所ニ請求スルコトヲ得同意カ詐欺又ハ强迫ニ因リタルトキ亦同シ

第七百八十四條　前條ノ取消權ハ左ノ場合ニ於テ消滅ス

一　同意ヲ爲ス利權ヲ有セシ者カ婚姻アリタルコトヲ知リタル後又ハ詐欺ヲ發見シ若クハ强迫ヲ免レ

タル後六个月ヲ經過シタルトキ

二　同意ヲ爲ス權利ヲ有セシ者カ追認ヲ爲シタルトキ

三　婚姻屆出ノ日ヨリ二年ヲ經過シタルトキ

（備考）民法施行法第六十七條參觀

第六款　詐欺又ハ强迫ニ依リ爲シタル婚姻ノ取消及取消權ノ消滅

凡ソ詐欺又ハ强迫ニ因リテ爲シタル婚姻ハ眞實合意ヲ以テ爲シタル婚姻ニアラサレハ其婚姻ハ取消ノ請求ヲ爲シ得ルモノニシテ其請求ハ裁判所ニ之ヲ爲スヘキモノトス然リ而シテ取消權ハ詐欺セラレタル者又ハ强迫ヲ受ケタル者之ヲ有ス其他ノ者ニ在テハ之カ請求ヲ爲スコトヲ得ス何トナレハ詐欺又ハ强迫ヲ受ケタル本人自ラ取消ノ請求ヲ爲スノ意アラサルニ他ヨリ其請求ヲ爲スコトヲ得セシムルトキハ之カ爲メ却テ當事者ニ害ヲ被ラシムル恐レアルヲ以テナリ故ニ詐欺又ハ强迫ヲ受ケタル當事者ニ於テ婚姻取消ノ請求ヲ爲スヲ欲セサルトキハ其婚姻ハ初メヨリ有效ノモノト看做ササルヲ得サルナリ

詐欺又ハ强迫ニ因リテ爲シタル婚姻ハ取消ノ請求ヲ爲シ得ヘシト雖モ當事者ニ於テ詐欺ヲ發見シ若クハ强迫ヲ免レタル後三个月ヲ經過シタルトキハ當事者ハ婚姻取消ヲ請求スヘキ重要ノ權利ヲ拋棄シタルモノタレハ其取消權ハ消滅スヘシ又詐欺又ハ强迫ヲ免カレタル後三个月以内タリトモ其婚姻ヲ追認シタルトキ亦同シ但其追認ニ關シテハ明示默示ヲ論セサルモノトス

（例）

第七百八十五條　詐欺又ハ强迫ニ因リテ婚姻ヲ爲シタル者ハ其婚姻ノ取消ヲ裁判所ニ請求スルコトヲ得

前項ノ取消權ハ當事者カ詐欺ヲ發見シ若クハ强迫ヲ免レタル後三个月ヲ經過シ又ハ追認ヲ爲シタルトキハ消滅ス

（備考）　人事訴訟手續法第一章各條參觀

第七欵　壻養子緣組無效又ハ取消ヲ理由トシテ婚姻取消ノ請求

壻養子緣組ノ場合ニ於テ養子緣組ノ無效又ハ取消ノ言渡ヲ受ケタルトキハ各當事者ハ其緣組ノ無效又ハ取消ヲ理由トシテ婚姻ノ取消ヲ裁判所ニ請求スルコトヲ得ヘシ緣組又ハ取消ノ言渡ヲ受ケ然ル後之ヲ理由トシテ婚姻ノ取消ヲ請求セスシテ緣組ノ無效又ハ取消ヲ請求スルトキ其請求ニ附帶シテ婚姻ノ取消ヲ請求スルモ妨ケナキモノトス

又壻養子緣組ノ無效又ハ取消ノ言渡アリテ其婚姻ノ取消ヲ請求セス其權利ヲ拋棄シタルトキハ縱令養子緣組ハ解消又ハ取消トナリタルモ各當事者間ニ於ケル婚姻ハ之カ爲メ解消セスシテ其取消權ハ消滅スヘシ又壻養子緣組ノ無效又ハ取消ヲ受ケタルモ當事者ニ於テ其事ヲ知リタル後三个月ヲ經過シタルトキ亦同シ

（例）

第七百八十六條　壻養子緣組ノ場合ニ於テハ各當事者ハ緣組ノ無效又ハ取消ヲ理由トシテ婚姻ノ取消ヲ裁判所ニ請求スルコトヲ得但緣組ノ無效又ハ取消ノ請求ニ附帶シテ婚姻ノ取消ヲ請求スルコトヲ妨ケス

前項ノ取消權ハ當事者カ緣組ノ無效ナルコト又ハ其取消アリタルコトヲ知リタル後三个月ヲ經過シ又ハ其取消權ヲ拋棄シタルトキハ消滅ス

（註記）　無效又ハ取消ノ請求ニ附帶スルハ婚姻ノ無效又ハ取消ヲ請求スルトキ之ニ附從シテ之ト共ニ取消ノ請求ヲ爲スヘキヲ云フ蓋シ舊慣ニ於テハ壻養子緣組ハ壻養子離緣ノ場合ハ其婚姻モ共ニ解消スヘシト雖モ壻養子緣組ハ養子緣組ト婚姻トヲ合セ行ヒタルモノナレハ其解緣解婚各別ニ爲サヽルヲ得サルニ依ルモノトス但婚姻取消請求ニ關シテハ人事訴訟手續法第一章各條ニ掲クル處ヲ參觀セラルヘシ

第八款　婚姻取消ニ關シ親子ノ效力及財產ノ返還

凡ソ婚姻ノ取消ハ其效力ヲ旣往ニ及ホサヽルニ依リ當事者間ニ擧ケタル子ハ婚姻以前ニ出生シタルト婚姻ノ後出生シタルトヲ問ハス親子ノ效力ヲ有スヘシ故ニ父母ノ婚姻ハ之ヲ取消サレタルモ其子ハ嫡子タルヘシ若シ婚姻ノ取消ニ依リ其效力ヲ旣往ニ及ホサシムルトキハ親子ノ間ニ變体ヲ生シ其子ノ利益マテ失ハシムルニ至ルヘケレハ縱令婚姻ハ取消サルヽモ其子ノ利益ハ之ヲ保存セシムルニ如カサルナリ

又婚姻ノ取消カ財產ニ關シテ其效力ヲ旣往ニ及ホサヽルトキハ各當事者カ婚姻中得タル物件ハ悉ク返還シ總テ舊狀ニ復サヽルヘカラス然ルトキハ頗ル困難ヲ生スヘキニ依リ其效力ヲ旣往ニ及ホサスシテ當事者カ婚姻ノ當時婚姻取消ノ原因ノ存スルコトヲ知ラサリシトキハ當事者カ婚姻ニ因リテ得タル財產ハ現ニ利益ヲ受クル限度ニ於テ其返還ヲ爲スヘシト雖モ若シ婚姻ノ當時其婚姻ハ取消ノ原因ノ存スルコトヲ知リタル當事者ハ婚姻ニ依リ得タル利益ノ全部ヲ返還スヘキモノニシテ其相手方カ善意ナルトキハ其返還ニ對シテ損害賠償還ノ責ニ任セサルモノトス今一例ヲ示サンニ夫ハ婚姻ノ當時妻ノ前婚アリシコトヲ知ラスシテ婚姻ヲ爲シ其妻ノ財產ヲ得タル後妻ノ前婚解消後六个月ヲ經過セサルニ依リ前夫ヨリ婚姻ノ取消ヲ請求セラレ之ヲ取消サレタルカ如キ場合ニ於テハ夫ハ現ニ利益ヲ受ケタル限度ニ於テ之ヲ返還セハ足レリトスルモ妻カ婚姻ノ當時前婚解消後六个月未滿ナルコトヲ隱蔽シテ婚姻ヲ爲シ依テ利益ヲ得タルトキハ妻ハ夫ヨリ得タル利益ノ全部ヲ夫ニ返還セサルヘカラス加之其夫カ善意ニ依リ爲シタル婚姻ナルトキハ其妻ニ對シ損害賠償ヲ要求スルコトヲ得ヘキカ如シ

（例）

第七百八十七條　婚姻ノ取消ハ其效力ヲ旣往ニ及ホサス

婚姻ノ當時其取消ノ原因ノ存スルコトヲ知ラサリシ當事者カ婚姻ニ因リテ財產ヲ得タルトキハ現ニ利

益ヲ受クル限度ニ於テ其返還ヲ爲スコトヲ要ス
婚姻ノ當時其取消ノ原因ノ存スルコトヲ知リタル當事者ハ婚姻ニ因リテ得タル利益ノ全部ヲ返還スルコトヲ要ス尙ホ相手方カ善意ナリシトキハ之ニ對シテ損害賠償ノ責ニ任ス

第二章　婚姻ノ效力

第一節　妻ハ夫ノ家ニ入リ入夫婿養子ハ妻ノ家ニ入ル規定竝夫婦同居ノ義務

凡ソ婚姻ニ因リ妻トナリタル者ハ其夫ノ家ニ入リ夫家ノ家族トナルヘキモノニシテ是レ本邦古來ノ通則ナリ然レトモ入夫又ハ婿養子トシテ女戸主又ハ戸主ノ女ト婚姻スル者ハ其妻ノ家ニ入リ妻又ハ妻ノ親祖ノ家族トナルヘシ婚姻ニ依リ家族ノ夫トナリ又ハ妻トナル者モ皆同シ而シテ本邦ノ古制ニ於テハ婦ハ他家ニ嫁スルモ生家ノ氏ヲ用ヒ婚家ノ戸主トナリ又ハ養子トナル者ノ外ハ他家ノ氏ヲ稱用スルコトヲ得サル慣習ナリシモ本法施行後ハ第七百四十六條ノ規定ニ依リ婚姻ニ依リ夫ノ家ニ入リ家族トナル者ハ戸主ト共ニ其家ノ氏ヲ稱用シ夫ニ同シキ禮遇ヲ受クヘキモノトス是レ婚姻ノ效力中最モ重要ノ件ナリ
夫婦相愛シ苦樂ヲ共ニシ夫ハ其妻ヲ愛護シ妻ハ夫ヲ敬愛シテ夫ニ仕ヘテ從脩ナラサルヘカラサルハ夫婦情義ノ然ラシムル處ナレハ妻ハ夫ト同居スルノ義務ヲ負フヘク夫ハ妻ヲシテ同居セシメサルヘカラス若シ妻ニシテ夫ト同居スルヲ背セサルトキハ夫ハ强制シテ妻ヲ同居セシメ妻若シ逃踪隱匿スルトキハ之ヲ搜索シテ夫ノ居所ニ引致スルコトヲ得ヘキモノトス

（例）

第七百八十八條　妻ハ婚姻ニ因リテ夫ノ家ニ入ル
入夫及ヒ壻養子ハ妻ノ家ニ入ル

（解釋）夫ノ家ニ入ルトハ夫ノ家籍ニ入リ其家ノ戸主ノ家族トナルヲ云フ入夫及婿養子ハ其妻ノ家籍ニ入リ女戸主ノ入夫ハ妻ノ讓リヲ得テ其家ヲ相續シテ其家ノ戸主トナリ或ハ妻ノ家族トシテ其家ニ在ルヲ云フ

第七百八十九條　妻ハ夫ト同居スルノ義務ヲ負フ
夫ハ妻ヲシテ同居ヲ爲サシムルコトヲ要ス

（註記）本條ハ夫婦ハ居ヲ同フシ別居スルヲ得サルコトヲ規定シタルモノナリ

第二節　夫婦間扶養ノ義務及成年ノ夫未成年ノ妻ノ後見ヲ爲ス

夫婦互ニ扶養スルハ婚姻ヲ爲スニ付當然ノ目的ニシテ亦互ノ義務タレハ夫婦ハ相互ニ此義務ヲ負ヒ背クヘカラサルモノトス

又未成年者ノ後見人ハ親權ヲ行フ者ニ於テ遺言ヲ以テ選定スルカ又ハ戸主若クハ親族會ノ選定シタル者タルヘシト雖モ妻カ未成年者ニシテ其夫カ成年ナルトキハ夫其妻ノ後見人タル職務ヲ行フモノトス是レ蓋シ妻カ未成年ナル場合ハ他人ヲ以テ後見人ト爲スヨリモ寧ロ成年ノ夫ヲ以テ後見人ノ職務ヲ行ハシムルニ如カサルヲ以テナリ

（例）

第七百九十條　夫婦ハ互ニ扶養ヲ爲ス義務ヲ負フ

（註記）扶養順序ノ程度方法等ハ第八編ニ規定セラレタル處ニ依ルヘキモノトス

第七百九十一條　妻カ未成年者ナルトキハ成年ノ夫ハ其後見人ノ職務ヲ行フ

（註記）本條ハ後見人ヲ選定スル例外法ヲ設ケタルモノナレハ若シ其夫モ亦未成年者ナルトキハ妻ノ後見人ヲ選定スルハ普通ノ法則ニ從フヘキモノトス

第二節　夫婦間財産ニ關スル契約

凡ソ夫婦間ニ於ケル財産授受ノ契約ハ婚姻中ハ何時タリトモ夫婦ノ一方ヨリ取消スコトヲ得ヘシ夫婦間ニ於ケル契約ヲシテ婚姻中ハ何時タリトモ取消シ得ヘキ規定ヲ設ケラレタルモノハ他ナシ夫婦間ノ關係ハ他人ノ關係ト異ナルヘキモノナレハ其契約ヲ爲スニ付妻ハ夫ニ威壓セラレテ十分其意思ヲ述ブル能ハサルコトアリ又夫ハ妻ノ愛ニ溺レテ知ラス識ラス我意思ノ自由ヲ奪ハルルコトアルヘキヲ以テナリ然レトモ婚姻中何時タリトモ契約ヲ取消シ得ヘキニ依リ之カ爲メニ第三者ノ權利ヲ害スルコトナカランコトヲナキニ至レリ是レ本文但書ヲ設ケラレタル所以ナリトス

（例）

第七百九十二條　夫婦間ニ於テ契約ヲ爲シタルトキハ其契約ハ婚姻中何時ニテモ夫婦ノ一方ヨリ之ヲ取消スコトヲ得但第三者ノ權利ヲ害スルコトヲ得ス

（註記）　婚姻中トハ結婚後之カ解消マテヲ云ヒ夫婦ノ一方ヨリ取消ストハ夫ヨリ妻ニ對シ取消シ妻ヨリ夫ニ對シ取消スコトヲ云フ其取消期間ヲ婚姻中ト定メタルハ取消ノ場合ノ少カラシメン爲メナリ

第三章　夫婦財産制

第一節　總則

第一款　財産ニ付別段ノ契約ヲ爲ス時期

夫婦互ニ財産ニ付別段ノ契約ヲ爲サントスルモノハ夫婦カ婚姻屆出ノ前ニ於テ之ヲ爲スヘシト雖モ若シ民法施行前ニ婚姻ヲ爲シタル夫婦カ其財産ニ付契約ヲ爲シタルトキ其契約ハ婚姻屆出後ニ爲シタルモノト雖モ效力ヲ存スヘシ若シ其契約カ本節ニ規定スル處ニ異ナルトキハ民法施行ノ日ヨリ六个月內ニ登記ヲ爲ス

ヘシ六个月内ニ登記ヲ爲サヽレハ其契約ヲ以テ夫婦ノ承繼人及第三者ニ對抗スルコトヲ得ス然リ而シテ民法施行後爲シタル婚姻ニシテ其届出前ニ夫婦財産ニ付別段ノ契約ヲ爲サヽリシモノト民法施行前ニ婚姻ヲ爲セシ者ニ於テ夫婦財産ニ付別段ノ契約ヲ爲サヽリシ者トハ其財産ノ關係ハ次ノ各欵ニ定ムル所ニ依ルヘキモノトス蓋シ此規定ニ於ケル契約ハ其適宜ナリト思考スルモ時期ニ於テ之ヲ爲シ得ヘキ原則ヲ制限シタルモノニシテ財産ニ付テハ契約ヲ婚姻ノ前ニ爲サシムルモノハ若シ婚姻ノ後ニ至リテハ夫婦ノ自由ニ其財産上ニ權利義務ヲ約定スルヲ得サルコトアリテ之カ爲メ夫婦ノ不諧ヲ生セシムルノ害ナカランコトヲ要スルニアルモノトス但其契約ハ非訟事件手續法第百十八條以下ニ記載スル處ニ依リ登記ヲ爲スヘキモノトス

（例）

第七百九十三條　夫婦カ婚姻ノ届出前ニ其財産ニ付キ別段ノ契約ヲ爲サヽリシトキハ其財産關係ハ次欵ニ定ムル所ニ依ル

（註記）

本條契約ハ妻ノ財産ニ付テ夫ノ權利及夫ノ財産ニ付テ妻ノ權利ヲ指稱スルモノニシテ其契約ハ私署證書ヲ以テスルモ公正證書ヲ以テスルモ自由ナリト雖モ其財産契約ヲ以テ第三者ニ對抗スルニ至テハ登記ヲ經ルニ如カサルモノトス

（備考）

民法施行法第六十九條◎非訟事件手續法第八章第十八條以下參觀

第二欵　法定財産制ニ異ナリタル契約ヲ爲スノ方法及契約ノ效力竝外國人ニ於ケル夫ノ日本國法定財産制ニ關スル效力

凡ソ夫婦財産上ノ權利義務ハ法定財産制ニ從フヘキヲ當然ナリトス故ニ夫婦カ法定財産制ニ異ナリタル契約ヲ爲サントスルトキハ其契約ハ婚姻ノ届出前ニ之ヲ爲シテ婚姻届出マテニ登記ヲ受クヘシ若シ婚姻届出

マテニ其登記ヲ爲サヽルトキハ夫婦ノ承繼人及第三者ニ對抗スルコトヲ得サルモノトス然レ共民法施行前ニ夫婦カ其財産ニ付爲シタル契約ハ婚姻届出ノ後ニ爲シタリト雖モ本法施行ノ日ヨリ六ケ月内ニ其登記ヲ爲シタルトキハ其契約ヲ以テ夫婦ノ承繼人及第三者ニ對抗スルコトヲ得ヘシ法例第十五條ニ依レハ外國人ノ夫婦財産制ハ婚姻ノ當時ニ於ケル夫ノ本國法ニ從フヘキモノニシテ若シ其本國ノ法定財産制ニ異ナリタル契約ヲ爲シタル場合ニ於テ婚姻ノ後其外國人夫婦カ日本ノ國籍ヲ取得スルカ又ハ日本ノ國籍ヲ取得セサルモ日本ニ住所ヲ定メタルトキハ其國籍ヲ取得シ又ハ住所ヲ定メタル時ヨリ一年内ニ其契約ヲ登記セサレハ日本ニ於テ其契約ヲ以テ夫婦ノ承繼人及第三者ニ對抗スルコトヲ得サルハ亦前項ト同一ナリ

前三項ノ登記ニ付テハ非訟事件手續法第百八十條以下ノ規定ニ依ルヘキモノトス

(例)

第七百九十四條　夫婦カ法定財産制ニ異ナリタル契約ヲ爲シタルトキハ婚姻ノ届出マテニ其登記ヲ爲スニ非サレハ之ヲ以テ夫婦ノ承繼人及ヒ第三者ニ對抗スルコトヲ得ス

(註記)

夫婦間ニ在テハ財産ハ夫婦互ニ共通スルモノト推定シテ財産制ヲ定メタルニ依リ若シ之ト異ナル契約ヲ爲ストキハ之ヲ登記セサレハ夫婦ノ承繼人及第三者ニ對抗スルコトヲ得サルモノニシテ本條ニ云フ夫婦ノ承繼人トハ夫婦ノ相續人ニシテ夫婦カ死亡シタル際其遺産ヲ整理スル者ハ承繼人ナレハ承繼人ハ夫婦ノ財産ニ重大ノ利害關係ヲ有スヘキヲ以テ本條中其明文ヲ揭ケラレタルモノナリ

第七百九十五條　外國人カ夫ノ本國ノ法定財産制ニ異ナル契約ヲ爲シタル場合ニ於テ婚姻ノ後日本ノ國籍ヲ取得シ又ハ日本ニ住所ヲ定メタルトキハ一年内ニ其契約ヲ登記スルニ非サレハ日本ニ於テハ是ヲ

以ヲ夫婦ノ承繼人及ヒ第三者ニ對抗スルコトヲ得ス

（註記） 本條ハ日本ノ國籍ヲ取得スル外國人又ハ日本ニ住所ヲ定メタル外國人夫婦ノ財産制ニ關スル規定ニシテ本國ノ法定財産制ニ從フヘキモノハ日本ノ國籍ヲ取得シ又ハ日本ニ住所ヲ定メタルトキ其契約ヲ登記スルノ要ナキモ本國法定財産制ニ異ナリタル契約ヲ爲シタル場合ニ於テ婚姻後日本ノ國籍ヲ取得シ又ハ日本ニ住所ヲ定メタルトキハ本條ニ依リ其登記ヲ爲スニアラサレハ日本ニ在テハ本國ニ於テ爲シタル契約ヲ以テ夫婦ノ承繼人及第三者ニ對抗スルヲ得スト云フニアリ

（備考） 民法施行法第六十九條◉非訟事件手續法第八章第百十八條以下參觀

第三欵　婚姻屆出後夫婦財産關係及管理者ノ變更共有財産ノ分割請求及分割ノ效力

凡ソ夫婦財産ノ關係ヲシテ婚姻屆出ノ後ニ於テ之ヲ變更シ得ルトキハ夫婦カ財産ニ付爲シタル契約ヲ信辭シテ夫婦ト契約ヲ爲シタル第三者ニ損害ヲ被ラシムルコトアレハ婚姻屆出後夫婦財産關係ヲ變更スルコトヲ得サレハナリ又夫婦ノ一方カ他ノ一方ノ財産ヲ管理スル場合例ヘハ夫カ妻ノ財産ヲ管理シ妻カ夫ノ財産ヲ管理スル場合ニ於テ管理ノ當ヲ失シ例ヘハ夫又ハ妻カ放蕩ニシテ財産ヲ浪費シ管理財産ヲ逸樂ノ資ニ傾ケントスルカ如キ夫カ妻ノ財産ヲ危クシ又ハ妻カ夫ノ財産ヲ危クセントスル場合ニ於テハ妻又ハ夫ハ自巳ノ財産ヲ自ラ管理スルコトヲ得ヘキニ依リ裁判所ニ其請求ヲ爲スコトヲ得ヘシ其自ラ財産管理ヲ請求スル場合ニ於テハ其請求ト共ニ共有財産ノ分割ヲ請求スルコトヲ得ヘキモノトス

前述ノ如ク夫婦ノ一方カ財産管理ノ當ヲ失シ其財産ヲ危クシタルニ依リ又ハ契約ノ結果ニ依リ管理者ヲ變更シ若クハ共有財産ノ分割ヲ爲シタルトキハ既ニ登記シアル事實ニ變更ヲ加フルモノナレハ此場合ニ於テハ更ニ登記ヲ爲サヽルヘカラス其登記ヲ爲スニアラサレハ夫婦ノ承繼人及ヒ第三者ニ對抗スルコトヲ得サ

ルナリ

前二項ニ依リ登記ヲ爲スニ付テハ非訟事件手續法第百十八條以下ニ掲載スル處ニ依ルヘキモノトス

（擬）

第七百九十六條　夫婦ノ財産關係ハ婚姻屆出ノ後ハ之ヲ變更スルコトヲ得ス

夫婦ノ一方カ他ノ一方ノ財産ヲ管理スル場合ニ於テ管理ノ失當ニ因リ其財産ヲ危クシタルトキハ他ノ一方ハ自ラ其管理ヲ爲サンコトヲ裁判所ニ請求スルコトヲ得

共有財産ニ付テハ前項ノ請求ト共ニ其分割ヲ請求スルコトヲ得

第七百九十七條　前條ノ規定又ハ契約ノ結果ニ依リ管理者ヲ變更シ又ハ共有財産ノ分割ヲ爲シタルトキハ其登記ヲ爲スニ非サレハ之ヲ以テ夫婦ノ承繼人及ヒ第三者ニ對抗スルコトヲ得ス

（備考）　訟事非訟事件手續法第八章第百十八條以下參觀

第二節　法定財産制

第一欵　婚姻ヨリ生スル費用負擔方

凡ソ婚姻ヨリ生スル一切ノ費用ハ妻カ戶主タルトキハ妻ニ於テ之ヲ負擔スヘシト雖モ妻カ戶主ニアテサルトキハ夫カ戶主ナルト否トヲ問ハス總シテ夫之ヲ負擔スヘキモノトス然リ而シテ妻カ戶主ニアラサルトキハ其費用ヲ負擔スルハ夫ノ義務トナスモ此規定ヲ以テ第七百九十條及本編第八章ノ規定ヲ變更スヘカラサレハ夫婦間及近親間扶養ノ義務ハ之テ免カルヘカラス故ニ若シ夫カ貧困ニ陷リタルトキハ妻ハ夫ヲ扶養シ戶主タル妻ノ貧困ニ陷リタルトキハ夫非戶主タルモ亦之ヲ扶養シ夫婦相愛シ苦樂ヲ倶ニスヘキ原則ヲ失フヘカラサルモノトス

（例）

第七百九十八條　夫ハ婚姻ヨリ生スル一切ノ費用ヲ負擔ス但妻カ戸主タルトキハ妻之ヲ負擔ス

（註記）婚姻ヨリ生スル一切ノ費用トハ婚姻ノ儀式ヲ擧クルニ付要スル處ノ費用ノ負擔ヲ云フニアラス婚姻ヲ爲シテ夫婦共ニ生計ヲ立ツルニ付テノ一切ノ費用ヲ云フ所謂衣食住ヲ始メ其他ノ費用ナリ又妻ハ夫ニ從フヘキ原則ニ依リ夫ニ於テ婚姻ニ依リ生スル費用ヲ負擔スヘキハ當然ナリト雖モ家族ハ戸主ノ保護ニ依リ生計ヲ立ツヘキモノナルニ依リ妻カ戸主ナルトキハ却テ妻ノ之ヲ負擔スルコト當然ナリ

第二款　夫又ハ女戸主ニ於テ配偶者ノ特有財產使用及收益ノ權利及其果實中ヨリ配偶者ノ負債ノ利息ヲ辨濟シ並第五百九十五條第五百九十八條ノ規定ノ準用

夫カ戸主ナルト否トヲ問ハス其妻カ戸主ニアラサルトキハ夫ハ妻ノ特有財產ヲ使用シ及其財產ヨリ生スル利益ヲ收得スルノ權利ヲ有シ之ニ反シ妻カ戸主ニシテ夫カ戸主ニアラサルトキハ戸主タル妻ハ其家族タル夫カ特有財產ヲ使用シ又ハ其財產ヨリ生スル利益ヲ收取スルノ權利ヲ有スヘキモ其財產使用及收益ハ皆用方ニ從テ之ヲ爲スヘキモノトス故ニ例ヘハ其配偶者カ水田ヲ所有スルトキハ其夫又ハ女戸主ハ水田ニハ稻草ヲ植付ケ之ヲ耕作シ其產出物ヲ收取シ水田ヲ變シ牧場トシテ使用シ獸子ヲ收取シ用法ヲ變シテ使用シ用法ヲ變シテ收益スルヲ得ス蓋シ財產ノ收益トハ即チ財產ノ果實ヲ云フ故ニ配偶者カ勞力ニ依リ得タル所得ヲ配偶者ニ供出シ其元本ヲ以テ損失ヲ補フカ如キ結果ヲ生スルコトアルヘカラサルナリ然リ而シテ夫又ハ女戸主ハ其配偶者ノ財產ヨリ生スル果實ヲ收取スヘキモ其配偶者カ債務ヲ負フコトアラハ其財產ノ果實ノ中ヨリ負債ノ利息ヲ拂フコトヲ得サルヘカラサルモノナリ

前項ノ如ク夫又ハ女戸主カ其配偶者ノ特有財產ニ關シ使用及收益ノ權利ヲ有スルニ付テハ夫又ハ女戸主ハ

使用貸借ノ規定ニ従ヒ借主カ借用物ニ付通常負擔スヘキ必要ノ費用ヲ負擔シ若シ其財産ニ工作ヲ施シタル等ノコトアラハ原狀ニ復シテ之ニ附屬セシメタル物ヲ收去スルコトヲ得ヘシ

（例）

第七百九十九條　夫又ハ女戸主ハ用法ニ従ヒ其配偶者ノ財産ヲ使用及ヒ收益ヲ爲ス權利ヲ有ス

夫又ハ女戸主ハ其配偶者ノ財産ノ果實中ヨリ其債務ノ利息ヲ拂フコトヲ要ス

（註記）　本條ハ夫又ハ女戸主カ其配偶者ノ特有財産ニ付テ有スル權利ヲ規定シタルモノニシテ其權利ハ使用方法ヲ變スルコトナク又元本ヲ損スルコトナク使用收益ヲ爲スヘキモノナリ第二項ノ財在中ノ果實トハ其財産ヨリ産出スル收穫即チ利益ナリ其果實ニ法定ノ果實ト天然ノ果實別アリ法定ノ果實トハ貸借上ノ利息、賃貫、小作米金等ノ如キ使用貸借上受クヘキ賃金、利息ニシテ法律上ノ果實ト定メタルモノヲ云ヒ天然ノ果實トハ物ノ用法ニ從ヒ收取スル産出物ヲ云フ例ヘハ耕作ニ依リテ得ル所ノ穀物、木ノ實、禽獸ヲ飼養シテ得ル處ノ獸子、獸毛、卵、雛ノ類ナリ就中天然ノ果實ハ元物ヨリ分離スル時ヲ以テ收取ノ時期トシ法定ノ果實ハ權利ノ存續期間日割ヲ以テ取得スルモノトス蓋シ第一項ニ云フ財産ノ使用及收益モ亦物ノ使用ニ依リ果實ノ收益ヲ爲スモノナリ

第八百條　第五百九十五條及ヒ第五百九十八條ノ規定ハ前條ノ場合ニ之ヲ準用ス

（註記）　第五百九十五條第五百九十八條ハ使用貸借ニ依リ借主ニ於テ借用物ノ必要ノ費用ノ負擔及借用物ヲ原狀ニ復シ附帶セシメタル物ヲ收去スルコトヲ規定シタルモノナリ

第三款　妻ノ財産管理

夫カ戸主タルト妻カ戸主タルト否トヲ問ハス總テ妻ノ財産ハ夫ニ於テ管理スルモノナリト雖モ若シ夫カ瘋癲白痴等ニシテ能力ヲ欠キ妻ノ財産ヲ管理スルコト能ハサルコトアルトキ法定代理人ニ於テ夫ニ代テ妻ノ

財産ヲ管理スルコトヲ得ス此場合ニ於テハ妻ハ自ラ其財産ヲ管理スルモノトス
夫カ妻ノ財産ヲ管理スル場合ニ夫カ其財産管理ノ當ヲ失シ其財産ヲ危クシタルトキハ妻ハ夫ノ管理權ヲ剝奪シ自ラ之ヲ管理スルヲ得ヘキモ單ニ其財産ニ危險ヲ懷クルノミニシテ其危險ノ甚タシキニ至ラサルトキハ妻ハ裁判所ニ請求シ夫ヲシテ其財産ノ管理及返還ニ付相當ノ擔保ヲ供セシムルコトヲ要ス

(規)

第八百一條　夫ハ妻ノ財産ヲ管理ス
夫カ妻ノ財産ヲ管理スルコト能ハサルトキハ妻自ラ之ヲ管理ス

(註記)　本條第一項ハ夫婦間財産管理ノ原則ヲ規定シ第二項ハ其除外例ヲ規定セラレタルモノナリ

第八百三條　夫カ妻ノ財産ヲ管理スル場合ニ於テ必要アリト認ムルトキハ裁判所ハ妻ノ請求ニ因リ夫ヲシテ其財産ノ管理及ヒ返還ニ付相當ノ擔保ヲ供セシムルコトヲ得

(註記)　其財産及返還ニ付相當ノ擔保ヲ供ストハ抵當ヲ入テ其毀損滅失等ノ保證ヲ爲シ或ハ保證人ヲ立テ其保證ヲ爲サシムルヲ云フ

第四款　日常家事ニ付妻ヲ夫ノ代理人ト看做シ妻ニ於テ夫ノ代理ヲ爲シ夫ニ於テ妻ノ財産管理ノ行爲

凡ソ妻ハ夫ノ代理人トシテ日常ノ家事ヲ管理スルモノト看做スヘシ此ノ如キ日常ノ家事ニ付妻ヲ以テ夫ノ代理人ト看做スコトヲ規定セラレタルニ依リ若シ日常ノ家事ノ爲メ債務カ生シタルトキハ夫ハ之ヲ救濟セサルヲ得ス又夫ハ日常ノ家事ニ關スル代理權ノ全部又ハ一部ヲ否認スルコトヲ得ヘシ然レトモ其否認ヲ以テ善意ノ第三者ニ對抗スルコトヲ得サルモノトス

夫カ妻ノ財産ヲ管理シ妻カ夫ノ代理ヲ爲スニ關スル管理及代理ヲ爲ス際ニ用ユヘキ注意ノ程度ニ於ケル自己ノ爲メニ管理スルト同一ノ注意ヲ爲スコトヲ要スルモノト定メタリ故ニ其管理又ハ代理ニ付妻カ夫ニ損害ヲ與フルコトアルモ過失ニ依リテ生シタルモノハ其責ニ任セサルヘシ
夫ニ於テ妻ノ特有財産ノ管理カ終了シ又ハ妻ニ於テ夫ノ代理行爲カ終了スル場合ニ於テ急迫ノ事情アルトキハ第六百五十四條ノ規定ヲ準用シ管理者又ハ代理者ハ其妻又ハ夫カ其事務ヲ處理スルコトヲ得ルニ至ルマテ必要ノ處分ヲ爲サヽルヘカラス及其終了事由カ被管理者又ハ被代理人ニ出タルト管理者又ハ代理人ニ出タルトヲ問ハス之ヲ相手方ニ通知シ相手方カ之ヲ知リタルトキニアラサレハ之ヲ以テ相手方ニ對抗スルコトヲ得サルモノトス

(例)

第八百四條　日常ノ家事ニ付テ妻ハ夫ノ代理人ト看做ス
夫ハ前項ノ代理權ノ全部又ハ一部ヲ否認スルコトヲ得但之ヲ以テ善意ノ第三者ニ對抗スルコトヲ得ス

(註記)

日常ノ家事トハ日日ノ經濟及日日ノ家政ニ關スル事件ヲ云フ日常ノ家政ニ付テハ妻ハ夫ノ代理人ト看做サルルヲ以テ日日ノ經濟上ニ付妻ノ負債ヲ釀シタルトキハ夫ノ之カ負擔ヲ免カルル能ハス又夫ハ妻ノ代理權ニ付テハ全部之ヲ否認シ又ハ其一部ヲ否認スルヲ得ルモ其夫カ代理權ヲ否認シタルヲ知ラス妻カ其權利ヲ行フモノト看做サレタル善意ノ第三者ニ對シテハ夫ハ之ヲ以テ對抗スルコトヲ得ス何トナレハ日常ノ家事ニ付妻ヲシテ夫ノ代理者ト看做スルコトハ一般法律ヲ以テ規定セラレアリシモノナレハナリ

第八百五條　夫カ妻ノ財産ヲ管理シ又ハ妻カ夫ノ代理ヲ爲ス場合ニ於テハ自已ノ爲メニスルト同一ノ注

意ヲ爲スコトヲ要ス

（註記）本條ハ管理及代理行爲ノ程度ヲ定メラレタルモノニシテ其管理及代理行爲ヨリ生シタル損害ニ關シ善良ノ管理者ト爲シ損害ノ責ニ任スルノ苛酷ニ過クルヲ以テナリ

第八百六條　第六百五十四條及ヒ第六百五十五條ノ規定ハ夫カ妻ノ財産ヲ管理シ又ハ妻カ夫ノ代理ヲ爲ス場合ニ之ヲ準用ス

（註記）管理及代理カ終了スル場合ニ於テ民法第六百五十四條第六百五十五條ヲ準用スルコトヲ明示シタルモノナリ

第五欵　夫ニ於テ妻ノ財産ヲ讓渡シ擔保ニ供シ賃貸ヲ爲スニ付テノ方法竝ニ妻又ハ入夫ノ特有財産タルモノ及夫婦ノ間所屬分明ナラサル財産

夫カ妻ノ財産ヲ讓渡シ擔保ニ供シ又ハ第六百二條ノ期間ヲ超エテ之ヲ賃貸スルニハ常ニ其妻ノ承諾ヲ得ルヲ要ス縱令讓渡シ擔保ニ供シ又ハ第六百二條ノ期間ヲ超エテ賃貸ヲ爲スコトカ夫カ妻ノ爲メニ借財ヲ爲シタルニ依ルモ亦妻ノ承諾ヲ得サルヘカラス然レトモ管理ノ範圍內ニ於テ管理財産ノ果實ヲ處分スルハ特有財産ナルト否トヲ問ハス何人ノ承諾ヲモ得ルヲ要セサルナリ

我カ舊慣ニ在テハ一家ノ財産ハ擧テ戶主ノ財産タルヲ以テ妻又ハ入夫カ婚姻前ヨリ所有セル財産ハ縱令其實家ヨリ特越タルト婚家ニ來リテ自ラ得タル財産タリトモ皆戶主ノ財産ト看做サレ妻ハ特有財産ヲ有セサレトモ本法施行ノ後ハ此ノ如キ財産ハ其妻又ハ入夫ノ特有財産ト爲スコトニ定メラレタルモ其財産中夫婦ノ孰レニ屬スヘキカ所屬ノ分明ナラサルモノハ夫ト非戶主タル妻トノ間ニ在テハ夫ノ財産ト推定セラレ又女戶主ト入夫トノ間ニアルモノハ女戶主ノ財産ト推定セラルヘキモノトス

（例）

第八百二條　夫カ妻ノ爲メニ借財ヲ爲シ、妻ノ財產ヲ讓渡シ、之ヲ擔保ニ供シ又ハ第六百二條ノ期間ヲ超エテ其賃貸ヲ爲スニハ妻ノ承諾ヲ得ルコトヲ要ス但管理ノ目的ヲ以テ果實ヲ處分スルハ此限ニ在ラス

第八百七條　妻又ハ入夫カ婚姻前ヨリ有セル財產及ヒ婚姻中自己ノ名ニ於テ得タル財產ハ其特有財產トス

夫婦ノ孰レニ屬スルカ分明ナラサル財產ハ夫又ハ女戶主ノ財產ト推定ス

（參照）　民法第三編

第六百二條　處分ノ能力又ハ權限ヲ有セサル者カ賃貸借ヲ爲ス場合ニ於テハ其賃貸借ハ左ノ期間ヲ超ユルコトヲ得ス

一　樹木ノ栽植又ハ伐採ヲ目的トスル山林ノ賃貸借ハ十年

二　其他ノ土地ノ賃貸借ハ五年

三　建物ノ賃貸借ハ三年

四　動產ノ賃貸借ハ六ケ月

第四章　離婚

第一節　協議上ノ離婚

凡ソ離婚ハ夫婦協議ニ依リ婚姻ヲ解キ互ノ義務ヲシテ消滅セシムルノミナラス裁判所ノ職權ヲ以ヲ婚姻ヲ解消セシムルモ亦離婚ト云フ夫婦カ互ノ協議ニ依リ離婚ヲ爲スハ敢テ裁判處分ヲ請フヲ要セスト雖モ其夫婦カ滿二十五年ニ達セサルトキハ第七百七十二條第七百七十三條ノ規定ニ依リ婚姻ニ付定メラレタル同意ヲ爲ス權利ヲ有スル者ノ同意ヲ受ケサルヘカラサルモ滿二十五年ニ達セル者ニ在テハ是等ノ同意ヲ得ルヲ

要セサルナリ然リ而シテ其同意ヲ得ルヲ要セサルモノハ單ニ戸籍法第百九條ニ列記シタル事項ヲ記載シ其同意ヲ得ルヲ要スルモノハ同法第百十條ニ依リ別ニ同意者署名捺印シタル證明書ヲ添ヘ又ハ届出ニ同意ノ旨ヲ附記シテ同意者ヲシテ署名捺印セシメ本法第七百七十五條ニ依リ當事者及成年以上ノ證人二名以上戸籍役場ニ出頭シ戸籍吏ノ面前ニテ口頭ヲ以テ又ハ署名シタル書面ヲ以テ届出ヲ為スヘシ離婚ノ效力ハ其届出ニ依リ發生スヘシ而シテ其届出ハ戸籍法第四十二條ニ記載シタル戸籍吏ニ之ヲ為スヘキモノトス戸籍吏ニ於テ離婚ノ届出ヲ受タルトキハ戸籍吏ハ第七百五十五條第二項ノ規定ニ違ハサルヤ其届出ヲ為シタル離婚者ハ滿二十五年以上ナルヤ又ハ滿二十五年未滿ナルモ婚姻ニ付定メラレタル同意ヲ為ス權利者カ署名捺印シタル同意ノ證明書ヲ添付シタルヤ或ハ離婚ノ届書中同意ノ旨ヲ附記シ署名捺印シテアリシヤ其他法令ニ違反シタルコトナキヤヲ認メサルトキハ其届書ヲ受理スルヲ得ス若シ戸籍吏ニ於テ是等ノ規定ニ違反シタル届書ヲ受理シタルモ之カ為メ離婚ノ效力ヲ妨ケラルヽコトナシト雖モ戸籍吏ニ於テ違法ノ届出ヲ默止シタルトキハ後日其離婚ノ無效トナルノ不幸ナカラシメンカ為メナリ但離婚ノ意思ナカリシ届書ハ無效タルコト固ヨリ言フヲ待タサルナリ

協議上ノ離婚ヲ為シタルトキハ其子ノ監護ハ其父母ノ協議ニ依リ之ヲ負擔スヘシト雖モ若シ協議ヲ以テ監護スヘキ者ヲ定メサリシトキハ父ニ於テ監護スヘシ然レトモ父カ入夫又ハ婿養子ニシテ婚家ヲ去リタル場合ニ於テハ母ニ於テ監護スヘシ此二箇ノ規定ニ付監護ノ範圍外ニ於テ父母ノ權利義務ニ變更ヲ生スルコトナカランモノトス

（例）

第八百八條　夫婦ハ其協議ヲ以テ離婚ヲ為スコトヲ得

（註記）　夫婦ノ間離婚ヲ許スト否トニ付テハ泰西法律家ノ數年來論議セラルル處ニシテ論スル處互

ニ其理由アリト雖モ若シ離婚ヲ許サヽル時ハ夫婦相互ニ疾惡シ貞操ヲ守ル可キ義務却テ敵視ノ姿トナルニ至ルヘク殊ニ子ヲ擧ケサルモノハ勿論縱令子ヲ擧ケタル時ト雖モ其子ノ爲メニ些少ノ害ヲ厭ヒテ强テ夫婦ノ權義ヲ履行セシムルハ苛酷ノ所爲ト云ハサルヲ得ス又其父母ノ離婚ニ付テハ少シク其子ノ利益ヲ害スルコトアリト雖モ父母ノ死スルニ比スレハ子ノ爲メニ害ヲ被フルコト少ナカルヘシ子アルカ爲メニ夫婦離婚セシメサルニ於テハ其父母ノ離婚ヲ爲シ得サルカ爲メニ互ニ相疾惡シ又已ムヲ得ス其緣義ヲ保ツカ爲メ敎育ヲ良好ナラシムルノ益ナク其離婚ヲ許サス終身其緣義ヲ保タシムルモ之カ爲メ不貞不實ヲ防止シ得ヘキニ非スシテ互ニ苛虐ノ取扱ヲ爲スヲ防止シ得ヘキニアラス之ニ反シ離婚ヲ許ス時ハ財產上ノ利益ノミヲ目的ト爲ス婚姻ヲ防キ又夫婦ヲシテ互ニ爭訌ヲ生スルヲ避ケ得ヘキモノトス故ニ其離婚ヲ許スハ又道理ニ適シタルモノニシテ其協議上ニ出タル離婚ハ直ニ戶籍吏ニ屆出ヘキモノトス

第八百九條　滿二十五年ニ達セサル者カ協議上ノ離婚ヲ爲スニハ第七百七十二條及ヒ第七百七十三條ノ規定ニ依リ其婚姻ニ付キ同意ヲ爲ス權利ヲ有スル者ノ同意ヲ得ルコトヲ要ス

（註記）　協議上ノ離婚ヲ爲ス者ハ婚姻ノトキ同意ヲ爲ス權利ヲ有スル者ノ同意ヲ得ヘシト雖モ先キニ同意ヲ得テ婚姻ヲ爲シタリトモ離婚ノトキ旣ニ滿二十五年ニ達シタルトキハ離婚ニ付其同意ヲ得ルヲ要セサルモノトス

第八百十條　第七百七十四條及ヒ第七百七十五條ノ規定ハ協議上ノ離婚ニ之ヲ準用ス

（註記）　第七百七十四條第七百七十五條等ニ關シテハ旣ニ該條ニ註記シタル處ヲ參觀スヘシ

第八百十一條　戶籍吏ハ離婚カ第七百七十五條第二項及ヒ第八百九條ノ規定其他ノ法令ニ違反セサルコトヲ認メタル後ニ非サレハ其屆出ヲ受理スルコトヲ得ス

戸籍吏カ前項ノ規定ニ違反シテ届出ヲ受理シタルトキト雖モ離婚ハ之カ爲メニ其效力ヲ妨ケラルルコトナシ

第八百十二條　協議上ノ離婚ヲ爲シタル者カ其協議ヲ以テ子ノ監護ヲ爲スヘキ者ヲ定メサリシトキハ其監護ハ父ニ屬ス

父カ離婚ニ因リテ婚家ヲ去リタル場合ニ於テハ子ノ監護ハ母ニ屬ス

前三項ノ規定ハ監護ノ範圍外ニ於テ父母ノ權利義務ニ變更ヲ生スルコトナシ

(註記) 子ノ監護等ニ付テハ第四編親權ニ關スル規定ヲ參觀スヘシ

(備考) 人事訴訟手續法第一條●戸籍法第百九條第百十條參觀

第二節　裁判上ノ離婚

第一欵　夫婦間互ニ離婚ノ訴ヲ提起スヘキ事項

左ニ列擧シタル場合ニ於テハ人事訴訟手續法第一條以下ノ手續ニ依リ夫婦ハ互ニ離婚ノ訴ヲ提起スルコトヲ得ヘシ

一　配偶者カ重婚ヲ爲シタルトキ

二　妻カ姦通ヲ爲シタルトキ

三　夫カ姦淫罪ニ因リテ刑ニ處セラレタルトキ

四　配偶者カ僞造、賄賂、猥褻、竊盜、强盜、詐欺取財、受寄財物費消、贓物ニ關スル罪若クハ刑法第百七十五條第二百六十條ニ揭ケタル罪ニ因リテ輕罪以上ノ刑ニ處セラレ又ハ其他ノ罪ニ因リテ重禁錮三年以上ノ刑ニ處セラレタルトキ

五　配偶者ヨリ同居ニ堪ヘサル虐待又ハ重大ナル侮辱ヲ受ケタルトキ

六　配偶者ヨリ悪意ヲ以テ遺棄セラレタルトキ
七　配偶者ノ直系尊屬ヨリ虐待又ハ重大ナル侮辱ヲ受ケタルトキ
八　配偶者カ自己ノ直系尊屬ニ對シテ虐待ヲ爲シ又ハ之ニ重大ナル侮辱ヲ加ヘタルキ
九　配偶者ノ生死カ三年以上分明ナラサルトキ
十　壻養子縁組ノ場合ニ於テ離縁アリタルトキ又ハ養子カ家女ト婚姻ヲ爲シタル場合ニ於テ離縁若クハ縁組ノ取消アリタルトキ

有夫ノ婦其夫ト解婚セスシテ更ニ他ノ夫ト婚姻シ有婦ノ夫其妻ト解婚セスシテ更ニ他ノ婦ト婚姻シタル者之ヲ重婚ト云フ重婚ハ婚姻ノ成立ニ依テ其罪ヲ構成スヘキモノニシテ敢テ姦事ヲ遂クルト否トニ依リ其成否ヲ論スヘキモノニアラス婚姻ハ本法第七百五十五條第一項ニ依リ戸籍吏ニ婚姻ヲ屆出ツルニ依テ成立スヘケレハ配偶者アルモノト雖モ該條ニ依リ戸籍吏ニ屆出ヲ爲シタルトキハ重婚ノ成立シ其婚姻ヲ取消サレサルマテハ又夫婦ヲ以テ公認セラルヘキモノニシ敢テ姦事ヲ遂クルト否トニ拘泥スヘカラサルモノナリ是レ姦罪ト區別アル所以ナリ又有夫ノ婦ノ犯姦ノ如キハ婦カ常ニ守ルヘキ貞操ヲ紊リ夫婦親愛スル情義ヲ破リ夫ニ恥辱ヲ被ラシムヘキヲ以テ其妻カ刑ニ處セラレタルト否トヲ問ハス夫ニ於テ離婚ノ原因ト爲スヘシ其夫カ姦淫罪ニ因リ刑ニ處セラレタルトハ有婦ノ夫ニシテ他女ヲ强姦シ又ハ幼者ヲ姦淫シテ刑ニ處セラレタル者ヲ云フ有婦ノ夫カ姦通ニ依リ刑ニ處セラレタルトキ其相姦者トシテ共ニ刑ニ處セラレタル者モ亦含有スヘシ夫ノ姦通ハ夫カ刑ニ處セラレサルトキハ敢テ其妻ノ榮譽ヲ害スヘキニアラサルヲ以テ妻ニ於テ離婚ノ原因ト爲スコトヲ得サルモ夫ノ姦淫罪ニ依リ刑ニ處セラレタルトキハ妻ニ於テ離婚ノ原因ト爲シ訴ヲ起スコトヲ得ヘシ

凡ソ配偶者ノ一方カ僞造、賄賂、猥褻、竊盜、强盜、詐欺取財、受寄財物費消、贓物ニ關スル罪、刑法第百七十五條官ノ封印ヲ破棄シテ其物件ヲ盜取シ又ハ毀壞シ及刑法第二百六十條賭場ヲ開張シテ利ヲ圖リ又ハ博徒ヲ招集シタルカ如キ破廉耻罪ヲ犯シテ輕罪以上ノ刑ニ處セラレ其他重禁錮三年以上ノ罪ニ依リ處刑ヲ受ケタルトキ他ノ一方ノ配偶者ニ於テ離婚ノ原因ト爲シ得ルモノハ夫婦ハ運命ヲ共ニスヘキ義務アリト雖モ汚辱マテモ共ニシ共ニ社會ニ排除セラルヘキハ堪ヘ忍フヘカラサルモノナレハナリ配偶者ヨリ同居ニ堪ヘサル虐待又ハ重大ナル侮辱ヲ受ケタルトハ或ハ怒ニ乘シテ毆擊シ或ハ威力ヲ用テ苛虐シ脅迫シテ耻辱ヲ與ヘ大ニ榮譽ヲ害セラレ居ヲ同フスル能ハサルヲ云フ悪意ノ遺棄トハ例ヘハ配偶者ノ一方カ重病ニ罹ルカ又ハ癈篤疾ニ罹リタルカ如キ場合ニ於テ其看護ヲ厭ヒ疾病者ヲ遺棄シタル等ノ如キヲ云ヒ生計ヲ立ツルコト能ハサル者カ他ニ規避ノ事情アリテ遺棄シタル如キハ本文ニ包含セサルヘシ配偶者ノ直系尊屬即チ夫又ハ妻ノ祖父母、父母ヨリ其妻又ハ夫カ虐待又ハ重大ナル侮辱ヲ受ケ又ハ配偶者カ其妻又ハ夫ノ直系尊屬即チ父母祖父母ヲ虐待シ又ハ重大ナル侮辱ヲ加フルカ如キハ共ニ一家不諧ノ甚タシキモノニシテ夫婦互ノ利害ニ關係スヘキモノナレハ離婚ノ原因トナルハ敢テ云フヲ俟タサルナリ從來ノ住所又ハ居所ヲ去リタル者ニシテ七年間生死分明ナラサルトキハ利害關係人ノ請求ニ因リ通常失踪ノ宣告ノ請求ヲ爲スヘキモノニシテ其宣告ニ依リ始メテ失踪者ト爲シ裁判宣告以前ニ在テハ失踪者ト云ハスシテ不在者ト稱スヘシ不在者カ失踪ノ宣告ヲ受ケタルトキハ本法第三十一條ニ依リ死亡者ト看做スヘケレハ勿論其婚姻ハ當然解消スヘシ失踪ノ宣告ヲ受ケサル前ニ在テ生死分明ナラサルトキハ離婚ハ裁判所ノ處分ヲ仰カサルヘカラス其離婚ヲ訴ヘ得ヘキハ生死分明ナラサルトキハ此訴ヲ起スコトヲ得然リ而シテ從前ノ慣例ニ依レハ家ヲ出テ行衛知レサル者之ヲ失踪ト稱シ六ケ月毎尋申付六回即チ三十六ケ月ニ至リ永尋申付タルハ殆ト本法ノ失踪宣告ニ髣髴タリ出踪ニ依ル離婚ハ即チ三十六ケ月ノ後地方官ニ願出許可ヲ受クヘキ舊慣ナリシモ後各府縣ヨリ種々事情ヲ具シ伺出ラレタリシヨリ終ニ失踪後三年トナリ又二年ニ減縮シ終ニ至急離婚ヲ要スル件ハ失踪後十个月ニシテ許可ヲ受クル者アルニ至レリ本法ニ於テ失踪宣告ヲ待ツハ其期間ノ永キニ過キ二年以下ニシテ離婚ヲ許スハ短キニ過クルヲ以テ其中間即チ三年不在ニシテ音信等モナク生死明分ナラサル者ハ離婚ノ訴ヲ許サルルコトト爲セシモノトス家女又ハ養女ノ婿トシテ養子トナリタル者カ養子縁組ノ離縁トナリテ養家ヲ去リタル場合ニ於テ養子ノ妻タル家女又ハ養女ハ其夫ニ隨テ其家ヲ去リ夫ノ家ニ入ル場合ニ於テハ養子ノ妻タル家女又ハ養女ハ其夫ニ隨テ其家ヲ去リ夫ノ家ニ入ルハ當然ナリ單リ婿養子ノミニアラス養子縁組ノ後其家女ト婚姻ヲ爲シタル者モ亦然リ然レトモ若シ其家ヲ去ルトキハ養家ニ血統ノ絶ヘシトスルカ如キ場合ニ於テ養子離縁又ハ縁組ノ取消アリタルトキハ又離婚ノ原因トシテ配偶者ノ一方ヨリ之カ訴ヲ提起スルヲ得ヘキモノトス

(例)

第八百十三條　夫婦ノ一方ハ左ノ場合ニ限リ離婚ノ訴ヲ提起スルコトヲ得

(註記)　本條ニ列擧シタル第一號乃至第十號ノ十號ハ原文ノ儘本文ニ掲ケタリ

第八百十七條　第八百十三條第九號ノ事由ニ因ル離婚ノ訴ハ配偶者ノ生死カ分明ト爲リタル後之ヲ提起スルコトヲ得ス

(備考)　本法第三十條第三十一條●民法施行法第十八條、第七十條●人事訴訟手續法第一章各條參觀

第二款　離婚ノ訴ヲ提起シ得サル前記例外法

配偶者カ重婚ヲ爲シ又ハ僞造、賄賂、猥褻、竊盜、强盜、詐欺取財、受寄財物費消、贓物ニ關スル罪、刑法第百七十五條第二百六十條ニ掲ケタル罪ニ因リ輕罪以上ノ刑ニ處セラレ又ハ其他ノ罪ニ因リ重禁錮三年以上ノ刑ニ處セラレタルトキ若クハ妻カ姦通ヲ爲シ夫カ姦淫罪ニ依リ處刑ヲ受ケタル場合ニ於テ其夫婦ノ一方カ他ノ一方ノ行爲ニ同意シタルカ其行爲ヲ宥恕シタルトキハ何レモ他ノ一方ニ於テ離婚ノ訴ヲ提起スルコトヲ

得ス前記ノ事項ハ共ニ社會ノ安寧秩序ヲ害シ或ハ其配偶者ニ汚辱ヲ被ラシムルヲ以テ離婚ノ原因ト爲スト雖モ夫婦ノ一方カ之ヲ爲スニ他ノ一方ニ於テ同意シタルコトアラハ其行爲タル他ノ一方ニ於テ之ヲ是認シタルモノナレハ素ヨリ尤ムヘキニアラス縱令初メヨリ同意セサルモ後之ヲ宥恕スルニ於テハ又離婚ノ原因トナスニ足ラス一且同意シ或ハ宥恕シテ他日其行爲ヲ理由トナシテ離婚ヲ訴フルカ如キハ此行爲ヲ奇貨トシ他ノ原因ニ依リ離婚ノ請求ヲ爲スモノナルヘシ殊ニ夫婦ノ一方カ僞造以下破廉恥其他重禁錮三年以上ノ處刑ヲ受ケタルカ如キニ至テハ他ノ一方カ初メヨリ同意スルニ於テハ多クハ他ノ一方モ亦共犯ヲ以テ論セラルルコトアルヘシ故ニ之ヲ表白シテ離婚ヲ請求スルハ勢ヒ爲シ得ヘカラサルモノトス又第八百十三條第四號即チ前記僞造其他破廉恥罪ニ依リ輕罪以上ノ處刑ノ宣告ヲ受ケ又ハ其他ノ罪ニテ重禁錮三年以上ノ處刑ヲ宣告セラレタル者カ其配偶者ニ同一ノ事由アルコトヲ理由トシテ離婚ノ訴ヲ提起スルコトヲ得ス蓋シ此ノ如キハ夫婦互ニ榮譽ヲ傷害スヘキモノニシテ離婚ノ原因ノ生スヘキ理由ナキモノナレハナリ其他前記四箇ノ事項ノ外配偶者ヨリ同居ニ堪ヘサル虐待又ハ重大ナル侮辱ヲ受ケ又ハ配偶者ノ直系尊屬ヨリ虐待又ハ侮辱ヲ受ケタルトキ若クハ配偶者ノ惡意ニ依リ遺棄セラレタルトキ其虐待又ハ侮辱ヲ受ケタル者若クハ其遺棄セラレタル者カ虐待又ハ侮辱ヲ爲シタル他ノ一方又ハ其直系尊屬若クハ遺棄シタル者ノ行爲ヲ宥恕シタルトキハ離婚ノ訴ヲ提起スルコトヲ得ス其理由タル亦前述ノ如シ

一時怒ヲ發シ一時ハ堪ヘ忍フヘカラサル悲情ヲ發スルモ夫婦ノ愛情トシテ悲慣共ニ忽チ去テ跡ヲ止メサルニ至ルコト他人ニ對スル比ニアラス故ニ第八百十三條第一號乃至第八號ニ揭クル行爲ノ如キ離婚ノ原因タルヲ知ルモ大抵離婚ノ訴ヲ提起スルコトナカルヘシ殊ニ第三號第四號ノ事由ノ如キハ其實之ヲ知ルモ知ラサルトスル者多カランコトハ敢テ疑フヘカラス故ニ配偶者ノ一方ハ其事實ヲ知リタルトキヨリ一年ヲ經過シタルトキハ離婚ノ訴ヲ爲スコトヲ得セシメ若シ其事實ノ發生シタルトキヨリ十年ヲ經過シタルトキハ之

ヲ知リタルヨリ未タ一年ヲ經過セサルモ亦離婚ノ訴ヲ提起スルコトヲ得ス蓋シ十年以前ノ行爲ハ感覺薄ク證據モ亦薄弱ニシテ實際ヲ求ムルニ難カランノ之カ爲メ社會ノ安寧秩序ヲ害シテ尤モ厭フヘキ重罪ノ刑スラ十年ヲ經過シテ發覺スルトキハ免責時效テ生シ咎ムルコトナシ是徒ラニ舊惡ヲ暴白シ夫婦ノ愛情ヲ阻害スルコトナカラシメンカ爲メナリ

（例）

第八百十四條　前條第一號乃至第四號ノ場合ニ於テ夫婦ノ一方カ他ノ一方ノ行爲ニ同意シタルトキハ離婚ノ訴ヲ提起スルコトヲ得ス

前條第一號乃至第七號ノ場合ニ於テ夫婦ノ一方カ他ノ一方又ハ其直系尊屬ノ行爲ヲ宥恕シタルトキ亦同シ

（註記）　夫婦ノ一方カ他ノ一方ノ行爲ニ同意スルトハ妻カ姦通ヲ爲スニ其夫カ承諾シ又夫カ貨幣ヲ僞造スルニ其妻カ同意シタル類ヲ云フ夫婦ノ一方カ他ノ一方又ハ直系尊屬ノ行爲ヲ宥恕スルトハ例ヘハ夫ヨリ虐待又ハ重大ノ侮辱ヲ受ケタルモ妻カ之ヲ宥恕シ又ハ妻カ夫ノ父母、祖父母ニ大ナル耻カシメヲ受ケタルモ妻カ宥恕シタル場合ヲ云フ

第八百十五條　第八百十三條第四號ニ掲ケタル處刑ノ宣告ヲ受ケタルモノハ其配偶者ニ同一ノ事由アルコトヲ理由トシテ離婚ノ訴ヲ提起スルコトヲ得ス

第八百十六條　第八百十三條第一號乃至第八號ノ事由ニ因ル離婚ノ訴ハ之ヲ提起スル權利ヲ有スル者カ離婚ノ原因タル事實ヲ知リタル時ヨリ一年ヲ經過シタル後ハ之ヲ提起スルコトヲ得ス其事實發生ノ時ヨリ十年ヲ經過シタル後亦同シ

第三欵　婿養子又ハ養子緣組取消請求ニ附帶スル離婚ノ請求

婿養子又ハ養子緣組ノ後家女ニ配偶シタル養子離緣又ハ緣組取消ノ場合ニ於テハ其離緣又ハ緣組取消ヲ以テ離婚ノ原因ト爲スコトヲ得ヘキコトハ既ニ第一款ニ記述シタリ其手續ニ於ケル離緣又ハ緣組取消ヲ請求シ其裁判確定ノ後更ニ離婚ノ訴ヲ提起スルヲ本順ト爲スト雖モ離緣又ハ緣組取消ノ裁判確定ヲ待タス離緣又ハ緣組取消ノ請求ニ附帶シテ共ニ離婚ノ請求ヲ爲スコトヲ得ヘシ然リ而シテ婿養子又ハ養子カ家女ト爲シタル婚姻ハ養子緣組ニ依テ爲シタリ婚姻ナランコトヲ想像シ養子離緣又緣組取消ヲ請求スルトキハ之ヲ以テ離婚ノ原因トシ離婚ノ請求ヲ得セシメタルモノナルモ當事者カ離緣又ハ緣組取消ノ裁判アリタルコトヲ知リテヨリ三ケ月ヲ經過シタルトキ又ハ離婚ノ請求ノ權利ヲ抛棄シタルトキハ其婚姻ハ養子緣組ノ爲メニ爲シタル婚姻ニアラサルヲ自認シタルモノナレハ此事由ヲ以テ原因トシ離婚ノ訴ヲ爲スコトヲ得サルナリ」本節第一款ニ記述シタル子ノ監護ニ關スル條件ハ裁判上ノ離婚ニ在テハ之ヲ準用スヘシ蓋シ第八百十二條ハ當事者ノ協議上ノ離婚ノ結果ニシテ子ノ監護モ亦其協議ニ依ラシムヘシト雖モ若シ子ノ爲メニ不利益ナルコトナカランモ保シ難ケレハ其利益ニ關シテハ裁判所ニ於テ該條ニ異ナリタル處分ヲ爲スコトアルヘキモノトス

（例）

第八百十三條　第十號ノ事由ニ因ル離婚ノ訴ハ當事者カ離緣又ハ緣組ノ取消アリタルコトヲ知リタル後三个月ヲ經過シ又ハ離婚請求ノ權利ヲ抛棄シタルトキハ之ヲ提起スルコトヲ得ス

第八百十八條　第八百十三條第十號ノ場合ニ於テ離緣又ハ緣組取消ノ請求アリタルトキハ之ニ附帶シテ離婚ノ請求ヲ爲スコトヲ得

第八百十九條　第八百十二條ノ規定ハ裁判上ノ離婚ニ之ヲ準用ス但裁判所ハ子ノ利益ノ爲メ其監護ニ付キ之ニ異ナリタル處分ヲ命スルコトヲ得

第四編　親子

第一章　實子

第一節　嫡出子

第一欵　妻カ婚姻中懷胎シタル子ニ付父ノ推定及ヒ再婚ノ女カ分娩シタル子ニ關スル父ノ推定

凡ソ婚姻中妻カ懷胎シタル子ハ其夫ノ子ト推定スルヲ以テ原則トシ而シテ夫婦ノ婚姻成立ノ日即チ婚姻ノ屆出ヲ爲シタル日ヨリ二百日ノ後ニ生レタル子又ハ婚姻ノ解消即チ夫カ死亡シ失踪シ夫婦カ離婚シタル日若クハ婚姻取消ノ日ヨリ三百日內ニ生レタル子ハ婚姻中ニ懷胎シタルモノト推定シ其ノ子ハ其母ノ現夫又ハ夫タリシ者ノ子ト推定セラルヘシ其婚姻成立ノ日ヨリ二百日後ニ生レ又ハ婚姻解消若クハ取消ノ日ヨリ三百日內ニ生レタル子ヲシテ婚姻中ニ懷胎シタルモノト法律上推定ヲ下スヘキコトヲ規定セラレタルモノハ他ナシ立法ノ精神タル子ノ身分ヲシテ成ルヘク安固ナラシメントスルニ基因シタルモノニシテ婚姻成立後二百日以後婚姻解消又ハ取消ノ日ヨリ三百日以內ニ生レタル子ヲシテ法律上ノ推定ヲ規定シ以テ裁判官ノ心證ヲ制限シタルカ如キハ其子ヲシテ其夫ノ子ニアラサルノ爭訟ヲ惹キ起サンコトヲ防止スルニアリ若シ之ヲ防止セサルトキハ爭訟ニ關シ辯論ノ場合ニ於テ聽クニ忍ヒサル醜情ヲ顯ハシ終ニ其婦女ノ姦罪アルコトヲ告訴スルニ至ラシムヘシ蓋シ此ノ如キハ人タル者ノ慚愧スヘキモノニシテ殊ニ其婦女カ其兒ヲ懷胎シタル時日ニ於ケル幽冥隱微ニシテ之ヲ知ルニ由ナケレハナリ

女ハ前婚解消又ハ取消ノ日ヨリ六个月ヲ經過スル後ニアラサレハ再婚ヲ爲スコトヲ得スト雖モ本法第七百七十五條第二項ニヨリ正當ニ戶籍吏ニ屆出ヲ爲シタルトキハ戶籍吏カ注意ヲ爲シタルト否トヲ論セス他日

取消ヲ得ルマテハ其婚姻ノ成立シタルモノト看做スヘキハ論ヲ俟タス此ノ如キ婚姻ノ規定ニ違反シテ再婚シタル婦カ分娩シタルトキハ再婚成立ノ日ヨリ三百日ヲ經過シタル後ニ生レタル子ハ再婚ノ夫ノ子タル推定ヲ下スコトハ容易ナリト雖モ其已前ニ分娩シタル子ニ付テハ縱令其成立ノ日ヨリ二百日ヲ經過シタルモ前項ニ記述シタル處ノ規定ニ依リ前夫ノ子ナルカ將タ後夫ノ子ナルカ其父タル者ヲ定ムルコト能ハサルコトアルヘシ此場合ニ於テハ人事訴訟手續法第二十七條及第三十條ノ規定ニ從ヒ其子ト母ノ配偶者又母ノ前配偶者ヨリ子カ普通裁判籍ヲ有スル地ノ地方裁判所ニ其訴ヲ提起シ裁判所之ヲ定ムヘキモノトス

(例)

第八百二十條　妻カ婚姻中ニ懷胎シタル子ハ夫ノ子ト推定ス

婚姻成立ノ日ヨリ二百日後又ハ婚姻ノ解消ノ日ヨリ三百日內ニ生レタル子ハ婚姻中ニ懷胎シタルモノト推定ス

(註記)　妻カ婚姻中懷胎シタル子タリモ法律上其夫ノ子ナリト確定ヲ下スコトヲ得ス何トナレハ子ノ認否ノ如キハ反證ヲ許スヘキ事柄ナレハナリ故ニ法律ハ定ムト云ハスシテ推定スルト明言セリ推定トハ法律上知タル實事ヨリ知レサル實事ニ推及スル所ノ成果ヲ云フモノニシテ即チ婚姻成立ノ日ヨリ二百日ノ後又ハ婚姻ノ解消若クハ取消アリタル日ヨリ三百日以內ニ出生シタルモノハ一箇ノ知レタル實事ニシテ之ニ反シ婚姻中懷胎シタル一箇ノ知レサル實事ナルカ如シ又推定ニ付テ種々ノ別アリト雖モ法律上ニ明記シタルモノハ即チ法律上ノ推定ナリトス

又本條第二項ニ依レハ婚姻成立ノ後未タ二百日ヲ經過セサル以前ニ生レタル子ト婚姻解消又ハ取消ノ後三百日ヲ經過シタル後生レタル子ハ其當時夫タル者ノ子ト推定スルヲ得サルハ反對ノ意味ニ於テ明カナリ然レトモ其夫ニ於テ我カ子ナリト認定シタルトキハ其子ハ其夫ヲ父ト爲スコトヲ

得ヘシ但離婚解消トハ離婚又ハ夫亡去ニ依リ婚姻ノ解ケタルヲ云フ但失踪ハ死亡ニ包含スヘシ

第八百二十一條　第七百六十七條第一項ノ規定ニ違反シテ再婚ヲ爲シタル女カ分娩シタル場合ニ於テ前條ノ規定ニ依リ其子ノ父ヲ定ムルコト能ハサルトキハ裁判所之レヲ定ム

（備考）本法第七百七十五條、第七百七十六條◎人事訴訟手續法第二十七條、第三十條◎戶籍法第七十三條參觀

第二款　夫ニ於テ子ノ認知及否認權

第八百二十條ニ於テ妻カ婚姻中懷胎シタル子ヲシテ其夫ノ子ト推定スルコトヲ規定シタルモ夫ニ於テ其子ヲシテ我カ子ト認メサルトキハ夫ハ其子ノ嫡出ナルコトヲ否認スルコトヲ得ヘク佛國民法等ニ於テハ否認ヲ爲スヘキ場合ヲ列擧シタルモ我カ親族編ニ在テハ否認ヲ爲スヘキ場合ノ問題ハ事實論ニ委シテ之ヲ明掲セス其否認ハ子又ハ其法定代理人ニ對シ人事訴訟手續法第二十七條ニ依リ子カ普通裁判籍ヲ有スル地ノ地方裁判所ニ之ヲ訴フヘキモノトス若シ夫カ子ノ法定代理人ナルトキハ夫ハ其子ヲ代表スルコト能ハサルニ依リ特別代理人ヲ置カサルヲ得ス蓋シ其特別代理人ノ選定ヲ親族會ニ委スルトキハ親族會ハ夫ノ利益ヲ計ルコト多カルヘキヲ以テ子ノ利益ヲ害スヘキ虞ナキカ故ニ特ニ裁判所ニ於テ特別代理人ヲ選任スヘキモノト定メラレタリ夫ハ子ノ嫡出ナルコトヲ否認スルヲ得ヘキモ夫カ子ノ出生後ニ於テ嫡出ナルコトヲ承認シタルトキハ夫カ明示シテ承認シタルト默示ニテ承認シタルトヲ問ハス否認訴權ヲ失フヘシ

又夫カ否認訴權ヲ行フヘキ期間ニ關スル規定ニ於ケル子ノ出生アリタルコトヲ知リタル時ヨリ一年内ニ之ヲ提起スルコトヲ要シ一年ヲ過キタルトキハ夫ハ否認權ヲ失フヘシ然レトモ夫カ未成年者ナルトキハ夫ノ法定代理人ハ夫ニ代リテ否認訴權ヲ行フコト能ハサルヲ以テ夫カ成年ニ達シタルトキヨリ此期間ヲ起算スヘシ但夫カ成年ニ達シタル後ニ子ノ出生ヲ知リタルトキハ期間ノ起算ハ亦之ヲ知リタル時ヨリ一年内ニ否

認ノ訴ヲ提起スルヲ要ス若シ夫カ禁治産者ナルトキハ禁治産ノ取消アリタル後夫カ子ノ出生ヲ知リタル時ヨリ本文一年ノ期間ヲ起算スヘキモノトス

（例）

第八百二十二條　第八百二十條ノ場合ニ於テ夫ハ子ノ嫡出ナルコトヲ否認スルコトヲ得

（註記）　否認訴權ハ夫ノミニ屬シ他人之ヲ行フコトヲ得ス此權ノ夫トノミニ屬スルモノハ婚姻中懷胎シタリト推定スル事實ノ適當ナルヤ否ハ夫婦ノ外他ニ之ヲ知ル者ナキニ依ルモノトス但禁治産者ナルトキ又ハ夫カ子ノ出生前又ハ否認ノ訴ヲ提起セスシテ死亡シタルトキ若クハ否認ノ訴ヲ提起シタル後死亡シタルトキハ是等ノ場合ニ於テハ否認ノ訴ニ關シテハ人事訴訟手續法第二十八條第二十九條ノ規定ニ依ルヘシ

第八百二十三條　前條ノ否認權ハ子又ハ其法定代理人ニ對スル訴ニ依リテ之ヲ行フ但夫カ子ノ法定代理人ナルトキハ裁判所ハ特別代理人ヲ選任スルコトヲ要ス

（註記）　本條ハ否認訴權ハ子ニ對シテ之ヲ行フヘキコトヲ規定セラレタルモノナリ

第八百二十四條　夫カ子ノ出生後ニ於テ其嫡出ナルコトヲ承認シタルトキハ其否認權ヲ失フ

（註記）　夫カ子ノ出生後ニ於テ嫡出ナルコトヲ承認スルトハ夫カ子ノ出生ニ付戸籍法第六十九條ニ依リ嫡出子トシテ其子ノ出生ノ屆出ヲ爲シタル場合即チ明示ニテ承認セシトキ又ハ婚姻後二百日以內ニ生レタル子カ婚姻前ヨリ母ノ胎內ニアリタルコトヲ知リタルカ如キ默示ノ承認ヲ爲シタルヲ云フ

第八百二十五條　否認ノ訴ハ夫カ子ノ出生ヲ知リタル時ヨリ一年內ニ之ヲ提起スルコトヲ要ス

（註記）　夫カ子ノ出生ヲ知リタル時トハ夫カ子ノ出生ノ場所ニアラス又ハ妻ニ於テ子ノ出生ヲ夫ニ

隠蔽シタルトキノ如キ夫カ子ノ出生ヲ知ラサル時ハ之ヲ知リタル時ヲ云フ其之ヲ知リタルトキヨリ一年ノ期間ヲ設ケタルモノハ特ニ夫ニ熟思ノ猶豫ヲ與ヘタルモノナリ

第八百二十六條　夫カ未成年者ナルトキハ前條ノ期間ハ其成年ニ達シタル時ヨリ之ヲ起算ス但夫カ成年ニ達シタル後ニ子ノ出生ヲ知リタルトキハ此限ニ在ラス

夫カ禁治產者ナルトキハ前條ノ期間ハ禁治產ノ取消アリタル後夫カ子ノ出生ヲ知リタル時ヨリ之ヲ起算ス

(備考)　人事訴訟手續法第二十八條、第二十九條●戶籍法第七十一條、第七十九條參觀

第二節　庶子及ヒ私生子

第一款　庶子私生子ノ別

凡ソ嫡出子ニアラサル子ヲ庶子又ハ私生子トス私生子ハ其父ニ於テ我カ子タルコトヲ認知シ又母ニ於テ我カ子タルコトヲ認知スルコトヲ得ヘク父ニ於テ我カ子ナリト認メタル私生子ハ之ヲ庶子トシ母ニ於テ私生子ヲ認知スルモ母ノ庶子ヲ以テ稱スルヲ得ス私生子ハ父ノ知レサル子ニ附スル名稱ニシテ言ハハ母ノミノ子ナレハ母ニ於テ之ヲ認知スルハ道理ニ適ハサルノ疑ナキニアラス然レトモ子ニシテ母ノ知レサル場合絕ヘテナシト云フコトヲ得ス蓋シ母カ產出ノ子ヲ棄テ又ハ出生ノ屆出ヲ為サス後日ニ至リ其認知ヲ為スコトハ往々其實例アル處ナリ又庶子ナル稱ハ舊來妾腹ノ子ニ付スル稱ニシテ法律上妾ヲ認メサルニ依リ庶子ノ名稱ヲ設ケ嫡出ニ非ラサル子ヲシテ庶子ヲ認知スルハ穩當ナラサルニ似タリト雖モ舊來ノ慣習ヲ重シ法律上庶子ヲ認ムルコトヲ得セシメタルモノナリ但私生子認知ノ屆出ハ戶籍法第八十條ノ規定ニ依リ記載スヘキモノトス

(例)

第八百二十七條　私生子ハ其父又ハ母ニ於テ之ヲ認知スルコトヲ得

父カ認知シタル私生子ハ之ヲ庶子トス

（註記）本條ノ第二項ノ私生子ヲ其父ニ於テ認ムルハ縱令法律上互ニ婚姻ヲ禁スル親族タル男女ノ間ニ擧ケタル亂倫ノ子又ハ婦カ婚姻中他ノ男子ト私通シテ擧ケタル姦通ノ子タルトモ其男子ニ於テ認ムルヲ得サルノ規定ナキヲ以テ之ヲ認知スルヲ得ヘシ其認知ヲ爲シタルトキハ其子ハ其男子ヲ父トシ其男子ノ庶子ト爲スハ亦妨ケナキモノトス

（備考）戸籍法第八十條參觀

第二款　私生子認知

凡ソ未成年者ニシテ子ヲ産ミタルモノハ既ニ相當ノ年齡ニ達シタルモノナルヘキヲ以テ之ヲシテ私生子ノ認知ヲ爲サシムヘキモ敢テ弊害ヲ生セサルヘク又禁治産者カ私生子ヲ認知スルハ一時心神ヲ回復スル場合ニ於テスルモノナレハ亦之ヲシテ私生子ノ認知ヲ爲サシムルモ敢テ其弊害ヲ見サルヘシ而シテ私生子ノ認知ハ父又ハ母タル者ノ自ラ決スヘキモノナルカ故ニ父又ハ母カ無能力者ナルトキト雖モ私生子ヲ認知スル爲メニ其法定代理人ノ同意ヲ得ルコトヲ要セス又本法ニ於テハ身分ヲ定ムル行爲ハ確實ヲ期スルカ爲メ戸籍吏ニ届出ヲ爲スモノトセハ總シテ私生子ノ認知ハ戸籍法第八十條ニ依リ戸籍吏ニ之カ届出ヲ爲スヘキモノニシテ其認知ハ遺言ニ依リテ亦之ヲ爲スコトヲ得ヘシ蓋シ事情ニ依リ父又ハ母カ生前私生子ヲ認知セスシテ死去シタル後其遺志ヲ發表スルカ如キ場合アルヘキモノナレハナリ父又ハ母ニ於テ私生子ノ成年ニ達スルマテ其認知ヲ抛棄シ置キ成年ニ達シタル後認知ヲ届出ル者アルトキハ随意ニ之ヲ爲サシメサルヘカラス私生子カ成年ニ達シタル後父母ニ於テ認知セントスルトキハ其子ノ承諾ヲ要スヘシ承諾アルニアラサレハ之ヲ認知スルヲ得ス又父ハ母ノ胎内ニ在ル子ト雖モ母ノ承諾ヲ得テ之

ヲ認知スルコトヲ得ヘシ蓋シ胎内ノ子ヲシテ父ノ認メヲ得セシムルモノハ民法上胎内ノ子ニ私權ヲ享有セシムルモノニシテ其效力ニ於ケル相續ノ事項ニ付大ニ利害ノ關係ヲ有スヘキモノナリ然リ而シテ其子ノ利害ニ關シテハ啻ニ胎内ノ子ノ爲メニ認知スルヲ得セシムルノミナラス死亡シタル子ト雖モ直系卑屬アルトキハ其父又ハ母ニ於テ之ヲ認知スルヲ得ヘシ是レ直系卑屬カ其尊屬ノ相續ニ付利害ノ關係ヲ有スヘキヲ以テナリ然レトモ死亡者ノ直系卑屬カ成年者ナルトキハ其承諾ヲ得ルニアラサレハ認知スルヲ得サルナリ但シ成年ノ私生子ヲ認知シ又ハ胎内ニ在ル子若クハ死亡者ヲ認知シ若クハ遺言ニ依リ認知ヲ爲シタルトキ身分登記ニ關スル屆出ニ付テハ戶籍法第八十一條第八十二條第八十三條ニ從ヒ若シ認知シタル胎内ノ子カ死体ニテ分娩シタル場合ニ於テハ同法第八十四條ニ依ルヘシ

認知ノ效力ハ出生ノ時ニ遡リテ之ヲ生スヘキモノトス蓋シ認知ハ戶籍吏ニ屆出ルニ依リ之ヲ爲スモノナリト雖モ認知ハ親子ノ關係ヲ定ムルモノナルヲ以テ其效力ヲ其子ノ出生ノ當時ニ及ホスヲ至當ナリトス然レトモ第三者カ既ニ取得シタル權利ヲ害スルヲ得サレハ第三者ノ權利ニ對シテハ認知ノ時ヨリ之ヲ始メ之カ爲メ第三者ノ既得ノ權利ニ其影響ヲ及ホササルモノトス故ニ例ヘハ庶子ヲ有スル者其庶子ヨリ以前ニ出生シタル私生子ヲ認知シ認知ニ依リ其私生子ノ庶子トナリタルトキハ先ニ認メタル庶子ヨリ後ニ認知シタル庶子ノ年長ナルヲ以テ嫡出子アラサルトキハ認知ノ效力カ出生ノ時ニ遡リテ生スヘキヲ以テ後ニ認知セラレタル庶子カ相續權ヲ有スルニ至ルヘシト雖モ既ニ先ニ認メラレタル年少ノ庶子ニ於テ相續權ヲ享有セシモノナレハ此庶子即チ第三者ノ相續權ヲ害スルヲモ得サルカ如シ

（例）

第八百二十八條　私生子ノ認知ヲ爲スニハ父又ハ母カ無能力者ナルトキト雖モ其法定代理人ノ同意ヲ得ルコトヲ要セス

第八百二十九條　私生子ノ認知ハ戸籍吏ニ届出ツルニ依リテ之ヲ爲ス
認知ハ遺言ニ依リテモ亦之ヲ爲スコトヲ得
第八百三十條　成年ノ私生子ハ其承諾アルニ非サレハ之ヲ認知スルコトヲ得ス
第八百三十一條　父ハ胎内ニ在ル子ト雖モ之ヲ認知スルコトヲ得此場合ニ於テハ母ノ承諾ヲ得ルコトヲ要ス
父又ハ母ハ死亡シタル子ト雖モ其直系卑屬アルトキニ限リ之ヲ認知スルコトヲ得此場合ニ於テ其直系卑屬カ成年者ナルトキハ其承諾ヲ得ルコトヲ要ス
第八百三十二條　認知ハ出生ノ時ニ遡リテ其效力ヲ生ス但第三者カ既ニ取得シタル權利ヲ害スルコトヲ得ス

（備考）　本法第九百六十八條、第千四條、第千六條以下及戸籍法第八十一條乃至第八十四條參觀

第三款　認知取消認知ニ對シ反對事實ノ主張及認知ノ請求

私生子ヲ認知シタル父又ハ母ニ在テハ其子カ自己ノ子タルノ事實ヲ承諾シタルモノナレハ一旦認知ヲ爲シタル以上ハ之ヲ取消スコトヲ得サルモ私生子認知ニ對シテハ其子其他利害關係人ハ反對事實ヲ申立虛僞ノ認知ノ取消ヲ請求スルコトヲ得ヘシ
又子ハ其子ノ直系卑屬即チ子孫又ハ其者等ノ法定代理人ハ其子ノ父又ハ母タルヘキ者ニ對シ事實ヲ證明シヲ我子タルノ認知ヲ求ムルコトヲ得ヘシ其認知ヲ求ムルハ先ツ其父又ハ母ニ之ヲ爲シ其父又ハ母ニ於テ任意ニ認知セサル場合ニ於テ人事訴訟手續法第二十七條ニ依リ裁判所ニ請求ヲ爲スヘキモノトス

（例）
第八百三十三條　認知ヲ爲シタル父又ハ母ハ其認知ヲ取消スコトヲ得ス

（註記）認知ハ父又ハ母ノ單獨ノ行爲ナレハ或ハ自由ニ取消スヲ得ヘキ見解ヲ爲ス者アランコトヲ慮リ本條ヲ規定セラレタルモノナリ

第八百三十四條　子其他ノ利害關係人ハ認知ニ對シテ反對ノ事實ヲ主張スルコトヲ得

（註記）本條ハ認知ニ依リ損害ヲ被ルヘキ者ノ爲メニ認知取消ノ請求ヲ爲スコトヲ規定シタルモノナリ

第八百三十五條　子其直系卑屬又ハ此等ノ者ノ法定代理人ハ父又ハ母ニ對シテ認知ヲ求ムルコトヲ得

（備考）人事訴訟手續法第二十七條參觀

第四款　庶子及私生子嫡出子タル身分ノ取得

父ノ認知ニ依リ庶子タル身分ヲ取得シタル子ニシテ後日其父カ生母ト婚姻シタルトキハ其庶子カ既ニ死亡シタル後タリトモ婚姻ニ依リ其庶子ハ嫡出子ノ身分ヲ取得スヘシ其未タ父母ノ認知セサル私生子若クハ母ノミ認知シタル私生子ニシテ父母ノ婚姻中之ヲ認知シ又ハ母カ婚姻シタルトキ父ニ於テ母ノ私生子ヲ認知シタルトキハ亦縱令其子カ死亡シタルモ認知ノ時ヨリ其子ハ嫡出子タル身分ヲ取得スヘシ庶子カ有スル夫カ其生母ト婚姻スルニ依リ庶子ノ身分カ嫡出子トナル場合ニ於テ戶籍法第百二條ニ依リ屆出ラレタルトキ又ハ父カ其妻ノ私生子ヲ認知シテ其屆出ヲ爲シ婚姻中ノ夫婦ニ於テ未タ認知セサル私生子ヲ認知シテ屆出タルトキハ戶籍吏ハ其屆出ニ依リ身分登記簿ニ登記シ尙ホ戶籍ニ身分變換ヲ記載スヘキモノトス

（例）

第八百三十六條　庶子ハ其父母ノ婚姻ニ因リテ嫡出子タル身分ヲ取得ス

婚姻中父母カ認知シタル私生子ハ其認知ノ時ヨリ嫡出子タル身分ヲ取得ス

前二項ノ規定ハ子カ既ニ死亡シタル場合ニ之ヲ準用ス

（備考）戸籍法第二十二條第二十五條第八十條乃至第八十四條第百六條參觀

第二章　養子

第一節　縁組ニ關スル必要ノ條件

第一款　養子ヲ爲シ得ル年齢推定家督相續人アル者男子ヲ養子ト爲シ又ハ尊屬及年長者ヲ養子ト爲スノ禁

凡ソ成年ニ達シタル者ハ戸主家族ノ別ナク養子ヲ爲スコトヲ得ヘシト雖モ家族カ養子ヲ爲スハ第七百五十條ニ依リ戸主ノ同意ヲ得ルコトヲ要ス養子ハ數名之ヲ爲スコトヲ得ヘシト雖モ法定ノ推定家督相續人タル男子アル者カ女子ニ婿養子ヲ爲スノ外男子ノ養子ヲ爲スコトヲ得ス又尊屬又ハ年長ノ者ハ卑屬又ハ年少ノ者ヲ以テ之ヲ養子ト爲スコトヲ得ス故ニ例ヘハ伯叔父母ハ甥姪ヨリ年少ナルモ甥姪ニ於テ養子ト爲スコトヲ得サルナリ

（例）

第八百三十七條　成年ニ達シタル者ハ養子ヲ爲スコトヲ得

（註記）本條ノ明文ヲ以テセハ成年ニ達セサル者即チ未成年者ニ在テハ縦令法定ノ推定家督相續人タル男子ナク且本人疾病其他ノ事故アルモ養子ヲ爲スコトヲ得ス又一名ニシテ數名ノ養子ヲ爲シ得ルモ推定家督相續人アルモノハ女子ニ婿養子ヲ爲スノ外男子ノ養子ヲ爲スコトヲ得ス然リ而シテ成年ニ達シタル者ニアラサレハ養子ヲ爲スコトヲ得サル本條ノ趣旨タル成年者ニアラサレハ法律上ノ契約ヲ爲シ遺囑ヲ爲スノ能力ナキモノト爲ス原則ヲ適用セラレタルモノニシテ又養子タルヘキモノニ於テ其年齢ニ制限ヲ設ケサルハ養子養親トノ間ハ親子ノ親情ヲ有スヘキモノタレハ成年者ヲ選ムヨリ寧ロ幼者ヲ選ミ幼少ノ時ヨリ愛育スルノ却テ恩愛ノ情篤キヲ以テ敢テ能力ノ如何

ニ關セサルモノナリ

第八百三十八條　尊屬又ハ年長者ハ之ヲ養子ト爲スコトヲ得ス

（註記）家督相續ノ點ヨリ考察スルトキハ他人ヲ以テ家名ヲ繼カシムルヨリ近親ヲ以テスルノ優レルカ如シト雖モ尊屬ヲ以テ養子ト爲ストキハ其尊屬タル縱令養親ヨリ年少ナルモ尊卑ヲ顚倒シ倫理ヲ紊乱スルノ虞アルヘキヲ以テ卑屬ノ養子ト爲スコトヲ得ス又年長者ヲ以テ子ト呼ヒ年少者ヲ親ト呼カ如キハ條理ニ戾ルヘキモノトス故ニ養子ハ尊屬ニアラサル年少者ヲ選ムヘキコトニ規定セラレタルモノナリ

第八百三十九條　法定ノ推定家督相續人タル男子アル者ハ男子ヲ養子ト爲スコトヲ得ス但女婿ト爲ス爲メニスル場合ハ此限ニ在ラス

（註記）本條ハ推定家督相續人ノ利益ヲ保護スルノ趣旨ニ基キテ規定セラレタルモノニシテ凡ソ男女ヲ問ハス數人ノ養子ヲ養ヒ得ヘシト雖モ推定家督相續人アルトキハ男子タルト女子タルトヲ論セス男子ヲ以テ養子ト爲スコトヲ得セシメス然レトモ女子ノ養子卽チ養女ヲ爲スハ禁スル所ニアラサレハ推定家督相續人アル者更ニ女子ヲ以テ養子ト爲スカ如キハ推定家督相續人ノ利益ヲ害スヘキ虞ナキヲ以テ禁スル所ニアラス又推定家督相續人アル者ハ男子ヲ養子ト爲スコトヲ得スト雖モ推定家督相續人カ女子ナルトキハ之ニ婿養子ヲ爲スコトヲ得ヘキハ勿論又推定家督相續人ノ姉妹ニ配偶ノ婿養子ヲ爲スハ推定家督相續人ノ利害ニ關セサルヲ以テ妨ケナシトス

（備考）戶籍法第八十五條第九十四條參觀

第二款　後見人被後見人ヲ養子ト爲シ配偶者アル者緣組ヲ爲スノ規定

後見人ハ縱令後見人ノ任務カ終了シタルモ未タ管理ノ計算カ終ハラサル間ハ被後見人ヲ養子ト爲スコトヲ得ス故ニ後見人ニ於テ被後見人ヲ養子ト爲サントスルハ其後見ヲ罷メ管理スル處ノ被後見人ノ財産ヲ計算シ其終了ノ後ニ於テ緣組ヲ爲スヘシ是レ蓋シ後見人ニ於テ管理財産ノ計算ヲ爲サヽル前ニ被後見人ヲ養子ト爲スコトヲ許ストキハ後見人カ管理シタル未成年者ノ財産ヲシテ不明不備ノモノト爲シ後日若シ養子離緣トナル場合ニ於テハ其財産ヲ分別スル能ハサルニ至ルヘクレハナリ然レトモ第八百四十八條ノ場合ニ於テハ後見人タル者カ死後ニ養子トナルヘキモノナレハ管理財産ノ計算ヲ爲サヽルモ他日離緣トナルヘキ虞ナキニ依リ被後見人ニ於テ管理財産ノ計算終了セサルモ後見人ノ養子ト爲ルコトヲ得ヘシ

配偶者アル者ハ渾テ配偶者ト一致セサレハ養子ヲ爲シ又ハ養子ト爲ルコトヲ得ス然レトモ夫婦ノ一方カ共ニ養子ヲ爲シ又ハ養子ト爲ルノ意思ヲ表示スルコト能ハサルトキハ他ノ一方ハ雙方ノ名義ヲ以テ緣組ヲ爲スコトヲ得ヘシ而シテ夫婦一致シテ緣組ヲ爲シ又ハ他ノ一方カ雙方ノ名義ヲ以テ緣組ヲ爲ス場合ニ於ケル戸籍ニ關スル屆出ニ付テハ該法第八十七條又ハ第八十八條ノ手續ニ依ルヘキモノトス

若シ又夫婦ノ一方カ他ノ一方ノ子ヲ養子ト爲ストキハ夫婦共ニスルヲ要セス否共ニ養子ヲ爲スヘカラス此場合ニ於テハ他ノ一方即チ其養子タル者ノ實親ノ同意ヲ得ルヲ以テ足レリトス

(例)

第八百四十條　後見人ハ被後見人ヲ養子ト爲スコトヲ得ス其任務カ終了シタル後未タ管理ノ計算ヲ終ハラサル間亦同シ

前項ノ規定ハ第八百四十八條ノ場合ニハ之ヲ適用セス

(註記)　後見人管理ノ計算ニ付テハ第九百三十七條以下ノ規定ニ依ルヘシ

第八百四十一條　配偶者アル者ハ其配偶者ト共ニスルニ非サレハ緣組ヲ爲スコトヲ得ス

夫婦ノ一方カ他ノ一方ノ子ヲ養子ト爲スニハ他ノ一方ノ同意ヲ得ルヲ以テ足ル

（註記）本條緣組ヲ爲スコトヲ得ストハ夫婦カ共ニ人ノ養子トナリ又ハ共ニ養子ヲ爲スノ緣組ヲ云フ婦ハ夫ニ從フヘキモノナレハ夫カ人ノ養子トナル場合ニ於テ其婦ハ夫ニ從ヒ夫ハ共ト養子トナラサルヘカラサルハ理ノ然ラシムル處ニシテ養子ヲ爲スモ亦夫婦共ニ之ヲ爲ササルヘカラス凡ソ養子ト養親ノ間ニ於ケル血族ノ關係ヲ生スヘキモノタレハ夫婦各別ニ養子タルコトヲ許サス是レ本邦古來ヨリノ慣習ナリ蓋シ養子ヲ爲スハ配偶者ノ承諾ヲ得テ之ヲ爲スコトハ又普通ノ人情ナレハ夫婦各別ニ養子ヲ爲シ隨テ夫婦利害ヲ異ニスルカ如キコトアラハ一家ノ不諧ヲ惹キ起スヘキ弊害ヲ生スルニ至ルヘシ是レ本條ニ於テ夫婦一致シテ養子トナリ又一致シテ養子ヲ爲スヘキコトヲ規定シタル所以ナリ

又夫婦ノ一方ニ於テ他ノ一方ノ子ヲ養子ト爲スハ舊來其例アリ蓋シ再婚ノ婦ノ擧ケタル前夫ノ子ヲ以テ現夫ノ養子ト爲スカ如キハ往々散見スル處ナリ此場合ニ於テハ殊更ニ配偶者ノ一致ヲ要セス唯其養子ヲ爲サントスル一方カ他ノ一方ノ承諾ヲ得ルヲ以テ足レリトス

第八百四十二條　前條第一項ノ場合ニ於テ夫婦ノ一方カ其意思ヲ表示スルコト能ハサルトキハ他ノ一方ハ雙方ノ名義ヲ以テ緣組ヲ爲スコトヲ得

（註記）前條第一項ノ規定ニ依レハ夫婦カ養子ヲ爲シ又ハ養子ト爲ルハ夫婦カ一致セサレハ緣組ヲ爲ス能ハサレトモ若シ夫婦ノ一方心神失喪失等ノ事由ニ依リ其意思ヲ表示スルコト能ハサル場合ニ於テハ縱令其實夫婦カ一致スルモ緣組ヲ爲スヲ得ス然ルトキハ夫婦カ養子ヲ爲シ又ハ養子トナルノ必要ニ接スル場合ニ於テ夫婦ノ利害ニ大ナル關係ヲ有スヘキヲ以テ本條ノ便宜法ヲ規定シ斯ル場合ニ於テハ夫婦ノ一方カ雙方ノ名義ヲ以テ之ヲ爲スコトヲ得セシムルモノナリ

（備考）本法第七百四十五條、第七百五十條●戸籍法第八十七條、第八十八條、第九十八條參觀

第三款　十五年未滿ノ者養子ニ付縁組承諾ノ手續成年者養子ヲ爲シ十五年未滿ノ子養子ト爲リ若クハ縁組又ハ婚姻ニ因リ他家ニ入リタル者カ養子ト爲ルニ付父母ノ同意

凡ソ縁組ヲ爲スハ一ノ法律行爲タルニ依リ其成立ニ關シテハ當事者ノ承諾ヲ要スヘキハ論ヲ俟タス然レ共十五年未滿ノ者ニ在テハ思想未タ發達セス完全ノ能力ヲ有セサルニ依リ十五年未滿ノ者カ養子トナルニハ其家ニ在ル父母之ニ代リテ縁組ノ承諾ヲ爲スコトヲ得ヘシ若シ其家ニ在ル父母カ繼父母又ハ嫡母アルトキハ代リテ縁組ノ承諾ヲ爲スニハ親族會ノ同意ヲ得ルコトヲ要ス其親族會ノ同意ヲ得セシムルモノハ繼父母又ハ嫡母ニ在テハ繼子又ハ庶子タル者ノ利害ヲ顧ミスシテ濫リニ他人ノ養子ト爲スカ如キ弊ナカラシメコトヲ防止スルニアリ

成年ノ子カ養子ヲ爲シ又ハ滿十五年以上ノ子カ養子ト爲ルニハ其家ニ在ル父母ノ同意ヲ得ヘキモノトス蓋シ成年ノ子ニ在テハ完全ノ能力ヲ有シ充分ナル思慮ヲ具備スヘケレハ養子ヲ爲スニ付別ニ父母ノ同意ヲ得ルヲ要スヘキ必要ナカルヘシト雖モ養子縁組ハ互ノ間ニ親子ノ愛情ヲ發生セシムルモノニシテ其養親タル者ノ父母ニ於ケル一家ニ在テハ種々ノ利害關係ヲ及ホスヘキモノタレハ成年者タリトモ養子ヲ爲ストキハ其家ニ在ル父母ノ同意ヲ得ルヲ要スヘキハ勿論ナリ又滿十五年以上ノ子カ養子ト爲ルニ付テハ其縁組ヲ承諾シ得ヘキヲ以テ父母ノ同意ヲ得ルヲ要セサルヘシト雖モ人ノ養子トナルトキハ實父母ヲ親愛スル念情薄弱ニ至ルヘケレハ其家ニ在ル父母ノ同意ヲ得サルヘカラサルハ云フヲ俟タサルナリ

他家ノ養子トナリ又ハ他家ニ婚嫁シ入夫シタル者ニ於テ其養家又ハ婚家ヨリ更ニ他家ノ養子トナラントスルトキハ其實家ニ在ル父母ノ同意ヲ得ヘキモノトス夫カ他家ノ養子トナルニ依リ其妻カ夫ニ隨ヒテ共ニ他

家ニ入ル場合ニ於テハ實家父母ノ同意ヲ得ルヲ要セサルモノトス是妻ハ夫ニ隨フヘキ原則ニ依ルモノナリ
前三項ニ記述スル處ノ其家ニ在ル父母カ子ニ代テ緣組ヲ承諾シ又ハ子ノ養子緣組ニ付家ニ在ル父母若クハ實家ノ父母ノ同意ヲ得ル場合ニ於テハ第七百七十二條第二項及第三項ノ規定ヲ準用シ又其父母ノ同意ヲ得ル場合ニ於テハ尙ホ第七百三十三條ノ規定ヲ準用スヘキモノトス

（例）

第八百四十三條　養子ト爲ルヘキ者カ十五年未滿ナルトキハ其家ニ在ル父母之ニ代ハリテ緣組ノ承諾ヲ爲スコトヲ得

繼父母又ハ嫡母カ前項ノ承諾ヲ爲スニハ親族會ノ同意ヲ得ルコトヲ要ス

（註記）　養子ト爲ルヘキ者ニ代ハリテ緣組ノ承諾ヲ爲シタル父母ハ戶籍法第八十六條ニ依リ又養子ニ代リテ緣組ノ屆出ヲ爲スヘキモノニシテ其屆出ニハ該法第八十七條ニ依リ同意ノ證書ヲ添ヘ又ハ屆書ニ同意ノ旨ヲ附記シ署名捺印セシムヘキモノトス

第八百四十四條　成年ノ子カ養子ヲ爲シ又ハ滿十五年以上ノ子カ養子ト爲ルニハ其家ニ在ル父母ノ同意ヲ得ルコトヲ要ス

（註記）　本條ニ關スル戶籍上ノ屆出モ前條記註セシ如ク戶籍法第八十七條ニ依リ同意者ノ證書ヲ添ヘ又ハ屆書ニ同意ノ旨ヲ附記シテ差出スヘキモノトス

第八百四十五條　緣組又ハ婚姻ニ因リテ他家ニ入リタル者カ更ニ養子トシテ他家ニ入ラント欲スルトキハ實家ニ在ル父母ノ同意ヲ得ルコトヲ要ス但妻カ夫ニ隨ヒテ他家ニ入ルハ此限ニ在ラス

（註記）　本條ハ第七百四十一條ト同一ノ理由ニ基キタルモノナレハ茲ニ記註ヲ略ス但戶籍ニ關シテハ該法第八十七條ニ依ルヘクシテ既ニ前條ニ記註セシ所ト異ナルナキモノトス

第八百四十六條　第七百七十二條第二項及ヒ第三項ノ規定ハ前三條ノ場合ニ之ヲ準用ス

第七百七十三條ノ規定ハ前二條ノ場合ニ之ヲ準用ス

（註記）　第七百七十二條第二項ハ婚姻ヲ爲スヽトキ父母ノ一方カ同意スル能ハサルトキ他ノ一方ノ同意ノミヲ以テ足リ第三項ハ父母共ニ同意スル能ハサルトキ後見人及親族會ノ同意ヲ得ヘキコトヲ規定シタルモノニシテ第七百七十三條ハ繼父母及嫡母カ子ノ婚姻ニ同意スルトキ親族會ノ同意ヲ得ヘキコトヲ規定セラレタルモノナリ

（備考）　本法第七百四十一條、第七百五十五條、第七百七十二條、第七百七十三條及戸籍法第八十五條、第八十六條第八十七條第九十三條第九十四條參觀

第四款　縁組ノ效力屆出ノ方法及遺言ニ依ル縁組ノ手續

凡ソ養子縁組ノ效力ハ婚姻及離縁ノ效力ノ發生ト同シク戸籍吏ニ其屆出ヲ爲スニ依リ發生スルモノニシテ其理由及屆出方法手續等ニ於ケル第三編第一節第一款ニ記述シタル處ニ依ルヘシ其他禁治産者カ縁組ヲ爲スニ付テモ亦該節第二款ニ記述シタル處ニ依リ後見人ノ同意ヲ得ルヲ要セサルモノトス

一家繼續ノ必要上ヨリ遺言ヲ以テ養子ヲ爲スコトヲ許シ第八百四十八條ニ之ヲ規定シタリ總テ養子ヲ爲サントスル者ハ遺言ヲ以テ其意思ヲ表示スルヲ得ヘク其遺言ノ方式遺言者ノ能力及遺言ノ效力遺言ノ執行ニ關シテハ相續編第五章第二節第三節第四節ノ各條ニ從フヘシト雖モ遺言者カ養子ヲ爲スノ意示ヲ表示シタル場合ニ於テハ遺言執行者ト養子ト爲ルヘキ者若シ養子ト爲ルヘキ者カ十五年未滿ナルトキハ之ニ代ハリテ縁組ノ承諾ヲ爲シタル者ト成年ノ證人二人以上トニ於テ遺言ノ效力ノ生シタル後戸籍法第八十五條ニ依リ遅滯ナク縁組ノ屆出ヲ爲スヘシ此屆出ハ遺言者即チ養親カ死亡シタル時ニ遡リテ其效力ヲ生スヘキモノトス

（例）

第八百四十七條　第七百七十四條及ヒ第七百七十五條ノ規定ハ緣組ニ之ヲ準用ス

（註記）

第七百七十四條ハ禁治產者カ婚姻ヲ爲スニハ後見人ノ同意ヲ得ルヲ要シ第七百七十五條ハ婚姻ハ戶籍吏ニ屆出ツルニ依リテ其效力ヲ生スルコト當事者雙方及成年以上ノ證人二人以上ヨリ屆出ツル等ノ件ヲ規定セラレタルモノナリ

第八百四十八條　養子ヲ爲サントスル者ハ遺言ヲ以テ其意思ヲ表示スルコトヲ得此場合ニ於テハ遺言執行者、養子ト爲ルヘキ者及ハ第八百四十三條ノ規定ニ依リ之ニ代ハリテ承諾ヲ爲シタル者及ヒ成年ノ證人二人以上ヨリ遺言カ效力ヲ生シタル後遲滯ナク緣組ノ屆出ヲ爲スコトヲ要ス

前項ノ屆出ハ養親ノ死亡ノ時ニ遡リテ其效力ヲ生ス

（註記）

遺言ヲ以テ意思ヲ表示スルハ遺言ノ方式ニ依リ之ヲ爲スヘキモノニシテ遺言ヲ以テ養子ヲ爲スニ付本條屆出ノ方法ヲ規定セラレタルモノハ遺言ニ依ル緣組ハ當事者ノ一方カ存在セサルニ依リ緣組屆出ニ關スル通則ノ例外ヲ設ケラレタルモノナリ

（備考）

本法第七百七十四條、第七百七十五條、相續編第五章第二節乃至第三節及戶籍法第八十五條、第八十九條、第九十三條、第九十四條參觀

第五款　戶籍吏ニ於ケル緣組屆出ノ受否及在外國日本人間ニ於ケル緣組ノ屆出

緣組ノ屆出アリタルトキ戶籍吏ハ之ヲ調查シ其屆出カ婚姻又ハ養子緣組ニ因リ他家ニ入リタル者カ更ニ他家ノ養子トナラントスル屆出ニシテ婚家養家實家戶主ノ同意ヲ得タル屆書ヲ添付セス又ハ屆書ニ之ヲ附記セサルカ又ハ本家相續ニアラスシテ法定ノ推定家督相續人タル者ニ於テ他家ノ養子タルコトヲ屆出タルカ

若クハ家族ノ縁組ニシテ戸主カ同意シタル證明書ヲ添付セス其屆書ニ附記セサルカ第八百三十七條乃至第八百四十八條ノ規定其他ノ法令ニ違反シタルモノナルトキハ之ヲ受理スルコトヲ得サルモノトス外國ニ在ル日本人カ互ニ養子縁組ヲ爲サントスルトキハ其國ニ駐在スル日本ノ公使又ハ領事ニ屆出ヲ爲スコトヲ得ヘシ第七百七十五條及第八百四十八條第八百四十九條ノ規定ヲ準用スヘシ

（例）

第八百四十九條　戸籍吏ハ縁組カ第七百四十一條第一項、第七百四十四條第一項、第七百五十條第一項及ヒ前十二條ノ規定其他ノ法令ニ違反セサルコトヲ認メタル後ニ非サレハ其屆出ヲ受理スルコトヲ得ス

（註記）　本條ハ第七百七十六條ニ規定セラレタル婚姻ノ屆出ニ關スル事項ト同一ナレハ茲ニ記註ヲ略ス

第八百五十條　外國ニ在ル日本人間ニ於テ縁組ヲ爲サントスルトキハ其國ニ駐在スル日本ノ公使又ハ領事ニ其屆出ヲ爲スコトヲ得此場合ニ於テハ第七百七十五條及ヒ前二條ノ規定ヲ準用ス

（註記）　本條ハ第七百七十七條ニ規定セラレタル在外國日本人間ノ婚姻ノ屆出ニ關スル手續ト同一ナリ

（備考）　戸籍法第五十九條第八十五條乃至九十四條參觀

第二節　縁組ノ無效及取消

第一款　縁組ノ無效

養子縁組ハ養子ト爲ルヘキ者ト養親タルヘキ者トノ雙方又ハ一方カ人違其他ノ事由ニ因リ當事者間ニ之ヲ爲スノ意思ナキトキ又ハ當事者カ縁組ノ屆出ヲ爲ササルトキハ其縁組ハ無效トシ初メヨリ成立セサルモノ

ト爲ス是レ則チ自己ノ意思ニアラサル義務ヲ負擔スヘキニアラサル原則ニ依レルモノナリ然リ而シテ當事者カ縁組ノ届出ヲ爲サヽリシトキハ其縁組ハ當然無效トナルヘシト雖モ其届出カ第七百七十五條第二項及第八百四十八條第一項ニ揭ケタル條件ヲ缺クニ止マリ届出ヲ爲サヽルニアラサルトキハ第七百七十五條第二項及第八百四十八條第一項ノ條件ヲ缺クカ爲メニ縁組ノ效力ヲ妨ケラルルコトナキモノトス
縁組ノ無效ハ裁判所ニ之ヲ請求スヘキモノニシテ其訴ハ人事訴訟法第二十四條ニ依リ養親カ普通裁判籍ヲ有スル地又ハ死亡ノトキ之ヲ有シタル地ノ地方裁判所ニ專屬シ養親又ハ養子カ禁治產者ナルトキハ同法第二十五條ニ依ルヘシ

(例)

第八百五十一條　縁組ハ左ノ場合ニ限リ無效トス
一　人違其他ノ事由ニ因リ當事者間ニ縁組ヲ爲ス意思ナキトキ
二　當事者カ縁組ノ届出ヲ爲ササルトキ但其届出カ第七百七十五條第二項及ヒ第八百四十八條第二項ニ揭ケタル條件ヲ缺クニ止マルトキハ縁組ハ之カ爲メニ其效力ヲ妨ケラルルコトナシ

(註記)　其他ノ事由トハ詐欺脅迫ノ如キ眞ニ當事者ニ於テ其意思ナキ事項ヲ云フ但本條第七百七十八條ノ理由ト敢テ異ナルコトナキモノトス

(備考)　本法第七百七十五條、第八百四十八條●人事訴訟手續法第二十四條、第二十五條、第二十六條
●民法施行法第六十八條參觀

第二款　縁組ノ取消ノ請求

左ニ列擧シタル事項ニ該當スル縁組ハ之ヲ取消スコトヲ得ヘシ其取消ヲ目的トスル訴ハ人事訴訟事件手續法第二十四條ノ規定ニ依リ養親カ普通裁判籍ヲ有スル地又ハ其死亡ノ時之ヲ有シタル地ノ地方裁判所ニ之

ヲ爲スヘシ

一　未成年者カ養子ヲ爲シタルトキハ養親又ハ其法定代理人ニ限リ其取消ヲ請求スルヲ得

但養親カ成年ニ達シタル後取消ヲ請求セスシテ六个月經過シ又ハ追認シタルトキハ取消ヲ請求スルヲ得ス是則不確定ナル縁組ヲシテ早ク確定セシムルノ趣旨ニ出タルモノナリ

二　尊屬又ハ年長者ヲ養子ト爲シ若クハ法定ノ推定家督相續人タル男子アル者女婿ト爲スニアラスシテ男子ヲ養子ト爲シタルトキハ各當事者其戸主又ハ親族ヨリ取消ヲ請求スルコトヲ得此如キ縁組ハ公益上ノ關係ヲ有スヘキニ依リ時日ヲ經過シ又ハ追認セラルヽコトアルモ消滅スルモノニアラサルナリ

三　後見人ニ於テ被後見人ヲ養子ト爲シ若シ任務終了ノ後未タ管理ノ計算ヲ終ラサルニ亦之ヲ爲シタルトキハ其養子又ハ其實方親族ヨリ取消ヲ請求スルヲ得

但管理計算カ終リテ養子カ成年ニ達シ又ハ能力ヲ回復シタル後養子カ其縁組ヲ追認シタルカ若クハ養子カ其成年ニ達シ又ハ能力ノ回復シタル時ヨリ六个月ヲ經過シタルトキハ取消ヲ請求スルヲ得ス

四　配偶者アル者其配偶者ト共ニスルニ非スシテ縁組ヲ爲シタルトキハ同意ヲ爲ササリシ配偶者ヨリ取消ヲ請求スルコトヲ得

但其配偶者カ縁組アリタルコトヲ知リタル後六个月ヲ經過シタルトキハ其偶配者カ追認シタルモノト看做スヘキニ依リ取消ヲ請求スルヲ得ス

五　在家ノ父母ノ同意ヲ得スシテ成年ノ子カ養子ヲ爲シ十五年未滿ノ子カ養子トナリ又ハ縁組若クハ婚姻ニ依リ他家ニ入リタル者カ在實家父母ノ同意ヲ得スシテ更ニ他家ノ養子トナリ若クハ第七百七十二條第二項第三項ニ違反シテ前第二項及第三項ノ養子縁組ヲ爲シ又第七百七十三條ノ規定ニ違背シテ第三項第四項ノ養子縁組ヲ爲シタルトキハ其同意權ヲ有スル者ヨリ取消ノ請求ヲ爲スコトヲ得又縱令

同意アリタルモ其同意カ詐欺又ハ强迫ニ因リタルトキハ亦取消ヲ請求スルコトヲ得ヘシ
但第七百八十四條ニ規定セラレタル取消權消滅ノ場合ハ本項ノ場合ニ準用ス
六　各當事者ハ婿養子緣組ニ付婚姻ノ無效又ハ取消ヲ理由トシテ緣組ノ取消ヲ請求スルコトヲ得但婚姻無效又ハ取消ノ請求ニ附帶シテ之ヲ爲スコトヲ妨ケス
但此取消權ハ當事者カ婚姻ノ無效又ハ取消アリタルコトヲ知リタル後六个月ヲ經過シタルトキ又ハ其取消權ヲ抛棄シタルトキハ消滅スヘシ
七　詐欺又ハ强迫ニ因リ緣組ヲ爲シタル者ハ緣組ノ取消ヲ請求スルヲ得ルモ當事者カ詐欺ヲ發見シ又ハ强迫ヲ免カレタル後六个月ヲ經過シ若クハ追認シタルトキハ取消權ハ消滅ス其他第七百八十七條ノ規定ハ緣組ニ準用スヘシ

（例）

第八百五十二條　緣組ハ後七條ノ規定ニ依ルニ非サレハ之ヲ取消スコトヲ得ス

（註記）　本條ハ緣組ノ取消ニ付各種ノ原因及各場合ニ於ケル取消請求ノ權アル者ニ關スル各別ノ規定ヲ次條以下ニ揭載セシコトヲ明記セシモノナリ

第八百五十三條　第八百三十七條ノ規定ニ違反シタル緣組ハ養親又ハ其法定代理人ヨリ其取消ヲ裁判所ニ請求スルコトヲ得但養親カ成年ニ達シタル後六个月ヲ經過シ又ハ追認ヲ爲シタルトキハ此限ニ在ラス

第八百五十四條　第八百三十八條又ハ第八百三十九條ノ規定ニ違反シタル緣組ハ各當事者、其戶主又ハ親族ヨリ其取消ヲ裁判所ニ請求スルコトヲ得

第八百五十五條　第八百四十條ノ規定ニ違反シタル緣組ハ養子又ハ其實方ノ親族ヨリ其取消ヲ裁判所ニ

請求スルコトヲ得但管理ノ計算カ終ハリタル後養子カ追認ヲ爲シ又ハ六个月ヲ經過シタルトキハ此限ニ在ラス

追認ハ養子カ成年ニ達シ又ハ能力ヲ囘復シタル後之ヲ爲スニ非サレハ其效ナシ

養子カ成年ニ達セス又ハ能力ヲ囘復セサル間ニ管理ノ計算カ終リタル場合ニ於テハ第一項但書ノ期間ハ養子カ成年ニ達シ又ハ能力ヲ囘復シタル時ヨリ之ヲ起算ス

第八百五十六條　第八百四十一條ノ規定ニ違反シタル縁組ハ同意ヲ爲サヽリシ配偶者ヨリ其取消ヲ裁判所ニ請求スルコトヲ得但其配偶者カ縁組アリタルコトヲ知リタル後六个月ヲ經過シタルトキハ追認ヲ爲シタルモノト看做ス

第八百五十七條　第八百四十四條乃至第八百四十六條ノ規定ニ違反シタル縁組ハ同意ヲ爲ス權利ヲ有セシ者ヨリ其取消ヲ裁判所ニ請求スルコトヲ得同意カ詐欺又ハ强迫ニ因リタルトキ亦同シ

第七百八十四條ノ規定ハ前項ノ場合ニ之ヲ準用ス

第八百五十八條　婿養子縁組ノ場合ニ於テハ各當事者ハ婚姻ノ無效又ハ取消ヲ理由トシテ縁組ノ取消ヲ裁判所ニ請求スルコトヲ得但婚姻ノ無效又ハ取消ノ請求ニ附帶シテ縁組ノ取消ヲ請求スルコトヲ妨ケス

前項ノ取消權ハ當事者カ婚姻ノ無效ナルコト又ハ其取消アリタルコトヲ知リタル後六个月ヲ經過シ又ハ其取消權ヲ拋棄シタルトキハ消滅ス

(註記)　取消權ヲ拋棄スルトハ當事者カ婚姻ノ無效又ハ取消ニ拘ハラス縁組ヲ存續スルヲ云フ婚姻ノ無效又ハ取消アルモ當事者カ縁組ヲ存續スルトキハ取消權ハ消滅ニ屬スヘキモノトス

第八百五十九條　第七百八十五條及ヒ第七百八十七條ノ規定ハ縁組ニ之ヲ準用ス但第七百八十五條第二項ノ期間ハ之ヲ六个月トス

（註記）本條ニ付テハ第七百八十五條及第七百八十七條ニ附記スル處ト同一ニ付茲ニ記註ヲ畧ス

（備考）民法施行法第六十五條、第六十八條參觀

第三節　縁組ノ效力

凡ソ養子ハ縁組ニ因リ養親ノ家ニ入リ縁組ノ日ヨリ其養親トノ間ニ親子ノ關係ヲ發生スルモノニシテ其日ヨリ養親ノ嫡出子タル身分ヲ取得シ養親ノ親族ト總テ親族關係ヲ生ス又養子カ嫡出子タル身分ヲ取得スルハ縁組ノ日ニ發生スルニ依リ養親ニ實子アル場合ニ於テ若シ養子カ其實子ヨリ年長ナルモ嫡出子ノ順序ハ其實子ノ次ニ位シ之ニ反シ養子縁組ノ後ニ於テ養親カ擧ケタル實子ハ先キニ爲シタル養子ノ次ニ位シ若シ養子數名ヲ有スル場合ニ在テハ縁組ノ前後ヲ問ハス養子中年長者ヲ先ニスル舊慣アリシモ本法施行以後ハ縁組ノ前後ニ依リ其順位ヲ定メ總テ家督相續ノ順序モ之ニ依テ定ムヘキモノトス

（例）

第八百六十條　養子ハ縁組ノ日ヨリ養親ノ嫡出子タル身分ヲ取得ス

（註記）縁組ノ日トハ縁組ノ效力ノ發生シタル日ニシテ養子ハ縁組ヲ戸籍吏ニ屆出戸籍吏カ之ヲ受理タル日ヨリ養親ノ嫡出子タルノ身分ヲ取得スルモノトス

第八百六十一條　養子ハ縁組ニ因リテ養親ノ家ニ入ル

（註記）本條養親ノ家ニ入ルトハ養親ト同居スルヲ云フニアラスシテ養親ノ家籍ニ入ルヲ云フ故ニ養親及養子ノ都合ニ依リ第七百四十九條ノ規定ニ背カサルニ於テハ養子ハ敢テ養家ニ同居セサルモ妨ケナキモノトス

（備考）本法第七百二十七條、第七百三十條、第七百三十三條、第七百四十六條、第七百四十七條、第七百四十九條、第八百四十六條、相續編第九百七十條●戸籍法第八十七條參觀

第四節　離縁

第一款　協議上ノ離縁

凡ソ縁組ハ養子ト養親トノ間ニ親子ノ間係ヲ生セシムルモノナレハ一旦養子ト爲リタル者ハ其縁ヲ解キ親子ノ身分ヲ消滅スルヲ得サルカ如シト雖モ實際上ヨリ考フレハ親子ノ間係ヲ有スルモ素ヨリ眞ノ親子ニアラスシテ互ノ意思ノ合致ニ依リ親子ノ縁ヲ組ミタルモノナレハ眞ノ親子ト看做シ離縁ヲ許サヽルトキハ其結果トシテ一家不諧ヲ生シ互ニ敵親ノ姿トナリ一家煙滅ノ域ニ至ランモ亦知ルヘカラス却テ不孝不實ノ者ヲ生シ社會ニ大害ヲ惹キ起スカ如キコトナカランコトヲ保セス我カ國舊來養子離縁ヲ許シタルモ亦此理由ニ依ル故ニ本法ニ於テモ舊慣ト事情トヲ參酌シテ養子離縁ヲ許シタルモノナリ然リ而シテ養子ト爲リタル者ト養子ヲ爲シタル者即チ養親トノ間ニ協議ノ整ヒタル離縁ハ裁判處分ヲ要セス當事者ノ協議ニ依リ離縁ヲ爲スコトヲ得ヘキモ若シ其養子タル者ノ年齡カ十五年未滿ナルトキハ養親ト養子トノ協議ヲ以テ離縁スルコトヲ得ス此場合ニ於テハ養子ニ代ハリテ其縁組ノ承諾ヲ爲ス權利ヲ有スル者ト養親トノ協議ヲ以テ之ヲ爲スヘキモノニシテ若シ養親カ死亡シタル後養子カ離縁ヲ爲サントスルトキハ養子ハ其戸主ノ同意ヲ得テ之ヲ爲スコトヲ得ヘシ若シ其養子カ既ニ戸主ト爲リタルトキハ離縁スルコトヲ得サルモ隱居ヲ爲シタル後ニ在テハ離縁スルコトヲ得ヘシ

滿十五年以上ノ養子ハ養親ト協議ニ依リ離縁ヲ爲スコトヲ得ヘキモ滿十五年ニ達セサルトキハ充分ニ離縁ノ利害得失ヲ判斷スヘキ能力ヲ有セサルニ依リ縱令養親ト養子トノ間ニ協議ノ整ヒタルモ第七百七十二條第七百七十三條ノ規定ヲ準用シ養親養子ノ何レヲ問ハス其縁組ニ付同意ヲ爲ス權利ヲ有スル者即チ養實家父母ノ同意ヲ得ルコトヲ要シ家ニ父母在ラサル未成年者ニ在テハ其後見人及ヒ親族會ノ同意ヲ得ルヲ要スヘシ然レトモ禁治産者ニ在テハ第七百七十四條ノ規定ヲ準用シ後見人ノ同意ヲ得ルコトヲ要セサルモノトス」

總シテ離緣ノ協議整ヒタルトキハ第七百七十五條ニ準據シ戸籍吏ニ離緣ノ屆出ヲ爲スヘシ離緣ノ效力ハ其屆出ニ依リ之ヲ發生ス若シ口頭ヲ以テ屆出ヲ爲ス場合ニ於テ屆出人カ疾病其他ノ事故ニ依リ自ラ戸籍吏ノ面前ニ出頭シ能ハサルトキト雖モ代理人ヲ以テ屆出ツルコトヲ得ス又離緣ノ屆書ニハ戸籍法第九十五條ノ諸件ヲ記載シ尙ホ第九十六條乃至第九十八條ノ規定ニ依リ其屆出ヲ爲スヘキモノニシテ其屆出アリタルモ戸籍吏ハ離緣カ第七百五十五條第二項及前項ニ記載シタル規定其他法令ニ違反セサルコトヲ認メタル後ニアラサレハ其屆出ヲ受理スルコトヲ得ス然レトモ戸籍吏カ其規定ニ違反シタル屆出ヲ受理シタルモ之カ爲メ離緣ノ效力ニ妨ケナキモノトス

(例)

第八百六十二條　緣組ノ當事者ハ其協議ヲ以テ離緣ヲ爲スコトヲ得

養子カ十五年未滿ナルトキハ其離緣ハ養親ト養子ニ代ハリテ緣組ノ承諾ヲ爲ス權利ヲ有スル者トノ協議ヲ以テ之ヲ爲ス

養親カ死亡シタル後養子カ離緣ヲ爲サント欲スルトキハ戸主ノ同意ヲ得テ之ヲ爲スコトヲ得

(註記)

年齡滿十五年ニ達シタル男女ハ離緣ノ協議整ヒタルトキハ其協議ヲ以テ之ヲ爲スコトヲ許スモ十五年未滿ノ者カ自ラ爲シタル協議ハ之ヲ無效トシ十五年未滿ノ者ノ離緣ハ養子ニ代ハリテ承諾ヲ爲ス權利ヲ有スル者カ其養親ト協議ヲ爲スコトヲ得ヘシ第三項ハ養子カ戸主ニアラサル場合ヲ規定セラレタルモノニシテ養父母共ニ死亡シタルトキハ其戸主ノ同意ヲ得テ離緣ヲ爲スコトヲ得ヘシ然リ而シテ本條其他父母失踪ノ場合ニ於テ養子カ離緣ヲ爲ストキノ規定ヲ揭ケス養父母共ニ失踪シ或ハ養親ノ一方カ死亡シ他ノ一方カ失踪シタル場合ニ於テ養子ハ協議ニ依リ離緣スル能ハサルカ如シト雖モ然ラス失踪ノ宣告ヲ受ケタルトキハ失踪者ハ既ニ死亡セシモノト看做サル

ヘキヲ以テ或ハ死亡ノ明文中ニ含有スヘキモノナラント想像セリ

第八百六十三條　滿二十五年ニ達セサル者カ協議上ノ離緣ヲ爲スニハ第八百四十四條ノ規定ニ依リ其緣組ニ付キ同意ヲ爲ス權利ヲ有スル者ノ同意ヲ得ルコトヲ要ス

第七百二十二條第二項、第三項及ヒ第七百七十三條ノ規定ハ前項ノ場合ニ之ヲ準用ス

（註記）　緣組ニ付キ同意ヲ爲ス權利ヲ有スル者トハ其家ニ在ル父母ヲ云フ養親養子トモ滿二十五年未滿ナルトキハ其父母ノ同意ヲ得ルコトヲ要ス

第八百六十四條　第七百七十四條及ヒ第七百七十五條ノ規定ハ協議上ノ離緣ニ之ヲ準用ス

（註記）　本條第一項ハ禁治產者ノ離緣ハ後見人ノ同意ヲ得ルヲ要セス蓋シ養子離緣ハ後見人ノ職務中ニ含有セサルコトヲ示シタルモノニシテ第二項ハ離緣ノ效力ハ戸籍吏ニ屆出ツルニ依リ發生スルコトヲ規定シタルモノナリ

第八百六十五條　戸籍吏ハ離緣カ第七百七十五條第二項、第八百六十二條及ヒ第八百六十三條ノ規定其他ノ法令ニ違反セサルコトヲ認メタル後ニ非サレハ其屆出ヲ受理スルコトヲ得ス

戸籍吏カ前項ノ規定ニ違反シテ屆出ヲ受理シタルトキト雖モ緣組ハ之カ爲メニ其效力ヲ妨ケラルルコトナシ

（註記）　其他ノ法令ニ違反スルトハ例ヘハ第八百七十四條ノ規定ニ違ヒテ離緣スルカ如キ場合ヲ云フ

（備考）　本法第七百三十九條乃至第七百四十二條●民法施行法第七十條●戸籍法第五十四條第五十八條第九十五條乃至第九十八條、第百九十五條、第百九十六條參觀

第二款　特定ノ原因ニ依ル離緣ノ訴

凡ソ養親タル者ト養子タルヘキ者トハ互ニ親愛シ養子ハ養親及養親ノ直系親族ニ對シ孝養ヲ盡シ養親ハ養子ヲ養育敎諭シテ愛憐ヲ垂レ一家親睦シ養親及養子ノ直系親族ニ於クル又互ニ交誼ヲ重ンシ養實相協和スルハ養親養子及養實雙方ノ直系親族ノ義務タリ然ルニ養子タル者養親ヲ虐待シ又ハ之ニ重大ナル侮辱ヲ加フルカ如キ子タルノ道ヲ失ヒ敬親ノ道ニ欠ケ不孝ノ徒タルニ過キスシテ老後孝養ヲ盡スヘキモノニアラサルヘシ又養親ニシテ養子ニ對シ虐待又ハ重大ナル侮辱ヲ爲スカ如キ所爲アルニ於テハ親ノ子ヲ愛スヘキ道義ニ悖リ養育ノ義務ヲ失ヒ名ハ養子タルモ其實奴隷ノ姿ニ陷リ親子互ニ親愛スルノ情義ヲ失ヒ却テ相敵視スルノ弊ヲ免カルヘカラス其他養子カ養親ノ直系尊屬親ニ對スルハ勿論養親カ養子ノ直系尊屬親ニ對シ虐待ヲ爲シ又ハ重大ナル侮辱ヲ加ヘタルカ如キハ養實互ノ交誼ヲ破リ親族間ノ不諧ヲ生シ隨テ養實一家ノ親睦ヲ害スルニ至ルヘシ殊ニ惡意ヲ以テ養子養親ヲ遺棄シ養親養子ヲ遺棄スルニ至テハ倫理ニ背ケルコト著大ナリトス又養親又ハ養子カ重禁錮一年以上ノ體刑ニ處セラレタルニ於テハ本人ノ榮譽ヲ害スルノミナラス家名ヲ傷害シ其所爲養親ニ在テハ養子ノ名義ヲ害シ養子ニ在テハ養親ノ名義ヲ汚辱スヘキモノナリ養子ニ於テ家名ヲ瀆シ又ハ家產ヲ傾クヘキ重大ノ過失アリタルトキハ養子ノ爲メニ祖先ノ名ヲ傷害シ或ハ一家ノ財產ヲ蕩盡シ家名ヲ全フシ家族ヲ養育スル能ハサルノ虞アルヘシ養子逃亡シテ三年以上復歸セス又ハ其生死三年以上ニ涉リ不明ナルモノニ在テハ之カ爲メ家計其他種々ノ障害ヲ免カルルコト能ハサルニ依ル其他婿養子緣組ニ依リ婚姻シタル養子又ハ養子トナリタル後家女ト婚姻シタル者カ其妻タル者ト離婚シ若クハ婚姻ヲ取消タルトキハ其妻タル者ハ養子ニ隨テ其家ニ入ラサルヘカラス若シ否ラサルトキハ夫婦別居ノ姿ニ成行キ實際上不都合ナリトス以上記述スル處ハ第八百六十六條當事者ノ一方ニ於テ離緣ノ訴ヲ提起シ得ヘキ特定ノ原因ナリトス故ニ該條第一號乃至第九號ニ該當スル事項ニ限リ其他ハ離緣ノ訴ヲ提起スヘキ原因ト爲スコトヲ得サルモノトス

養子カ離緣ノ訴ヲ裁判所ニ提起スル場合ニ於テ年齡未タ滿十五年ニ達セサルトキハ其能力ナキヲ以テ緣組ニ付承諾ノ權ヲ有スル者即チ實家父母ヨリ之ヲ爲スコトヲ得ヘク實家ノ父母カ繼父母又ハ嫡母ナルトキハ親族會ノ同意ヲ得テ之ヲ爲スコトヲ要ス

前述ノ特定原因中養親又ハ養子カ養子又ハ養親ヨリ虐待又ハ重大ナル侮辱ヲ受クルカ或ハ惡意ヲ以テ遺棄セラレタルカ或ハ養子カ養親ノ直系親屬ヨリ虐待又ハ重大ナル侮辱ヲ受ケタルカ或ハ養親又ハ養子ノ何レカ重禁錮一年以上ノ處刑ヲ受ケタルカ或ハ養子ニ於テ家名ヲ瀆シ又ハ家產ヲ傾クヘキ重大ナル過失アリタルカ養子カ逃亡シテ三年ヲ過キ復歸セサル場合ノ如キハ其被害者ヲ保護スルノ趣旨ニ基キ離緣ノ訴ヲ提起シ得セシムルモノニシ敢テ公益上ノ理由ニ基クルモノニアラサルニ依リ當事者ニ於テ離緣ノ原因トシテ特定セラレタル不良ノ行爲ヲ宥恕スルニ於テ强テ此訴權ヲ行ハシムヘキニアラス故ニ當事者ノ一方ニ於テ他ノ一方又ハ其直系尊屬親ノ行爲ヲ宥恕シタルトキハ其宥恕ノ明示ナルト默止ナルトヲ問ハス離緣ノ訴ヲ提起スルコトヲ得サルモノトス而シテ當事者ノ一方カ重禁錮一年以上ノ刑ニ處セラレタル場合ニ於テ他ノ一方カ其行爲ニ同意シタルトキハ離緣ノ訴ヲ爲スコトヲ得ス又一方カ刑ニ處セラレシ者カ他ノ一方ニ同一ノ事由アルコトヲ理由トシテ離緣ヲ提起スルコトヲ得サルニ付テハ第八百十四條第一項、第八百十五條ニ規定セラレタル處ト同一ニシテ既ニ第三編第四章第二節第二款ニ記述シタル處ニ同シ

第八百六十六條ニ掲ケタル特定ノ原因ニ依ルモ年月ノ經過ニ依リ離緣ノ訴ヲ提記シ得サル場合アリ左ノ如シ

一　第一號乃至第五號及第八號ノ事由ハ離緣ノ訴ヲ提起スル權利ヲ有スル者カ離緣ノ原因タル事實ヲ知リタル時ヨリ一年ヲ經過シタル後又其事實カ發生シタル時ヨリ十年ヲ經過シタル後

二　第六號ハ養子ノ復歸ヲ知リタル時ヨリ一年ヲ經過シタル後又其復歸ノ時ヨリ十年ヲ經過シタル後

三　第七號ハ養子ノ生死カ分明ト爲リタル後
四　第九號ハ當事者カ離緣又ハ婚姻取消アリタルヲ知リタル後六个月ヲ經過シタルトキ又ハ離緣請求ノ權利ヲ拋棄シタルトキ

家女又ハ養女ノ婿養子トシテ緣組ヲ爲シ又ハ養子緣組ノ後養家ノ家女ト婚姻ヲ爲シタル者カ其妻ト離婚シ又ハ其婚姻ノ取消ヲ請求スルトキ離婚又ハ婚姻取消ノ原因ニ依リ離緣ノ訴ヲ提起セントスルトキ其離婚又ハ取消ノ請求ニ附帶シテ離緣ノ訴ヲ爲スコトヲ得ヘキモノトス但前四號ニ該當スルモノハ附帶ノ請求モ亦之ヲ爲スコトヲ得ス

（例）

第八百六十六條　緣組ノ當事者ノ一方ハ左ノ場合ニ限リ離緣ノ訴ヲ提起スルコトヲ得

一　他ノ一方ヨリ虐待又ハ重大ナル侮辱ヲ受ケタルトキ
二　他ノ一方ヨリ惡意ヲ以テ遺棄セラレタルトキ
三　養親ノ直系尊屬ヨリ虐待又ハ重大ナル侮辱ヲ受ケタルトキ
四　他ノ一方カ重禁錮一年以上ノ刑ニ處セラレタルトキ
五　養子ニ家名ヲ瀆シ又ハ家產ヲ傾クヘキ重大ナル過失アリタルトキ
六　養子カ逃亡シテ三年以上復籍セサルトキ
七　養子ノ生死カ三年以上分明ナラサルトキ
八　他ノ一方カ自己ノ直系尊屬ニ對シテ虐待ヲ爲シ又ハ之ニ重大ナル侮辱ヲ加ヘタルトキ
九　婿養子緣組ノ場合ニ於テ離婚アリタルトキ又ハ養子カ家女ト婚姻ヲ爲シタル場合ニ於テ離姻若クハ婚姻ノ取消アリタルトキ

（註記）本條ハ離緣ヲ爲スニ付特定ノ原因ヲ揭ケラレタルモノニシテ本條第一號乃至第九號ノ事由ニ限リ離緣ノ訴ヲ提起スルヲ得ヘシ其之カ提起ヲ爲スヘキハ養親カ普通裁判籍ヲ有スル地又ハ死亡ノ時ニ之ヲ有シタル地ノ地方裁判所ノ管轄ニ專屬スルト雖モ第九號ノ場合ニ於テハ此限ニアラサルナリ

第一號ハ當事者間ニ虐待又ハ重大ナル侮辱アリタル場合ヲ揭ケ第二號ハ遺棄ノ事實カ當事者ノ惡意ニ基ケル場合ヲ示ス惡意ニアラサルモノハ離緣ノ原因ト爲スヘカラス第三號ハ養親ノ直系ノ尊屬即チ養祖父母養曾祖父母等ヨリ養子カ虐待又ハ侮辱ヲ受ケタル場合ヲ示シ第四號ハ養親又ハ養子カ重禁錮一年以上ノ刑ヲ受ケタルニ依リ養子又ハ養親即チ處刑ヲ受ケサル一方ヨリ之ヲ受ケタル一方ニ對シ訴ヲ提起スル場合ヲ示シ第五號ハ養子ニ家名ヲ瀆シ又ハ家產ヲ傾クヘキ重大ノ過失アリタルニ依リ養親ヨリ離緣ノ請求ヲ爲ス場合ヲ示シ第六號ノ逃亡トハ有心規避ノ確證アリテ住所ヲ蹈晦スル者ヲ云フ失踪ト混スヘカラス蓋シ失踪ハ所在不分明ニシテ七年ヲ經過シ生死分明ナラスシテ裁判所ニ於テ失踪ノ宣告ヲ受ケタル者ヲ云フ第七號ノ生死分明ナラサル者トハ即チ行衞知レサル者ヲ云フ第八號ハ養親カ養子ノ實方父母、祖父母曾祖父母等ニ對シ又ハ養子カ養親ノ父母、祖父母、曾祖父母等ニ對シ虐待ヲ爲シ又ハ重大ナル侮辱ヲ爲シタル場合ヲ示シ第九號ハ婿養子離緣ノ場合ニ於テ婚姻無效又ハ取消ヲ理由トシテ緣組ノ取消ヲ請求スルト同一ノ理由ニ基ツキタルモノナルヲ以テ再ヒ說明ヲ要セス

第八百六十七條　養子カ滿十五年ニ達セサル間ハ其緣組ニ付キ承諾權ヲ有スル者ヨリ離緣ノ訴ヲ提起スルコトヲ得

第八百四十三條第二項ノ規定ハ前項ノ場合ニ之ヲ準用ス

第八百六十八條　第八百六十六條第一號乃至第六號ノ場合ニ於テ當事者ノ一方カ他ノ一方又ハ其直系尊屬ノ行爲ヲ宥恕シタルトキハ離緣ノ訴ヲ提起スルコトヲ得ス
第八百六十九條　第八百六十六條第四號ノ場合ニ於テ當事者ノ一方カ他ノ一方ノ行爲ニ同意シタルトキハ離緣ノ訴ヲ提起スルコトヲ得ス
第八百六十六條第四號ニ揭ケタル刑ニ處セラレタル者ハ他ノ一方ニ同一ノ事由アルコトヲ理由トシテ離緣ノ訴ヲ提起スルコトヲ得ス
第八百七十條　第八百六十六條第一號乃至第五號及ヒ第八號ノ事由ニ因ル離緣ノ訴ハ之ヲ提起スル權利ヲ有スル者カ離緣ノ原因タル事實ヲ知リタル時ヨリ一年ヲ經過シタル後ハ之ヲ提起スルコトヲ得ス其事實發生ノ時ヨリ十年ヲ經過シタル後亦同シ
第八百七十一條　第八百六十六條第六號ノ事由ニ因ル離緣ノ訴ハ養親カ養子ノ復歸シタルコトヲ知リタル時ヨリ一年ヲ經過シタル後ハ之ヲ提起スルコトヲ得ス其復歸ノ時ヨリ十年ヲ經過シタル後亦同シ
第八百七十二條　第八百六十六條第七號ノ事由ニ因ル離緣ノ訴ハ養子ノ生死カ分明ト爲リタル後ハ之ヲ提起スルコトヲ得ス
第八百七十三條　第八百六十六條第九號ノ場合ニ於テ離婚又ハ婚姻取消ノ請求アリタルトキハ之ニ附帶シテ離緣ノ請求ヲ爲スコトヲ得
第八百六十六條第九號ノ事由ニ因ル離緣ノ訴ハ當事者カ離婚又ハ婚姻ノ取消アリタルコトヲ知リタル後六个月ヲ經過シ又ハ離緣請求ノ權利ヲ拋棄シタルトキハ之ヲ提起スルコトヲ得ス
（備考）　人事訴訟事件手續法第一條、第二十四條●民法施行法第十七條、第十八條●戶籍法第十五條、第五十四條、第五十八條、第九十九條、第百一條參觀

第三款　戸主離縁及復歸ノ養子身分回復及夫婦養子又ハ養女ニ配偶ノ養子ニ於テ妻ノ養家ヲ去ルトキ離縁又ハ離婚ノ選擇

凡ソ養子ヲシテ家督相續ヲ爲サシムルハ養親タル者ニ於テ養子タル者ノ我カ家名ヲ繼承シ我カ家產ヲ相續セシムルニ足ルヘキ者ト認メタルニ依リ之ヲ爲サシメタルモノニシテ養子タルヘキ者ニ於テハ已レカ親ト敬ヒ孝養ヲ盡シ己レカ家トナシテ其名聲ヲ顯揚シ己レカ所得トナシテ其財產ヲ繁殖スルニ足ルヘシト認メテ養子トナリ家名ヲ繼承セシモノナレハ養子戸主トナリタル後ハ第八百六十六條ノ各號ニ揭載セシ原因アルモ離緣ノ訴ヲ提起スルコトヲ得ス然レトモ養子カ隱居ヲ爲シタル後ハ戸主權ハ喪失シタルモノナレハ離緣ノ訴ヲ提起スルコトヲ得ヘシ蓋シ養子戸主タルノ後放蕩無慚ニシテ家名ヲ瀆シ家產ヲ傾クルカ如キ憂ヒアル場合ハ第十一條ニ依リ准禁治產ノ手續ヲ經テ之ヲ防止スルコトヲ得ヘシ

養子カ離緣トナリ實家ニ復籍シタルトキハ養子緣組ノ以前實家ニ於テ有シタル以前ノ身分ヲ回復スヘシ然レ𪜈養子カ離緣前ニ第三者ノ取消シタル權利ハ養子ノ身分回復ノ爲メニ侵害スルヲ得サルモノトス故ニ例ヘハ長二三男アル者二男ヲ他家ノ養子トナシタル後長男死亡シ三男推定家督相續人タルノ權利ヲ得タル後他家ノ養子タリシ二男離緣トナリテ復歸スルコトアルモ第三者即チ三男ノ既得權ヲ侵害スルコトヲ得サレハ其二男ハ三男ノ兄ナルモ復籍ニ依リ其身分ヲ回復スルヲ得サルモノトス

夫婦共ニ養子トシテ他家ニ入リタル後又ハ養親ノ養女ノ婿養子トナリ又ハ養子トシテ養家ニ入リ養親ノ養女ト婚姻シタル後其妻ノミ離緣ヲ爲シテ養家ヲ去リ夫即チ養子ハ依然トシテ養家ニ止マル場合ニ於テ離婚セサルトキハ夫婦居ヲ異ニスルノ結果ヲ生スルニ至ラン故ニ此場合ニ於テハ其夫ハ妻ト共ニ離緣シテ共ニ養家ヲ去ルカ又ハ妻ト離婚シテ養家ニ止マルカ其一ヲ擇マサルヘカラス仍テ夫婦養子トナリ又ハ養親ノ養女ト婚姻シタル後其妻カ離緣ニ因リ養家ヲ去ル場合ニ於テハ養子ノ選擇ニ任セ養子カ妻ト共ニ養家ヲ去ラ

ソトスルトキハ離緣ノ訴ヲ提起シ又妻ト離婚シテ養家ニ止マラントスルトキハ離婚ノ訴ヲ提起スルヲ要ス然レ共協議ニ依ルヘキモノハ敢テ訴ヲ提起スルニ及ハサルヘシ

(例)

第八百七十四條　養子カ戶主ト爲リタル後ハ離緣ヲ爲スコトヲ得ス但隱居ヲ爲シタル後ハ此限ニ在ラス

第八百七十五條　養子ハ離緣ニ因リ其實家ニ於テ有セシ身分ヲ回復ス但第三者カ既ニ取得シタル權利ヲ害スルコトヲ得ス

(註記)　實家ニ於テ有セシ身分トハ例ヘハ嫡子タルノ身分、庶子タルノ身分、二男タルノ身分等ノ如キ其分限ヲ云ヒ華族タルノ身分、士族タルノ身分ノ如キ品位ヲ云フニアラス蓋シ平民ノ養子タルモ離緣トナリテ華族タル實家ニ復歸シタルトキハ實家戶主ノ身分ニ隨ヒ實家華族ナレハ華族ノ家族タル云フヲ俟タサルナリ

第八百七十六條　夫婦カ養子ト爲リ又ハ養子カ養親ノ他ノ養子ト婚姻ヲ爲シタル場合ニ於テ妻カ離緣ニ因リテ養家ヲ去ルヘキトキハ夫ハ其選擇ニ從ヒ離緣又ハ離婚ヲ爲スコトヲ要ス

(註記)　本條ノ場合ニ於テハ夫タル養子ハ離婚又ハ離緣ノ訴ヲ提起シテ何レカ一方ノ關係ヲ斷タサルヘカラスト雖モ若シ協議ニ依リ其極ヲ結フコトヲ得ハ敢テ訴ヲ提起スルニ及ハサルモノトス

第五編　親權

第一章　總則

親權ハ法律ノ規定ニ依リ其家ニ在ル父又ハ母カ未成年ノ子又ハ成年ニ達スルモ獨立ノ生計ヲ立ツルコト能

ハサル子ニ對シテ行フ權ニシテ此權ハ未成年ノ子又ハ獨立ノ生計ヲ立ルコト能ハサル成年者ノ子ノ所得ヲ指令シ財產ヲ管理シ身體ノ自由ヲ檢束スルモノナリ父母タル者ハ此權利ヲ行ヒ其子ヲ監護スヘキ義務ヲ負フモノニシテ父母ニ於テ此如キ義務ヲ負フモノハ他ナシ未成年ノ子ノ父母ノ親權ヲ受クルニ在ラサレハ成長シテ成年ニ至ルヲ得ス又成年者タルトモ獨立ノ生計ヲ立ツルコト能ハサル者ハ親權ヲ受クルニアラサレハ自己ノ利益ヲ得ルコト能ハサルヲ以テ是等ノ利益ヲ計ルニ出タルモノナリ蓋シ父又ハ母カ親權ヲ行フハ其子ヲ監督シテ其品行ヲ善良ナラシメ以テ惡事醜行ヲ防制スルニ在ルモノタレハ此規定ニ於ケル間接ニ社會ノ安寧ヲ保持スル爲メニ影響ヲ及ホスヘキモノトス然リ而シテ子ハ其家ニ在ル父ノ親權ニ服スヘシ故ニ母ノ存在スルモ父ノ存在スルトキハ母ニ於テ親權ヲ行フコトヲ得ス母ヲシテ親權ヲ行フコトヲ得セシメサル所以ノモノハ婦ハ夫ニ從フヘキモノタルヲ以テ縱令我カ子タリトモ夫生存シテ親權ヲ行フコトヲ得ヘキトキハ其子ノ所爲ニ付キ指示スルコトヲ得ス若シ母ニ於テ子タル故ヲ以テ其所爲ニ付指示スルコトヲ得セシムルニ於テハ婦ハ敢テ夫ニ從ハサルニ及ハサルヱ至ルヘシ是レ決シテ爲シ得セシムヘキモノニアラス然レトモ父死亡スルカ又ハ家ヲ去リテ在ラサルカ若クハ親權ヲ行フコト能ハサルトキハ其家ニアル母ニ於テ親權ヲ行フヘシ其母モ亦親權ヲ行フコト能ハサルカ又ハ家ヲ去リテ子ト其家ヲ異ニセシトキハ母モ亦親權ヲ行フコトヲ得ス故ニ親權ハ其家ニ在ル父又ハ母ノ外之ヲ行フコトヲ得サルモノナリ若シ家ニ繼父繼母又ハ嫡母アリテ是等カ親權ヲ行フ場合ニ於テハ後見ノ規定ヲ準則トナシ之ニ依テ之ヲ行フヘシ但民法施行ノ前ニ生レタル子ト雖モ民法施行後ハ其施行ノ日ヨリ其父又ハ母ノ親權ニ服スヘキモノトス

（例）

第八百七十七條　子ハ其家ニ在ル父ノ親權ニ服ス但獨立ノ生計ヲ立ツル成年者ハ此限ニ在ラス

父カ知レサルトキ、死亡シタルトキ、家ヲ去リタルトキ又ハ親權ヲ行フコト能ハサルトキハ家ニ在ル

母之ヲ行フ

（註記）親權ハ其家ニ在ル父母ニ限リ之ヲ行ヒ他家ニ在ル父母ニ在テハ之ヲ行フコトヲ得ス故ニ其親權ニ服スヘキ者カ養子ナルトキハ其子ハ養父母ノ親權ニ服シ養父母存在セス又ハ存在スルモ親權ヲ行フコト能ハスシテ其子ノ爲メ養家ニ於テ親權ヲ行フモノナキトキハ實家ニ父母アルモ實家ノ父母ハ其子ノ爲メニ親權ヲ行フヘキ權利義務ナキモノトス

第八百七十八條　繼父、繼母又ハ嫡母カ親權ヲ行フ場合ニ於テハ次章ノ規定ヲ準用ス

（註記）繼父母、嫡母ノ親權ニ付後見ノ爲メニ規定セラレタル處ヲ準用セシムルモノハ他ナシ繼父母、嫡母ハ婦ノ前夫ノ子、夫ノ前妻ノ子若クハ庶子ヲ疾惡スルハ從來實際ノ經驗上ニ見ハル、處タルヲ以テ其弊害ヲ防止スルノ必要アルニ依ルモノナリ

（備考）本法第九百一條乃至第九百五條●民法施行法第七十二條、第七十三條及第七十四條參觀

第二章　親權ノ效力

第一節　親權ヲ行フ父又ハ母ニ於テ未成年ノ子ヲ監護シ及敎育ヲ爲シ居所ヲ指定シ兵役ヲ許否スルノ權利義務

凡ソ親權ヲ行フ父又ハ母ハ未成年ノ子ヲ監護シ敎育ヲ爲シ以テ其品行ヲ正シ健康ニ注意シ惡事醜行ヲ防制シ成年ニ至リ社會ニ獨立シテ自ラ生計ヲ立ツルニ至ラシムルノ義務ヲ負ヒ併セテ其監護ヲ爲スノ權利ヲ有ス故ニ未成年ノ子ハ親權ヲ行フ父又ハ母カ指定シタル塲所ニ定住シ其父又ハ母ノ監督ヲ受ケ濫リニ居所ヲ轉スルコトヲ得ス然レ共父母ノ外別ニ戸主アリテ其戸主カ第七百四十九條ノ規定ニ依リ其居所ヲ指定シタル塲合ニ於テ未成年ノ子カ其戸主ノ家族タルニ於テハ戸主ノ意ニ反シテ居所ヲ定ムルコトヲ得サルニ依リ此場合ニ於テハ戸主カ指定スル所ニ從ハサルヘカラサルハ勿論ナリトス

未成年ノ子カ兵役ヲ志願スルハ親權ヲ行フ父又ハ母ノ許可ヲ得ルコトヲ要ス是レ未成年ノ子ハ親權ヲ行フ父又ハ母ノ監督ノ下ニアリテ其敎育ヲ受クヘキモノニシテ未成年ノ子カ其父又ハ母ノ監督ヲ離ルヽトキハ其監護及敎育ニ關シテ其父又ハ母ノ利害ニ影響ヲ及ホスコト大ナルヲ以テナリトス

（例）

第八百七十九條　親權ヲ行フ父又ハ母ハ未成年ノ子ノ監護及ヒ敎育ヲ爲ス權利ヲ有シ義務ヲ負フ

（註記）本條ノ敎育ハ父又ハ母ニ於テ其子ヲ敎育シ又ハ他人ニ託シテ敎育スルヲ云フ敢テ小學校ニ入レ普通小學ヲ修業セシムルヲ云フニアラス

第八百十條　未成年ノ子ハ親權ヲ行フ父又ハ母カ指定シタル場合ニ其居所ヲ定ムルコトヲ要ス但第七百四十九條ノ適用ヲ妨ケス

（註記）本條ハ未成年ノ子ハ親權ヲ行フ父又ハ母ノ指定シタル場所ニ居所ヲ定メ濫リニ居所ヲ轉スルコトヲ制束シタルモノナリ

第八十一條　未成年ノ子カ兵役ヲ出願スルニハ親權ヲ行フ父又ハ母ノ許可ヲ得ルコトヲ要ス

（註記）未成年ノ子ハ親權行フ父又ハ母カ指定シタル場所ニ居所ヲ定ムヘキ前條ノ規定ヲ擴張シタルモノニシテ徴兵令ニ依リ兵役ヲ志願スルトキハ其結果トシテ終ニ居所ヲ變セサルヘカラサレハ兵役志願ノ場合ニ於テモ豫メ其父又ハ母ノ許可ヲ受クヘキモノナリ

第二節　親權ヲ行フ父母ニ於ケル子ノ懲戒

子ニ於テ品行不正ノ行爲アリタルトキハ親權ヲ行フ父又ハ母ハ其子ノ爲メニ懲戒ヲ加フルコトヲ得ヘク其懲戒ヲ加フルハ改悛スルニ足ルヘキ必要ノ範圍內ニ於テ適度ヲ計リ斟酌シテ之ヲ行ヒ過度ナル懲戒ヲ加フヘカラス監禁制縛シテ毆打搒責シ飮食衣服ヲ屛去シ其他苛酷ノ所爲アルトキハ其父母ハ却テ刑法ノ裁制ヲ

受クルニ至ルヘシ故ニ一家ニ於テ懲戒シ以テ改悛セシムルニ足ルヽカラサルト思惟スルモノハ裁判所ニ請求シ其許可ヲ得テ之ヲ懲戒場ニ入ルヽコトヲ得ヘシ其子ヲシテ懲戒場ニ入ルヽ期間ハ六个月以下トシ其範圍內ニ於テ裁判所之ヲ定ム而シテ裁判所ニ於テ其期間ヲ定ムルモノハ其子ノ權利ヲ保護スルニ付必要アルモノニシテ父又ハ母ニ於テ或ハ其子ノ所爲ヲ憤フルノ餘リ期間ノ長キニ過キ以テ其子ノ爲メニ患害ヲ防止スルアルモノナリ蓋シ其期間ノ範圍ヲ六个月以下ト規定セラレタルモノモ亦此趣旨ニ出タルモノナリ又裁判所ニ於テ其期間ヲ定メラレタルモ其父又ハ母ニ於テ請求スルトキハ其期間ハ何時ナリトモ短縮スルコトヲ得ヘキモノトス

(例)

第八百八十二條　親權ヲ行フ父又ハ母ハ必要ナル範圍內ニ於テ自ラ其子ヲ懲戒シ又ハ裁判所ノ許可ヲ得テ之ヲ懲戒場ニ入ルルコトヲ得

子ヲ懲戒場ニ入ルル期間ハ六个月以下ノ範圍內ニ於テ裁判所之ヲ定ム但此期間ハ父又ハ母ノ請求ニ因リ何時ニテモ之ヲ短縮スルコトヲ得

(註記)　必要ナル範圍內トハ懲戒シテ改悛スルニ足ルヘキ範圍內即チ適度ヲ云フ第二項ノ裁判所ニ於テ定メタル懲戒場ニ入ルル期間ハ其父又ハ母ノ請求ニ依リ之ヲ短縮シ得ルモ增加スルヲ得ス又其期間ハ六个月ヲ超過スルコトヲ得ス若シ父又ハ母ニ於テ入場期間ノ不足ナリトスルトキハ其期間ヲ經過シタル後更ニ入場ヲ申請スルハ妨ケサルモノナリトス

(備考)　非訟事件手續法第九十二條參觀

第二節　親權ヲ行フ父母ニ於ケル子ノ職業ノ許可

未成年ノ子カ職業ヲ營ムハ親權ヲ行フ父又ハ母ノ許可ヲ得ルヲ要シ父又ハ母ノ許可ヲ得ルニアラサレハ之

ヲ營ムコトヲ得ス蓋シ子ノ職業ヲ爲スニ付父又ハ母ノ許可ヲ受ケシムルコトヲ要スルモノハ父母カ子ヲ監護スルニ於テ最モ必要ナルモノニシテ苟モ過度ナル職業ヲ爲シテ體育ヲ害シ或ハ其職業ヲ營ムニ足ルヘキ充分ナル能力ヲ有セサル者ニ於テ之ヲ營ミテ心神ヲ勞シ不測ノ損害ヲ釀シ發育ヲ妨害セシコトヲ防止シ以テ子ヲ保護スルニアリ故ニ若シ職業ヲ許シタル後ニ於テ之ニ堪エサランコトヲ發見シタルトキハ第六條第二項ノ規定ニ從ヒ其許可ヲ取消シ又ハ之ヲ制限スルコトヲ得ヘシ

(例)

第八百八十三條　未成年ノ子ハ親權ヲ行フ父又ハ母ノ許可ヲ得ルニ非サレハ職業ヲ營ムコトヲ得ス
父又ハ母ハ第六條第二項ノ場合ニ於テハ前項ノ許可ヲ取消シ又ハ之ヲ制限スルコトヲ得

(註記)　本條ノ職業中ニハ商業工業其他一切ノ營業ヲ包含スヘシ

(參照)　民法總則編

第六條　一種又ハ數種ノ營業ヲ許サレタル未成年者ハ其營業ニ關シテハ成年者ト同一ノ能力ヲ有ス
前項ノ場合ニ於テ未成年者カ未タ其營業ニ堪ヘサル事跡アルトキハ其法定代理人ハ親族編ノ規定ニ從ヒ其許可ヲ取消シ又ハ之ヲ制限スルコトヲ得

第四節　子ノ財產ノ管理

凡ソ未成年者ハ未タ充分ニ能力ノ具ハラサルヲ以テ其財產ヲ管理シ又ハ其財產ニ關スル法律行爲ハ自ラ之ヲ爲シ得サレハ之ニ代テ管理シ其行爲ニ付代表スル者ナカルヘカラス其管理ヲ爲シ之カ代表スヘキモノハ親權ヲ行フ父又ハ母ナリ蓋シ父母ハ其子ヲ生ミ其子ヲ親愛スル者ニシテ其愛情他人ニ優ルヘキモノナレハ其子ニ代テ是等ノ諸件ヲ行ハサルヘカラス而シテ子ノ財產管理ニ付テハ親權ヲ行フ父又ハ母ハ恰モ我カ財產ニ於ケル如ク最モ注意ヲ加ヘ大切ニ之ヲ管理スヘキモノナリ縱令親權ヲ行フ母ニ於テ其財產ヲ管理スル

場合ニ於テ第八百八十六條ノ規定ニ依リ親族會ノ同意ヲ得テ爲シタル行爲タリトモ其注意ヲ怠リタルトキハ過失ニ依ルノ外其責ヲ免ルヘキモノニアラス又未成年者ニ在テハ常ニ父又ハ母ニ於テ代表セラルルニアラス單獨ニ其權利ヲ得又ハ義務ヲ免カルヘキ法律行爲ハ本法第四條ノ規定ニ依リ之ヲ爲シ得ヘキモノナルヲ以テ未成年者ノ財產ニ關スル法律行爲ハ親權ヲ行フ父又ハ母ニ於テ之ヲ代表スルモ其子ノ行爲ヲ目的トスル債權ヲ生スヘキ法律行爲ニ付テハ其子ノ同意ヲ得ルヲ要ス而シテ子カ成年ニ達シ財產管理ノ止ミタルトキハ親權ヲ行ヒタル父又ハ母ハ速ニ管理財產ノ計算ヲ爲シテ管理財產ヲ其子ニ引渡スヘシ然レトモ其管理中子ノ財產ヨリ生シタル收益ハ其子ノ養育及財產管理ノ費用ト相殺シタルモノト看做スヘシ故ニ父母ハ又タ原物ヲ引渡スヲ以テ足リトスルヲ得ヘシ

若シ子ニ於テ其配偶者ノ財產ヲ管理スヘキ場合ニ於テ其子カ父又ハ母ノ親權ニ服從スルモノナルトキハ自ラ其財產ヲ管理スルヲ得サル者カ他人ノ財產ヲ管理スヘキ理由ナキニ依リ子ノ配偶者ノ財產ハ子ノ親權ヲ行フ父又ハ母ニ於テ代テ之ヲ管理スヘキモノトス

（例）

第八百八十四條　親權ヲ行フ父又ハ母ハ未成年ノ子ノ財產ヲ管理シ又其財產ニ關スル法律行爲ニ付キ其子ヲ代表ス但其子ノ行爲ヲ目的トスル債務ヲ生スヘキ場合ニ於テハ本人ノ同意ヲ得ルコトヲ要ス

（註記）　財產ニ關スル法律行爲トハ財產上法律ニ規定セラレタル處ノ行爲ニシテ法律上權利義務ニ關スル行爲ヲ云フ又財產ニ關スル法律行爲ハ親權ヲ行フ父又ハ母ニ於テ法律ノ規定ニ依リ其子ヲ代表スルモ其子ノ行爲ヲ目的トスル債務ノ生スヘキ法律行爲ヲ父又ハ母ニ於テ自己ノ意見ノミヲ以テ爲スハ其子ノ自由ヲ束縛シ人情ニ悖ルヘキ不當ノ行爲ヲ爲スモノニシテ代理權ヲ濫用スヘキモノト云ハサルヘカラス故ニ本條但書ヲ加ヘテ此ノ如キ不當ノ所爲ヲ防止セシムルモノトス

第八百八十五條　未成年ノ子カ其配偶者ノ財產ヲ管理スヘキ場合ニ於テハ親權ヲ行フ父又ハ母之ニ代ハリテ其財產ヲ管理ス

（註記）　子カ婚姻ヲ爲スモ其子未成年者ナルカ成年ナルモ獨立ノ生計ヲ立テサルトキハ親權ハ婚姻ニ依リ消滅セサルニ依リ未成年者カ婚姻ヲ爲シ其結果トシテ配偶者ノ財產ヲ管理スヘキ場合ニ於テハ其親權ヲ行フ父又ハ母ニ於テ其子ノ財產ト共ニ之ヲ管理スヘキモノトス

第八百八十九條　親權ヲ行フ父又ハ母ハ自己ノ爲メニスルト同一ノ注意ヲ以テ其管理權ヲ行フコトヲ要ス

母ハ親族會ノ同意ヲ得テ爲シタル行爲ニ付テモ其責ヲ免ルルコトヲ得ス但母ニ過失ナカリシトキハ此限ニ在ラス

（註記）　本條ハ親權ヲ行フ父又ハ母カ子ノ財產ヲ管理スルニ付注意ノ義務ヲ行フヘキコトヲ規定シタルモノニシテ母カ子ノ財產ヲ管理スル場合ニ於テハ第八百八十六條ノ規定ニ依リ親族會ノ同意ヲ得テ其行爲ヲ爲シタルモ其注意ヲ怠リタルトキハ之カ爲メ自ラ其責ヲ免カルヘカラサルコトヲ示シタルモノナリ

第八百九十條　子カ成年ニ達シタルトキハ親權ヲ行ヒタル父又ハ母ハ遲滯ナク其管理ノ計算ヲ爲スコトヲ要ス但其子ノ養育及ヒ財產ノ管理ノ費用ハ其子ノ財產ノ收益ト之ヲ相殺シタルモノト看做ス

（註記）　本條ニ於テ子ノ養育及財產管理ノ費用ハ收益ト相殺シタルモノト看做スコトヲ規定セラレタルヲ以テ實際上財產ノ收益カ財產管理及養育ノ費用ヨリモ多キコトアルモ又之ヨリ少キモ雙方互ニ其差額ヲ請求スルヲ得サルナリ

（參照）　民法總則編

第四條　未成年者カ法律ノ行爲ヲ爲スニハ其法定代理人ノ同意ヲ得ルコトヲ要ス但單ニ權利ヲ得又ハ義務ヲ免カルヘキ行爲ハ此限ニ在ラス

前項ノ規定ニ反スル行爲ハ之ヲ取消スコトヲ得

（備考）本法第八百一條●民法施行法第七十三條參觀

第五節　母ニ於テ未成年ノ子ニ代リテ行フヘキ行爲ニ關スル權限

凡ソ親權ヲ行フ父又ハ母ハ未成年ノ子ノ財產ヲ管理シ其財產ニ關スル法律行爲ヲ代表スヘキニ依リ未成年ノ子ノ財產管理ニ付テハ親權ヲ行フ父又ハ母ハ何事ニテモ爲シ得ヘキカ如シト雖モ母ニ在テハ隨意ニ其子ニ代リテ營業ヲ爲シ借財又ハ保證ヲ爲シ不動產及重要ノ動產ヲ讓渡シ之ニ關スル和解及仲裁契約ヲ爲シ相續ヲ拋棄シ贈與遺贈ノ拒絕ヲ爲スカ如キハ其子ノ爲メニ重大ナル行爲タレハ母ニ於テ一意アルモ其母ノ獨斷ヲ以テ認許スルヲ得ス母カ子ニ代ハリ是等ノ行爲ヲ爲シ又子カ自ラ爲サントシテ同意ヲ求ムルコトアラハ其母ハ親族會ノ同意ヲ得テ之ヲ爲シ又之ヲ許諾スヘキモノトス蓋シ父ノ親權ヲ行フ場合ニ於テハ其子ニ代ハリ父カ是等ノ行爲ヲ爲シ又ハ子カ之ヲ爲スニ付父ノ同意スルコトニ付親族會ノ同意ヲ得ヘキ規定ナクシテ母ノ親權ヲ行フ場合ニノミ此制限ヲ設ケラレタルモノハ想フニ婦女ハ男ニ比スレハ思慮淺薄ナルヲ以テ事ヲ過マリ易キモノナレハナリ然リ而シテ親權ヲ行フ母カ此權限ヲ越ヘテ爲シ又ハ子ニ許シタル行爲ハ其子又ハ法定代理人ニ於テ之ヲ取消スコトヲ得ヘシ此場合ニ於テハ本法第十九條ノ規定ヲ準用シ又其行爲取消ノ效力及取消權ノ消滅等ニ關シテハ本法第百二十一條乃至第百二十六條ノ規定ハ之カ爲メ妨ケラレサルモノトス

（例）

第八百八十六條　親權ヲ行フ母カ未成年ノ子ニ代ハリテ左ニ揭ケタル行爲ヲ爲シ又ハ子ノ之ヲ爲スコト

ニ同意スルニハ親族會ノ同意ヲ得ルコトヲ要ス

一　營業ヲ爲スコト

二　借財又ハ保證ヲ爲スコト

三　不動產又ハ重要ナル動產ニ關スル權利ノ喪失ヲ目的トスル行爲ヲ爲スコト

四　不動產又ハ重要ナル動產ニ關スル和解又ハ仲裁契約ヲ爲スコト

五　相續ヲ拋棄スルコト

六　贈與又ハ遺贈ヲ拒絕スルコト

（註記）　親權ヲ行フ母ハ未成年者ノ財產管理及其管理ニ關スル行爲ニ付未成年者ヲ代表スル權利ヲ有スルモ本條ニ揭ケタル行爲ニ關シテハ親族會ノ同意ヲ得ルヲ要ス然リ而シテ本條第一號ノ營業トハ其母又ハ未成年子カ自己ノ資益ノ爲メニ業ヲ營ムモノナレトモ之ヲ營ム爲メニ元本ヲ利用セサルヘカラサルヲ以テ其元本ヲ減滅スヘキ場合ナシトセサレハ未成年者ノ爲メ注意セサルヘカラス第二號借財又ハ保證ヲ爲スニ付テモ或ハ未成年者ノ利害ニ付重大ナルノ關係ヲ及ホスヘケレハ亦大ニ注意スル所ナカラサルヘカラス第三號ノ重要ナル動產トハ其家ニ屬スル重寶ノ如キヲ云ヒ權利ノ喪失トハ賣却讓與等ヲ云ヒ其賣却讓與ノ契約ノ如キハ即チ權利ノ喪失ヲ目的トスル行爲ナリ第四號ノ和解仲裁ノ契約モ亦未成年者ノ權利ニ關係ヲ有スルモノナリ第五號ノ相續ヲ拋棄スルトハ相續ヲ承諾セサルヲ云ヒ即チ相續トハ死者又ハ前戸主ノ權利ト義務トヲ繼承スルノ意思ヲ表示スルモノニシテ拋棄トハ總テ之ヲ受クルヲ承諾セサルヲ云フ第六號ノ贈與ハ相續ニアラスシテ物ヲ讓渡スヲ云ヒ遺贈トハ遺物ヲ讓渡スヲ云フ

第八百八十七條　親權ヲ行フ母カ前條ノ規定ニ違反シテ爲シ又ハ同意ヲ與ヘタル行爲ハ子又ハ法定代理

人ニ於テ之ヲ取消スコトヲ得此場合ニ於テハ第十九條ノ規定ヲ準用ス

前項ノ規定ハ第百二十六條ノ適用ヲ妨ケス

(註記) 前條ノ規定トハ親族會ノ同意ヲ求ムルノ規定ヲ云フ

(備考) 本法第百十九條乃至第百二十六條參觀

第六節　特別代理人

凡ソ親權ヲ行フ父又ハ母ハ未成年ノ子ノ法定代理人タルヲ以テ其子ノ行爲ニ付テハ其父又ハ母ニ於テ總テ之カ代理權ヲ有スヘシ又父又ハ母ハ其子ノ爲メニ不利益ナルコトヲ計ルコト尠シトスルモ互ニ利益ノ抵觸スル場合ニ於テハ其子ノ代理タラシムルハ代理ノ性質ニ於テ當ヲ得サルモノニシテ本法第百八條ニ規定セラレタル何人ト雖モ同一ノ法律行爲ニ付其相手方ノ代理人トナリ又ハ當事者雙方ノ代理人ト爲ルコトヲ得ストアル原則ニ違フモノトス故ニ親權ヲ行フ父又ハ母ト未成年ノ子ト利益相反スル行爲ニ付テハ父又ハ母ハ其子ノ爲メニ特別代理人ヲ選任スルコトヲ親族會ニ請求スルヲ要スルナリ蓋シ他人ノ行爲ヲ代理スル者若シ其事務カ已レノ利害ニ關スルトキハ自己ノ利害ヲ顧ミルハ人情ノ然ラシムル處ニシテ誠實ノ意思ヲ以テ其代理ヲ爲シ誠實ニ代理權ヲ行フコトヲ得サルモノタレハ親權ヲ行フ父又ハ母ノ利益ト其親權ニ服從スル未成年ノ子ノ利益トカ相抵觸スル場合ニ於テハ第百八條ノ規定ニ依リ特別代理人ヲ選任セサルヘカラス獨リ父又ハ母ト未成年ノ子ト利益ノ相反スル場合ノミナラス父又ハ母ノ數人ノ子ニ對シテ親權ヲ行フ場合ニ於テ其一人ノ子ト他ノ子トノ利益相反スル行爲ニ付テモ雙方代理人タルヲ得サレハ其父又ハ母ハ其一方ノ爲メニ親族會ニ請求シテ特別代理人ヲ選定スルコトヲ要スルモノトス

(例)

第八百八十八條　親權ヲ行フ父又ハ母ト其未成年ノ子ト利益相反スル行爲ニ付テハ父又ハ母ハ其子ノ爲

メニ特別代理人ヲ選任スルコトヲ親族會ニ請求スルコトヲ要ス
父又ハ母カ數人ノ子ニ對シテ親權ヲ行フ場合ニ於テ其一人ト他ノ子トノ利益相反スル行爲ニ付テハ其一方ノ爲メ前項ノ規定ヲ準用ス

（註記）父又ハ母ト子或ハ其一人ト他ノ子トノ利益相反スルトハ例ヘハ父母又ハ母カ其子ノ不動産ヲ賃借シ又ハ父又ハ母ノ親權ニ服スル長男カ同一ノ親權ニ服スル二男ノ物件ヲ買受クルカ如キ場合ヲ云フ

第七節　無償贈與ノ財產ニ付例外ノ規定

凡ソ管理財產ノ收益ハ子カ成年ニ達シ親權ヲ行ヒタル父又ハ母ニ於テ其管理ノ止ミ之カ計算ヲ爲シ子ニ財產ノ引渡ヲ爲ス場合ニ於テハ其子ノ養育及財產管理費用ハ相殺シタルモノト看做スヘキコトハ既ニ第四節ニ記述シタリト雖モ若シ其財產カ第三者カ無償ニテ子ニ贈與シタルモノニシテ反對ノ意思ヲ表示シタルトキハ其財產ヨリ生シタル收益ハ管理計算ノ場合ニ於テ其子ノ養育及財產管理費用ニ相殺シタルモノト看做スルコトヲ得スシテ授贈者即チ第三者ノ意思ヲ貫徹セシムヘキモノトス故ニ例ヘハ甲者カ乙者即チ父又ハ母ノ親權ヲ服從スル子ニ地所又ハ公債證書等ヲ與ヘ其收益即チ地代及利子ヲ積立テ一箇ノ資本ト爲サシメ又ハ其積立金ヲ以テ不動產ヲ買ハシメントシ其意思ヲ表示シテ贈與シタルカ如キハ贈與者ノ意思ニ依リ收益ヲ積立償カサルヲ得サレハ管理計算ノ場合ニ於テ法律ノ規定ニ依リ養育及管理費用ニ相殺スルコト其トヲ得サルカ如シ若シ之ヲシテ相殺スルモノトセハ贈與モノハ相殺セラルヽヲ嫌ヒテ財產ヲ與フルモノナキニ至リ其子ノ爲メニ大ナル不利益ヲ來タスニ至ランモノトス
第三者カ人ノ子ヲ愛シテ未成年ノ子ニ財產ヲ與フル場合ニ於テ其子ノ爲メニ親權ヲ行フ父又ハ母ニ其贈與シタル財產ヲ管理セシメサル意思ヲ表示シタルトキハ其父又ハ母ハ其財產ヲ管理スルヲ得ス此場合ニ於テ

ハ其贈與者ナル第三者カ指定シタル者ヲシテ其財產ヲ管理セシムヘシト雖モ若シ贈與者ニ於テ管理人ヲ指定セサリシトキハ子、其親族又ハ檢事ハ子ノ住居地ノ區裁判所ニ請求シ區裁判所ハ其管理人ヲ選任スヘシ第三者カ管理者ヲ指定シタモ後其財產管理者ノ權限カ消滅シタルカ又ハ其管理者ヲ改任スルノ必要アル場合ニ於テハ其贈與者カ其代人ヲ指定セサルトキハ子、其親族又ハ檢事ノ請求ニ依リ裁判所ハ亦之ヲ選任スヘキモノトス而シテ贈與者カ管理者ヲ指定セス又之ヲ指定セシモ其管理者ノ權限カ消滅シ又ハ管理者ヲ選任スル場合ニ於テ贈與者ニ於テ更ニ之ヲ指定セスシテ裁判所ニ於テ之カ選任ヲ爲シタルトキハ其管理者カ有スヘキ權利及義務ニ關シテハ本法第二十七條乃至第二十九條ノ規定ヲ準用スヘキモノトス

（例）

第八百九十一條　前條但書ノ規定ハ無償ニテ子ニ財產ヲ與フル第三者カ反對ノ意思ヲ表示シタルトキハ其財產ニ付テハ之ヲ準用セス

（註記）　無償ニテ子ニ財產ヲ與フトハ即チ恩惠ノ贈與ニシテ反對ノ意示ヲ表示シタルトハ本文ニ例セシ如キ之ヲ生スル收益ヲ蓄積シテ子ノ財產ヲ增殖スルカ如キヲ云フ

第八百九十二條　無償ニテ子ニ財產ヲ與フル第三者カ親權ヲ行フ父又ハ母ヲシテ之ヲ管理セシメサル意思ヲ表示シタルトキハ其財產ハ父又ハ母ノ管理ニ屬セサルモノトス

前項ノ場合ニ於テ第三者カ管理者ヲ指定セサリシトキ裁判所ハ子、其親族又ハ檢事ノ請求ニ因リ其管理者ヲ選任ス

第三者カ管理者ヲ指定セシトキト雖モ其管理者ノ權限カ消滅シ又ハ之ヲ改任スル必要アル場合ニ於テ第三者カ更ニ管理者ヲ指定セサルトキ亦同シ

第二十七條乃至第二十九條ノ規定ハ前項ノ場合ニ之ヲ準用ス

（註記）本條ハ子ノ利益ヲ保護スル爲メニ規定セラレタルモノニシテ例ヘハ他人ノ子ニ財産ヲ贈與セントスルモ親權ヲ行フ父又ハ母ノ素行治マラスシテ折角子ノ爲メニ財産ヲ與フルモ其父又ハ母ノ浪費シテ子ノ利益ノ爲メニナラサルヲ以テ贈與ヲ爲サヽルコトアルヘキヲ以テ斯ル場合ニ於テハ父母ノ管理ヲ避ケ其財産ニ對シ相當ノ管理人ヲ選定セシメサラシカ爲メナリ

（備考）本法第二十七條乃至第二十九條◎非訟事件手續法第六十三條參觀

第八節　未成年者ノ財産管理權終了ノ場合ニ於ケル規定竝父母及子又ハ親族會トノ間ニ於テ財産管理ニ付生シタル債權ノ時效

父又ハ母ニ於テ未成年ノ子ノ財産ヲ管理シ又ハ第三者カ贈與ノ財産ニ付第三者カ指定シタル者又ハ裁判所ニ於テ選任シタル管理人カ其財産ヲ管理スル場合ニ於テ父母又ハ特定ノ管理者其任務ノ止ミタル場合ニ於テ急迫ノ事情アルトキハ父母又ハ管理者ノ相續人ハ未成年者カ自ラ之ヲ處理シ又ハ其後任者ノ就任ニ至ルマテ必要ナル處分ヲ爲スコトヲ要ス又親權又ハ管理事務終了ノ事由カ被管理者ニ出タルト其父母又ハ管理者ニ出タルトヲ問ハス相手方ニ其事ヲ通知シ相手方カ之ヲ知リタルトキニアラサレハ親權又ハ管理ノ止ミタルコトヲ主張シ相手方ニ對抗スルコトヲ得ス

又親權ヲ行ヒタル父若クハ母又ハ親族會員ト父母ノ親權ニ服スル未成年ノ子トノ間互ニ財産管理ニ付生シタル債權ハ財産管理權消滅ノ時ヨリ五个年間其權ヲ行ハサルトキハ時效ニ依リ消滅シ五个年ヲ過クレハ之ヲ行フコトヲ得ス若シ子カ未タ成年ニ達セサル間ニ於テ管理權カ消滅シタルトキハ其時效ノ期間ハ其子ノ成年ニ達シタルトキ又ハ後任ノ法定代理人カ就職シタル時ヨリ其五年ヲ起算スヘシ蓋シ此債權ニ關スル時效ヲ五年トシ五年ヲ經過スルトキハ其權利ノ消滅スルコトヲ規定シタルモノハ他ナシ父母又親族會カ未成年ノ子ノ財産管理ニ關スルモノハ共ニ父母及親族ノ義務トシテ之ヲ爲セシモノニシテ殊ニ父母カ子ノ爲メ

ニ親權ヲ行フハ頗ル煩勞ヲ極ムルモノナリ加之其之ヲ行フノ年數ハ通常二十年ノ長キニ及フモノニシテ其管理權ノ終リヨリ通常債權ノ如キ十年間之ヲ負擔シ其證書類ヲ保存セサルヲ得サルトキハ實ニ其困難計ルヘカラス故ニ其期間ヲ五年トシ五年ヲ過クレハ時效ニ依リ消滅セシムヘキモノトス

（例）

第八百九十三條　第六百五十四條及ヒ第六百五十五條ノ規定ハ父又ハ母カ子ノ財産ヲ管理スル場合及ヒ前條ノ場合ニ之ヲ準用ス

（註記）　本條ハ委任ニ關スル規定ヲ父母ノ財産管理ニ準用スルモノナリ

第八百九十四條　親權ヲ行ヒタル父若クハ母又ハ親族會員ト其子トノ間ニ財産ノ管理ニ付テ生シタル債權ハ其管理權消滅ノ時ヨリ五年間之ヲ行ハサルトキハ時效ニ因リテ消滅ス

子カ未タ成年ニ達セサル間ニ管理權カ消滅シタルトキハ前項ノ期間ハ其子カ成年ニ達シ又ハ後任ノ法定代理人カ就職シタル時ヨリ之ヲ起算ス

（註記）　父若クハ母又ハ親族會員ト其子トノ間ニ財産管理ニ付テ生シタル債權トハ例ヘハ管理者カ不良不注意ノ爲メニ生シタル債權ノ如キヲ云フ管理ノ計算ニ關シテハ本條ニ包含セス何トナレハ本條ニハ財産管理ニ付テ生シタル債權ト明文ヲ揭ケラレタルヲ以テ本條ハ其管理中ニ生シタル事項ニ付規定セラレ管理ヲ終リタル後ナル計算ヲ包含セサルモノトス

（備考）　本法第六百五十三條、第六百五十四條參觀

第九節　未成年者ニ於ケル戶主權及親權

凡ソ家族カ婚姻養子緣組離婚離緣其他總シテ戶主又ハ父母ノ許諾ヲ得ヘキ場合ニ於テ其戶主カ未成年者ナルトキハ其戶主ニ對シテ親權ヲ行フ戶主ノ父又ハ母ハ戶主ニ代ハリテ戶主權ヲ行ヒ又父又ハ母ノ親權ニ服

スル未成年者ニシテ已レノ子ノ爲メニ親權ヲ行フヘキ場合ニ於テハ其未成年者ニ對シテ親權ヲ行フ父又ハ母ハ其未成年者ニ代ハリテ其ノ子ノ親權ヲ行フモノトス是レ則チ自ラ父又ハ母ノ親權ニ服シナカラ自己ノ子ニ對シテ親權ヲ行ヒ又ハ其家族ニ對シテ戸主權ヲ行フハ妥當ヲ得サルヲ以テ親權ニ服スル未成年者カ親權ヲ行ヒ又ハ戸主權ヲ行フ場合ニ於テハ其父又ハ母ヲシテ其子ニ代ハリテ親權又ハ戸主ヲ行ハシムヘキモノトス

（例）

第八百九十五條　親權ヲ行フ父又ハ母ハ其未成年ノ子ニ代ハリテ戸主權及ヒ親權ヲ行フ

第三章　親權ノ喪失

第一節　親族及財產管理權ノ喪失

凡ソ法律ノ規定ニ依リ父又ハ母ニ親權ヲ附與シタル上ハ其濫用ヲ防止スル規定ナクンハアラス之ヲ規定シテ父又ハ母カ親權ヲ濫用シテ子ノ不利益ヲ釀シ子ヲシテ危害ニ陷ラシメサランコトヲ防止シ又ハ其父又ハ母ノ行狀方正ナラス品行不正ナルヨリ子ヲ悪道ニ誘導セサランコトヲ制止セサル、カラス又其管理ノ當ヲ失ヒ子ノ財產ノ危險ヲ生センコトアルトキハ子ノ爲メニ其利益ヲ保護セサルヘカラス故ニ父又ハ母カ親權ヲ濫用シ又ハ著シキ不行跡ナルトキ若クハ管理ノ當ヲ失ヒ其子ノ財產ヲ危クシタルトキハ其子ノ親族又ハ檢事ニ於テ裁判所ニ親權又ハ管理權ノ喪失ノ請求ヲ爲スコト得ヘク裁判所ハ其請求ニ依リ親權喪失ノ宣告ヲ爲スコトヲ得ヘシ就中管理ノ失當ニ依リ父カ子ノ財產ヲ危クシ其管理權喪失ノ宣告アリタルトキハ其家ニ在ル母カ代テ之ヲ行フモノトス其事實カ民法施行前ニ生シタルモ亦然リ但其裁判ハ親權ヲ行フ父又ハ母カ普通裁判籍ヲ有スル地ノ地方裁判所ノ管轄ニ專屬スルモノトス

親權ヲ行フ父又ハ母ノ親權又ハ財產管理權喪失ノ宣告ハ素ヨリ已ムヲ得サルニ出タルモノナレハ其原因カ

止ミタルトキハ本人又ハ其親族ハ取消ノ請求ヲ爲スヘキハ當然ナリ其請求アリタルトキハ裁判所ハ失權宣告ノ取消ヲ爲スコトヲ得ヘキモノトス

（例）

第八百九十六條　父又ハ母カ親權ヲ濫用シ又ハ著シク不行跡ナルトキハ裁判所ハ子ノ親族又ハ檢事ノ請求ニ因リ其親權ノ喪失ヲ宣告スルコトヲ得

（註記）　親權喪失ノ請求ハ子ニ於テ之ヲ爲スヲ得スシテ其親族又ハ檢事ヨリ之ヲ爲スヘキモノナリ其子ニ於テ請求スルコトヲ得セシメサル所以ノモノハ子トシテ親ノ非ヲ訴フルハ名分上許ササル所ナリ又檢事ニ其請求ヲ許シタルハ此ノ如キ子ノ利益ヲ保護スルハ國家ノ公益ヲ維持スルモノナレハナリ

第八百九十七條　親權ヲ行フ父又ハ母カ管理ノ失當ニ因リ其子ノ產財ヲ危クシタルトキハ裁判所ハ子ノ親族又ハ檢事ノ請求ニ因リ其管理權ノ喪失ヲ宣告スルコトヲ得

父カ前項ノ宣告ヲ受ケタルトキハ管理權ハ家ニ在ル母之ヲ行フ

（註記）　前條ニ於テ子トシテ之カ請求ヲ爲サシメサルハ前條ニ述ヘタル理由ニ基キタルモノニシテ父カ親權ヲ行フコト能ハサルトキハ母カ之ヲ行フヘキハ當然ナレハ父カ親權喪失ノ宣告ヲ受ケタルトキハ第八百七十七條第二項ト同一ノ理由ニ依リ母カ代テ親權ヲ行フコトヲ規定セラレタルモノナリ

第八百九十八條　前二條ニ定メタル原因カ止ミタルトキハ裁判所ハ本人又ハ其親族ノ請求ニ依リ失權ノ宣告ヲ取消スコトヲ得

（註記）　本條ノ請求ニ付テハ人事訴訟手續法第三十一條第三十二條ニ從フヘキモノトス

（備考）本法第八百七十七條、人事訴訟手續法第三十一條、第三十二條、民法施行法第七十三條參觀

第二節　親權ヲ行フ母ニ於テ財産管理ヲ辭ス

親權ヲ行ヘキ父ノアラサルカ又ハ父ニ於テ親權ヲ行フコト能ハサル場合ニ於テハ法律ノ規定ニ依リ母親權ヲ行ヒ其子ノ財産ヲ管理セサルヘカラス又父ハ義務トシテ其子ノ財産ヲ管理セサルヘカラサルヲ以テ之ヲ辭スルコトヲ得サルモ母ハ其管理ヲ辭スルコトヲ得ヘシ其父ニ於テ辭スルコトヲ得スシテ母ノ辭スルコトヲ得ヘキモノハ母ハ自ラ其子ノ財産ヲ管理スル智力ト實驗トニ乏シキヲ覺知スルコトアルヘキヲ以テ之ヲ覺知シテ辭スル者ヲシテ强テ子ノ財産ヲ管理セシムルトキハ却テ母ノ子ヲ親愛スル情ニ悖ルヘキニ依レルモノナリ

（例）

第八百九十七條　親權ヲ行フ母ハ財産ノ管理ヲ辭スルコトヲ得

（註記）母ニ於テ子ノ財産管理ヲ辭スルトキハ其子ハ相當ノ後見人ヲ付シテ其子ノ身分財産ニ係ル諸件ヲ管理セシムヘキモノトス

（備考）本法第九百五條參觀

第六編　後見

第一章　後見ノ開始

凡ソ未成年者又ハ禁治産者カ自己ノ意ニ隨ヒテ爲シタル行爲ハ單獨行爲ニシテ法律カ許シタルモノノ外ハ法律上效力ヲ生スヘカラス故ニ未成年者及禁治産者カ負ヒタル義務ハ法律上之ヲ盡サシムルコトヲ得スシテ之カ取消ヲ爲スコトヲ得ヘシ其未成年者及禁治産者カ爲シタル行爲ヲシテ法律上ノ效力ヲ生セシメサル所以ノモノハ要スルニ未成年者及禁治産者ハ無能力者ト爲ス法律上ノ思量ニ基キ裁判官ノ權力ヲ制限スル

モノナリ然リ而シテ未成年者及禁治産者ヲ無能力者ト爲シ法律ノ許セル行爲ノ外其效力ヲ得セシメサル所以ノモノハ未成年者及禁治産者ハ父母又ハ後見人ノ保護ヲ受ケスシテ隨意ニ各箇ノ行爲ヲ行フヘキ智力ノ有無ヲ知スルニ付無數ノ爭訟ノ生スルニ至ランコトヲ防止スルニアリ故ニ未成年者ニシテ親權ヲ行ヒ其財産ヲ管理スヘキ父母アラサル者ト成年者ニシテ心神喪失ノ常況アリテ禁治産ノ宣告ヲ受ケタル者即チ禁治産者ニ在テハ必ラス後見人ヲ付シテ其身分ニ關スル諸般ノ事項ヲ處理セシメサルヘカラス蓋シ未成年者及禁治産者ニ後見人ヲ付スルハ未成年者及禁治産者ノ利益ヲ保持セントスルニアルモノニシテ其後見ノ開始ニ於ケル未成年者ニ在テハ親權ヲ行フモノナキトキ又ハ親權ヲ行フ者カ管理權ヲ有セサルトキニ於テシ禁治産者ニ在テハ其宣告アリタルトキニ於テス若シ民法施行ノ際既ニ未成年者ノ後見人タル者アルトキハ其後見人タル者ハ民法施行ノ日ヨリ民法ノ規定ニ從ヒ其任務ヲ行ヒ未タ後見人ヲ有セサルトキハ次ニ記述スル處ノ順序ニ從ヒ或ハ後見人ト爲リ又ハ後見人ヲ選定スヘシ又禁治産ノ宣告ニ依リ既ニ後見人アリタルトキハ其後見人ハ民法施行ノ日ヨリ民法ノ規定ニ依リ其任務ヲ行フヘシ然レトモ民法施行前ニ未者年者又ハ禁治産者若クハ準禁治産者ニアラスシテ後見人ヲ付シタルトキハ民法施行ノ日ヨリ其後見人任務ハ終了シ若シ其後見人カ民法第九百八條ニ該當スル者ナルトキハ亦民法施行ノ日ヨリ終了スルモノトス

(例)

第九百條　後見人ハ左ノ場合ニ於テ開始ス

一　未成年者ニ對シテ親權ヲ行フ者ナキトキ又ハ親權ヲ行フ者カ管理權ヲ有セサルトキ

二　成年者カ禁治産ノ宣告ヲ受ケタルトキ

(註記)　本條ハ未成年者ト禁治産者トノ後見開始ノ時ヲ規定シタルモノニシテ本文ニモ述ヘタル如ク未成年者ニ後見人ヲ付スルハ親權ヲ行ヒタル父又ハ母カ死亡シタルトキ若クハ父又ハ母ノ雙方

又ハ一方生存スルモ親權ヲ行フコト能ハサルカ又ハ母ニ於テ子ノ財產ノ管理ヲ辭シタルトキニ於テシ又禁治產者ハ本法第七條ニ依リ裁判所ノ宣告ヲ受ケタルトキ後見ヲ開始スヘキモノニシテ凡ソ禁治產者ハ未成年者ニ比スレハ更ニ自己ノ權利ヲ保護スル能ハサルヲ以テ之カ代表スヘキ者ヲ置キ以テ其身上財產ヲ保護セシムルノ極メテ必要ナレハ之ニ後見人ヲ付シテ其代理ヲ爲サシムヘキコト當然ナリトス

（備考）民法施行法第七十四條乃至第七十七條●戸籍法第百十四條、第百十六條、第百十八條參觀

第二章　後見ノ機關

第一節　後見人

第一款　未成年者ノ後見人指定及禁治產者ノ後見人

凡ソ父母ハ其子ヲ親愛スルノ情ノ厚キト其子ノ利益ヲ知了スルトニ依リ未成年者ノ後見人ヲ指定スル權ハ最後ニ親權ヲ行フ者ニ附與ス故ニ最後ニ親權ヲ行フ者父ナレハ父之ヲ指定シ母ナレハ母之ヲ指定ス父母共ニ生存スルトキハ父親權ヲ行ヒ父死亡セハ母カ親權ヲ行フヘキヲ以テ最後ニ親權ヲ行フハ父ナルコトモアリ又母ナルコトモアルヘシト雖モ後見人ヲ指定スヘキモノハ其内ノ一人ナラサルヘカラス然リト雖モ財產ノ管理權ヲ有セサル者ハ後見人ヲ指定スルコトヲ得ス若シ父ノ生前ニ於テ母カ財產ノ管理ヲ辭シタルトキハ父カ死スルモ母ハ其子ニ對シテ親權ヲ行フコトヲ得サレハ此場合ニ於テハ父ハ最後ニ親權ヲ行フ者ニ均トシキヲ以テ母ノ生存スルモ父ハ其子ノ後見人ヲ指定スルコトヲ得ヘシ其指定ハ遺言ヲ以テ之ヲ爲スモノナリ

禁治產者ノ後見人ニ於ケル未成年者ニ對シテ父又ハ母カ親權ヲ行フト同一ノ主意ニ依リ親權ヲ行フヘキ父又ハ母之ヲ爲ス是レ即チ子ノ身體財產ヲ能ク管理スヘキモノハ父母ニ如カサルヘカラサルトノ理由ニ出タ

ルモノニシテ若シ妻カ禁治產ノ宣告ヲ受ケタルトキハ其夫後見人ト爲リ夫カ禁治產ノ宣告ヲ受ケタルトキハ其妻後見人ト爲ル此如キ妻カ禁治產ノ宣告ヲ受ケタルトキ夫カ妻ノ後見人ト爲ルモノハ夫婦ハ相互ニ親愛シ相扶ケテ運命ヲ倶ニスヘキモノタルヲ以テ又互ニ相憐ミ短所ヲ補ヒ危險ヲ防止シ身體財產ヲ保護スルノ義務アルヲ以テナリ然レトモ若シ妻カ禁治產ノ宣告ヲ受クルモ夫後見人タラサルカ又ハ夫カ禁治產ノ宣告ヲ受クルモ妻カ後見人タラサルトキハ親權ヲ行フ父又ハ母ハ其後見人ト爲ルヘキモノトス

未成年者ノ後見人ニ付テハ最後ニ親權ヲ行フ者ニ於テ其子ノ後見人ヲ指定シ其指定セラレタル者ヲ以テ後見人ト爲シ禁治產者ノ未成年者ニ在テハ親權ヲ行フ父若クハ母又ハ夫妻其後見人タルヘシト雖モ未成年者ニ對シ最後ニ親權ヲ行フ者後見人ヲ指定セサルカ又ハ禁治產者ニ在テ親權ヲ行フ父母又ハ夫妻アラサルカ若シ之アルモ其者ニ於テ後見人タルコトヲ得サルトキハ其未成年者及禁治產者カ家族ナルトキハ戶主當然其後見人ト爲ルヘシ蓋シ父母カ成年者ノ後見人ヲ指定セサルトキ戶主ヲシテ後見人タラシムルモノハ戶主ハ家族ニ對シ養育敎育ノ義務ヲ負擔シ家族ノ利益ヲ計ルヘキモノナレハ禁治產者ノ後見人タルヘキモノアラサルトキハ戶主ヲシテ後見人タラシムルモノトス蓋シ戶主ハ貴重ノ義務ヲ行フヘキモノタレハ縱令禁治產ノ終身ニ及フモ看護セサルヲ得サルモノタルニ依レハナリ

(例)

第九百一條　未成年者ニ對シテ最後ニ親權ヲ行フ者ハ遺言ヲ以テ後見人ヲ指定スルコトヲ得但管理權ヲ有セサル者ハ此限ニ在ラス

親權ヲ行フ父ノ生前ニ於テ母カ豫メ財產ノ管理ヲ辭シタルトキハ父ハ前項ノ規定ニ依リ後見人ノ指定ヲ爲スコトヲ得

(註記)　未成年者ニ對シ最後ニ親權ヲ行フ者カ後見人チ指定スルハ遺言ヲ以テシ遺言ハ方式ニ依テ

爲スヘキモノニシテ其遺言者カ死去セシトキ遺言ヲ受ケタル者ニ於テ未成年者ノ後見人ト爲ルヘシ此ノ如ク最後ニ親權ヲ行フ者カ後見人ヲ指定スルヲ得ヘキモノハ蓋シ親權ヲ死後ニ延長セシムルモノトス

第九百二條　親權ヲ行フ父又ハ母ハ禁治産者ノ後見人ト爲ル
妻カ禁治産ノ宣告ヲ受ケタルトキハ夫其後見人ト爲ル夫カ後見人タラサルトキハ前項ノ規定ニ依ル
夫カ禁治産ノ宣告ヲ受ケタルトキハ妻其後見人ト爲ル妻カ後見人タラサルトキ又ハ夫カ未成年者ナルトキハ第一項ノ規定ニ依ル

（註記）　成年者カ禁治産ノ宣告ヲ受ケタルトキハ其父又ハ母ヲ以テ後見人ト爲スト雖モ若シ其成年者妻ヲ有スルトキ其妻カ成年ナルトキハ妻ヲ以テ後見人ト爲シ妻ナキトキ又ハ妻アルモ妻カ未成年者ナルトキハ親權ヲ行フ父又ハ母ニ於テ後見ス其妻カ禁治産ノ宣告ヲ受ケタルトキ其夫カ成年者ナルトキ夫ハ當然妻ノ後見人ト爲ルモ夫カ未成年者ナルトキハ又親權ヲ行フ父又ハ母後見人ト爲ルヘシ若シ父母又ハ夫若クハ妻ナキトキハ家族ニ對シテハ戸主其後見人タルヘシ故ニ後見人タルノ順序タル妻又ハ夫ナキカ妻又ハ夫アルトキハ第一次ニ妻又ハ夫第二次ニ父又ハ母第三次ニ戸主（但家族ノ場合）ナリトス

第九百三條　前二條ノ規定ニ依リテ家族ノ後見人タル者アラサルトキハ戸主其後見人ト爲ル

（註記）　本條ハ最後ニ親權ヲ行フ父又ハ母ニ於テ未成年者ノ後見人ヲ指定セス又ハ禁治産者ニ對シ親權ヲ行フ父又ハ母若クハ夫妻アラサルカ又ハ之アルモ後見人タルコトヲ得サル場合ニ於テ其未成年者又ハ禁治産者カ家族ナルトキ後見人タルヘキモノヲ規定シタルモノニシテ此場合ニ於テハ戸主ハ當然其後見人トナルヘシト雖モ其戸主ハ成年ノ場合ニシテ若シ戸主カ未成年者ナルトキハ

後見人タルコトヲ得ス若シ戸主カ未成年者ナルトキハ戸主ノ後見人タル者其後見人トナルカ若クハ家族ノ爲メニ特別ニ後見人ヲ付スヘシ其後見人ヲ定ムルハ親族會ニ於テ之ヲ爲スモノトス

（備考）　民法施行法第十二條、第十三條、第十五條第七十四條乃至第七十七條●戸籍法第百十六條參觀

第二款　親族會ニ於テ後見人ノ選定

未成年者及禁治產者ニ後見人ヲ付スルハ前款ニ起述シタル處ニ依ルヘシト雖モ未成年者ノ後見人ニ付父母ノ遺言ナク禁治產者ニ於テ後見人トナルヘキ父母又ハ配偶者ナク共ニ家族ナルモ後見人トナルヘキ戸主モナク又ハ戸主カ未成年者ナルトキハ未成年者及ヒ禁治產者ノ身分ト財產トヲ保護スル爲メニ適實ナル後見人ヲ置カサルヲ得ス此場合ニ於テハ未成年者又ハ禁治者ノ親族ヲ以テ組織シタル親族會ハ未成年者又ハ禁治產者ノ爲メニ最モ適當ナル後見人ヲ撰定スヘキモノトス

（例）

第九百四條　前三條ノ規定ニ依リテ後見人タル者アラサルトキハ後見人ハ親族會之ヲ選任ス

（註記）　本條ハ未成年者及禁治產者ノ當然後見人タル者ナク親族會ニ於テ之ヲ選定セシムルコトヲ規定シタルモノナリ

（備考）　戸籍法第百十六條第一項及第百十八條參觀

第三款　未成年者ノ母カ財產管理ヲ辭シ、親權ヲ行ヒタル父母カ家ヲ去リ其他後見人更迭ニ依リ親族會ノ招集及後見人タルヘキ規定

母カ其子ノ財產ノ管理ヲ辭シ後見人カ後見人タルノ任務ヲ辭シ親權ヲ行ヒタル父又ハ母カ家ヲ去リ又ハ戸主カ隱居ヲ爲シタルニ依リ後見人ヲ選定スル必要ヲ生シタルトキハ財產管理ヲ辭シ其家ヲ去ル處ノ父母又

ハ其後見人ヲ辭スル者ハ自已ノ行爲ニ依リ更ニ後見人ヲ選定スルノ必要ヲ生セシメタルモノナルヲ以テ義務トシテ後任者ヲ選任スルノ手續ヲ履行セサルヘカラス又未成年者及禁治產者ノ身上及財產ヲ保護スヘキ者ハ一日タリトモ空位ニ置クヲ得サレハ其父母又ハ後見人ハ速ニ親族會ヲ招集シ又ハ其招集ヲ裁判所ニ請求セサルヘカラサルナリ

後見人ハ被後見人ノ身體財產ヲ管理スルノ任ヲ帶ヒルモノナルヲ以テ被後見人ノ家產廣大ナレハ管理ノ任務モ亦廣大ニシテ容易ナラサルヘキハ云フニ俟タス然レトモ其任務ノ容易ナラサルトシテ被後見人一名ニ二名ノ後見人ヲ置クハ或ハ一家ノ爲メニ紛議ヲ生スルコトナカルヘカラス故ニ後見人ハ一人トシ被後見人一名ニ二人以上ノ後見人ヲ置クコトヲ許サス若シ後見人ヲ付スヘキ者カ一家數名アルモ成ルヘク一人ニシテ數名ノ被後見人ノ後見ヲ爲スコトヲ要ス若シ數名ノ家族各自ニ後見人ヲ付シ一家數名ノ後見人アルトキハ各自ノ意見統一セス家族各自ノ身上ニ付紛議ヲ來タスコトアルヘキヲ以テナリ

（例）

第九百五條　母カ財產ノ管理ヲ辭シ後見人カ其任務ヲ辭シ親權ヲ行ヒタル父若クハ母カ家ヲ去リ又ハ戶主カ隱居ヲ爲シタルニ因リ後見人ヲ選任スル必要ヲ生シタルトキハ其父母又ハ後見人ハ遲滯ナク親族會ヲ招集シ又ハ其招集ヲ裁判所ニ請求スルコトヲ要ス

（註記）　本條ハ成年者ノ親權ヲ行フ母カ財產ノ管理ヲ辭シ若クハ其父又ハ母カ未成年者ノ家ヲ去リテ未成年者ノ親權ヲ行フ者ナキニ至リタル場合ト最後ニ親權ヲ行フ者ノ遺言ヲ以テ指定セラレタル後見人カ其任務ヲ辭シ又ハ禁治ノ宣告ヲ受ケタルトキ其成年者ノ親權ヲ行フ父又ハ母ニ於テ後見人ト爲リタル者カ其家ヲ去リ若クハ戶主タルヲ以テ未成年者及禁治產者ノ後見人タリシ者カ隱居ヲ爲シタルニ依リ更ニ後見人ヲ選任スル必要ヲ生シタル場合ニ於ケル親族會招集ノ手續ヲ規定

セラレタルモノナリ

第九百六條　後見人ハ一人タルコトヲ要ス

（註記）　後見人ハ一人タルコトヲ要ストハ一家數名ニ對シ一人ヲ要スル主旨ニアラスシテ被後見人一人ニ對シ一人ヲ要スルノ主旨ナリ蓋シ一人ニシ一家ノ家族數名ノ後見人タルヲ得ヘキコトハ論ヲ俟タサルナリ

第四款　後見人辭任及其事由

婦女ハ智力薄弱ニシテ財產ヲ管理シ其他百般ノ經驗ニ積マサル者多キニ依リ後見人ヲ辭スコトヲ得ヘキモ男子ニ在テハ左ノ事由アルニアラサレハ後見人ヲ辭スルコトヲ得ス是レ蓋シ左ニ列擧シタル事項ト第九百八條ニ列擧シタル事項トニ該當セサルモノハ婦女ノ外後見人ヲ辭スルコトヲ得スト爲ス原則ヲ暗ニ規定セラレタルモノナリ

一　軍人トシテ現役ニ服スルコト

二　被後見人ノ住所ノ市又ハ郡以外ニ於テ公務ニ從事スルコト

三　自己ヨリ先ニ後見人タルヘキ者ニ付キ本條又ハ次條ニ揭ケタル事由ノ存セシ場合ニ於テ其事由カ消滅シタルコト

四　禁治產者ニ付テハ十年以上後見ヲ爲シタルコト但配偶者、直系血族及ヒ戶主ハ此限ニ在ラス

五　此他正當ノ事由

第一號第二號ノ現役ニ服スル軍人ト被後見人ノ住所ノ市郡以外ニ於テ公務ニ從事スル者トヲシテ後見人ノ任務ヲ辭スルノ事由トスルモノハ凡ソ兵力ヲ以テ國ノ獨立ヲ保持スルハ人民ニ國家ノ安危ヲ任スルモノニシテ公務ニ從事スル者ハ又國家ノ利益ヲ保全スルノ任ヲ受ケタルモノナリ國家ノ安危ニ任シ國家ノ利益ヲ

保護スルコトヲ任セラレタル者ヲシテ未成年者及禁治產者ノ一個ノ權利ヲ保護スル後見職ニ任セシメ以テ是等ノ公務ヲ行フニ妨害ヲ受ケシムルトキハ又國家ノ利益ニ若干ノ妨害ヲ受ケシムヘキモノナリ是即チ現役軍人及被後見人ノ住所ノ市郡以外ニ於テ公務ニ從事スルモノヲシテ後見人タルノ任ヲ辭スル事由ト爲シタル所以ナリ然レトモ豫備、後備ノ軍籍ニ在ル者及被後見人住所ノ市郡內ニ於テ公務ニ從事スル者ハ之ヲ以テ辭任ノ事由ト爲スコトヲ得ス何トナレハ現役ニアラサル軍人ト被後見人ノ住所ノ市郡內ニ於テ公務ニ從事スルモノトハ後見人ノ任務ヲ帶フルモ國家ノ利益ヲ害スヘキニ至ラサレハナリ第三號ハ自己ヨリ先ニ後見人タルヘキ者アリテ其者カ後見人トナルトキハ自己ハ後見人タルヘカラサルモ若シ其者ニ於テ第九百七條及第九百八條ノ事由ノ存スルヲ以テ其者カ後見人タラサル爲メ自己ノ後見人任務ヲ帶ヒタル後事由ノ止ミタルトキハ自己ノ後見人ヲ辭スルヲ得ヘキニ依リ其事由ノ消滅シタル者ハ之ヲ辭スルコトヲ得ス一例ヲ擧クレハ甲者カ禁治產ノ宣告ヲ受ケタルニ依リ乙者カ其後見人タル任務ヲ帶フヘキニ乙者ハ現役軍人ナルニ依リ之ヲ辭シ丙者甲者ノ後見人トナリタル後乙者現役ヲ罷メテ豫備役トナリタルトキハ丙者ハ甲者ノ後見人ヲ辭シ得ヘクシテ乙者ハ甲者ノ後見人タルコトヲ辭スルヲ得サルカ如シ第四號ハ後見人ハ被後見人ノ有能力者トナルマテノ間其任務ヲ繼續スヘキ義務アルヘシト雖モ未成年者ト異ナリ禁治產者ノ如キハ終身之ヲ解クコトナキモ保スヘカラサレハ之カ有能力者トナルマテ任務ヲ繼續スルトキハ後見人ハ終身其義務ヲ免カルルコト能ハサルヘキニ依リ十年以上禁治產者ノ後見ヲ爲シタルトキハ之ヲ辭スルモ十年ニ滿タサル間ハ之ヲ辭スルコトヲ得ス若シ十年以上ニ及フトキハ後見人ヲ辭スルヲ得ヘキモ其配偶者直系血族及戶主ハ之ヲ辭スルコトヲ得ス蓋シ配偶者、直系血族及戶主ノ如キハ自己ノ貴重スル義務ヲ行フヘキモノタレハ縱令終身ニ及フモ禁治產者ヲ看護セサルヲ得サルハ云フヲ俟タサルナリ第五號ノ其他正當ノ事由アルトハ其後見人タル者ニ於テ正當ノ事由アリトシテ後見人辭任ヲ求メ親族會ニ於テ又正當ノ事由ト認メテ解任シタルモノハ即チ正當ノ事由アルモノトス故ニ正當ノ事由ハ後見人ト親族會ト意思ノ合致スル處ニ依ルヘクシテ其何タルヲ證明スルヲ得サレハナリ

(例)

第九百七條　後見人ハ婦女ヲ除ク外左ノ事由アルニ非サレハ其任務ヲ辭スルコトヲ得ス

(註記)　本條第一號乃至第五號ハ本文ニ揭載セシヲ以テ茲ニ之ヲ除ク

第五款　後見人就任不能

凡ソ品行ノ善良ナラス心術ノ正實ナラサル者ハ無能力者ノ身体ト財産トヲ管理セシムルノ危險ナルモノナレハ未成年者及禁治産者ノ後見人タルコトヲ得ス就中未成年者及禁治産者准禁治産者ニ於ケル其身自ラ後見人ノ管理ヲ受クヘキモノタレハ敢テ他ノ未成年者又ハ禁治産者ノ後見ヲ爲スノ能力ナキモノナリ其公權剝奪公權停止ノ處分ヲ受ケタル者ノ如キハ罪科ヲ犯セシ兇徒タルヲ以テ未成年者及禁治産者ノ身分ト財産トヲ管理セシムルニ付危險ノ虞アルヘキナリ裁判所ニ於テ免黜セラレタル法定代理人及保佐人並破産ヲ爲シタル者ハ又被後見人ノ爲メニ危害ヲ生スヘキ恐レアルヘキ者ナリ被後見人ニ對シテ訴訟ヲ爲シ又ハ之ヲ爲シタル者ト其配偶者及直系血族ノ如キハ縱令自ラ之ヲ爲サヽルモ自己ノ心力ヲ竭シテ保護スヘキ被後見人ニ損害ヲ被ラシメ却テ自己ノ利益トナスヘキ恐レアル者ナリ行衛知レサルモノハ後見人ニ關スルヲ諸件ヲ管理スルヲ得サル者ナリ又後見管理ニ不正實ノ行爲ヲ顯ハセシ者ノ如キ後見人ノ任務ニ堪ヘサル事跡アリタル者又ハ被後見人ニ損害ヲ被ラシメ已レノ利益ヲ得又ハ第三者ニ利益ヲ得セシムルカ如キ被後見人ニ對シ不正ノ行爲アリタル者若クハ不行跡アリタル者、裁判所ニ於テ是等ノ所爲アリト認メタル者ハ被後見人ノ爲メニ害アルヘキモノナリトス

(例)

第九百八條　左ニ掲ケタル者ハ後見人タルコトヲ得ス

一　未成年者
二　禁治產者及ヒ準禁治產者
三　剝奪公權者及ヒ停止公權者
四　裁判所ニ於テ免黜セラレタル法定代理人又ハ保佐人
五　破產者
六　被後見人ニ對シテ訴訟ヲ爲シ又ハ爲シタル者及ヒ其配偶者並ニ直系血族
七　行方ノ知レサル者
八　裁判所ニ於テ後見ノ任務ニ堪ヘサル事跡、不正ノ行爲又ハ著シキ不行跡アリト認メタル者

第六款　准禁治產ノ保佐人

心神耗弱ニアラサルモ耗弱シテ事物ヲ辨別スルノ智力乏シキ者聾者、啞者、盲者ノ如キ自ラ財產ヲ管理スル力弱キ者ト財產ヲ浪費スル者トハ人ノ欺罔僞計ニ陷リ終ニ生計ヲ營ムコト能ハサルニ至ルヘキノミナラス其父母妻子ヲシテ共ニ生活スル能ハサルニ至ラシムヘキニ依リ是等ハ本法第十一條ノ規定ニ依リ准禁治產者トナシ之ニ保佐人ヲ付シテ保佐セシムヘキモノトス其保佐人ニ付テハ第九百二條ヨリ第九百八條ニ至ル七條ニ掲ケタル規定ヲ準用スヘシ又保佐人又ハ其代表者ト準禁治產者トノ利益ノ相抵觸スル行爲ニ付テハ第八百八十八條ニ於テ親權ヲ行フ父又ハ母ト未成年者ト利益相反スル行爲ノ場合ニ於クルカ如ク保佐人ハ臨時保佐人ノ選任ヲ親族會ニ請求スルコトヲ要スヘキナリ

（例）

第九百九條　前七條ノ規定ハ保佐人ニ之ヲ準用ス

保佐人又ハ其代表スル者ト準禁治産者トノ利益相反スル行爲ニ付テハ保佐人ハ臨時保佐人ノ選任ヲ親族會ニ請求スルコトヲ要ス

（備考）本法第十一條參觀

第二節　後見監督人

第一款　後見監督人ノ指定及選任

凡ソ人ハ其事ノ自己ノ利害ニ關スルトキハ其身ノ利益ヲ思フ念慮ヲ起スヘキヲ以テ他人ノ事務ヲ管理スル者若シ其事務ノ自己ノ利害ニ關スルトキハ誠實ノ意ヲ以テ他人ニ代テ誠實ニ其事務ヲ行フコトヲ得サルニ依リ被後見人ノ權利ヲ保全シ後見人ノ所爲ヲ監査スヘキ必要ナル場合アルヘキヲ以テ無能力者ニ後見人ヲ付スルトキハ必ス後見監督人ヲ置カサルヘカラス又後見監督人ハ後見人ヲ指定シ得ル者ニ在テハ又其遺言ヲ以テ之ヲ指定スルコトヲ得ヘクシテ其指定ヲ受ケタル後見監督人アラサルトキハ財產ノ調査目錄ノ調製等ニ從事スルコトヲ得サルニ依リ法定後見人又ハ指定後見人ハ後見事務ニ著手スル以前親族會ノ招集ヲ裁判所ニ請求シ親族會ヲシテ後見監督人ヲ選任セシメ以テ是等ノ事務ニ從事スヘシ若シ親族會ノ招集ヲ請求セス後見監督人ヲ置カスシテ後見事務ニ著手シタルトキハ親族會ハ其後見人ヲ免黜スルコトヲ得ヘシ又親族會ニ於テ後見人ヲ選任シタルトキハ之ト同時ニ後見監督人ヲモ選任スヘキモノトス但民法施行ノ際指定ニ因テ未成年者ノ後見ヲ爲ス者アリ又ハ民法施行前ニ第七條又ハ第十一條ノ原因ノ爲メ後見人ヲ附シタル者アリテ本法施行後後見人其他ノ者ノ請求ニ因リ禁治產又ハ準禁治產ノ宣告アリタルトキハ何レモ民法ノ規定ニ從ヒ任務ヲ行フヘキニ依リ速ニ親族會ノ招集ヲ裁判所ニ請求シ後見監督人ヲ選任スルノ手續ヲ爲スヘシ若シ此手續ヲ爲サヽルトキハ親族會ハ其後見人ヲ免黜スルコトヲ得ヘシ

（例）

第九百十條　後見人ヲ指定スルコトヲ得ル者ハ遺言ヲ以テ後見監督人ヲ指定スルコトヲ得

（註記）遺言ヲ以テ後見監督人ヲ指定スルヲ得ルハ後見人ヲ指定シ得ヘキモノニシテ後見人ヲ指定シ得ヘキモノハ未成年者ノ最後ニ親權ヲ行フ父又ハ母若クハ母カ父ノ生前ニ於テ財產管理ヲ辭シタルトキハ其父ナリトス

第九百十一條　前條ノ規定ニ依リテ指定シタル後見監督人ナキトキハ法定後見人又ハ指定後見人ハ其事務ニ著手スル前親族會ノ招集ヲ裁判所ニ請求シ後見監督人ヲ選任セシムルコトヲ要ス若シ之ニ違反シタルトキハ親族會ハ其後見人ヲ免黜スルコトヲ得

親族會ニ於テ後見人ヲ選任シタルトキハ直チニ後見監督人ヲ選任スルコトヲ要ス

（註記）法定ノ後見人トハ第九百二條第九百三條ニ依リ後見人ト爲リタル者ニシテ親族會ノ選任ニ依リ後見人タラサル者ヲ云ヒ指定ノ後見人トハ第九百一條ノ父母ノ指定ニ依リ後見人ト爲リタルモノヲ云フ親族會ニ於テ選任シタル後見人ハ親族會ニ於テハ是ト同時ニ選任スヘキヲ以テ後見監督人選任ヲ請求スルノ要ナキモ指定又ハ法定ノ後見人ハ親族會ニ於テ選任セサル者ニ付親族會ニ請求セサルヘカラス但親族會招集ノ請求ハ無能力者ノ住所地ノ區裁判所ノ管轄ナリトス

（備考）民法施行法第七十九條●非訟事件手續法第九十六條參觀

第二款　後見監督人ノ補闕、再選、改選及後見監督人タルヲ得サル者

後見人就職ノ後見人監督人ノ欠缺シタルトキハ後見人ハ速ニ親族會ノ招集ヲ裁判所ニ請求シ親族會ヲシテ後見監督人ヲ選任セシムルコトヲ要ス

後見監督人ハ後見人ノ任務ヲ監督スルノ職ナルヲ以テ後見監督人ヲ選任スルハ後見人トノ間ニ於ケル親族上財產上等ノ關係從來ノ經歷、年齡等ヲ參考トシ後見人ニ適當スル者ヲ選任セサルヘカラス總シテ後見監

督人ハ後見人ニ付テ標準ヲ採リ適任者ヲ選定スヘキモノナレハ後見人ノ更迭アリタルトキハ後見監督人モ之ニ伴ヒテ改選セサルヘカラサルハ勿論ナリ故ニ後見人更迭ノトキハ親族會ニ於テ後見監督人ヲ改選スルコトヲ要スルモ前後見監督人ノ却テ當事者ノ爲メニ利益アリトスルトキハ之ヲ再選シ被後見人及後見人ノ爲メニ利益ヲ保タシムルヲ要ス若シ後見人更迭アリテ新タニ後見人ト爲リタル者カ親族會ニ於テ選任シタルモノニアラスシテ指定又ハ法定ノ後見人ナルトキハ後見監督人ハ速ニ親族會ヲ招集シテ後見監督人ノ改選ヲ爲サシムルコトヲ要ス若シ此手續ヲ爲ササリシトキハ後見人ノ行爲ニ付テ後見監督人ハ後見人ト連帶シテ其責ニ任スヘキモノトス

後見監督人ハ常ニ後見人ノ事務ヲ監査シ不都合ナカラシムルヲ以テ職務トセハ後見人ノ私情ヲ通シテ相謀テ被後見人ノ爲メニ不利益ナルコトヲ爲ササランコトニ注意セサルヘカラサルヲ以テ後見人ノ配偶者、直系血族、兄弟姉妹ハ後見監督人タルコトヲ得セシメサルナリ妻ニ於テ夫ヲ監督シ子ニ於テ父ヲ監督シ弟妹ニ於テ兄姉ヲ監督スルカ如キハ實際監督ノ效力ヲ備フヘカラサルモノナレハナリ

(例)

第九百十二條　後見人就職ノ後後見監督人ノ缺ケタルトキハ後見人ハ遲滯ナク親族會ヲ招集シ後見監督人ヲ選任セシムルコトヲ要ス此場合ニ於テハ前條第一項ノ規定ヲ準用ス

(註記)　本條ハ後見人就職ノ後後見監督人ニ欠缺ヲ生シタル場合ニ於ケル處分方ヲ規定シタルモノニシテ前條ト相反スルモノナリ

第九百十三條　後見人ノ更迭アリタルトキハ親族會ハ後見監督人ヲ改選スルコトヲ要ス但前後見監督人ヲ再選スルコトヲ妨ケス

新後見人カ親族會ニ於テ選任シタル者ニ非サルトキハ後見監督人ハ遲滯ナク親族會ヲ招集シ前項ノ規

定ニ依リテ改選ヲ爲サシムルコトヲ要ス若シ之ニ違反シタルトキハ後見人ノ行爲ニ付キ之ト連帶シテ其責ニ任ス

（註記）新後見人カ親族會ニ於テ選任シタル者ニアラストハ指定ニ依リ選任セラレ又ハ法定ニ依リ後見人トナリタル場合ヲ云フ指定又ハ法定ニ依リ後見人トナリタルトキハ親族會ニ於テ其更迭ヲ知ラサルコトアルヘキヲ以テ後見監督人ヨリ親族會ヲ招集シテ其改選ヲ爲サシムルヲ要スルモノトス

第九百十四條　後見人ノ配偶者、直系血族又ハ兄弟姉妹ハ後見監督人タルコトヲ得ス

第三款　後見監督人ノ職務並辭任及就任不能

凡ソ後見人ヲ設クルノ主意タル無能力者ノ利益ヲ保持セントスルニアルモノニシテ後見人ヲ設クルニ規定セラレタル法則ハ皆法律上代表者ヲ設定スルモノタレハ人ハ自己ノ隨意ニ權利ヲ行ヒ且之ヲ人ニ移轉スルヲ得ル原則ト何人ニ限ラス己レノ承諾アルニアラサレハ義務ヲ負フコトナキ原則トニ反スルモノナリ故ニ後見人ニ在テハ被後見人ノ權利義務ニ關シ一切ノ事務ヲ管理執行スヘキ職務タルヲ以テ其執行上ニ付或ハ不適當或ハ不正ノ行爲ナカルヘカラサルニ依リ後見監督人其事務ヲ監督スルヲ以テ第一ノ職務トス第二ハ後見監督人ハ其後見人死亡其他ノ事由ニ依リ欠缺スルトキハ後任者ノ就任ヲ促シ若シ後任者アラサルトキハ親族會ヲ招集シテ其選任ヲ爲サシムヘシト雖モ若シ急迫ノ事情アル場合ニ於テハ後見監督人ハ必要ナル處分ヲ爲スヘシ是所謂無能力者ハ常ニ保護人ヲ要スル爲メニ後見監督人ニ一個ノ義務ヲ負ハシメタルモノニシテ即チ其第三ナリ第四ハ後見監督人ハ後見人ノ欠缺スルトキタリトモ後見人ノ職務ヲ行フコトヲ得サルモ若シ被後見人ノ利益ト後見人又ハ其代表者ノ利益ト相抵解スルトキ例ヘハ親族會ノ許可ヲ得テ後見人ニ於テ被後見人ノ不動産ヲ賃借スルカ如キ場合ニ於テハ後見監督人ハ被後見人ヲ代表シテ以テ其事務ヲ處

理スルヲ得ヘシ
又後見監督人ハ善良ナル管理者タルノ注意ヲ以テ其職務ニ從事スヘキモノニシテ其任務ヲ辭スルヲ得ルト其任務ニ就クヲ得サルトハ前節第四款及第五款ニ記述シタル後見人ノ例ヲ準用スヘキモノトス

（例）

第九百十五條　後見監督人ノ職務左ノ如シ

一　後見人ノ事務ヲ監督スルコト

二　後見人ノ缺ケタル場合ニ於テ遲滯ナク其後任者ノ任務ニ就クコトヲ促シ若シ後任者ナキトキハ親族會ヲ招集シテ其選任ヲ爲サシムルコト

三　急迫ノ事情アル場合ニ於テ必要ナル處分ヲ爲スコト

四　後見人又ハ其代表スル者ト被後見人トノ利益相反スル行爲ニ付キ被後見人ヲ代表スルコト

（註記）　本條ハ後見監督人ノ任務ニ付制限セラレタルモノニシテ後見監督人ハ後見人ノ事務ノ當否ヲ監督シ後見人欠缺シ後見人ノ空位トナルモ後見人職務ヲ行フコトヲ得ス仍テ第二號ノ手續ヲ爲シ急迫ノ事情アル場合ニ於テハ第三號ニ依テ處分シ後見人又ハ其代表者ト被後見人ノ利益ノ抵觸スルトキハ第四號ノ處分ヲ爲スヘシ

第九百十六條　第六百四十四條、第九百七條及ヒ第九百八條ノ規定ハ後見監督人ニ之ヲ準用ス

（備考）　本法第六百四十四條參觀

第三節　後見事務

第一款　被後見人ノ財産調査、目錄ノ調製及目錄調製マテ必要ノ行爲ヲ爲ス權限並後見人債務者タルトキノ手續

後見人カ就職シタルトキハ後見監督人ノ立會ヲ得テ遠ニ被後見人ノ財産ノ調査ニ着手シ一个月内ニ其調査ヲ終了シテ財産目錄ヲ調製スルヲ要ス是レ後見人ニ委託スヘキ被後見人ノ財産ノ額ヲ證明セシムルニアリ而シテ後見人ハ其目錄ノ調製ヲ終ルマテハ後見ノ任務ヲ行フコト能ハス然レ共至急ニ處分セサルヘカラサル必要ノ事件アルトキハ後見人ハ管理行爲ノミヲ爲スノ權限ヲ有スルモ之ヲ以テ善意ノ第三者ニ對抗スルコトヲ得ス又目錄ノ調製終了ハ其著手ノ日ヨリ一ケ月内ヲ以テ限リトスルモ財産ノ調査及目錄ノ調製困難ニシテ實際一个月内ニ調製シ得ヘカラサルトキハ親族會ニ於テ此期限ヲ伸長スルコトヲ得ヘシ後見人ニ於テ此規定ニ從ヒ目錄ヲ調製セサルトキハ親族會其後見人ヲ免黜スルコトヲ得後見人カ被後見人ニ對シテ債權ヲ有シ又ハ債務ヲ負フトキハ後見人ハ財産ノ調査ニ着手セサル前ニ之ヲ後見監督人ニ申出サルヘカラ見人ニ於テ被後見人ニ對シ債權ヲ有スルコトヲ知テ之ヲ申立サルトキハ後見人ハ其債權ヲス若シ後失フ又後見人カ被後見人ニ對シ債務ヲ負フコトヲ知テ監督人ニ申出サルトキハ親族會ハ其後見人ヲ免黜スヘキモノトス其後見人カ被後見人ニ對シ債權ヲ有スルコトヲ知テ申出サルトキ後見人カ債權ヲ失フモノハ蓋シ後見人カ一旦被後見人ノ財産ヲ保有シタル後ハ既ニ被後見人カ後見人ニ對シ義務ヲ免カレタル證書ヲ或ハ棄滅シ或ハ隱匿スヘキ恐レアルヲ以テ親族會ハ之ヲ監視シ詐僞ノ申出ヲ得サル已前ニ其後見人ヲシテ權利ノ有無ヲ明示セシムルニアリトス

又後見人就職ノ後被後見人カ特定財産ヲ取得シタルモ財産目錄等ヲ調製スルニ及ハサルモ若シ包括財産ヲ取得シタル場合ニ於テハ後見人ハ總シテ前二項ニ記述シタル規定ヲ準用スヘシ若シ民法施行前ニ未成年者ニ後見人ヲ付シ又ハ本法第七條又ハ第十一條ノ原因ノ爲メニ後見人ヲ付シタル場合ニ於テ本法施行後其後見人其他ノ者ノ請求ニ依リ禁治産又ハ準禁治産ノ宣告アリテ更ニ後見人又ハ保佐人ノ任務ヲ行フトキハ其後見人又ハ保佐人ハ第一項ニ記述シタル處ニ依リ被後見人ノ財産ヲ調査シ其目錄ヲ調製スヘシ其他總シ

テ前項ニ掲ケタル規定ヲ準用スヘキモノトス

（例）

第九百十七條　後見人ハ遲滯ナク被後見人ノ財産ノ調査ニ著手シ一个月内ニ其調査ヲ終ハリ且其目錄ヲ調製スルコトヲ要ス但此期間ハ親族會ニ於テ之ヲ伸長スルコトヲ得

財産ノ調査及ヒ其目錄ノ調製ハ後見監督人ノ立會ヲ以テ之ヲ爲スニ非サレハ其效ナシ

後見人カ前二項ノ規定ニ從ヒ財産ノ目錄ヲ調製セサルトキハ親族會ハ之ヲ免黜スルコトヲ得

（註記）　本條ハ後見人ニ於テ速ニ被後見人ノ財産目錄ヲ調製シ財産ノ額ヲ明知シ其任務ニ就カシムル順序ヲ規定シタルモノニシテ若シ後見人ニ於テ本條ノ規定ニ違ヒ財産ヲ調査シ其目錄ヲ調製セサルトキハ親族會ニ於テ之ヲ免黜スヘシト雖モ其過失解怠等ニ依リ生シタル損害ハ普通ノ規則ニ依リ賠償ヲ請求スヘキモノトス

第九百十八條　後見人ハ目錄ノ調製ヲ終ハルマテハ急迫ノ必用アル行爲ノミヲ爲ス權限ヲ有ス但之ヲ以テ善意ノ第三者ニ對抗スルコトヲ得ス

（註記）　目錄調製ヲ終了セサル間ハ後見人ハ後見事務ニ從事スルコトヲ得サルニ依リ其調製中事實欠クヘカラサル至急ノ事件アルトキハ單ニ管理行爲ノミヲ爲スコトヲ得ヘシ但第三者ニ於テ後見人カ後見事務ニ服セサルコトヲ知ラスシテ普通ノ後見人ナリト信シテ爲シタル事件ニ付テハ目錄調製ヲ終了セサル以前ニ爲シタル行爲ナリトシテ第三者ニ對抗スルコトヲ得サルモノトス

第九百十九條　後見人カ被後見人ニ對シ債權ヲ有シ又ハ債務ヲ負フトキハ財産ノ調査ニ著手スル前ニ之ヲ後見監督人ニ申出ツルコトヲ要ス

後見人カ被後見人ニ對シ債權ヲ有スルコトヲ知リテ之ヲ申出サルトキハ其債權ヲ失フ

後見人カ被後見人ニ對シ債務ヲ負フコトヲ知リテ之ヲ申出サルトキハ親族會ハ其後見人ヲ免黜スルコトヲ得

（註記）本條後見人ト爲リタル者カ被後見人ニ辨濟又ハ仕拂フヘキ金錢等アルカ又ハ被後見人ヨリ返濟又ハ仕拂等ヲ受クヘキ金錢等アルトキハ財産調査ニ取掛ラサル前ニ後見監督人ニ申出ツヘキト其申出ナキトキノ制裁トヲ規定セラレタリ若シ被後見人ヨリ返濟又ハ仕拂ヲ受クヘキ金錢等アル場合ニ於テ財産調査ニ著手スル前ニ後見監督人ニ申出スシテ其財産調査ニ著手シタルトキハ縱令後見人ヲ辭スルモ其債權ヲ失ヒ返濟又ハ仕拂ヲ請求スルコトヲ得ス之ニ反シ後見人ニ於テ被後見人ニ返濟又ハ仕拂フヘキ金錢アルニ其事由ヲ財産調査ニ著手スル前ニ申出スシテ之ニ著手シタルトキハ後見人タル職務ハ免黜セラルヘキモノニテ結局後見人ニ於テ被後見人ニ對シ債權及債務アルトキハ後見人ハ進シテ之ヲ明示セシムヘキ主旨ナリ

第九百二十條　前三條ノ規定ハ後見人就職ノ後被後見人カ包括財産ヲ取得シタル場合ニ準用ス

（備考）本法第七條第十四條參民法施行法第八十六條參觀

第二款　後見人ノ權限

凡ソ未成年者ノ後見人ハ監護、教育、居所ノ指定、兵役ノ出願、懲戒、營業及其配偶者ノ財産管理ニ付第八百七十九條乃至第八百八十三條及第八百八十五條ノ規定ニ依リ親權ヲ行フ父又ハ母ト同一ノ權利義務ヲ有スヘシト雖モ親權ヲ行フ父又ハ母カ定メタル教育ノ方法及住所ヲ變更シ未成年者ヲ懲戒場ニ入レ營業ヲ許可シ既ニ爲シタル營業ノ許可ヲ取消シ又ハ其營業ニ付制限ヲ爲スハ親族會ノ許諾ヲ要ス故ニ後見人ハ是等ニ付親權ヲ行フ父又ハ母ト同一ノ權利義務ヲ有スルモ後見人自已ノ意見ヲ以テ之ヲ爲シ之ヲ變更スルコトヲ得ス然レトモ親權ヲ行フ其父又ハ母ニ於テ定メタルモノニアラスシテ後見人カ自已ノ意見ヲ以テ定メタル教育ノ方法及居所ヲ變更スルニ付テハ親族會ノ同意ヲ得ルヲ要セサルモノトス禁治產者ノ後見人ニ在テハ禁治產者ノ資力ニ應シテ之カ療養看護ニ力ムルコトヲ要スルハ敢テ言フヲ俟タス禁治產者ニハ呆病、癲病、狂病等ノ別アリテ其疾病ニ輕重アリ性質皆一樣ナラス而シテ資產ニ貧富ノ別アリテ生計ノ狀況又均一ナラサルヲ以テ法律ヲ以テ療養看護ノ方法ヲ一定スル能ハサルニ依リ之ヲ自宅ニ於テ療治セシムルト病院ニ入レテ療養セシムルトハ病疾ノ性質ト資產ノ狀況トニ依ルヘキモノニシテ法律ヲ以テ規定ヲ設ケスト雖モ癲狂患者ノ如キハ監守ヲ嚴ニシ以テ社會ノ害ヲ防カサルヘカラス然レトモ人ヲ監禁制縛スルハ刑法ノ許ササル處ナレハ後見人ハ自己ノ意見ヲ以テ處理スルコトヲ得ス故ニ禁治產者ヲ瘋癲病院ニ入レルト私宅ニ監護スルト否トニ在テハ親族會ノ同意ヲ得テ之ヲ決定處分スヘシ

被後見人カ未成年者ナルト禁治產者ナルトヲ問ハス後見人ハ被後見人ノ財產ヲ管理スル權利及義務ヲ有スヘキモノニシテ又其財產ニ關スル賣買、讓與、貸借等ノ如キ法律上被後見人カ爲スヘキ行爲ニ付テハ後見人ハ被後見人ヲ代表シテ其契約ヲ爲ス等諸般ノ權利義務ヲ有スヘシ是ニ依テ之ヲ考フレハ後見人カ被後見人ヲ代表スルハ被見人ノ身分ヲ代表スルニアラスシテ止タ財產ニ關シ被後見人カ爲スヘキ行爲ヲ代表スルモノナリ後見人ハ被後後見人ノ財產ヲ管理シ其財產ニ關スル法律行爲ヲ代表スヘキモ未成年者ニ關シ第八百八十四條ノ規定ヲ準用シ其行爲ノ目的カ被後見人ノ債務ヲ生スヘキ場合ニ於テハ本人ノ同意ヲ得ヘキコトハ勿論ナリトス

（例）

第九百二十一條　未成年者ノ後見人ハ第八百七十九條乃至第八百八十三條及ヒ第八百八十五條ニ定メタル事項ニ付キ親權ヲ行フ父又ハ母ト同一ノ權利義務ヲ有ス但親權ヲ行フ父又ハ母カ定メタル敎育ノ方法及ヒ居所ヲ變更シ、未成年者ヲ懲戒場ニ入レ、營業ヲ許可シ、其許可ヲ取消シ又ハ之ヲ制限スルニハ親族會ノ同意ヲ得ルコトヲ要ス

（註記）本條ハ未成年者ノ後見人ノ事務ニ關スル權限ヲ規定シ且之ヲ制限シタルモノニシテ親權ニハ制限ナキモ後見人ハ制限アルコトヲ示シタルモノナリ

第九百二十二條　禁治產者ノ後見人ハ禁治產者ノ資力ニ應シテ其療養看護ヲカムルコトヲ要ス禁治產者ヲ瘋癲病院ニ入レ又ハ私宅ニ監置スルト否トハ親族會ノ同意ヲ得テ後見人之ヲ定ム

（註記）本條ハ禁治產者ノ後見人ニ於テ禁治產者ノ身體ニ關スル責ヲ負フヘキ程度ノ如何ヲ定メタルモノナリ

第九百二十三條　後見人ハ被後見人ノ財產ヲ管理シ又其財產ニ關スル法律行爲ニ付キ被後見人ヲ代表ス

第八百八十四條但書ノ規定ハ前項ノ場合ニ準用ス

（註記）本條ハ被後見人カ未成年者ナルト禁治產者ナルトヲ問ハス後見人ノ財產管理及財產上法律行爲ニ關スル件ヲ規定シタルモノニシテ第二項ノ規定ノ如キハ就中未成年者ニ適用スヘキモノトス何トナレハ禁治產者ニ在テハ心神衰耗ニ付是非ヲ辨別セサルヲ以テ同意ヲ得ルコトヲ得サルモ未成年者ハ法律上單獨行爲ハ自ラ之ヲ爲シ得ヘキ能力ヲ有スヘケレハナリ

第三款　被後見人ノ生活、教育、療養、看護、財產管理費用ノ豫定及後見人ノ報酬並有給財產管理者ノ使用

後見人ハ其就職ノ初メニ於テ被後見人ノ生活、教育又ハ療養、看護及財產管理ノ爲メ毎年費スヘキ金額ヲ計算シ親族會ノ許諾ヲ得テ之ヲ豫定スルコトヲ要ス此如ク後見人就職ノ初ニ於テ被後見人ノ費用ヲ豫定セシムルモノハ後見人ニ於テ費用ノ濫出ヲ制限スルモノニシテ被後見人ノ爲メ最モ必要ナルニ依ル蓋シ被後見人ノ費用ニ於ル資產ノ程度ニ從ヒテ之ヲ定ムヘキモノニシテ既ニ親族會ノ同意ヲ得テ其費額ヲ豫定シタルトキハ後見人ハ濫リニ之ヲ變更スルコトヲ許サス其豫定額ヲ變更スルノ必要アルトキハ又必ラス親族會ノ

同意ヲ得サルヘカラス若シ事ノ急迫ヲ要シ事實親族會ノ同意ヲ得ルノ遑アラスシテ已ムヲ得ス後見人一己ノ意見ヲ以テ豫定金額ヲ超過シタル支出ヲ爲シタルトキハ後見人ハ其事ノ已ムヲ得サルニ出タルコトヲ親族會ニ證明シ其同意ノ追認ヲ求ムヘキモノトス又後見人ハ親族會ノ同意ヲ得テ有給ノ財産管理者ヲ使用スルコトヲ得ヘシ其給料ハ財産管理費中ヨリ支出スヘキモノナリ此管理者ハ後見人カ管理スル全部ノ財産中ニテ特定ノ財産ノミヲ管理スルモノニシテ後見人カ之ヲ使用スルハ被後見人ノ財産極メテ夥多ナルニ依リ後見人一身ヲ以テ之カ管理ヲ爲スノ困難ナルト後見人一身ヲ以テ管理スルノ害アルヘキ場合ニ限ルヘキモノナリ其管理者ハ後見人ノ指揮ヲ得テ管理行爲ヲ爲スヘキモノナレハ管理者カ爲シタル行爲ニ付テハ後見人其責任ヲ負フヘキモノトス但シ本法施行ノ際未成年者ノ後見人アリテ本法施行ノ日ヨリ本法ノ規定ニ依リ任務ヲ行フ場合及ハ第七條第十一條ノ原因ノ爲メニ後見人ヲ付シタル者アリテ後見人其他ノ者ノ請求ニ依リ禁治産又ハ準禁治産ノ宣告アリテ民法ノ規定ニ依リ任務ヲ行フ場合ニ於テハ其後見人又ハ保佐人ハ其任務ヲ行フ初メニ於テ本文ノ手續ヲ爲スコトヲ要ス

後見人ハ被後見人ノ身分財産等ニ關シ盡力スルモノニシテ且其責ヲ一身ニ負フヘキモノナレハ其勞ニ酬ユルノ途ナカルヘカラス故ニ親族會ハ後見人及被後見人ノ資力其他ノ事情ニ依リ被後見人ノ財産中ヨリ後見人ニ相當ノ報酬ヲ與フルコトヲ得ヘシ而シテ夫婦ハ互ニ相扶ケ相愛シ苦樂ヲ倶ニスヘキモノニシテ子孫ハ親祖ヲ敬親侍養シ親祖カ子孫ヲ愛育スルハ親祖ノ子孫ニ對スル情義ナルコトハ怪ムニ足ラサル處ナリ又戶主家族ヲ保護シ家族ノ養育ヲ爲シ家族ハ戶主ノ保護ノ下ニ生活シテ戶主權ニ服スヘキ義務アリ故ニ是等ノ後見人ニ報酬ヲ與フルコトヲ要セサルモノトス

(例)

第九百二十四條　後見人ハ其就職ノ初ニ於テ親族ノ同意ヲ得テ被後見人ノ生活、教育又ハ療養、看護及ヒ

財産ノ管理ノ爲メ毎年費スヘキ金額ヲ豫定スルコトヲ要ス
前項ノ豫定額ハ親族會ノ同意ヲ得ルニ非サレハ之ヲ變更スルコトヲ得ス但已ムコトヲ得サル場合ニ於テ豫定額ヲ超ユル金額ヲ支出スルコトヲ妨ケス

(註記)　就職ノ初メトハ其任務ニ就キタル初メヲ云ヒ而シテ本條中生活教育ニ付テハ主トシテ未成年者ノ後見人タル場合ヲ云ヒ療養看護ニ付テハ禁治産者ノ後見人タル場合ヲ云フ後見人ハ未成年者ニ付テハ養育ノ費用ト修學ノ進否及學科ノ程度ト其財産ノ多少トニ依リ禁治産者ニ付テハ疾病ノ情況ニ從ヒ療養及看護ノ費用ヲ計算シ尚ホ財産ノ多少ニ依リ共ニ親族會ノ同意ヲ得テ毎年ノ費額ヲ豫定スヘキモノトス第二項ハ後見人ニ於テ支出ノ專恣及濫費ヲ防止スルト已ムヲ得サル場合ニ於テ定額超過ノ支出ヲ爲シ得ルノ例外法ヲ設ケタルモノナリ

第九百二十六條　後見人ハ親族會ノ同意ヲ得テ有給財産管理者ヲ使用スルコトヲ得但第百六條ノ適用ヲ妨ケス

(註記)　本條ハ被後見人ノ財産夥多ナルニ依リ後見人一身ヲ以テ管理行爲ヲ爲スノ屆カサルカ其他特ニ管理人ヲ置キ管理セシムヘキ財産アリテ管理者ヲ置ク必要ナル場合ニ於テハ後見人ハ親族會ノ同意ヲ得テ之ヲ置キ使用スルコトヲ得ヘク其之ヲ置キ使用スルトキハ本法第百六條ノ規定ヲ適用スルコトヲ妨ケサルモノトス

(備考)　本法第七條第十一條、第百四條、第百五條第一項、第百六條◉民法施行法第七十四條、第七十九條、第八十條、第八十一條參觀

第四款　被後見人ノ金錢ヲ寄託スヘキ一定ノ額一定ノ場所及財産報告

後見人ハ前款第一項ニ記述シタル如ク就職ノ初メニ於テ親族會ノ同意ヲ得テ被後見人ノ費用ニ付キ一定

ノ額ヲ豫定シテ之ヲ支辨スヘシト雖モ成ルヘク失費ヲ節減シテ剩餘ヲ得ルニ勉メ收益ヲ以テ總テノ費用ニ充テ其就職ノ初メニ於テ被後見人ノ爲メニ受取リタル金錢ハ之ヲ失ハスシテ却テ其收益ヨリ剩マル處ノ殘額ハ之ニ併セテ被後見人ノ資産ヲ増殖セシムヘシ故ニ其初メニ受取リタル金額ノ増殖シタルトキハ之ヲ寄託スルヲ要ス其寄託スヘキ額ニ對スル程度ハ又後見人就職ノ初メニ於テ親族會之ヲ定メ其寄託スヘキ場所ハ後見人ニ於テ親族會ノ同意ヲ得テ之ヲ定ムヘシ故ニ後見人ハ其金錢カ親族會ニ於テ豫定シタル額ニ達シタルトキハ之ヲ寄託スヘシ若シ被後見人ノ爲メニ受取リタル金錢カ豫定ノ額ニ達シタルモ後見人ニ於テ相當ノ期限內ニ寄託セサリシトキハ後見人ハ其金額ニ對シ法律上定メタル利息ヲ拂ハサルヘカラス是レ後見人カ其義務ヲ怠リ被後見人カ得ヘキ利益ヲ減殺セシメタルノ制裁ナリ但本法施行ノ際未成年者ノ後見人タル者アルカ又ハ本法施行前ニ第七條又ハ第十一條ノ原因ニ依リ後見人ヲ附シタルモノアリテ後見人其他ノ者ノ請求ニ依リ禁治産又ハ準禁治産ノ宣告アリタルトキハ宣告ノ時ヨリ後見人又ハ保佐人ノ任務ヲ行フ場合ニ於テハ其後見人又ハ保佐人ハ其初メニ於テ本文ノ手續ヲ爲スヘキモノトス

後見人ハ毎年一回以上被後見人ノ財産ノ狀況ヲ親族會ニ報告セサルヘカラス若シ後見人ヲシテ之カ報告ヲ爲サシメサルトキハ後見人ノ所業專恣ニ流レ遂ニ被後見人ノ不利益ヲ釀スコトナカランモ亦知ルヘカラサルナリ又此ノ如ク後見人ヲシテ報告ヲ爲サシムルトキハ其報告ヲ以テ責任ヲ解除スル一段落ヲ爲シタルモノトスヘクシテ却テ後見人ノ爲メニ便益ナリ後見人ニ於テハ毎年一回以上被後見人ノ財産ノ狀況ヲ親族會ニ報告セサルヘカラスト雖モ指定後見人及選定後見人ニアラサルモノハ此報告ヲ爲スヲ要セス何トナレハ親ハ子ヲ親愛スルノ情極メテ深更ナルヲ以テ子ノ被害ヲ釀スコトナカルヘク夫婦ハ互ニ愛憐シ其情親密ニシテ相親ミ相愛スヘキヲ以テ夫又ハ妻ヲ陷害セシムルカ如キコトアルヘカラス又戶主ハ家族ノ爲メニ常ニ利益ヲ計ルヘキヲ以テ家族ノ不利益ナルコトヲ爲スヘキニアラス故ニ是等ノ如キ後見人ニ在テハ敢テ親族

會ニ被後見人ノ財産ヲ報告セシムルヲ要セサルナリ

(例)

第九百二十七條　親族會ハ後見人就職ノ初ニ於テ後見人カ被後見人ノ爲メニ受取リタル金錢カ何程ノ額ニ達セハ之ヲ寄託スヘキカヲ定ムルコトヲ要ス

後見人カ被後見人ノ爲メニ受取リタル金錢カ親族會ノ定メタル額ニ達スルモ相當ノ期間内ニ之ヲ寄託セサルトキハ其法定ノ利息ヲ拂フコトヲ要ス

金錢ヲ寄託スヘキ場所ハ親族會ノ同意ヲ得テ後見人之ヲ定ム

(記記)　本條ハ後見人タル者カ被後見人ノ財産ヲ濫用セソコトヲ防止スルト被後見人ニ損害ヲ被ラシメ巳レヲ利スルノ弊害ヲ防ク爲メニ制定シタルモノニシテ其寄託ヲ一定ノ額ニ達シタルトキニ爲スト定メタルモノハ毎次預ケ入ヲ爲スノ煩ヲ避ケシムル爲メナリ

第九百二十八條　指定後見人及ヒ選定後見人ハ毎年少クトモ一回被後見人ノ財産ノ狀況ヲ親族會ニ報告スルコトヲ要ス

(註記)　本條ハ後見人管理事務ノ正當ナルヲ證明セシムルノ方法ニシテ財産ノ狀況トハ被後見人ノ財産保存及收入支出等ノ狀況ヲ云フ

(備考)　本法第七條第十一條●民法施行法第七十四條、第七十六條、第七十九條、第八十條、第八十一條參觀

第五款　後見人被後見人ニ代ハリ營業及第十二條ニ掲載シタル行爲ヲ爲シ又ハ未成年者ノ之ヲ爲スニ同意スルノ規定

後見人ハ被後見人ニ關スル諸般ノ事務ニ從事スヘキモ後見人ハ被後見人ノ財産ニ對シテハ之ヲ滅失セスシ

テ保存スルノ行爲即チ管理行爲ヲ爲スノ權ヲ有スルニ止マリ法律ノ規定ニ依ルニアラサレハ管理外ノ行爲ヲ爲スノ權利ヲ有セス故ニ後見人カ被後見人ニ代ハリテ營業又ハ第十二條第一項ニ掲ケタル九個中元本ヲ領收スルニ付テハ親族會ノ同意ヲ要スルニ及ハサルモ其他ノ事項ニ關スル行爲ヲ爲シ又ハ未成年者カ之ヲ爲スニ付後見人カ之ニ同意セントスルトキハ後見人ハ親族會ノ同意ヲ得ヘキヲ要ス其元本ヲ領收スルニ付キ親族會ノ同意ヲ要スルニ及ハサルモノハ他ナシ準禁治產者カ元本ヲ領收スルトキハ損害ヲ蒙ムルコトアルヘキモ後見人カ被後見人ニ代テ之ヲ領收スルモ被後見人ニ於テ損害ヲ蒙ムルコトナカルヘシ殊ニ之ヲ領收スル爲メニ一々親族會ノ同意ヲ得ルヲ要スルノ煩雜ニ堪ヘ却テ被後見人ノ不利益ヲ生スルコトアルヘキナリ

(例)

第九百二十九條　後見人カ被後見人ニ代ハリテ營業若クハ第十二條第一項ニ掲ケタル行爲ヲ爲シ又ハ未成年者ノ之ヲ爲スコトニ同意スルニハ親族會ノ同意ヲ得ルコトヲ要ス但元本ノ領收ニ付テハ此限リニ在ラス

(註記)

本條ニ云フ第十二條ノ第一項ニ掲載スル事項ハ第一元本ヲ領收シ又之ヲ利用スルコト、第二借財又ハ保證ヲ爲スコト、第三不動產又ハ重要ナル動產ニ關スル權利ノ得喪ヲ目的トスル行爲ヲ爲スコト、第四訴訟行爲ヲ爲スコト、第五贈與、和解又ハ仲裁ノ契約ヲ爲スコト、第六相續ヲ承認シ又ハ之ヲ拋棄スルコト、第七贈與若クハ遺贈ヲ拒絕シ又ハ負擔附ノ贈與若クハ遺贈ヲ受諾スルコト、第八新築、改築、增築、又ハ大修繕ヲ爲スコト、第九第六百二條ニ定メタル期間ヲ超ユル賃貸借ヲ爲スコト等ニシテ就中第一ノ元本ヲ領收スルコトハ既ニ本文ニモ揭ケタル如ク親族會ノ同意ヲ得ヘキ必要ナシ故ニ第一項後段以下ノ事項ヲ以テ其同意ヲ得ヘキ必要アリトス蓋シ第一項ノ元本ヲ利用スルハ被後見人ノ資益トナル方法ニ之ヲ用ユヘク第二ノ借財又ハ保證ヲナスハ被後見人ノ爲メニ危險ノ虞アルヘキニ依リ親族會ノ同意ヲ得ヘキコト敢テ論ヲ俟タス、第三ノ重要ナル動産トハ其家ニ傳ハル重寶ノ如キ動産ヲ云ヒ權利ノ得喪ヲ目的トスル行爲トハ總シテ權利ヲ取得シ又ハ權利ヲ喪失スルヲ以テ目的トスル行爲ヲ云フ故ニ不動產又ハ重要ナル動産ヲ買受ケ讓受クルカ如キ權利ヲ取得シ或ハ之ヲ賣渡讓渡カ如キ其權利ノ喪失ニ關スル行爲ハ親族會ノ同意ヲ得ヘキヲ要シ第四ノ訴訟行爲トハ原告ト爲リテ訴訟ヲ提起スルヲ云ヒ訴訟ハ一度擧ヲ誤マルトキハ被後見人ニ言フヘカラサル害ヲ被ラシムヘキモノナレハ亦親族會ノ同意ヲ得サルヘカラス第五ノ後見人カ被後見人ニ代リテ贈與ヲ爲シ和解、仲裁ノ契約ヲ爲スモ親族會ノ同意ヲ要ス後見人ハ被後見人ノ財產ヲ管理スルモノニシテ管理行爲タル前ニモ云ヘル如ク之ヲ滅失滅却セサルヘカラサルヲ主トスルモノナレトモ又被後見人ニ代リテ其財產ヲ他人ニ贈與スル場合ナキニアラス蓋シ未成年者カ相續ヲ爲ス場合ニ於テ其財產ヲ兄弟姉妹ニ贈與スル場合是レナリ第六ノ相續ヲ承諾スルハ總テ相續ヲ承諾スルノ謂ヒニシテ死者ノ權利ト義務トヲ繼承スルノ意ヲ表示スルヲ云ヒ之レヲ拋棄スルトハ之ヲ承諾セサルヲ云フ共ニ被後見人ノ利害ニ關スヘキヲ以テ親族會ノ同意ヲ得ルヲ至當トス第七ノ贈與又ハ遺贈ヲ拒絕スルモ亦同シ負擔附ノ贈與遺贈トハ例ヘハ其贈與遺贈ヲ受ケテ永ク授贈者ノ祖先ノ祭祀ヲ負擔シ又ハ其遺子ノ養育ヲ負擔スヘキカ如キヲ云ヒ其受贈ノ爲メ被後見人ノ負擔ノ生スル場合ハ親族會ノ同意ヲ得ヘク單純ナル贈與遺贈ニ在テハ被後見人カ損害ヲ被ムルノ虞ナキニ依リ元本ヲ領收スルト同ク親族會ノ同意ヲ要セス第八ノ新築改築增築大修繕トハ新ニ物ヲ築造シ改築トハ既ニ設ケアル物ヲ改メテ築造スルヲ云ヒ增築トハ既ニアル物ヲ增殖築造スルヲ云ヒ大修繕トハ例ヘハ建物ノ屋蓋ヲ葺替ヘ重ナル牆壁ヲ修繕シ改造シ重ナル梁柱又ハ基礎ヲ變更シ石垣土手ノ改造ヲ爲ス等ヲ云フ第九ノ第六百二條ニ定メタル期間ヲ超ユル賃貸借

借トハ即チ該條ニ掲載シタル物件ニ付又該條ニ規定シタル期間ヲ超ユルヲ云フ

（備考）本法第十二條第六百二條參觀

第六款　後見人被後見人ノ財産及被後見人ニ對スル第三者ノ權利ノ讓受並被後見人ノ財産賃借

凡ソ未成年者ノ身上ニ存スル權利及義務ニ關スル行爲ニ付必要ナル意思ヲ發露スル者ハ後見人ナリ故ニ未成年者ノ權利及義務ニ對スル行爲ノ決定ヲナスハ後見人ノ意思タラサルヘカラサレハ若シ後見人ヲシテ被後見人ノ財産ヲ有效ニ讓受ケシムルトキハ後見人ハ隨意ニ被後見人ノ財産ヲ我カ所有ニ爲スヘキ恐レアリ又被後見人ニ對スル第三者ノ權利ヲ有效ニ讓リ受ケシムルトキハ後見人ハ被後見人ニ對スル第三者ノ權利ノ既ニ消滅シタル證據即チ其返證ノ類ヲ棄滅シテ以テ自己ノ利益ヲ謀カル如キ弊害ヲ釀スニ至ランモ亦知ルヘカラス有價ノ讓與ニ付テハ後見人ニ於テ漫リニ被後見人ノ財産テシテ自巳ノ所有ト爲スノ虞アラサルヘシト雖モ後見人カ被後見人ノ財産ヲ賣却スルトキハ成ルヘク高價ニ賣拂フヘキ義務アルヲ自己カ之ヲ買ハントスルトキハ成ルヘク廉價ヲ欲スルハ人情ノ常ナルヲ以テ法律ハ此弊害ヲ防止シ縱令有價ノ名義ヲ以テスルモ後見人ニ於テ被後見人ノ財産又ハ被後見人ニ對スル第三者ノ權利ヲ讓受ケタルトキハ被後見人ハ之ヲ取消スコトヲ得ヘキモノトス其取消ニ付テハ第十九條ノ規定ヲ準用スヘシ而シテ前述ノ取消ニ關シテ第百二十一條乃至第百二十六條ニ於テ取消ノ行爲ニ關スル規定ノ適用ヲ妨ケサルヘキハ勿論ナリトス但民法施行前ニ於テ後見人カ被後見人ノ財産又ハ被後見人ニ對スル第三者ノ權利ヲ讓受タルト雖モ施行後ニ於テ取消スコトヲ得ヘシ

後見人ニ於テ被後見人ノ財産ヲ賃貸借スルモ之ヲ禁セシムヘシト雖モ其後見人ノ信ヲ置クニ足ルヘキモノナルトキハ被後見人ノ爲メ他人ニ賃貸スルヨリモ却テ優レルコトアルヘキニ依リ親族會ノ同意ヲ得タルト

キハ被後見人ノ財產ヲ賃借スルコトヲ得セシメ其同意ヲ得ルニアラサレハ其賃借ヲナスコトヲ得サラシムルモノトス若シ民法施行前ヨリ被後見人ノ財產ヲ賃借スルトキハ後見監督人ヲ選任セシムル爲メ招集シタル親族會ノ同意ヲ求ムルコトヲ要ス親族會ニ於テ同意セサリシトキハ其賃貸借ハ效力ヲ失フヘシ

（例）

第九百三十條　後見人カ被後見人ノ財產又ハ被後見人ニ對スル第三者ノ權利ヲ讓受ケタルトキハ被後見人ハ之ヲ取消スコトヲ得此場合ニ於テハ第十九條ノ規定ヲ準用ス

前項ノ規定ハ第百二十一條乃至第百二十六條ノ適用ヲ妨ケス

（註記）　後見人カ被後見人ノ財產又ハ被後見人ニ對スル第三者ノ權利ヲ讓受クルハ之ヲ禁スルニアラス被後見人ニ於テ之ヲ取消スヲ得ヘシ何トナレハ絕對的其讓受ヲ禁スルトキハ被後見人ノ爲メ却テ不利益ナルコトアレハナリ

第九百三十一條　後見人ハ親族會ノ同意ヲ得ルニ非サレハ被後見人ノ財產ヲ賃借スルコトヲ得ス

（註記）　本條ニ云フ財產トハ動產不動產ヲ問ハス總テノ財產ヲ云フ

（備考）　本法第十九條第百二十條乃至第百二十六條、民法施行法第八十二條、第八十三條參觀

第七款　後見人曠職ニ依リ管理人ノ選任及財產ノ管理返還ニ對スル擔保

後見人ハ其職ニ就キタル以上ハ義務トシテ其任務ヲ盡ササルヲ得ス然ルニ後見人カ其任務ヲ曠クシテ財產管理ニ付事ヲ缺ク場合ニ於テハ親族會ハ臨時管理人ヲ選任シテ被後見人ノ財產ヲ管理セシムルコトヲ得ヘシ其管理人ハ後見人ノ責任ヲ以テ其任務ヲ扱フヘキモノトス

後見人ハ被後見人ノ財產ヲ管理シテ被後見人ニ代ハリ管理行爲ヲ爲スヘキ者タレハ其管理ニ付不當ノ行爲

ナカルヘカラスシテ故意ニ被後見人ノ財産ヲ滅失又ハ減却スルコトナシトセサレハ後見人ハ其管理ニ對シ又ハ其任務ヲ了ヘ被後見人ニ管理財産ヲ返還スル場合ニ於テ其引渡ヲ爲スニ付支障ナカラシメンカ爲メ親族會ハ其管理スル處ノ財産ニ應シ後見人ヲシテ相當ノ擔保ヲ供セシムルヲ得ヘシ其擔保ハ物件ヲ以テ定メ或ハ對人擔保ヲ以テ之レニ充テシメ總シテ協議ヲ以テスヘキモノトス

（例）

第九百三十二條　後見人カ其任務ヲ曠クスルトキハ親族會ハ臨時管理人ヲ選任シ後見人ノ責任ヲ以テ被後見人ノ財産ヲ管理セシムルコトヲ得

（註記）本條ハ後見人カ曠職ノ場合ニ於テ之ニ代テ任務ヲ執行スル者ヲ規定シタルモノナリ

第九百三十三條　親族會ハ後見人ヲシテ被後見人ノ財産ノ管理及返還ニ付キ相當ノ擔保ヲ供セシムルコトヲ得

（註記）管理及返還ニ付相當ノ擔保トハ其擔保品ノ價格或ハ擔保スヘキ人物ノ其財産ニ相當スルヲ云フ其擔保ノ價格物品ノ良否人物ノ如何ハ親族會ノ定ムル處ニ任シ尚ホ其擔保ヲ供セシムルト否トモ亦親族會ニ一任スヘキモノナリ

第八款　後見人ノ權限及後見人ニ於テ被後見人ノ財産ノ管理義務竝特別贈與ノ財産ノ管理

被後見人カ戸主ナルトキハ被後見人ハ戸主權ヲ有シ其權利ヲ行フコトヲ得ヘキモ自己カ後見ニ附セラレテ在リナカラ戸主權ヲ行フハ條理ニ悖ルヘキヲ以テ此場合ニ於テハ戸主ノ後見人戸主ニ代テ戸主權ヲ行フヘシ蓋シ舊慣ニ在テモ亦然リトス然レトモ後見人ハ被後見人ニ代リテ總テ戸主權ヲ隨意ニ行フコトヲ得サルナリ故ニ家族ヲ離籍シ其復籍ヲ拒ミ又ハ家族カ分家ヲ爲シ若クハ廢家又ハ絶家ヲ再興スルニ付戸主ノ同意

ヲ爲スニ付代テ同意スル等ノ事ハ豫メ親族會ノ同意ヲ得然ル後之ヲ爲シ及ヒ之ニ同意スヘキモノニシテ決シテ後見人自己ノ獨斷ヲ以テ爲スヘキモノニアラス又未成年者ナルモ子アル者ハ其子ニ對シテ親權ヲ行ハサルヘカラス然レトモ其身後見ニ付セラルル者ナルニ依リ自ラ之ヲ行フコト能ハサレハ此場合ニ於テハ後見人ハ其被後見人タル未成年者ニ代ハリテ其子ニ對シテ親權ヲ行フヘシ其後見人カ被後見人タル未成年者ニ代ハリ親權ヲ行フハ親カ直ニ子ニ親權ヲ行フトハ權利ノ行使ニ付キ少シク異ナル處アリ親カ自ラ親權ヲ行フトキハ子ノ財産ヲ調査シテ目錄ヲ調製スルヲ要セサルモ後見人カ被後見人ニ代ハリテ親權ヲ行フニ依リ其子ノ財産ヲ管理スル場合ニ於テハ之ヲ調製セサルヘカラサルカ如ク後見人カ被後見人タル未成年者ニ代テ親權ヲ行フトキハ總テ第九百十七條乃至第九百三十二條ノ規定ヲ準用スヘキモノトス

後見人ハ被後見人ノ財産ヲ管理シ或ル事項ニ在テハ被後見人ニ代ハリ之ヲ代表スルコトハ前既ニ之ヲ記載シタレハ茲ニ再言ヲ要セサルモ例ヘハ第八百九十九條ニ規定セラレタル如ク母カ子ノ財産ノ管理ヲ辭シタル場合ニ於テハ第九百條第一項ノ規定ニ依リ未成年者ノ後見ヲ開始セラルルモ其親權ヲ行フ者カ子ノ財産管理ノ權利ヲ有セサルトキハ後見人ハ止メ未成年者ノ財産ニ關スル權限ノミヲ有シ被後見人ニ對シ總テノ權利ヲ有セサルモノトス

後見人ニ於テ被後見人ノ行爲ヲ代表シ財産ヲ管理スルニ付テハ本法第六百四十四條ノ規定ヲ準用シ後見人ハ善良ナル管理者ノ注意ヲ以テ其事務ヲ處理スル義務ヲ負フヘキモノナリ故ニ後見人ノ管理不正不良ナルカ又ハ懈怠ニ依リテ被後見人ニ損害ヲ被ラシムルカ如キコトアラハ後見人ハ被後見人ニ其賠償ヲ爲ササルヘカラス又第八百八十七條第八百八十九條第二項及第八百九十二條ノ規定ヲ後見人ニ準用セラレタルヲ以テ後見人ニ於テ第八百八十六條ノ規定ニ反シ該條第一號乃至第六號ノ行爲ヲ爲シ又ハ被後見人ニ之ヲ爲スコトノ同意ヲ與フヘカラサルモノニシテ縱令親族會ノ同意ヲ得テ爲シタル管理行爲ナリトモ後見人ハ其責

ヲ免カルルヲ得ス又無價ニテ被後見人ニ第三者カ財產ヲ與ヘル場合ニ於テ後見人ニ之カ管理ヲ爲サシメサル意思ヲ表示シタルトキハ其財產ハ後見人ノ管理ニ屬セサルモノトシ其財產ニ關シテ管理者選任ノ手續及管理者改選ノ手續等ハ一ニ第八百九十二條第二項第三項ヲ準用スヘキモノトス

(例)

第九百三十四條　被後見人カ戶主ナルトキハ後見人ハ之ニ代ハリテ其權利ヲ行フ但家族ヲ離籍シ、其復籍ヲ拒ミ又ハ家族カ分家ヲ爲シ若クハ廢絕家ヲ再興スルコトニ同意スルニハ親族會ノ同意ヲ得ルコトヲ要ス

後見人ハ未成年者ニ代ハリテ親權ヲ行フ但第九百十七條乃至第九百二十一條及前十條ノ規定ヲ準用ス

(註記)　本條ハ戶主權又ハ親權ヲ行フ被後見人ノ後見人タル者カ被後見人ニ代テ戶主權又ハ親權ヲ行フ場合ノ規定ニシテ就中家族ヲ離籍シ其復籍ヲ拒ミ又ハ家族カ分家ヲ爲シ若クハ廢絕家ノ再興ヲ爲スニ付同意ヲ與フルカ如キハ一家ニ取リテハ重要ノ事件タルヲ以テ親族會ノ同意ヲ得テ其許諾ヲ與フヘキコトヲ規定セラレタルモノニシテ第一項ハ未成年者及禁治產者ノ被後見人ニ對スル後見人ニ適用シ第二項ハ單ニ未成年者ノ後見人ニ適用スルモノトス

第九百三十五條　親權ヲ行フ者カ管理權ヲ有セサル場合ニ於テハ後見人ハ財產ニ關スル權限ノミヲ有ス

(註記)　本條親權ヲ行フ者カ財產管理權ヲ辭シタルトキハ親權ヲ行フコトヲ得サルノ疑義アランコトヲ慮リ規定セラレタルモノニシテ管理權ヲ辭シタリトモ其親權ハ之ヲ行フコトヲ得ヘキニ依リ此場合ニ於テ後見人ハ止タ管理權ノミ行フヘキモノトス

第九百三十六條　第六百四十四條、第八百八十七條、第八百八十九條第二項及ヒ第八百九十二條ノ規定ハ後見人ニ之ヲ準用ス

（備考）本法第六百四十四條、第七百四十條第二項、第七百四十二條、第七百四十三條、第七百五十條、第八百七十七條、第八百九十九條參觀

第四節　後見人任務ノ終了

第一款　後見人管理ノ計算及管理計算終了前成年ニ達シタル者ト後見人又ハ其相續人トノ契約及單獨行爲ノ取消

後見任務ハ未成年者ノ成年ニ達シ禁治產者ノ疾病回復ヲナシタルトキ終了スルヲ以テ常トスト雖モ未成年者カ成年ニ達セス禁治產者ノ疾病回復セサルモ後見任務ヲ免黜セラルルカ若クハ後見人カ退職スルカ又ハ被後見人及後見人カ死亡スルトキハ又其任務ノ終了スヘキモノニシテ其原因ノ何レノ場合ナルヲ問ハス任務ノ終了シタルトキハ後見人又ハ其相續人ハ任務終了ノ日ヨリ二个月內ニ其管理ノ計算ヲ爲スヘシ此期間ハ親族會ニ於テ之ヲ伸長スルコトヲ得ヘク而シテ其管理ノ計算ハ總テ後見監督人ノ立會ヲ以テ之ヲ爲シ若シ後見人ノ更迭アリタル場合ニ於テハ後見ノ計算ハ尙ホ親族會ノ認可ヲ得サルヘカラス若シ未成年者ノ成年ニ達シ後見任務カ終了シタルモ未タ其計算ノ終了ニ至ラサル前ニ於テ後見ヲ免カレタル成年者ト後見人又ハ其相續人トノ間ニ契約ヲ爲シタルトキハ其契約ハ勿論其成年者カ是等ノ者ニ對シ爲シタル義務ヲ免除スルカ如キ行爲モ亦成年者ニ於テ之ヲ取消スコトヲ得ヘシ其後見ヲ免カレタル成年者カ後見計算終了前ニ於テ後見人又ハ其相續人ト爲シタル契約及單獨行爲ヲシテ其成年者ニ於テ取消シ得ヘキモノハ未成年者カ成年ニ達シ後見ヲ免カレ自ラ財產ヲ占有スルニ至リタルトキハ親ラ之ヲ處置スルヲ得ルニ至リタルヲ以テ歡喜ニ堪ヘサルト多年後見人ノ己レヲ管護監照シタルノ恩ヲ謝スルノ餘リ敢テ計算ノ詳細ヲ點檢セス速ニ己ノ管理ニ歸セシメンコトヲ欲シ後見人ノ言フ所ニ從ヒ倉卒ニ約諾シ以テ後見人ニ對スル權利ヲ輕忽ニ抛棄スヘキ虞アルカ故ナリ然リ而シテ後見人又ハ相續人カ成年ニ達シタル未成年者ニ對シ前述ノ如キ取消ヲ

得ヘキ行爲ヲ追認スルヤ否ノ確答スヘキノ催告ヲ爲シ其取消ヲ爲スノ方法及ヒ取消ノ效力等ニ關シテハ第十九條第百二十一條乃至第百二十六條ノ規定ヲ準用スヘキモノトス

(例)

第九百三十七條　後見人ノ任務カ終了シタルトキハ後見人又ハ其相續人ハ二个月内ニ其管理ノ計算ヲ爲スコトヲ要ス但此期間ハ親族會ニ於テ之ヲ伸長スルコトヲ得

(註記)　本條ノ相續人トハ後見人ノ相續ノ相續人ニシテ被後見人カ成年ニ達シ又ハ禁治產者カ疾病平癒シテ後見ヲ解カレ又ハ更迭アリタル場合ニ於テ後見人自ラ管理ノ計算ヲ爲スヘキモ後見人カ死亡シタルニ依リ後見任務ノ終了シタル場合ハ其相續人代ハリテ管理ノ計算ヲ爲スヘキモノニシテ其計算ハ二个月内ニ爲スヘシト雖モ管理事務ノ頻繁ニシテ二个月内ニ終了セサルトキハ親族會ニ於テ之ヲ伸長スヘキモノトス

第九百三十八條　後見人ノ計算ハ後見監督人ノ立會ヲ以テ之ヲ爲ス

後見人ノ更迭アリタル場合ニ於テハ後見人ノ計算ハ親族會ノ認可ヲ得ルコトヲ要ス

(註記)　本條第一項ハ被後見人カ後見人ヲ附スルヲ要セサルニ至リ後見任務ノ終了ニ依リ管理ノ計算ヲ爲ス場合ヲ示シ第二項ハ後見人カ更迭ニ依リ其任務ノ終了シタル爲メニ管理ノ計算ヲ爲ス場合ヲ示シタルモノナリ

第九百三十九條　未成年者カ成年ニ達シタル後後見ノ計算ノ終了前ニ其者ト後見人又ハ其相續人トノ間ニ爲シタル契約ハ其者ニ於テ之ヲ取消スコトヲ得其者カ後見人又ハ其相續人ニ對シテ爲シタル單獨行爲亦同シ

第十九條及ヒ第百二十一條乃至第百二十六條ノ規定ハ前項ノ場合ニ之ヲ準用ス

（註記）　未成年者カ成年ニ達シタル以上ハ有能力者タルヲ以テ其成年者カ爲シタル單獨行爲ハ勿論合意ヲ以テ爲シタル契約タリトモ有效タル論ヲ俟タサルモ管理計算ヲ了ヘサル前ニ後見人又ハ其相續人ト爲シタルモノハ無效ト云フニアラサルモ其未成年者タリシ者ニ於テ取消スコトヲ得ヘキモノニシテ其取消シ得ヘキ所以ノ理由ハ既ニ本文ニ記述シタル處ニ依ルヘシ

第二款　後見計算終了後後見人被後見人互ニ返還スヘキ金額及後見人消費ノ金額並第六百五十四條第六百五十五條ノ規定ヲ後見人準用第八百九十四條ノ時效ヲ後見人後見監督人親族會員ト被後見人ノ債權其他保佐人又ハ親族會ト準禁治産者ニ準用

凡ソ後見人ヨリ被後見人ニ返還スヘキ金額アリ又被後見人ヨリ後見人ニ返還スヘキ金額アリテ後見ノ計算終了マテ仕拂ハサルトキハ其計算終了ノ時ヨリ何レモ利息ヲ生スヘシ其返還スヘキ金額ヲ仕拂ハサルカ爲メニ之ニ利息ヲ生セシムルモノハ他ナシ凡ソ民法上人ニ金額ヲ渡スヘキ義務アル者其金額ヲ渡スコトヲ遷延シタルトキハ法律上ニ制限シタル處ノ割合ニ從ヒ利息ヲ拂ヒ以テ權利者ニ其遲滯ニ係ル賠償ヲ爲スヘキモノトスル理由ニ基因セシモノナリ又後見人カ自己ノ爲メニ被後見人ノ金錢ヲ消費シタルトキハ後見人ハ消費スル權利ナキモノヲ消費シタルモノナルヲ以テ消費シタル時ヨリ其金錢ニ利息ヲ附スヘキハ勿論之カ爲メ被後見人ニ損害ヲ加ヘタルトキハ後見人ハ尙ホ賠償ノ責ニ任セサルヘカラサルモノトス

凡ソ後見ノ任務ハ受任者カ委任事務ヲ處理スルニ等シキヲ以テ第六百五十四條及第六百五十五條ノ規定ヲ後見ニ準用スルモノニシテ後見任務ノ終了ニ至リ後任者カ任務ニ就ク迄ノ間ニ於テ急迫ノ必要事務アルトキハ其後見人又ハ其相續人ハ受任者又ハ其相續人等カ委任事務ヲ處理スルニ至ルマテ必要ノ事務ヲ處理スルト同シク後任者カ就職シテ後見事務ヲ處理スルニ至ルマテ後見事務ヲ處理スルヲ要シ又委任ノ終了ノ事

由ハ之ヲ相手方ニ通知シ相手方カ之ヲ知リタルニ非サレハ之ヲ以テ相手方ニ對抗スルヲ得ストシタル第六百五十六條ノ規定ヲ後見ニ準用スルモノニシテ後見ノ任務ハ亦之ニ依ル故ニ例ヘハ後見人カ遠隔ノ地ニアリテ被後見人ノ死亡シタルヲ知ラスシテ爲シタル行爲ハ被後見人ハ已ニ死亡シタル後之ヲ爲セシモ尙ホ被後見人ノ爲メニ爲シタル行爲ト看做サヽルヲ得サルナリ

第八百九十四條ニ定メタル親權ヲ行ヒタル父若クハ母又ハ親族等ト其子トノ間財產管理ニ付テ生シタル債權ニ關スル時效ハ後見人後見監督人又ハ親族會員ト被後見人トノ間ニ於テ後見ニ關シテ生シタル債權ニモ之ヲ準用シ其時效ハ之ヲ五年トシ後見終了ノ時ヨリ五年間行ハサルトキハ其權利ハ時效ニ依リ消滅スヘシ其保佐人又ハ親族會員ト準禁治產者トノ間ニ於テ保佐ニ關シテ生シタル債權ノ時效モ亦之ニ準ス然リ而シテ第九百三十九條ノ規定ニ依リ法律行爲ヲ取消シタル場合ニ於テハ本文ノ時效ハ之ヲ取消シタル時ヨリ起算スルモノトス

（例）

第九百四十條　後見人カ被後見人ニ返還スヘキ金額及ヒ被後見人カ後見人ニ返還スヘキ金額ニハ後見ノ計算終了ノ時ヨリ利息ヲ附スルコトヲ要ス

後見人カ自己ノ爲メニ被後見人ノ金錢ヲ消費シタルトキハ其消費ノ時ヨリ之ニ利息ヲ附スルコトヲ要ス尙ホ損害アリタルトキハ其賠償ノ責ニ任ス

（註記）　本條ニ云フ返還スヘキ金額トハ貸借即チ契約上返還スヘキ義務アル金額ノ謂ニアラス後見人ニ在テハ被後見人ノ爲メニ預リタル金ノ殘額ヲ云ヒ被後見人ニ在テハ後見人カ被後見人ノ爲メニ繰替置キタル金額ヲ云フ

第九百四十一條　第六百五十四條及ヒ第六百五十五條ノ規定ハ後見ニ之ヲ準用ス

第九百四十二條　第八百九十四條ニ定メタル時效ハ後見人後見監督人又ハ親族會員ト被後見人トノ間ニ於テ後見ニ關シテ生シタル債權ニ之ヲ準用ス

前項ノ時效ハ第九百三十九條ノ規定ニ依リテ法律行爲ヲ取消シタル場合ニ於テハ其取消ノ時ヨリ之ヲ起算ス

第九百四十三條　前條第一項ノ規定ハ保佐人又ハ親族會員ト準禁治産者トノ間ニ之ヲ準用ス

（備考）　本法第六百五十四條、第六百五十五條參觀

第七編　親族會

第一章　親族會ノ組織、招集、會員ノ選定及會員タルヲ得ルト否ト又ハ會員ヲ辭スルヲ得ルト否ト其他親族會ノ繼續存立等

凡ソ本法其他ノ法令ノ規定ニ依リ親族會ヲ開クヘキ場合ニ於テハ會議ヲ要スル事件ノ本人、戸主、親族、後見人後見監督人、保佐人、檢事又ハ利害關係人ノ請求ニ依リ裁判所之ヲ招集シ無能力者ノ爲メ設ケタル親族會ハ最初ノ招集ノ場合ヲ除ク外本人、法定代理人、後見監督人、保佐人又ハ會員之ヲ招集スルモノトス而シテ親族會ハ會員三名以上ヲ以テ組織シ其會員ハ親族其他本人又ハ其家ニ緣故アル者ノ中ヨリ裁判所之ヲ選定ス後見人ヲ指定シ得ヘキ者ハ遺言ヲ以テ親族會員ヲ選定スルコトヲ得ヘシ然リ而シテ後見人、後見監督人、保佐人及第九百八條ニ於テ後見人タルヲ得サル者ハ親族會員タルヲ得サルモ遠隔ノ地ニ居住スル者ト正當ノ理由アル者ノ外ハ親族會員ヲ辭スルコトヲ得ス其後見人、後見監督人、保佐人ト第九百八條ニ該當スル者ヲシテ親族會員タルコトヲ得セシメサルモノハ親族會ノ行爲ハ多クハ後見人、後見監督人及保佐人ノ利害ニ關シ親族會ハ是等ノ諸員ヲ監督スル機關ト云フヘキモノタレハ是等ノ諸員ヲ親族會ニ加フ

ルノ穩當ナラサルト認メラレタルモノニシテ第九百八條ニ該當スル者ニ關シテハ第六編第二章第一節第五款ニ記述シタル理由ニ依レリ又後見人ニ在テハ第九百七條ノ第一號乃至第五號ノ事項ニ該當スル者ハ之ヲ辭スルヲ得ルモ親族會員ニ在テハ第五號ノ場合ノ外之ヲ以テ任務ヲ辭スルノ理由トナスコトヲ得ス是他ナシ親族會員ハ後見人ト異ナリ任務ノ常ニ繁多ナルト謂フニアラサレハ後見人ト異ナリ現役軍人又ハ其市郡以外ニ於テ公務ニ從事スル者タリトモ之レヲ辭スルヲ得ス又己レヨリ先ニ親族會員タルヘキ者ノ顯ハルルコトアルモ後見人ノ如ク彼ヲシテ代ラシムルノ必要ナク十年以上親族會タルモ其任務ノ後見人ノ如ク常ニ煩勞ニ堪ヘサルモノニアラサレハ其任ヲ辭スルコトヲ得サルモノトス

親族會ハ其任務ノ終リタルトキハ之ヲ解散スヘキモノナルモ無能力者ノ爲メニ設ケラレタル親族會ハ本人ノ無能力カ止ムマテハ繼續スヘシ若シ之ヲ繼續セシメサルトキハ其任務ノ定マルコト能ハサルノミナラス解散シテ後又直チニ招集スルノ必要アリテ屢〻之ヲ爲スノ煩雜ニ堪ヘサレハナリ

無能力者ノ爲メニ設クヘキ親族會ニ關スル事件ハ無能力者ノ住所地ノ區裁判所ノ管轄トシ裁判所カ申請ニ相當ノ裁判ヲ爲シタル場合ニ於テ其手續ノ費用ハ無能力者ノ負擔トス其他ノ事件ノ爲メニ開クヘキ親族會ニ關シテハ事件ノ本人ノ住所地ノ區裁判所ヲ管轄裁判所トシ裁判所カ申請ニ相當スル裁判ヲ爲シタル場合ニ於テ其手續ノ費用ハ事件ノ本人之ヲ負擔スルモノトス又裁判所ハ親族會又ハ其補欠員ノ選定ニ付申請人又ハ第九百四十四條ニ掲ケタル者ヲシテ會員タルニ適當ナル者ヲ指名セシムルコトヲ得ヘク若シ選定セラレタル者カ親族會員タルコトヲ辭セントスルトキハ裁判所ニ申請ヲ爲スヘシ其申請ニ相當スル裁判ニ對シテハ不服ヲ申立ルコトヲ得ス其他親族會ノ招集又ハ親族會ノ辭任ノ申請ヲ却下シタル裁判ニ對シテハ即時抗告ヲ爲スコトヲ得ヘク又第九百四十四條ニ掲ケタル者ハ親族會員タルコトヲ得サル者ノ選任ニ對シテ抗告ヲ爲スコトヲ得此二箇ノ抗告ニ付テハ第六十二條ノ規定ヲ準用スヘシ

（例）

第九百四十四條　本法其他ノ法令ノ規定ニ依リ親族會ヲ開クヘキ場合ニ於テハ會議ヲ要スル事件ノ本人、戸主、親族、後見人、後見監督人、保佐人、檢事又ハ利害關係人ノ請求ニ因リ裁判所之ヲ招集ス

（註記）本條ハ親族會ヲ招集スル一般ノ規定ヲ掲ケラレタルモノニシテ親族會ヲ招集スルハ本條ニ依ルヘシト雖モ無能力者ノ爲メニ設ケラレタルモノハ第九百四十九條後段ノ明文ニ依ル而シテ本條ノ規定ヲ設ケラレタル所以ノモノハ凡ソ一箇ノ權利アル者ハ其權利ヲ行フ爲メ必要ナル處置ヲ爲サシムヘキ理由ニ基キタルモノニシテ親族會ヲ招集スル權利ヲ本人ハ勿論戸主、親族、後見人、後見監督人、保佐人、檢事利害關係人ニ付與シタルモノハ戸主親族ニ於ケル一家親族ノ情義アルコトヲ量定シタルモノニシテ後見人後見監督人保佐人ニ在テハ未成年者又ハ禁治產者若クハ準禁治產者ノ身上財產等ヲ保護監督シ保佐スルノ任ヲ帶フル者ナルニ依リ利害關係人ハ本人トノ間ニ權利義務ノ關係ヲ有スルモノニシテ族事ハ社會ノ安寧秩序ヲ保護スヘキモノニシテ親族會ヲ招集スル事件タル多クハ公益ニ關スヘキモノナレハナリ

第九百四十五條　親族會員ハ三人以上トシ親族其他本人又ハ其家ニ緣故アル者ノ中ヨリ裁判所之ヲ選定ス

後見人ヲ指定スルコトヲ得ル者ハ遺言ヲ以テ親族會員ヲ選定スルコトヲ得

（註記）本條ハ親族會ノ組織ニ付規定シタルモノニシテ親族會員ハ三人以上トアルニ依リ必要ニ依リテハ五人七人等數名ヲ選任スルヲ得ヘク其會員ハ會議ヲ要スヘキ本人ノ親族ニシテ其利益アル最近者ヲ擧ケ若シ親族三人ニ滿タサルトキハ本人又ハ其家ニ緣故ル者ヲ以テ補充スヘシ本人ニ緣故アル者トハ親族姻族ノ關係ヲ有セサル遠キ姻族其他種種ノ緣故アル者ヲ包含シ其家ニ緣故アル

者トハ本家分家末家同性ヲ包含スヘシ

第九百四十六條　遠隔ノ地ニ居住スル者其他正當ノ事由アル者ハ親族會員タルコトヲ辭スルコトヲ得

後見人、後見監督人及ヒ保佐人ハ親族會員タルコトヲ得ス

九百八條ノ規定ハ親族會員ニ之ヲ準用ス

（註記）　本條ハ親族會員タルヲ辭スルヲ得ルト否ト會員タルコトヲ得サルト否トニ關スル件ヲ規定シタルモノニシテ親族會員タルコトヲ辭セントスルニハ非訟事件手續法第百條ニ依リ裁判所ニ其請求ヲ爲スヘキモノトス

第九百四十九條　無能力者ノ爲メニ設ケタル親族會ハ其者ノ無能力ノ止ムマテ繼續ス此親族會ハ最初ノ招集ノ場合ヲ除ク外本人、其法定代理人、後見監督人、保佐人又ハ會員之ヲ招集ス

（註記）　本條ハ繼續スヘキ親族會ノ存立シ得ルコトヲ規定シタルモノナリ

（備考）　非訟事件手續法第六十二條第九十六條第九十八條第九十九條第百條第百一條參觀

第二章　親族會ノ議事及決議補欠、會員ノ選定其他第六百四十四條準用方

凡ソ親族會ノ議事ハ會員ノ過半數ヲ以テ之ヲ決ス故ニ例ヘハ會員五名ヲ以テ組織シタル親族會ナルトキハ三名以上ノ多數ヲ以テ決シ假令出席會員三名ニテ二名欠席シ出席會員二名カ同意ヲ表シタルモ他出席會員一名ト欠席會員二名カ同意セサルヲ以テ二名ノ說ニ可決スルヲ得サルナリ是レ他ナシ親族會ノ議事ハ成ルヘク會員多數ノ同意ヲ以テ決シ偶然ナル出席員ノ說ニ依リ族事ニ關スル事ヲ決議セシメサランカ爲メナリ而シテ凡ソ自己ノ利益ヲ顧ミスシテ他人ノ利益ヲ思フヘキモノナキハ人情ノ常ナルニ依リ會員ヲ招集シテ會議ヲ開クニ當リ會員自己ノ利害ニ關係スル議事ニ付テハ會員其席ニ列スルモ其表決ノ數ニ加ハルコトヲ得ス又會員中疾病旅行其他ノ事故ニ依リ開會スルコト能ハサルカ又ハ會議ヲ開クモ過半數ヲ得サル等ノ事

由アリテ決議ヲ爲スコト能ハサル場合ニ在テハ親族會ハ其決議ニ代ルヘキ裁判ヲ爲スコトヲ前章ノ末項ニ記述シタル區別ニ依リ相當ノ裁判所ニ請求スルコトヲ得ヘシ其裁判及其申請ヲ却下シタル裁判ニ對シテハ非訟事件手續法第百二條ニ依リ即時抗告ヲ爲スコトヲ得此抗告ノ手續ノ費用負擔ニ關シテハ非訟事件手續法第六十二條ヲ準用スルモノトス

若シ親族會ノ決議ニ對シ親族會ヲ招集スル者又ハ親族會員ニ於テ不服アリタルトキハ是等ノ者ハ一个月内ニ其不服ヲ裁判所ニ訴フコトヲ得ヘシ

凡ソ本人戸主父母配偶者本家及分家ノ戸主ハ親族會員タルヲ得ヘキヲ以テ會員タルトキハ會議ニ出席シテ事ヲ議スルハ勿論ナリト雖モ若シ會員タラサルトキハ本人ハ利害ノ關係ヲ有スルコト尤モ大ナルヲ以テ本人ヲシテ其意見ヲ述フルコトヲ得セシムヘキコト論ヲ俟タス戸主、在家ノ父母、配偶者モ亦其利害ノ如何ヲ有スルコトハ諸人ノ知ラルル處ニシテ本家分家ハ互ニ家名ヲ重ンスルノ舊慣ニ依リ之ヲ加ヘテ意見ヲ陳述セシムヘキハ亦當然ナリ又後見人後見監督人及保佐人ハ親族會員タルコトヲ得サル者ナレトモ親族會ハ是等ノ關係スル事多カルヘキモノナルヲ以テ是等ニ於テ意見ヲ述フルハ最モ必要ナリトス是ニ於テ親族會ヲ招集スルトキハ是等ノ諸員ニ之カ通知ヲ爲スコトヲ要ス若シ親族會ニ缺員ヲ生シタルトキハ其親族會ハ之ヲ解散シテ新ニ親族會ヲ組織セスシテ親族會ハ補缺員ノ選定ヲ裁判所ニ請求シテ之ヲ繼續スヘシ其補欠員ノ選定ニ付テハ裁判所ハ申請人又ハ第九百四十四條ニ掲ケタル者ヲシテ適當ナル者ヲ指定セシムルコトヲ得ヘシ

本法第六百四十四條ノ受任者ハ委任ノ本旨ニ從ヒ善良ナル管理ノ注意ヲ以テ委任事務ヲ處理スル義務ヲ負フトシタル規定ヲ親族會ニ準用シ親族會ハ此主意ニ基キ其任務ヲ盡スヘキモノトス

（例）

第九百四十七條　親族會ノ議事ハ會員ノ過半數ヲ以テ之ヲ決ス
會員ハ自己ノ利害ニ關スル議事ニ付キ表決ノ數ニ加ハルコトヲ得ス
（註記）　本條ハ會議ノ評決ヲ規定シタルモノニシテ會議ハ會員ノ過半數ヲ以テ決スル明文アルモ其會議ヲ開クニ付テハ別ニ定員ノ規定ナキヲ以テ出席員會員ノ半數ニ滿タサルモ開會シ得ヘキノ疑ナキ能ハス然レトモ本文過半數ヲ以テ決スル明文ヲ推究セハ出席員過半數ニアラサレハ開會シ能ハサルモノト考フ
第九百四十八條　本人、戶主、家ニ在ル父母、配偶者、本家並ニ分家ノ戶主、後見人、後見監督人及ヒ保佐人ハ親族會ニ於テ其意見ヲ述フルコトヲ得
親族會ノ招集ハ前項ニ揭ケタル者ニ通知スルコトヲ要ス
（記註）　本條第一項ニ揭ケタル者會員ニアラサルトキハ會議ニ出席シテ意見ヲ述フルコトヲ得ヘキモ議決ニ加ハルコトヲ得サルモノトス
第九百五十條　親族會ニ缺員ヲ生シタルトキハ補缺員ノ選定ヲ裁判所ニ請求スルコトヲ要ス
（註記）　親族會ニ欠員ヲ生シタルトキ補欠員ノ選定ヲ裁判所ニ請求スルハ會員ヨリ之ヲ爲シ親族會ヨリ之ヲ爲スヲ要セス故ニ補欠ヲ生シタルトキハ會員ノ一名又ハ數名ヨリ之ヲ爲スモ妨ケナカルヘシ
第九百五十一條　親族會ノ決議ニ對シテハ一个月內ニ會員又ハ第九百四十四條ニ揭ケタル者ヨリ其不服ヲ裁判所ニ訴フルコトヲ得
（註記）　凡ソ親族會ハ裁判所之ヲ招集シ裁判所ノ監督ノ下ニ立テ事ヲ行フモノナルニ付之カ招集ヲ請求スル者及會員ニ於テ其議決ニ不服アルトキハ裁判所ニ之レヲ訴ヘ裁判所ハ其異議ニ對シ至當

ノ裁判ヲ爲スハ其會議ヲシテ正當ナラシムルノ途ヲ開キタルモノナリ

第九百五十二條　親族會カ決議ヲ爲スコト能ハサルトキハ會員ハ其決議ニ代ハルヘキ裁判ヲ爲スコトヲ裁判所ニ請求スルコトヲ得

第九百五十三條　第六百四十四條ノ規定ハ親族會員ニ之ヲ準用ス

（備考）本法第六百四十四條◎非訟事件手續法第六十二條第九十九條第百二條參觀

第八編　扶養ノ義務

第一章　直系血續及兄弟姉妹ニ於ケル扶養義務並扶養義務者數人アルトキ義務ヲ復行スル順位

凡ソ卑屬ノ此世ニ生レタルハ直系尊屬アルニ依ルモノニシテ卑屬ハ直系尊屬ノ養育敎育ヲ受ケ成長セシモノニシテ現ニ財産ヲ所有シ業務ヲ執ルモ皆直系尊屬ノ賜モノナレハ卑屬ハ其尊屬ノ恩ニ報セサルヘカラス又卑屬ハ父母其他直系ノ尊屬ノ庇護ニ依リ成長スルモノニシテ直系血族ノ關係ニ於ケル情義細ヤカニシテ互ニ相親ミ相愛シ相養フヘキモノタルヲ以テ直系血族ニ在テハ又互ニ扶養ノ義務ヲ負擔セサルヘカラス又夫婦ノ一方ト他ノ一方ノ直系尊屬ニシテ其家ニ在ル者トノ間ニ於ケルモ亦互ニ扶養ノ義務ヲ負フモノニシテ戸主カ家族ヲ扶養スルノ義務ヲ負擔シ配偶者カ互ニ扶養ノ義務ヲ負擔スルコトハ既ニ明揚シタル處ニ據リ敢テ玆ニ論述セス而シテ扶養ノ義務ヲ負擔スヘキ者數名アルトキハ第一配偶者之レヲ負擔シ配偶者ナキカ之アルモ負擔スル資力ナキトキハ直系卑屬之レヲ負ヒ直系卑屬ニ於テモ負擔スル資力ナキトキハ直系尊屬ナキカ之アルモ資力ナキトキハ戸主、戸主ナキカ之レアルモ資力ナキトキハ其家ニ在ル夫又ハ婦ノ直系尊屬其尊屬アラサルカ之レアルモ負擔ノ資力ナキトキハ其兄弟姉妹ニ於テ此義務ヲ負擔ス就中直系卑屬又ハ直系尊屬ノ間ニ於テハ其親等ノ最モ近キ者先ツ之ヲ負擔シ其家ニ在ル夫婦ノ一方ト他ノ一方ヲ直系尊屬ノ間ニ於ケル此例ニ依ル故ニ例ヘハ尊屬ニ於テ義務ヲ負擔スルノ順序ハ父母、祖父母、曾祖父母等トシ卑屬ニ於テ負擔スル順序ハ子、孫、曾孫、玄孫トシ夫婦ノ尊屬ニ於テモ亦然リトス若シ同順位ノ扶養義務者數人アルトキハ各自ノ資力ニ應シ其義務ヲ分擔スル者例ヘハ直系卑屬中數名ノ子アルトキハ其數名ノ子ニ於テ各其資力ニ應シテ親ヲ扶養スル義務ヲ負ヒ若シ直系ノ卑屬ナクシテ直系ノ尊屬扶養ノ義務ヲ負フ場合ニ於テ親ト祖父母アリテ親カ之レヲ負擔スルトキハ其子扶養ノ義務ハ父母各其資力ニ應シテ分擔スルカ如シ然レトモ家ニ在ル者ト家ニ在ラサル者トアルトキハ先ツ家ニ在ル者ニ於テ扶養シ家ニ在ラサル者ハ後ニ其義務ヲ負フヘシ故ニ例ヘハ三名ノ子アルトキ家ニ一名アリテ二名ハ他家ニ入リタルトキハ長幼男女ヲ問ハス其家ニ在ル子ニ於テ先ツ其父又ハ母ヲ扶養シ家ニ在ル子資力ナクシテ扶養シ能ハサル場合ニ於テ他家ニ在ル二人ノ子其資力ニ應シ其父又ハ母ヲ扶養スルノ義務ヲ分擔スルカ如シ

（例）

第九百五十四條　直系血族及ヒ兄弟姉妹ハ互ニ扶養ヲ爲ス義務ヲ負フ

夫婦ノ一方ト他ノ一方ノ直系尊屬ニシテ其家ニ在ル者トノ間亦同シ

（註記）　直系血族中ニハ繼父母繼子嫡母庶子ヲ含有シ兄弟姉妹中ニハ異父母兄弟姉妹ヲ包含シ總テ養實ヲ論セス

第九百五十五條　扶養ノ義務ヲ負フ者數人アル場合ニ於テハ其義務ヲ履行スヘキ者ノ順序左ノ如シ

第一　配偶者

第二　直系卑屬

第三　直系尊屬

第四　戸主
第五　前條第二項ニ掲ケタル者
第六　兄弟姉妹

(註記)　本條ハ扶養義務者ノ順序ヲ定メタルモノニシテ其順序タル人情ニ基キ之ヲ規定セシモノナリ

直系卑屬ノ間ニ於テハ其親等ノ最モ近キ者ヲ先ニス前條第二項ニ掲ケタル直系尊屬間亦同シ

第九百五十六條　同順位ノ扶養義務者數人アルトキハ各其資力ニ應シテ其義務ヲ分擔ス但其家ニ在ル者ト家ニ在ラサル者トノ間ニ於テハ家ニ在ル者先ツ扶養ヲ爲スコトヲ要ス

(註記)　本條ノ扶養義務者數人アルトキ各其資力ニ應シテ義務ヲ分擔セシムルモノハ其義務ヲ有スル者ノ生活ノ度ニ應シテ負擔セシムヘキモノニシテ其負擔ノ重キ爲メニ自己ノ生計ヲ失フコト勿ラシム蓋シ人ハ爲シ能ハサルコトヲ爲スノ義務ナキ理由ニ因ルモノニシテ人ノ生命ヲ救フ爲メニ自己ノ生命ヲ傷フカ如キハ爲シ能ハサルモノナレハナリ而シテ家ニ在ル者ト他家ニ在ルモノトノ間ニ在テ家ニ在ル者ヲ先ニスルハ舊慣ニ基キテ規定セラレタルモノナリ

(備考)　第七百四十七條第七百九十條參觀

第一章　扶養權利者數名アリテ義務者ノ資力不足スルトキ扶養ヲ爲スノ順序及扶養義務ノ存在

扶養義務ヲ負フヘキ者ニ於テ扶養ヲ受クヘキ權利者數名アリテ權利者ノ扶養ヲ爲スヘキ資力ニ不足スルトキ扶養ヲ爲スヘキ順序ハ第一直系尊屬、第二直系卑屬、第三配偶者、第四其家ニ在ル配偶者ノ直系尊屬第五兄弟姉妹、第六其家ニ在ル直系尊屬ニアラサル家族トシ直系尊屬又ハ直系卑屬ノ間ニ於テハ其親等ノ最モ近キ者ヲ先ニス家ニ在ル其配偶者ノ直系尊屬間ニ於テモ亦然リトス故ニ例ヘハ扶養ヲ爲スヘキ者祖父、孫、妻、妻ノ母、其家ニ在ル兄又ハ姉、家族等數名アルモ資力不足ニシテ不殘ノ扶養ヲ爲スコト能ハサルトキハ先ツ祖父ヲ扶養シ尙ホ資力アラハ孫ノ扶養ヲ爲シ次ニ妻ノ扶養ヲ爲シテ其資力ノ足ラサルトキ妻ノ母、兄姉、家族ノ扶養ニ及ハサルカ如シ若シ同順位中扶養ヲ受クヘキ權利者數人アルトキハ各其權利者ノ需要ニ應シテ扶養ヲ受クルコトヲ得ヘク其權利者中其家ニ在ル者ト他家ニアル者トアルトキハ其家ニ在ル者先ニ受クルノ權アリトス

凡ソ資産アリ資産ナキモ勞役ヲ執リテ辛クモ衣食住及敎育ヲ爲スコトヲ得ヘキ者ハ其資産又ハ勞役ニ依リ生活ヲ爲シ人ノ扶養ヲ受クヘカラサルハ云フヲ俟タス資産モナク且勞役ヲ爲スコト能ハサルカ又ハ之ヲ爲スモ身体ノ疲勞虛弱ノ爲メ至當ノ賃錢ヲ得ル能ハス其他事實已ムヲ得サル事情アリテ自ラ衣食住及敎育ノ資ヲ辨スル能ハサルトキノミ此權利義務ノ存在スルモノニシテ縱令窮乏ニ迫リ困難維レ極マルト雖モ懶惰放蕩ノ爲メニ自活シ能ハサルモノハ此權利義務ノ存在セサルモノナリ然レトモ其原因ノ如何ヲ問ハス自己ノ資産又ハ勞役ニ依リ自活シ能ハサル者ニハ衣食住及敎育ノ費用ヲ給スヘキモノトス又戶主ハ其家族カ自ラ生活ノ費用及敎育ノ費用ヲ負擔スルコトヲ得サル場合ニノミ持養ノ義務ヲ負フヘキモ配偶者間ニ在テハ一方カ自活シ得ルト否トヲ問ハス毎ニ互ニ扶養ノ義務ヲ負フヘキモノナリ又兄弟姉妹間ニ在テハ本人ノ過失ニ依リテ窮乏ニ陷リ扶養ヲ受クルノ原因カ生シタル場合ニ在テハ互ニ扶養ノ義務ヲ負フヘキモノニアラサルモ過失ニアラスシテ扶養ヲ受クヘキ原因ノ生シタル者ハ相互ニ扶養ノ義務ヲ負擔セサルヘカラス其ノ扶養ノ程度ハ前述ノ如ク衣食住ヲ供給スルニアリテ未成年者ニ在テハ尙ホ敎育ヲ施サヽルヘカラス然リ而シテ扶養義務者カ戶主ナルトキハ家族ヲ扶養スル原則ニ基キ扶養ヲ爲サヽルヘカラサルモノトス其扶養義務中敎育ヲ含有セシモノハ單ニ衣食住ノミヲ供給シテ敎育ヲ受ケシメサルトキハ生計ヲ完フスル能ハサ

レハナリ
扶養ノ程度ハ之ヲ受クヘキ者即チ扶養權利者ノ需要ト之レヲ供給スヘキ者即チ扶養義務者ノ身分及資力トニ應シテ之ヲ定ム蓋シ其程度ヲ斯ク制限シタルモノハ扶養權利者カ生活ヲ爲スニ必需ノ程度ヲ減シテ供給シ以テ其不足ニ過キサルヘカラスト扶養義務者カ自ラ生活ニ必要ナル程度ヲ減シタル有餘ノ度ニ過キサルヘカラサルトニ依ルモノニシテ凡ソ扶養ノ義務ハ之ヲ受クヘキ者ノ窮乏ニ原キ其者カ生活ヲ爲スニ需要ノ程度ヲ定メテ供給スヘキモノナルト凡ソ人ハ爲シ能ハサル事ヲ爲スノ義務ナキ理由トニ因ルモノナリト

（例）

第九百五十七條　扶養ヲ受クル權利ヲ有スル者數人アル場合ニ於テ扶養義務者ノ資力カ其全員ヲ扶養スルニ足ラサルトキハ扶養義務者ハ左ノ順序ニ從ヒ扶養ヲ爲スコトヲ要ス

第一　直系尊屬
第二　直系卑屬
第三　配偶者
第四　第九百五十四條第二項ニ掲ケタル者
第五　兄弟姉妹
第六　前五號ニ掲ケタル者ニ非サル家族

第九百五十五條第二項ノ規定ハ前項ノ場合ニ之ヲ準用ス

（註記）　扶養ヲ受クヘキ權利者カ數人アリテ扶養義務ニ於テ數名ノ扶養ヲ爲ス資力ナキトキハ其内ノ何レヲ扶養シ何レヲ扶養セサルカノ規定ナキトキハ扶養ノ受否ニ付權利者ト義務者トノ間ニ爭論ヲ生スルコトナキヲ保セス是ヲ以テ本條ニ於テ其順位ヲ規定スル又必要ナリトス蓋シ此順位ハ

人情ニ基キ之レヲ定メタルモノニシテ直系尊屬ヲ第一ニ置クハ倫理ニ適シ且舊慣ニ基キタルモノナリ

第九百五十八條 同順位ノ扶養權利者數人アルトキハ各其需要ニ應シテ扶養ヲ受クルコトヲ得

第九百五十二條但書ノ規定ハ前項ノ場合ニ之ヲ準用ス

(註記) 同順位ノ扶養權利者數人アルトハ第一順位ヲ以テ例セハ直系尊屬中扶養ヲ受クヘキ者數人アル場合ヲ云フ例ヘハ曾祖父母、祖父母ニ於テ扶養ヲ受クヘキトキハ各其生活ノ度ニ從ヒ其需要ニ應シ曾祖父母ハ最モ老年ナルニ依リ曾祖父母ヨリ多ク費用ヲ要スヘケレハ曾祖父母ニ何程、祖父母ハ幾分カ手業ヲ以テ生活ヲ助ケ得ヘキニ依リ曾祖父母程費用ヲ要セサルニ依リ之ヲ減シ其程度ニ應シテ養料ヲ供給スルカ如シ

第九百五十九條 扶養ノ義務ハ扶養ヲ受クヘキ者カ自己ノ資産又ハ勞務ニ依リテ生活ヲ爲スコト能ハサルトキニノミ存在ス自已ノ資産ニ依リテ敎育ヲ受クルコト能ハサルトキ亦同シ

兄弟姉妹間ニ在テハ扶養ノ義務ハ扶養ヲ受クル必要カ之ヲ受クル者ノ過失ニ因ラスシテ生シタルトキニノミ存在ス但扶養義務者カ戸主ナルトキハ此限ニ在ラス

(註記) 本條ノ主義ハ自己ノ資産又ハ勞役ニ依リ生活ヲ爲スコトヲ得ルモノハ他人ノ扶養ヲ受タルヲ得サルヲ以テ自己ノ資産又ハ勞役ニ依リ生活ヲ爲スコト能ハサルトキノミ扶養ヲ受クヘキコトヲ規定シ且其扶養中ニハ敎育ヲ受クルコトヲ含有スルコトヲ明示シタルモノナリ

第九百六十條 扶養ノ程度ハ扶養權利者ノ需要ト扶養義務者ノ身分及ヒ資力トニ依リテ之ヲ定ム

(註記) 本條ハ扶養ノ程度ヲ制限シタルモノニシテ若シ扶養義務者貧困ニシテ扶養ヲ供給スル能ハサル場合ニ於テハ其義務ヲ盡サシムルコト能ハス故ニ扶養ノ度程ハ扶養義務者ノ身分財產ヲ斟酌

シテ之ヲ定ムヘキモノトス

第三章　扶養ノ方法

凡ソ扶養ノ方法ニ於ケル扶養義務者ニ於テ扶養權利者ヲ引取リテ之レヲ養ヒ又ハ之ニ生活ノ程度ニ應シ資料スルトノ二樣ニシテ是レ事情ニ依リ互ニ便利トスル處ニシテ殊ニ卑屬ニ於テ尊屬ヲ引取リ侍養スルカ如キ又尊屬ニ於テ卑屬ヲ引取リ或ハ未成年者ヲ引取リ兄姊又ハ戸主ニ於テ養育スルカ如キハ舊慣ノ然ラシムル處ニシテ卑屬ハ尊屬ニ侍シテ孝養ヲ盡シ尊屬ハ卑屬ヲ愛育シ幼ハ長ヲ敬慕シ長ハ幼ヲ養育スルノ道理ニ適シタルモノトス然レトモ事情ニ依リ便不便ヲ感スル事アルヘケレハ引取リテ養フト引取ラスシテ養料ヲ給付スルトハ扶養義務者ノ選擇ニ任スヘキモノトス若シ扶養義務者ニ於テ扶養權利者ニ對シ苛酷ノ取扱ヲ爲スコトアルカ其他扶養義務者ニ引取ラレタル爲メ困難ノ事情アルニ依リ扶養權利者ノ請求アルトキ其事由ノ正當ナルニ於テハ裁判所ハ扶養ノ方法ヲ定ムルコトヲ得ヘシ又扶養ノ程度又ハ方法カ契約ニ依リ定マリタル場合ニ於テハ其根據タル事情ノ變更ニ依リ扶養ノ義務ノ變更ヲ來タシ又ハ其義務ノ消滅ヲ來タスヘキハ云フヲ俟タス若シ判決ニ依リ其程度又ハ方法カ定マリタル場合ニ於テモ判決ノ根據トナリタル事情ニ變更ヲ生シタルトキハ當事者ハ其判決ノ變更又ハ取消ヲ請求スルコトヲ得ヘキモノトス故ニ例ヘハ扶養義務者ノ資産ニ應シ扶養權利者カ毎年幾何ノ養料ヲ供給スヘキ判決ヲ受ケタルモ後年ニ至リ此扶養義務者カ養料ヲ供給シ能ハサルニ至リタルトキハ之レヲ減額シ若クハ自己ノ家宅ニ引取テ扶養シ又ハ扶養ノ取消シヲ請求スルカ如シ

終身年金其他總シテ扶養ヲ受クル權利ハ人ニ賣却贈與等總シテ之カ處分ニ爲スコトヲ得サルモノナリ

(例)

第九百六十一條　扶養義務者ハ其選擇ニ從ヒ扶養權利者ヲ引取リテ之ヲ養ヒ又ハ之ヲ引取ラスシテ生活

ノ資料ヲ給付スルコトヲ要ス但正當ノ事由アルトキハ裁判所ハ扶養權利者ノ請求ニ因リ扶養ノ方法ヲ定ムルコトヲ得

（註記）扶養ノ方法トハ扶養權利者ヲ引取リ扶養スルト之レヲ引取ラスシテ養料ヲ供給スルトノ方法ヲ云フ

第九百六十二條　扶養ノ程度又ハ方法カ判決ニ因リ定マリタル場合ニ於テ其判決ノ根據ト爲リタル事情ニ變更ヲ生シタルトキハ當事者ハ判決ノ變更又ハ取消ヲ請求スルコトヲ得

（註記）扶養ノ程度トハ養料ノ多寡待遇ノ度合ヲ云ヒ扶養ノ程度方法ニ關スル判決ハ扶養義務者ノ資力ト身分トヲ根據トシテ之レヲ定ムヘキモノトス

第九百六十三條　扶養ヲ受クル權利ハ之ヲ處分スルコトヲ得ス

（備考）民事訴訟法第六百十八條參觀

改正戸籍事務取扱全書上巻終

明治三十一年十月九日印刷
明治三十一年十月十二日發行

版權所有

編纂者　市岡正一

發行者　大橋新太郎
東京日本橋區本町三丁目八番地

印刷者　多田三彌
東京麹町區内幸町壹丁目五番地

印刷所　惠愛堂
東京麹町區内幸町壹丁目五番地

發兌元　東京日本橋區本町三丁目　博文館

改正戸籍事務取扱全書　上巻　　別巻 1426

2024(令和6)年10月20日　　復刻版第1刷発行

編纂者　市　岡　正　一

発行者　今　井　貴

発行所　信　山　社　出　版

〒113-0033　東京都文京区本郷6-2-9-102
モンテベルデ第2東大正門前
電　話　03（3818）1019
FAX　03（3818）0344
郵便振替　00140-2-367777(信山社販売)

Printed in Japan.

制作／(株)信山社，印刷・製本／松澤印刷・日進堂

ISBN 978-4-7972-4439-7 C3332

別巻　巻数順一覧【1349 ～ 1530 巻】※網掛け巻数は、2021 年 11 月以降刊行

巻数	書　名	編・著・訳者　等	ISBN	定　価	本体価格
1349	國際公法	W・E・ホール、北條元篤、熊谷直太	978-4-7972-8953-4	41,800 円	38,000 円
1350	民法代理論 完	石尾一郎助	978-4-7972-8954-1	46,200 円	42,000 円
1351	民法總則編物權編債權編實用詳解	清浦奎吾、梅謙次郎、自治館編輯局	978-4-7972-8955-8	93,500 円	85,000 円
1352	民法親族編相續編實用詳解	細川潤次郎、梅謙次郎、自治館編輯局	978-4-7972-8956-5	60,500 円	55,000 円
1353	登記法實用全書	前田孝階、自治館編輯局(新井正三郎)	978-4-7972-8958-9	60,500 円	55,000 円
1354	民事訴訟法精義	東久世通禧、自治館編輯局	978-4-7972-8959-6	59,400 円	54,000 円
1355	民事訴訟法釋義	梶原仲治	978-4-7972-8960-2	41,800 円	38,000 円
1356	人事訴訟手續法	大森洪太	978-4-7972-8961-9	40,700 円	37,000 円
1357	法學通論	牧兒馬太郎	978-4-7972-8962-6	33,000 円	30,000 円
1358	刑法原理	城數馬	978-4-7972-8963-3	63,800 円	58,000 円
1359	行政法講義・佛國裁判所構成大要・日本古代法 完	パテルノストロ、曲木如長、坪谷善四郎	978-4-7972-8964-0	36,300 円	33,000 円
1360	民事訴訟法講義〔第一分冊〕	本多康直、今村信行、深野達	978-4-7972-8965-7	46,200 円	42,000 円
1361	民事訴訟法講義〔第二分冊〕	本多康直、今村信行、深野達	978-4-7972-8966-4	61,600 円	56,000 円
1362	民事訴訟法講義〔第三分冊〕	本多康直、今村信行、深野達	978-4-7972-8967-1	36,300 円	33,000 円
1505	地方財政及税制の改革〔昭和12年初版〕	三好重夫	978-4-7972-7705-0	62,700 円	57,000 円
1506	改正 市制町村制〔昭和13年第7版〕	法曹閣	978-4-7972-7706-7	30,800 円	28,000 円
1507	市制町村制 及 関係法令〔昭和13年第5版〕	市町村雑誌社	978-4-7972-7707-4	40,700 円	37,000 円
1508	東京府市区町村便覧〔昭和14年初版〕	東京地方改良協会	978-4-7972-7708-1	26,400 円	24,000 円
1509	改正 市制町村制 附 施行細則・執務條規〔明治44年第4版〕	矢島誠進堂	978-4-7972-7709-8	33,000 円	30,000 円
1510	地方財政改革問題〔昭和14年初版〕	高砂恒三郎、山根守道	978-4-7972-7710-4	46,200 円	42,000 円
1511	市町村事務必携〔昭和4年再版〕第1分冊	大塚辰治	978-4-7972-7711-1	66,000 円	60,000 円
1512	市町村事務必携〔昭和4年再版〕第2分冊	大塚辰治	978-4-7972-7712-8	81,400 円	74,000 円
1513	市制町村制逐条示解〔昭和11年第64版〕第1分冊	五十嵐鑛三郎、松本角太郎、中村淑人	978-4-7972-7713-5	74,800 円	68,000 円
1514	市制町村制逐条示解〔昭和11年第64版〕第2分冊	五十嵐鑛三郎、松本角太郎、中村淑人	978-4-7972-7714-2	74,800 円	68,000 円
1515	新旧対照 市制町村制 及 理由〔明治44年初版〕	平田東助、荒川五郎	978-4-7972-7715-9	30,800 円	28,000 円
1516	地方制度講話〔昭和5年再販〕	安井英二	978-4-7972-7716-6	33,000 円	30,000 円
1517	郡制注釈 完〔明治30年再版〕	岩田德義	978-4-7972-7717-3	23,100 円	21,000 円
1518	改正 府県制郡制講義〔明治32年初版〕	樋山廣業	978-4-7972-7718-0	30,800 円	28,000 円
1519	改正 府県制郡制〔大正4年 訂正21版〕	山野金蔵	978-4-7972-7719-7	24,200 円	22,000 円
1520	改正 地方制度法典〔大正12第13版〕	自治研究会	978-4-7972-7720-3	52,800 円	48,000 円
1521	改正 市制町村制 及 附属法令〔大正2年第6版〕	市町村雑誌社	978-4-7972-7721-0	33,000 円	30,000 円
1522	実例判例 市制町村制釈義〔昭和9年改訂13版〕	梶康郎	978-4-7972-7722-7	52,800 円	48,000 円
1523	訂正 市制町村制 附 理由書〔明治33年第3版〕	明昇堂	978-4-7972-7723-4	30,800 円	28,000 円
1524	逐条解釈 改正 市町村財務規程〔昭和8年第9版〕	大塚辰治	978-4-7972-7724-1	59,400 円	54,000 円
1525	市制町村制 附 理由書〔明治21年初版〕	狩谷茂太郎	978-4-7972-7725-8	22,000 円	20,000 円
1526	改正 市制町村制〔大正10年第10版〕	井上圓三	978-4-7972-7726-5	24,200 円	22,000 円
1527	正文 市制町村制 並 選挙法規 附 陪審法〔昭和2年初版〕	法曹閣	978-4-7972-7727-2	30,800 円	28,000 円
1528	再版増訂 市制町村制註釈 附 市制町村制理由[明治21年増補再版]	坪谷善四郎	978-4-7972-7728-9	44,000 円	40,000 円
1529	五版 市町村制例規〔明治36年第5版〕	野元友三郎	978-4-7972-7729-6	30,800 円	28,000 円
1530	全国市町村便覧 附 全国学校名簿〔昭和10年初版〕第1分冊	藤谷崇文館	978-4-7972-7730-2	74,800 円	68,000 円

別巻　巻数順一覧【1309 ～ 1348 巻】※網掛け巻数は、2021 年 11 月以降刊行

巻数	書　名	編・著・訳者　等	ISBN	定　価	本体価格
1309	監獄學	谷野格	978-4-7972-7459-2	38,500 円	35,000 円
1310	警察學	宮國忠吉	978-4-7972-7460-8	38,500 円	35,000 円
1311	司法警察論	高井賢三	978-4-7972-7461-5	56,100 円	51,000 円
1312	增訂不動産登記法正解	三宅徳業	978-4-7972-7462-2	132,000 円	120,000 円
1313	現行不動産登記法要義	松本修平	978-4-7972-7463-9	44,000 円	40,000 円
1314	改正民事訴訟法要義 全〔第一分冊〕	早川彌三郎	978-4-7972-7464-6	56,100 円	51,000 円
1315	改正民事訴訟法要義 全〔第二分冊〕	早川彌三郎	978-4-7972-7465-3	77,000 円	70,000 円
1316	改正強制執行法要義	早川彌三郎	978-4-7972-7467-7	41,800 円	38,000 円
1317	非訟事件手續法	横田五郎、三宅徳業	978-4-7972-7468-4	49,500 円	45,000 円
1318	旧制對照改正官制全書	博文館編輯局	978-4-7972-7469-1	85,800 円	78,000 円
1319	日本政体史 完	秦政治郎	978-4-7972-7470-7	35,200 円	32,000 円
1320	萬國現行憲法比較	辰巳小二郎	978-4-7972-7471-4	33,000 円	30,000 円
1321	憲法要義 全	入江魁	978-4-7972-7472-1	37,400 円	34,000 円
1322	英國衆議院先例類集 巻之一・巻之二	ハッセル	978-4-7972-7473-8	71,500 円	65,000 円
1323	英國衆議院先例類集 巻之三	ハッセル	978-4-7972-7474-5	55,000 円	50,000 円
1324	會計法精義　全	三輪一夫、松岡萬次郎、木田川奎彦、石森憲治	978-4-7972-7476-9	77,000 円	70,000 円
1325	商法汎論	添田敬一郎	978-4-7972-7477-6	41,800 円	38,000 円
1326	商業登記法 全	新井正三郎	978-4-7972-7478-3	35,200 円	32,000 円
1327	商業登記法釋義	的場繁次郎	978-4-7972-7479-0	47,300 円	43,000 円
1328	株式及期米裁判例	繁田保吉	978-4-7972-7480-6	49,500 円	45,000 円
1329	刑事訴訟法論	溝淵孝雄	978-4-7972-7481-3	41,800 円	38,000 円
1330	修正刑事訴訟法義解 全	太田政弘、小濵松次郎、緒方惟一郎、前田兼寶、小田明次	978-4-7972-7482-0	44,000 円	40,000 円
1331	法律格言・法律格言義解	H・ブルーム、林健、鶴田忞	978-4-7972-7483-7	58,300 円	53,000 円
1332	法律名家纂論	氏家寅治	978-4-7972-7484-4	35,200 円	32,000 円
1333	歐米警察見聞録	松井茂	978-4-7972-7485-1	38,500 円	35,000 円
1334	各國警察制度・各國警察制度沿革史	松井茂	978-4-7972-7486-8	39,600 円	36,000 円
1335	新舊對照刑法蒐論	岸本辰雄、岡田朝太郎、山口慶一	978-4-7972-7487-5	82,500 円	75,000 円
1336	新刑法論	松原一雄	978-4-7972-7488-2	51,700 円	47,000 円
1337	日本刑法實用 完	千阪彦四郎、尾崎忠治、簑作麟祥、西周、宮城浩藏、菅生初雄	978-4-7972-7489-9	57,200 円	52,000 円
1338	刑法實用詳解〔第一分冊〕	西園寺公望、松田正久、自治館編輯局	978-4-7972-7490-5	56,100 円	51,000 円
1339	刑法實用詳解〔第二分冊〕	西園寺公望、松田正久、自治館編輯局	978-4-7972-7491-2	62,700 円	57,000 円
1340	日本商事會社法要論	堤定次郎	978-4-7972-7493-6	61,600 円	56,000 円
1341	手形法要論	山縣有朋、堤定次郎	978-4-7972-7494-3	42,900 円	39,000 円
1342	約束手形法義解 全	梅謙次郎、加古貞太郎	978-4-7972-7495-0	34,100 円	31,000 円
1343	戸籍法 全	島田鐵吉	978-4-7972-7496-7	41,800 円	38,000 円
1344	戸籍辭典	石渡敏一、自治館編輯局	978-4-7972-7497-4	66,000 円	60,000 円
1345	戸籍法實用大全	勝海舟、梅謙次郎、自治舘編輯局	978-4-7972-7498-1	45,100 円	41,000 円
1346	戸籍法詳解〔第一分冊〕	大隈重信、自治館編輯局	978-4-7972-7499-8	62,700 円	57,000 円
1347	戸籍法詳解〔第二分冊〕	大隈重信、自治館編輯局	978-4-7972-8950-3	96,800 円	88,000 円
1348	戸籍法釋義 完	板垣不二男、岡村司	978-4-7972-8952-7	80,300 円	73,000 円

巻数	書　名	編・著・訳者 等	ISBN	定　価	本体価格
1265	行政裁判法論	小林魁郎	978-4-7972-7386-1	41,800 円	38,000 円
1266	奎堂餘唾	清浦奎吾、和田鍊太、平野貞次郎	978-4-7972-7387-8	36,300 円	33,000 円
1267	公證人規則述義 全	箕作麟祥、小松濟治、 岸本辰雄、大野太衛	978-4-7972-7388-5	39,600 円	36,000 円
1268	登記法公證人規則詳解 全・大日本登 記法公證人規則註解 全	鶴田皓、今村長善、中野省吾、 奥山政敬、河原田新	978-4-7972-7389-2	44,000 円	40,000 円
1269	現行警察法規 全	内務省警保局	978-4-7972-7390-8	55,000 円	50,000 円
1270	警察法規研究	有光金兵衛	978-4-7972-7391-5	33,000 円	30,000 円
1271	日本帝國憲法論	田中次郎	978-4-7972-7392-2	44,000 円	40,000 円
1272	國家哲論	松本重敏	978-4-7972-7393-9	49,500 円	45,000 円
1273	農業倉庫業法制定理由・小作調停法原義	法律新聞社	978-4-7972-7394-6	52,800 円	48,000 円
1274	改正刑事訴訟法精義〔第一分冊〕	法律新聞社	978-4-7972-7395-3	77,000 円	70,000 円
1275	改正刑事訴訟法精義〔第二分冊〕	法律新聞社	978-4-7972-7396-0	71,500 円	65,000 円
1276	刑法論	島田鐵吉、宮城長五郎	978-4-7972-7398-4	38,500 円	35,000 円
1277	特別民事訴訟論	松岡義正	978-4-7972-7399-1	55,000 円	50,000 円
1278	民事訴訟法釋義 上巻	樋山廣業	978-4-7972-7400-4	55,000 円	50,000 円
1279	民事訴訟法釋義 下巻	樋山廣業	978-4-7972-7401-1	50,600 円	46,000 円
1280	商法研究 完	猪股淇清	978-4-7972-7403-5	66,000 円	60,000 円
1281	新會社法講義	猪股淇清	978-4-7972-7404-2	60,500 円	55,000 円
1282	商法原理 完	神崎東藏	978-4-7972-7405-9	55,000 円	50,000 円
1283	實用行政法	佐々野章邦	978-4-7972-7406-6	50,600 円	46,000 円
1284	行政法汎論 全	小原新三	978-4-7972-7407-3	49,500 円	45,000 円
1285	行政法各論 全	小原新三	978-4-7972-7408-0	46,200 円	42,000 円
1286	帝國商法釋義〔第一分冊〕	栗本勇之助	978-4-7972-7409-7	77,000 円	70,000 円
1287	帝國商法釋義〔第二分冊〕	栗本勇之助	978-4-7972-7410-3	79,200 円	72,000 円
1288	改正日本商法講義	樋山廣業	978-4-7972-7412-7	94,600 円	86,000 円
1289	海損法	秋野沆	978-4-7972-7413-4	35,200 円	32,000 円
1290	舩舶論 全	赤松梅吉	978-4-7972-7414-1	38,500 円	35,000 円
1291	法理學 完	石原健三	978-4-7972-7415-8	49,500 円	45,000 円
1292	民約論 全	J・J・ルソー、市村光恵、森口繁治	978-4-7972-7416-5	44,000 円	40,000 円
1293	日本警察法汎論	小原新三	978-4-7972-7417-2	35,200 円	32,000 円
1294	衞生行政法釈釋義 全	小原新三	978-4-7972-7418-9	82,500 円	75,000 円
1295	訴訟法原理 完	平島及平	978-4-7972-7443-1	50,600 円	46,000 円
1296	民事手続規準	山内確三郎、高橋一郎	978-4-7972-7444-8	101,200 円	92,000 円
1297	國際私法 完	伊藤悌治	978-4-7972-7445-5	38,500 円	35,000 円
1298	新舊比照 刑事訴訟法釋義 上巻	樋山廣業	978-4-7972-7446-2	33,000 円	30,000 円
1299	新舊比照 刑事訴訟法釋義 下巻	樋山廣業	978-4-7972-7447-9	33,000 円	30,000 円
1300	刑事訴訟法原理 完	上條慎藏	978-4-7972-7449-3	52,800 円	48,000 円
1301	國際公法 完	石川錦一郎	978-4-7972-7450-9	47,300 円	43,000 円
1302	國際私法	中村太郎	978-4-7972-7451-6	38,500 円	35,000 円
1303	登記法公證人規則註釋 完・登記法公 證人規則交渉令達註釋 完	元田肇、澁谷慥爾、渡邊覺二郎	978-4-7972-7452-3	33,000 円	30,000 円
1304	登記提要 上編	木下哲三郎、伊東忍、緩鹿實彰	978-4-7972-7453-0	50,600 円	46,000 円
1305	登記提要 下編	木下哲三郎、伊東忍、緩鹿實彰	978-4-7972-7454-7	38,500 円	35,000 円
1306	日本會計法要論 完・選擧原理 完	阪谷芳郎、亀井英三郎	978-4-7972-7456-1	52,800 円	48,000 円
1307	國法學 完・憲法原理 完・主權論 完	橋爪金三郎、谷口留三郎、 高槻純之助	978-4-7972-7457-8	60,500 円	55,000 円
1308	圀家學	南弘	978-4-7972-7458-5	38,500 円	35,000 円

別巻　巻数順一覧【1225 ～ 1264 巻】

巻数	書　名	編・著・訳者　等	ISBN	定　価	本体価格
1225	獄制研究資料　第一輯	谷田三郎	978-4-7972-7343-4	44,000 円	40,000 円
1226	歐米感化法		978-4-7972-7344-1	44,000 円	40,000 円
1227	改正商法實用 完　附 商業登記申請手續〔第一分冊 總則・會社〕	清浦奎吾、波多野敬直、梅謙次郎、古川五郎	978-4-7972-7345-8	60,500 円	55,000 円
1228	改正商法實用 完　附 商業登記申請手續〔第二分冊 商行為・手形〕	清浦奎吾、波多野敬直、梅謙次郎、古川五郎	978-4-7972-7346-5	66,000 円	60,000 円
1229	改正商法實用 完　附 商業登記申請手續〔第三分冊 海商・附録〕	清浦奎吾、波多野敬直、梅謙次郎、古川五郎	978-4-7972-7347-2	88,000 円	80,000 円
1230	日本手形法論 完	岸本辰雄、井本常治、町井鐵之介、毛戸勝元	978-4-7972-7349-6	55,000 円	50,000 円
1231	日本英米比較憲法論	川手忠義	978-4-7972-7350-2	38,500 円	35,000 円
1232	比較國法學 全	末岡精一	978-4-7972-7351-9	88,000 円	80,000 円
1233	國家學要論 完	トーマス・ラレー、土岐僙	978-4-7972-7352-6	38,500 円	35,000 円
1234	税關及倉庫論	岸﨑昌	978-4-7972-7353-3	38,500 円	35,000 円
1235	有價證劵論	豐田多賀雄	978-4-7972-7354-0	60,500 円	55,000 円
1236	帝國憲法正解 全	建野郷三、水野正香	978-4-7972-7355-7	55,000 円	50,000 円
1237	權利競爭論・権利爭鬪論	イエーリング、レーロア、宇都宮五郎、三村立人	978-4-7972-7356-4	55,000 円	50,000 円
1238	帝國憲政と道義　附 日本官吏任用論 全	大津淳一郎、野口勝一	978-4-7972-7357-1	77,000 円	70,000 円
1239	國體擁護日本憲政本論	寺内正毅、二宮熊次郎、加藤弘之、加藤房藏	978-4-7972-7358-8	44,000 円	40,000 円
1240	國體論史	清原貞雄	978-4-7972-7359-5	52,800 円	48,000 円
1241	商法實論 附 破産法 商法施行法 供託法 競賣法 完	秋山源藏、井上八重吉、中島行藏	978-4-7972-7360-1	77,000 円	70,000 円
1242	判例要旨定義學說試驗問題准條適條對照 改正商法及理由	塚﨑直義	978-4-7972-7361-8	44,000 円	40,000 円
1243	辯護三十年	塚﨑直義	978-4-7972-7362-5	38,500 円	35,000 円
1244	水野博士論集	水野錬太郎	978-4-7972-7363-2	58,300 円	53,000 円
1245	強制執行法論 上卷	遠藤武治	978-4-7972-7364-9	44,000 円	40,000 円
1246	公証人法論綱	長谷川平次郎	978-4-7972-7365-6	71,500 円	65,000 円
1247	改正大日本六法類編 行政法上卷〔第一分冊〕	磯部四郎、矢代操、島巨邦	978-4-7972-7366-3	55,000 円	50,000 円
1248	改正大日本六法類編 行政法上卷〔第二分冊〕	磯部四郎、矢代操、島巨邦	978-4-7972-7367-0	68,200 円	62,000 円
1249	改正大日本六法類編 行政法上卷〔第三分冊〕	磯部四郎、矢代操、島巨邦	978-4-7972-7368-7	55,000 円	50,000 円
1250	改正大日本六法類編 行政法下卷〔第一分冊〕	磯部四郎、矢代操、島巨邦	978-4-7972-7369-4	66,000 円	60,000 円
1251	改正大日本六法類編 行政法下卷〔第二分冊〕	磯部四郎、矢代操、島巨邦	978-4-7972-7370-0	57,200 円	52,000 円
1252	改正大日本六法類編 行政法下卷〔第三分冊〕	磯部四郎、矢代操、島巨邦	978-4-7972-7371-7	60,500 円	55,000 円
1253	改正大日本六法類編 民法・商法・訴訟法	磯部四郎、矢代操、島巨邦	978-4-7972-7372-4	93,500 円	85,000 円
1254	改正大日本六法類編 刑法・治罪法	磯部四郎、矢代操、島巨邦	978-4-7972-7373-1	71,500 円	65,000 円
1255	刑事訴訟法案理由書〔大正十一年〕	法曹會	978-4-7972-7375-5	44,000 円	40,000 円
1256	刑法及刑事訴訟法精義	磯部四郎、竹内房治、尾山萬次郎	978-4-7972-7376-2	91,300 円	83,000 円
1257	未成年犯罪者ノ處遇 完	小河滋次郎	978-4-7972-7377-9	33,000 円	30,000 円
1258	增訂普通選挙法釋義〔第一分冊〕	濱口雄幸、江木翼、三宅正太郎、石原雅二郎、坂千秋	978-4-7972-7378-6	55,000 円	50,000 円
1259	增訂普通選挙法釋義〔第二分冊〕	濱口雄幸、江木翼、三宅正太郎、石原雅二郎、坂千秋	978-4-7972-7379-3	60,500 円	55,000 円
1260	會計法要義 全	山崎位	978-4-7972-7381-6	55,000 円	50,000 円
1261	會計法語彙	大石興	978-4-7972-7382-3	68,200 円	62,000 円
1262	實用憲法	佐々野章邦	978-4-7972-7383-0	33,000 円	30,000 円
1263	訂正增補日本行政法講義	坂千秋	978-4-7972-7384-7	64,900 円	59,000 円
1264	增訂臺灣行政法論	大島久滿次、持地六三郎、佐々木忠藏、髙橋武一郎	978-4-7972-7385-4	55,000 円	50,000 円

別巻　巻数順一覧【1185 ～ 1224 巻】

巻数	書　名	編・著・訳者　等	ISBN	定　価	本体価格
1185	改正衆議院議員選擧法正解	柳川勝二、小中公毅、潮道佐	978-4-7972-7300-7	71,500 円	65,000 円
1186	大審院判決例大審院檢事局司法省質疑回答 衆議院議員選擧罰則　附 選擧訴訟、當選訴訟判決例	司法省刑事局	978-4-7972-7301-4	55,000 円	50,000 円
1187	最近選擧事犯判決集　附 衆議院議員選擧法、同法施行令選擧運動ノ爲ニスル文書圖畫ニ關スル件	日本撿察學會	978-4-7972-7302-1	35,200 円	32,000 円
1188	民法問答全集 完	松本慶次郎、村瀬甲子吉	978-4-7972-7303-8	77,000 円	70,000 円
1189	民法評釋 親族編相續編	近衛篤麿、富田鐵之助、山田喜之助、加藤弘之、神鞭知常、小林里平	978-4-7972-7304-5	39,600 円	36,000 円
1190	國際私法	福原鐐二郎、平岡定太郎	978-4-7972-7305-2	60,500 円	55,000 円
1191	共同海損法	甲野荘平、リチャード・ローンデス	978-4-7972-7306-9	77,000 円	70,000 円
1192	海上保險法	秋野沆	978-4-7972-7307-6	38,500 円	35,000 円
1193	運送法	菅原大太郎	978-4-7972-7308-3	39,600 円	36,000 円
1194	倉庫證券論	フォン・コスタネッキー、住友倉庫本店、草鹿丁卯次郎	978-4-7972-7309-0	38,500 円	35,000 円
1195	大日本海上法規	遠藤可一	978-4-7972-7310-6	55,000 円	50,000 円
1196	米國海上法要略 全	ジクゾン、秋山源蔵、北畠秀雄	978-4-7972-7311-3	38,500 円	35,000 円
1197	國際私法要論	アッセル、リヴィエー、入江良之	978-4-7972-7312-0	44,000 円	40,000 円
1198	國際私法論 上巻	跡部定次郎	978-4-7972-7313-7	66,000 円	60,000 円
1199	國法學要義 完	小原新三	978-4-7972-7314-4	38,500 円	35,000 円
1200	平民政治 上巻〔第一分冊〕	ゼームス・ブライス、人見一太郎	978-4-7972-7315-1	88,000 円	80,000 円
1201	平民政治 上巻〔第二分冊〕	ゼームス・ブライス、人見一太郎	978-4-7972-7316-8	79,200 円	72,000 円
1202	平民政治 下巻〔第一分冊〕	ゼームス・ブライス、人見一太郎	978-4-7972-7317-5	88,000 円	80,000 円
1203	平民政治 下巻〔第二分冊〕	ゼームス・ブライス、人見一太郎	978-4-7972-7318-2	88,000 円	80,000 円
1204	國法學	岸崎昌、中村孝	978-4-7972-7320-5	38,500 円	35,000 円
1205	朝鮮行政法要論 總論	永野清、田口春二郎	978-4-7972-7321-2	39,600 円	36,000 円
1206	朝鮮行政法要論 各論	永野清、田口春二郎	978-4-7972-7322-9	44,000 円	40,000 円
1207	註釋刑事記録	潮道佐	978-4-7972-7324-3	57,200 円	52,000 円
1208	刑事訴訟法陪審法刑事補償法先例大鑑	潮道佐	978-4-7972-7325-0	61,600 円	56,000 円
1209	法理學	丸山長渡	978-4-7972-7326-7	39,600 円	36,000 円
1210	法理學講義 全	江木衷、和田經重、奥山十平、宮城政明、粟生誠太郎	978-4-7972-7327-4	74,800 円	68,000 円
1211	司法省訓令回答類纂 全	日下部りゅう	978-4-7972-7328-1	88,000 円	80,000 円
1212	改正商法義解 完	遠藤武治、横塚泰助	978-4-7972-7329-8	88,000 円	80,000 円
1213	改正新會社法釋義　附 新舊對照條文	美濃部俊明	978-4-7972-7330-4	55,000 円	50,000 円
1214	改正商法釋義 完	日本法律學校内法政學會	978-4-7972-7331-1	77,000 円	70,000 円
1215	日本國際私法	佐々野章邦	978-4-7972-7332-8	33,000 円	30,000 円
1216	國際私法	遠藤登喜夫	978-4-7972-7333-5	44,000 円	40,000 円
1217	國際私法及國際刑法論	L・フォン・バール、宮田四八	978-4-7972-7334-2	50,600 円	46,000 円
1218	民法問答講義	吉野寛	978-4-7972-7335-9	88,000 円	80,000 円
1219	民法財産取得編人事編註釋　附法例及諸法律	柿嵜欽吾、山田正賢	978-4-7972-7336-6	44,000 円	40,000 円
1220	改正日本民法問答正解　総則編物權編債權編	柿嵜欽吾、山田正賢	978-4-7972-7337-3	44,000 円	40,000 円
1221	改正日本民法問答正解　親族編相續編　附民法施行法問答正解	柿嵜欽吾、山田正賢	978-4-7972-7338-0	44,000 円	40,000 円
1222	會計法釋義	北島兼弘、石渡傳蔵、徳山銓一郎	978-4-7972-7340-3	41,800 円	38,000 円
1223	會計法辯義	若槻禮次郎、市來乙彦、松本重威、稲葉敏	978-4-7972-7341-0	77,000 円	70,000 円
1224	相續税法義解	會禰荒助、若槻禮次郎、菅原通敬、稲葉敏	978-4-7972-7342-7	49,500 円	45,000 円